대통령학

나남
nanam

나남 대통령학 총서 ①

대통령학

1999년 3월 5일 초판 발행
2002년 3월 20일 3쇄
2003년 7월 15일 제 2판 발행
2016년 9월 5일 제 3판 발행

지은이_ 咸成得
발행자_ 趙相浩
발행처_ (주) 나남
주소_ 경기도 파주시 회동길 193
전화_ (031) 955-4601 (代)
FAX_ (031) 955-4555
등록_ 제 1-71호 (1979. 5. 12)
홈페이지_ http://www.nanam.net
전자우편_ post@nanam.net

ISBN_ 978-89-300-3663-4
ISBN_ 978-89-300-8001-9 (세트)

책값은 뒤표지에 있습니다.

나남 대통령학 총서 ①

제 3 판

대통령학

함성득

나남
nanam

The Korean Presidency

3rd Edition

by

Sung Deuk Hahm

nanam

제 3판 서문

대부분의 경우 개정판은 초판보다 분량이 많아지는 경향이 있다. 그러나 필자는 이번 《대통령학》의 제 3판 집필과정에서도 제 2판과 마찬가지로 극히 중요한 것만 수정하는 '최소한의 원칙'을 지키고자 했다. 또한 필자는 이번 제 3판 집필과정에서도 1999년 《대통령학》의 분석틀(구조적 측면과 시간적 측면)과 이론(정책실명제와 대통령 리더십 순환이론)을 유지하면서 가장 최근의 자료를 제시했다. 특히, 이번 제 3판 집필과정에서 필자는 '대통령 리더십 순환이론'을 보다 체계화해 책의 구성을 보완하는 데 중점을 두었다.

먼저 필자는 이승만 대통령부터 박근혜 대통령까지 역대 대통령의 개인별 역사를 보다 자세히 설명했다. 특히, 잊혀 가는 역대 대통령들의 개인별 역사를 정리하여 부록으로 제시했다. 또한 대통령과 행정부 관계에 대한 기본적인 설명을 추가했다. 이러한 변화로 이 책은 우리 정부에 대한 기초적이고 전반적인 이해를 넓힐 수 있는 '한국정부론'의 입문서 역할을 할 것으로 기대된다.

한편 책의 개정과정에서 필자는 '너무 빨리 뜨고 너무 빨리 지는' 개인적 아픔도 겪었다. 필자 인생에서 가장 어렵고도 암울한 시기에 이 책을 수정했고 완성했다. 그 어려운 과정에서 모든 것을 참아 주었던 아내 오정미에게 진심으로 감사를 표한다. 또한 개정판의 전체 내용을 꼼꼼히 읽고 고쳐 준 한국교통대학교 임동욱 교수께 깊은 감사를 드린다. 아울러 출판을 후원해 주신 나남출판 조상호 회장께도 감사를 드린다.

2016년 8월
서초동 서재에서
함 성 득

제 2판 서문

지난 1999년 〈나남 대통령학총서〉 제 1권으로 출간된 필자의 《대통령학》은 이론적 도입서여서 읽기가 다소 어렵고 지루하였는데도 뜻밖에 호응을 얻었다. 일반적으로 책의 수정과 관련하여 증보판의 경우 초판보다 분량이 많아지는 경향이 있다. 그러나 필자는 이번 《대통령학》의 수정과정에서 극히 중요한 것만 수정하는 '최소한의 원칙'을 지키고자 했다. 왜냐하면 이론적 도입서인 《대통령학》에 너무 많은 양의 정보를 제공하면 일반 독자로 하여금 금방 싫증을 느끼게 하는 부작용이 생길 수 있기 때문이다.

따라서 필자는 이번 수정과정에서 1999년 《대통령학》의 분석틀(구조적 측면과 시간적 측면)과 이론(정책실명제와 대통령 리더십 순환이론)을 유지하면서 가장 최근의 자료를 제시하였다. 특히, 잊혀 가는 역대 우리나라 대통령들의 업적들과 당시의 주요사건들을 정치 · 행정, 외교·안보·통일, 경제, 교육·과학기술, 사회·복지·문화 등 분야별로 정리하여 부록으로 제시하였다.

이 책을 수정하는 데 많은 분들이 도움을 주었다. 무엇보다도 고려대학교 행정학과 대학원과 '대통령학 연구실'(Center for Korean Presidential Studies)의 김옥진, 조준우, 권혁민에게 감사를 표한다. 그리고 이 작업의 중요성을 인식하고 재정적으로 지원해 준 한국대통령학연구소와 적극적으로 후원해 주신 나남출판 조상호 사장께도 감사를 드린다.

2003년 6월

서초동 서재에서

함 성 득

서문

심각한 경제위기에 직면하여 치러진 선거에서 실질적인 여야정권 교체를 통해 당선된 현 김대중 대통령은 지금부터 2003년까지라는 그의 임기를 고려할 때, 우리의 대통령으로서는 처음으로 새로운 '천년'(*millennium*)을 맞이하는 행운과 기회를 가지며 이를 준비하는 매우 중요한 역사적 책임을 지고 있다. 특히, 누적되었던 우리 경제의 구조적 문제점들이 급기야 'IMF 구제금융의 국가부도 위기'로 나타났고 '대량실업과 높은 물가'를 동시에 경험하는 총체적 경제위기에 처해 있는 상황에서, 김대중 대통령의 '성공적 국정운영'은 현재의 경제위기 극복과 앞으로의 재도약을 준비하기 위해서 매우 중요하다.

이러한 관점에서 김대중 대통령이 지금부터 2003년까지 추구하는 주요 국정과제는 크게 세 가지로 요약될 수 있을 것 같다.

첫째, "수출증대와 고용창출을 통한 경제위기 극복"이다. 현재의 심각한 경제위기 극복 없이는 우리의 미래를 생각할 수 없기 때문이다.

둘째, "남북한 관계의 획기적 변화"이다. 막대한 군사비 지출과 핵전쟁의 위협 등을 고려할 때 현재의 남북한 관계를 '남북정상회담' 또는 과거의 중동평화협상과 같은 '제 2의 Camp David 회담' 등을 통한 확실한 평화공존 및 통일의 방향으로 전환시키지 않고서는 우리의 밝은 미래는 보장되지 않기 때문이다.

셋째, "권력구조의 새로운 변화"이다. 김대중 대통령은 자민련과의 '내각제 개헌'을 기초로 한 공조체제하에서 대통령에 당선되었기 때문에, 그의 국정운영에서 자민련의 지분을 지속적으로 고려해야만 하고 내각제 개헌의 약속을 지켜야 한다는 정치적 제약점을 갖고 있다. 아울러 내각제 개헌 약속을 그 자신이 주도하여 번복한다면 그는 국민에게 '믿을 수 없는 대통령'으로 남을 것이다. 따라서 내각제 개헌의 약속은 특별한 사유가 없는 한 이행되어야 하며, 부득이한 경우라도 그 이행의 노력을 반드시 국민에게 보여주어야 한다. 따라서 이 문제에 대한 원만한 해결 없이는 김대중 대통령은 국정운영과정에서 많은 어려움에 직면할 것이다.

위의 세 가지 주요 국정과제를 성공적으로 달성한다면 김대중 대통령은 우리 역사에서 처음으로 (그리고 내각제 개헌이 이룩되면 마지막으로) '성공한 대통령'이 되는 것이다. 그러나 과거 역대 대통령들이 많은 국정목표를 설정하고 대통령으로서 야심에 찬 국정운영을 시작했음에도 불구하고 실패로 끝난 "좌절의 역사"를 생각하면, 세기말을 마감하고 새로운 천년을 맞이하는 전환기의 대통령으로서 김대중 대통령이 현재의 경제위기 극복뿐만 아니라 평화통일을 위한 남북관계의 획기적 기반조성, 권력구조의 변화를 동시에 달성하기는 현실적으로 무척이나 어려울 것으로 보인다.

더욱이 우리의 밝은 미래를 위한 김대중 대통령의 성공적인 국정운영이 그 중요성을 더함에 따라 이를 체계적으로 연구하는 '대통령학'에 대한 관심이 증대하고 있다. 이러한 관점에서 이 책은 '대통령학'에 관한 이론적 소개 또는 설명을 시도한다.

건국 후 지금까지 우리나라 정책과정에서 가장 중요한 영향력을 발휘한 참여자가 '대통령'이었다. 그럼에도 미국이나 다른 나라의 영향을 많이 받아 정치과정을 연구하는 정치학과 또는 정치외교학과에서는 의회나 정당의 영향력에 초점을 두어 주로 '의회발전론' 또는 '정당발전론'을 개설했다. 또한 행정학과에서는 관료의 영향력에 초점을 두어 '관료제론'을 개설했다. 이러한 상황에서 필자는 상아탑과 현실정치의 괴리를 조금이라도 좁혀 보자는 취지에서 대통령에 초점을 두는 '대통령학'이라는 과목을 국내에서는 처음으로 고려대학교 학부수업으로 1997년 제 2학기에 개설했다. 이 책은 바로 이 대통령학 과목을 위하여 준비했다.

구체적으로 이 책은 우리 대통령에 관심을 가진 학부 3, 4학년 학생들과, 또한 정치에 지대한 관심을 가진 일반 시민 가운데 대통령이 정치과정에서 수행하는 역할에 관심을 갖는 분들을 위한 대통령학의 이론적 도입서 또는 설명서이다. 특히, 학부 학생은 최소한 정치학원론, 행정학원론, 그리고 미국정부론을 택한 다음 이 책을 읽으면 한국정치에 대한 이해를 더욱 높일 수 있을 것이다.

기본적으로 이 책은 우리의 대통령제가 긍정적으로 발전해 왔으며 제도적으로도 빠르게 정착해 가리라고 전망한다. 이러한 전망은 다음의 세 가지 중요한 정치사회적 변화에 기인한다.

첫째, 헌법에 규정된 대통령의 공식적 권한에는 기본적으로 변화가 없었지만 사회 전반에 미치는 영향력은 현저히 감소하고 있다는 것이다. 사회 전체가 점차적으로 민주화되고 언론, 노동 등 사회 전반의 자율성이 높아져 박정희 대통령 때처럼 '무소불위'의 권한행사는 있을 수 없다. 따라서 우리 대통령제의 심각한 폐단인, 대통령 일인에게 권한이 집중되는 권위주의의 경향이 많이 약화되고 있다. 이러한 권위주의의 약화는 대통령제가 민주화가 진행되는 사회에서도 조화롭게 제도적으로 정착될 수 있음을 시사한다.

둘째, 이와 관련하여 이번 2000년 국회의원선거를 통해 김대중 대통령이 여당 총재로서 마지막 공천권을 행사하면서 그동안 정치를 지배해 온 '3김 정치'의 영향력이 약화될 가능성이 높다. 특히, 이 선거를 통해 선출되는 국회의원들의 임기가 현재의 대통령 임기보다 길어서 그들의 대통령에 대한 자율성이 급격히 높아지고 이에 따라 정책에 대한 전문성이 심화될 것이다. 이렇게 되면 국회에 대한 대통령의 영향력은 감소될 가능성이 높다.

셋째, 1997년 말부터 심각한 경제위기를 겪으면서 그동안 우리 정치를 지배해 온 '지역 중심의 정치변수'와 '남북한 대치상태를 이용한 안보 또는 북풍변수'의 영향력이 현저히 감소하고 '경제변수'의 중요성이 높아지고 있다는 사실이다. 이러한 경제변수의 중요성은 이전의 역대 대통령들이 자신들의 절차적 정통성의 하자를 보완하는 의미에서 경제개발정책을 추구한 것과는 질적으로 다르다. 이는 앞으로 절차적 정통성을 갖춘 대통령 선출과 국정운영과정에서 정책개발을 통한 높은 경제성장률과 낮은 실업률 등의 경제업적이 점차로 중요시될 것임을 뜻한다.

결과적으로 이 책은 이러한 우리 대통령제에 대한 낙관적인 전망 아래 그 특징을 설명하고 문제점을 분석하여 처방책을 제시하려고 한다.

이 책을 집필하는 과정에서 어려웠던 점은 첫째, 미국 대통령과 관련해 어떻게 다루느냐 하는 것이었다. 대통령과 관련된 기존 연구서들은 주로 미국 대통령과 관련된 내용에 연구의 절반 이상을 할애했기 때문에 그것이 미국 대통령학 소개서인지 우리 대통령학 소개서인지 구분이 잘 되지 않았다. 즉, 미국 대통령학을 너무 많이 설명하면 미국 대통령학 정리서 또는 역서에 지나지 않게 된다. 한편 몇몇 연구처럼 미국 대통령학을 무시하고 우리 것만 설명하면 이론적 보편성이 약해지는 단점을 가지게 된다. 이러한 문제점들을 피하고자 이 책은 미국 대통령학을 설명하는 데 있어 극히 중요한 것만 소개하는 '최소한의 원칙'을 지키고자 했다.

둘째, 이 책의 연구대상이 일반 대중에게는 접근 가능성이 낮은 '대통령'이다 보니 글의 내용이 흥미 위주의 이야깃거리, 즉 저널리스틱한 연구가 될 가능성이 높다. 따라서 이를 극복하고 좀더 이론적으로 대통령학을 설명하는 것이 어려웠다. 즉, 이 책은 현재 우리 대통령학의 가장 큰 문제점을 이론적 발전의 부족으로 본다. 따라서 이 책은 우리 대통령학의 이론적 발전에 깊이를 더하기 위해 노력했다. 이를 위해 우리 대통령학을 미국과 비교하여 '구조적 차원'과 '시간적 차원'의 이론적 틀 아래서 분석하고자 했다.

먼저 구조적 차원에서는 '대통령의 리더십'을 대통령의 개인 리더십, 대통령과 행정부와의 관계에서 나타나는 '행정 리더십', 의회와의 관계, 즉 정책의 입법적 성공 면에서 볼 수 있는 '입법 리더십', 그리고 일반 국민의 정치적 지지를 받기 위한 '대중 리더십' 면에서 분석했다. 아울러 그 연구의 광범위성 때문에 자세히 다루지는 않았지만 대통령을 포함한 정치가의 정책개발의 중요성과 이에 따라 정치적 운명이 결정되는 '정책실명제'에 기초한 '정책 리더십'을 강조한다. 이러한 정책개발과 질의 향상을 강조하는 대통령의 정책 리더십은 일반적으로 경제, 노동, 과학기술 등을 다루는 '국내정책' 리더십과 외교, 안보 등을 다루는 '국외정책' 리더십으로 나눌 수 있다.

이러한 관점에서 이 책은 대통령학의 구조적 차원과 대통령 후보자, 대통령 당선인, 재임 대통령, 전직 대통령의 시간적 차원을 종합적으로 고려하여 '정책실명제'에 기초한 대통령의 정책에 대한 전문성 제고를 강조한다. 이러한 정책개발의 강조는 대통령의 정책 리더십을 강조하고, 이에 따른 대통령의 입법 및 행정 리더십의 제고는 대중 리더십의 향상을 낳는다. 이렇게 향상된 대중 리더십은 대통령의 국정운영을 원활하게 하여 더 나은 정책개발을 이룩할 수 있어 대통령의 정책 리더십이 다시 향상된다는 정책실명제에 기초한 '대통령 리더십 순환이론'(Circularity of Presidential Leadership Theory)을 주장한다.

셋째, 이 책의 주 연구대상이 권위의 상징이자 최고통치자인 '대통령'이다 보니 그 자료의 수집이 무척 어려웠다는 사실이다. 특히, 미국 대통령에 대한 직접적인 자료의 수집은 더욱 어려웠다. 다행히 필자가 미국 정치의 중심지인 Washington, D. C.의 Georgetown대학교에서 교수생활을 하는 동안에 같은 학교에서 강의를 하거나 필자의 수업을 들었던 정치인, 공무원, 언론인, 학자를 통해 미국 대통령에 관해 직접,

간접적으로 정보와 자료를 수집할 수 있었다. 또한 필자가 관여했던 정책대학원의 아시아공공정책연구소, 경영대학원의 기업-정부관계연구소, 그리고 국제외교대학원의 아시아프로그램에 한국의 대통령 후보자를 포함한 많은 정치인, 공무원, 언론인, 학자를 초청하여 그들로부터 한국 대통령에 관한 많은 지식과 자료를 얻을 수 있었다. 또한 필자가 한국으로 돌아와서 고려대학교 정책대학원 '최고위정책결정과정'의 주임교수로서 활동하면서 우리의 대통령 후보자를 포함한 많은 정치인, 공무원, 언론인, 학자들을 만날 수 있어서 대통령에 관한 많은 정보와 자료를 얻을 수 있었다.

아울러 이러한 과정에서 필자는 상아탑에 있는 소장학자로서는 드물게 직·간접적으로 김영삼 대통령이 Georgetown대학교에서 명예박사를 받게 되는 과정, 김대중 대통령이 Georgetown대학교에서 명예박사를 받게 되는 과정, 그리고 김대중 대통령이 우리 대통령학 역사에서 현직 대통령으로서는 처음으로 대학교 강단, 즉 고려대학교 강단에 서게 되는 과정에서 실질적으로 관찰 및 참여하는 기회를 가짐으로써 대통령과 관련된 생생하고 많은 정보와 지식을 습득할 수 있었다.

넷째, 우리의 대통령이 대부분의 주요 국가정책과 관련이 높아 이를 연구함에 그 대상이 너무 넓어서 무엇을 이 책에 포함하고 포함하지 말지를 결정하는 것이 어려웠다. 그 결과 나남출판과 협의하에 이 책에서는 주로 대통령학의 기본적인 하드웨어만 구축하고 소프트웨어는 〈나남 대통령학총서〉를 통해 점차적으로 출간하기로 했다. 따라서 〈나남 대통령학총서〉 제 1권이 되는 이 책에서는 우리 대통령학의 큰 틀을 소개하고 설명하는 데 주력하였다.

이어서 출간되는 제 2권에서는 《청와대비서실의 조직과 변천》을 다룰 예정이며, 《대통령의 정책결정》, 《대통령과 예산》, 《대통령과 관료제》, 《비서실장론》 등도 점차적으로 출간하고자 한다. 또한 대통령의 정책결정과 관련하여 실제로 있었던 《정책의 사례연구 모음집》도 생각하고 있다. 이러한 관점에서 전직 대통령, 영부인, 그들을 가까이에서 보좌했던 인물들의 객관적인 회고록도 중요하다고 생각한다. 마지막으로 대통령학의 중요한 부분인 '대통령 선거운동 방법과 대통령 선출절차' 등은 그 내용의 성격이 과학성이 낮고 비이론적이어서 필자의 연구방향과는 일치하지 않아 다루지 않았다. 이 분야 또한 앞으로 많은 연구가 나오기를 기대한다.

이 책을 출간하는 데 국내외의 많은 분들이 도움을 주었다. 무엇보다도 생소한 '대통령학'이란 과목을 학부수업으로 개설하도록 허락해 주신 필자가 재직 중인 행정학과 교수님들께 감사를 드린다. 또한 필자의 대통령학 강의를 듣고 이 책의 기초가 된 교재를 발전시켜 준 고려대학교 학생들에게 감사한다. 이 수업을 통해 가장 자랑스러운 것은 이 수업이 비록 행정학과에서 개설되었지만 정치외교학과를 비롯하여 경제학과, 언어학과, 중어중문학과, 독어독문학과, 심리학과, 서양사학과, 인류학과, 생물학과, 환경공학과 등 다양한 학문을 전공하는 학생들이 참여하였다는 점이다. 아울러 공식적, 비공식적으로 대통령학 수업에 참여하여 그들의 좋은 경험과 지식을 필자 및 학생들에게 강의하여 주시고, 또한 직접적으로 인터뷰에 응해 주시거나 간접적으로 자료수집을 도와주신 미국과 한국의 전·현직 정치인, 공무원, 언론인, 학자 여러분께 감사를 표한다. 이 과정에서 필자는 때로는 강의 및 강연을 통해서, 때로는 술잔을 기울이면서 그들로부터 대통령에 관련된 생생한 지식과 정보 및 자료를 획득할 때 학자로서의 자유로움과 즐거움을 만끽할 수 있었다.

또한 이 연구의 학문적 중요성을 인식하고 이 분야를 공부하기 위해 필자를 찾아와서 같이 연구하고 있는 필자의 학생들, Syracuse대학교 박사과정에 재학 중인 정광호, 고려대학교 행정학과 대학원과 '대통령학 연구실'(Center for Korean Presidential Studies)의 김태승, 김정택, 이영탁, 우준향 군에게 감사를 표한다. 그리고 이 작업의 중요성을 인식하시고 적극적으로 후원해 주신 나남출판 사장 조상호 박사님께도 감사를 드린다. 마지막으로 이 책을 출간하는 동안 본인의 건강을 언제나 염려하시던 어머니, 곁에서 지켜 준 아내, 또한 용기와 희망, 그리고 웃음을 준 두 딸, 가리와 진의에게 감사를 표한다.

1999년 2월

안암골에서 함 성 득

나남 대통령학 총서 ①

제 3 판
대통령학

차 례

제 3 장 대통령학의 구조적 차원 105

제 4 장 대통령학의 시간적 차원 295

제 5 장 대통령의 평가 363

제 1 장

머리말

1. 대통령

1) 대통령과 청와대의 어원

우리나라에서 '대통령'이라는 용어는 조선시대 고종 임금 당시 미국의 'President'를 지칭하면서 처음 쓰였다. 구체적으로 1883년 민영익이 한국인으로서 최초로 미국 대통령을 만나서 제출한 조선국왕 신임장에 대통령을 '백니쇠텬덕'으로 표기했다. 이는 프레지던트를 뜻하는 '빅리어천덕'의 독음이다. 그러나 1884년의 《승정원 일기》에는 고종이 미국 대통령에게 '대통령'이라는 호칭을 붙인 것으로 나타나 있다. 한편 19세기 말 청나라에서는 미국 대통령 호칭으로 '두목', '통령', '총통' 등이 쓰였다. 따라서 대통령이란 용어는 우리나라에서 처음 만들어진 것으로 보인다. 1919년 중국 상하이에서 출범한 대한민국 임시정부와 1948년 수립된 대한민국 정부는 모두 '대통령제'를 채택했다(김광덕, 1998 참조).

‘청와대’의 주소는 서울특별시 종로구 청와대로 1번지이다. 또한 청와대는 대한민국 역대 대통령의 관저 및 집무실이자 권부의 대명사였다. 당초 ‘경무대’로 불리다 제 2공화국 당시 개명된 이곳은 건국 이후 지금까지 이승만, 윤보선, 박정희, 최규하, 전두환, 노태우, 김영삼, 김대중, 노무현, 이명박, 박근혜 대통령 등 모두 11명의 지도자를 주인으로 맞았다. 19세기 말 조선시대 고종 임금은 현재의 청와대 자리를 ‘북원’이라 부르고 이곳에 과거장 기능을 하는 ‘경무대’ 등을 세웠다. 일제는 1939년 바로 이 자리에 총독관저를 지었고, 1948년 건국 이전에는 미나미, 고니소, 아베 등 3명의 일본 총독과 미군정 사령관인 하지 중장 등 4명의 외국인 통치자가 경무대 주인 노릇을 했다.

1948년 대한민국 정부가 수립된 후 이승만 대통령은 이화장에서 경무대로 거처를 옮기고 경무대란 이름을 그대로 사용했다. 1960년 제 2공화국 윤보선 대통령은 경무대란 이름에 국민의 원성이 담겨 있다는 여론에 따라 ‘청와대’로 이름을 바꾸었다. 이때부터 청와대는 미국의 ‘백악관’(White House)에 비교해 ‘Blue House’로 불렸다(김광덕, 1998). 그 후 노태우 대통령 집권 초까지 이곳은 역대 대통령의 관저와 집무실로 사용되다 1990년 10월 현재의 대통령 관저, 집무실(본관), 춘추관이 신축되었다. 이에 경무대 건물은 김영삼 대통령 재임 당시인 1993년 10월 철거되었다.

2) 대통령의 권한과 의무

우리 대통령[1]의 헌법상 권한은 '국가원수로서의 권한'과 '행정부 수반으로서의 권한'으로 나눌 수 있다. 먼저 국가원수로서의 권한에는 대외적으로 국가를 대표할 권한, 국가의 독립과 영토의 보전, 국가의 계속성과 헌법을 수호할 책무에 관한 권한, 국정을 조정할 수 있는 권한, 그리고 헌법기관을 구성할 권한 등이 있다(자세한 것은 함성득, 2009 참조).

국가원수로서 대통령은 대외적으로 국가를 대표하기 위하여 외국과의 조약을 체결·비준하고 외교사절을 신임·접수·파견할 수 있는 권한과 선전포고 및 강화를 할 권한(이상 헌법 제73조)을 가지며 이는 국회의 동의를 얻어야 한다. 국가의 위기적 상황을 극복하고 국가의 독립과 영토보전 그리고 국가의 계속성 등에 관한 책무를 다하기 위하여 경제명령과 긴급재정·경제처분을 내릴 수 있는 권한(제76조), 계엄을

1) 우리 대통령의 보수 및 특전을 살펴보면 대통령의 봉급은 2016년 기준으로 연봉 2억 1,201만 원이다. 대통령에게는 봉급 이외에 공식적으로 월 320만 원의 '직급보조비'와 사용처 및 내역을 정확히 알 수 없는 연간 수십억 원이 넘는 '업무추진비'가 주어진다. 이렇게 공개되지 못하고 명확치 않은 판공비가 미국의 경우처럼 '비밀스러운 대통령실'(*The Elusive Executive*)의 이미지를 그려 내는 데 한 부분을 차지한다(자세한 것은 King and Ragsdale, 1988 참조). 실례로 정보공개청구 결과 공개된 이명박 대통령의 업무추진비는 취임 이후 2012년 상반기까지 총 224억 2,530만 원에 달하였다. 그리고 주택으로는 청와대, 교통수단으로는 방탄차량, 전용열차(KTX), 공군 1, 2호기가 있다. 또한 충북 청원군 문의면에 소재한 청남대 별장이 있었으나 노무현 대통령이 이를 충청북도 주민들에게 돌려주었고 청남대는 2003년 4월 18일 20여 년 만에 대통령 하계 별장 겸 집무실 기능을 공식적으로 마쳤다. 무엇보다도 대통령은 청와대 경호실의 철저한 경호를 받고 있는데 대통령 본인은 물론 직계가족까지 포함된다.

선포할 수 있는 권한(제 77조), 위헌 정당의 해산을 제소할 수 있는 권한(제 8조 4항) 등도 갖는다.

그리고 국정의 조정자로서 헌법의 개정을 발의할 수 있는 권한(제 128조 1항), 국가의 안위에 대한 중요 정책을 국민투표에 부칠 수 있는 권한(제 72조), 임시국회의 집회를 요구할 수 있는 권한(제 47조), 사면・감형・복권을 명할 수 있는 권한(제 79조), 국회에 출석하여 발언하거나 서면으로 의견을 표시할 수 있는 권한(제 81조) 등을 가진다.

또한 헌법기관 구성과 관련 국무총리(제 86조 1항), 대법원장, 대법관(제 104조 1, 2항), 감사원장(제 98조 2항), 헌법재판소장(제 11조 4항) 등을 임명할 수 있으며 이는 각각 국회의 동의를 얻어야 한다. 이 밖에도 헌법재판소의 재판관(제 111조 2항)과 중앙선거관리위원회 위원을 임명(3명)할 수 ㅇ있는 권한(제 114조 2항) 등이 있다.

아울러 대통령은 정부의 최고 책임자로서 행정부를 지휘・감독하기 위하여 국군을 통솔할 수 있는 권한(제 74조), 법령에서 규정한 내용을 집행하기 위해 대통령령을 공포할 수 있는 권한(제 75조), 공무원을 임면할 수 있는 권한(제 78조), 법률안을 제출(제 52조)하고 공표(제 53조)・거부(제 53조 2항)할 수 있는 권한 등이 있다. 구체적으로 대통령은 행정부 국가 공무원, 헌법기관 공무원, 국가 산하단체 등 공무원 총 2만 4,208명에 대한 임면권을 가지며 국무회의 의장, 민주평화통일자문회의 의장, 국가안전보장회의 의장, 경제대책조정회의 의장을 겸한다(권석천, 1997).

이렇게 헌법에 규정된 우리 대통령의 권한은 대통령제 아래서 다른 나라 대통령의 권한보다 작다고 할 수 있으며, 이는 헌법이 대통령제와 내각제를 절충하여 내각제적 요소로 대통령의 권한을 제한하고 있기 때문이다(김충남, 1997; 함성득, 1998; 2009). 구체적으로 우리 국회는 엄격한 삼권분립 정신에 어긋난다 할 정도로 대통령과 행정부를 강하게 견제할 수 있다. 국회는 대통령이 지명하는 국무총리, 대법원장, 감사원장, 대법관, 헌법재판소장 등에 대해 적격 여부를 판단하여 동의 여부를 결정할 수 있으며 국무총리와 장관들의 해임을 건의할 수 있다. 또한 국무총리와 장관을 국회에 출석케 하여 국회의원의 질의에 대한 답변을 요구할 수 있다. 반면 대통령이 유일하게 국회를 견제할 수 있는 국회해산권은 대통령에게 주어져 있지 않다.

국회의 동의를 받아 임명된 국무총리에게도 상당한 권한이 부여되어 있다. 총리는 장관의 임명과 해임을 대통령에게 건의할 수 있으며 장관이나 청장 등 중앙행정기관장의 명령이나 처분이 위법·부당하다고 판단될 때 대통령의 승인을 얻어 중지·취소할 수 있다. 나아가서 대통령의 국법상 행위에 대해서 총리와 관계 장관은 부서(副署)하도록 되어 있다. 이러한 권한뿐만 아니라 국무총리는 대통령 역할의 상당부분을 대신하고 있다. 매주 열리는 국무회의를 대부분 주재하며 국정운영 전반을 통괄한다. 대통령 대신 국회에 나가 시정연설이나 예산안 제안연설을 하기도 하며 주요 행사에 대통령을 대신해 참석하기도 한다. 특히, 대통령 유고 시에는 대통령 권한을 대행한다.

그러나 이러한 대통령의 헌법적 권한은 현실에서 다르게 운용되고 있다. 실제로 국회나 국무총리는 대통령의 권한을 제대로 견제하지 못하고 있다. 헌법에 규정되어 있는 대통령의 권한과는 상관없이 우리 대통령의 실질적 권한은 강력하다. 지금까지 이렇게 대통령의 권한이 강력한 것은 대통령의 제도적 절차 경시, 심각한 인사권 남용, 공천권 행사, 그리고 당직 임명 등에 의한 국회의 대통령 견제기능 상실 등에서 비롯되었다(함성득, 1998e; 2009). 이와 관련해서는 제3장에서 좀더 자세히 살펴볼 것이다.

2. 대통령학이란?

1) 대통령 연구의 중요성과 목표

1960~80년의 개발연대 이후 그동안 누적되었던 경제의 구조적 문제점들이 1997년 말 김영삼 대통령 아래서 'IMF 구제금융의 국가부도위기'로 나타났고, 이와 함께 '대량실업과 높은 물가'로 상징되는 총체적 경제위기를 우리는 경험했다(함성득, 1998a). 또한 국민들은 2008년 글로벌 금융위기 이후 심각한 경제불황을 겪고 있다. 이러한 과정에서 김영삼 대통령, 김대중 대통령, 노무현 대통령, 이명박 대통령 등의 임기말에 노정된 대통령의 친인척과 측근들이 연루된 부정부패 스캔들은 국민들의 대통령직에 대한 실망감과 정치권 전체에 대한 불신감을 더욱 키웠다.

이러한 신뢰의 위기상황에서 2012년 한국 최초의 '여성 대통령'으로 선출된 박근혜 대통령은 그녀가 국회의원 시절 강조하였던 '신뢰의 정치'를 고려할 때 대통령직에 대한 국민적 존경과 정치권 전체에 대한 국민의 신뢰회복에 매우 중요한 책임을 지고 있다. 하지만 2013년 취임 후 박근혜 대통령은 국내적으로 장기간의 경제침체와 여야의 첨예한 정치적 대립 그리고 대외적으로는 '북핵문제'를 놓고 조성된 남·북한의 긴장관계 등 어려운 정치·경제적 위기에 직면했다. 따라서 해결책 모색이 쉽지 않은 어려운 정치·경제적 위기의 극복과 앞으로의 새로운 재도약을 위해 박근혜 대통령의 '성공적인 국정운영'은 매우 중요하다.

그러나 과거 우리 대통령들은 많은 국정목표를 설정하고 야심에 찬 국정운영을 시작했음에도 불구하고 실패로 끝난 "좌절의 역사"를 갖고 있다. 실례로 1987년 민주화 이후 역대 대통령들은 경제성장, 평화통일을 위한 획기적 남북관계 기반 조성, 나아가 '지역 및 국민통합'을 목표로 삼아 이를 자기 임기 내에 모두 이룩하여 "위대한 대통령"이 되고 싶은 열망이 강렬하였다. 하지만 이러한 강렬한 열망이 도리어 국정운영에 커다란 정치적 부담으로 작용하기도 하였다.

특히, 현재의 어려운 정치·경제적 상황을 고려하면 박근혜 대통령도 '창조경제'를 통한 '경제부흥', '국민행복', '문화융성' 그리고 남북관계의 '신뢰제고'를 통한 한반도 평화통일 기반구축이라는 야심찬 국정목표를 모두 이룩하기는 무척 어려울 것 같다. 그러나 우리의 밝은 미래를 위해서는 이렇게 어려운 상황에서도 박근혜 대통령의 성공적인 국정운영이 그 어느 때보다도 중요하다. 이러한 상황이 최근 들어 대통령의 성공적인 국정운영을 체계적으로 분석하는 대통령에 관한 연구가 주목을 받을 수밖에 없는 근본적 이유이다.

우리나라에서는 대통령에 관한 연구가 '대통령학'이란 이름으로 활발해지고, '한국대통령학연구소'와 '한국대통령학회'는 물론 가칭 '대통령포럼', '대통령학 연구위원회' 등의 연구단체가 속속 설립되고 있다. 구체적으로 1992년 한국행정학회가 〈대통령과 정책〉을 주제로 대통령의 리더십 유형과 그 특징을 다룬 적이 있다(안병만, 1992; 정정길, 1992). 그 외에도 대통령 개인의 지도력에 관한 연구는 많이 있었으나 주로 단편적 형태로 이루어졌다(구광모, 1984; 김인수, 2003; 김종석, 2010; 김충남, 1992; 김혁 · 가상준, 2005; 김호진, 1997; 2010; 박동천, 2008; 박명림, 2008; 배병인, 2009; 〈월간조선〉, 1993; 이강로, 1993; 이남영, 1996; 이종범, 1994; 1995; 이현우 · 이정진, 2007; 정윤재, 1993; 2003; 정정길, 1993; 한승조, 1992; 함성득, 2000a; 2005; Choe, 2013; Hahm and Lee, 2008; Hahm and Choi, 2009). 현재 우리의 대통령 연구는 그 연구범위를 넓혀서 주요정책 결정과정에서 대통령의 역할(배종윤, 2001; 이정진, 2003; 장연수, 2000; 정정길, 1994; 함성득 · 김옥진, 2005; 함성득 · 양다승, 2012; 현원복, 2005; Hahm, 1994a; Hahm and Plein, 1995)과 청와대 조직과 참모진의 구성에 관한 연구(김혁, 2001; 박중훈, 1996; 배정훈, 1997a; 1997b; 2003; 정창화, 2003; 최평길, 1998; 최평길 · 박석희, 1994; 함성득, 1999a; Hahm, 2002) 등이 이루어지고 있다.

주요 국가정책결정에서 대통령의 영향력이 지대한 우리의 경우(김광웅, 1994; 이남영, 1996; 이종범, 1995; 함성득 · 양다승, 2012), 이를 체계적으로 혹은 심도 있게 연구하는 것은 의의가 깊다. 이러한 환경에서 한국의 경제발전 동력은 경제학자들이 주장하는 '자유경쟁 시장체제'(*free market system*)나, '발전론자'(*developmental state theory*)들이 주장하는 '국가'(*state*) 또는 '관료'(*bureaucracy*)보다도, 대통령과 다른 중요 정책결정참여자들, 특히 관료와의 역동적 관계(*executive-bureaucratic nexus*)에서 이해될 수 있다(자세한 것은 Hahm and Plein, 1995; 1997 참조). 다시 말하면 한국 경제발전이 성공한 데는 수출증대를 강조한 시장주의의 추구나 '강하고 효율적인 관료'도 큰 역할을 했지만 이 모든 것을 가능케 한 '대통령의 리더십'(*presidential leadership*)도 큰 몫을 했다는 것이다. 나아가 우리와 같은 강력한 대통령제의 경우 대통령과 관료의 관계는 많은 발전주의 정치학자들(예를 들면, Amsden, 1989; Evans, 1995; Haggard, 1990; Johnson, 1982; 1987)이 관료가 '주'(*principal*)라고 주장하는 것과는 달리 대통령이 주가 되는 대리인 관계(*principal-agent relationship*)라고 보아야 한다. 즉, 우리의 경우 관료는 대통령이 허용하는 범위 내에서 자율권이 주어졌거나 경제분야처럼 대통령이 전문지식이 없는 경우에 대통령의 묵시적 허용 아래에서 그 역할을 수행했다고 볼 수 있다(Hahm and Plein, 1995; 1997).

또한 김영삼 대통령 이전의 전임 대통령들은 대통령 선출과정에서 절차적 하자 때문에 권력의 정통성에 대한 문제점을 갖고 출발하였다. 따라서 그들은 경제성장에 기초한 성공적인 국정운영을 통해 그들의 권력 정통성을 확보하려 했다. 그러나 1987년 이후 민주화된 우리 사회에서 대통령들의 성공적인 국정운영 수행은 과거처럼 단순히 높은 경제성장률과 이에 따른 국민총생산 증가에 달려 있는 것이 아니다. 성공적인 국정운영은 높은 경제성장률의 성취뿐만 아니라, 좀더 미묘하고 복잡한 차원의 문제들, 즉 경제와 사회운영에서 제한된 정부 역할의 이해, 이익집단들 간의 갈등을 해소할 수 있는 능력, 그리고 정책의 성공적 집행을 위한 각 이익집단들 간의 효과적인 정치적 연합 및 제휴를 이끌어 낼 수 있는 능력에 달려 있다(Hahm, 2001a; Hahm and Plein, 1995; 1997).

대통령의 성공적인 국정운영을 연구하는 대통령학은 크게 '구조적 차원'(*structural dimension*)과 '시간적 차원'(*time dimension*)으로 나누어 볼 수 있다(함성득, 1997a; 1997b). 첫째, 구조적 차원에서 대통령학은 대통령 개인(*president*), 대통령비서실과 행정부 즉, '대통령부'(*presidential branch*)의 조직, 국무총리·대통령비서실장·행정부의 장관 등을 포함한 참모진의 구성, 나아가 대통령과 대통령부를 둘러싼 국회·정당 등 제도적 환경들이 주요 연구대상이다. 둘째, 시간적 차원에서 대통령학은 그 연구대상을 대통령 후보자들 중 '대통령의 선출과정'뿐만 아니라, 선출된 다음 대통령 당선인의 '통치이념 설정 및 조직의 구성과 인물의 충원을 포함한 새 정부 구성과정', 대통령으로 취임한 후 재임 대통령의 '국정운영과정', 그리고 대통령의 임기를 마친 다음 전직 대통령의 '사회활동과정' 등을 넓게 포함한다.

이러한 관점에서 이 책은 구조적 차원에서는 대통령의 개인 리더십, 대통령비서실의 변천과정, 국무총리·행정부와의 관계, 국회·정당과의 관계 등에 대해 살펴본다. 그리고 시간적 차원에서는 대통령의 선출과정, 대통령직에 대한 준비과정, 대통령직 수행과정을 포함해 대통령과 그 지도력을 연구한다. 특히, 대통령 개인의 성격과 의지, 대통령의 권한과 책임, 대통령의 통치 및 국정이념, 주요정책 결정과정에서 대통령의 역할, 나아가 대통령비서실의 조직과 보좌진의 구성 등이 주요 연구대상이다.

그러나 우리의 대통령에 관한 연구가 구조적 차원에서는 개인으로서 대통령에, 시간적 차원에서는 훌륭한 자질의 대통령 선출과정에만 치중한 감이 없지 않다. 또한 이러한 대통령의 개인 자질 중심의 '리더십 연구'는 객관적이고 공정한 통치사료가 부족한 우리의 여건을 감안할 때 과학적인 접근에 어려움이 많다. 이 책은 이러한 문제점을 극복하기 위해 우리 대통령의 연구를 구조적 측면과 시간적 측면으로 나누어 설명한다.

2) 연구의 범위와 '대통령 리더십 순환이론'

이 책은 기본적으로 우리의 현행 5년 단임 대통령제가 제도적으로 빠르게 발전할 것이라고 전망한다. 이러한 긍정적 전망은 다음의 세 가지 중요한 정치·사회적 변화에 기인한다. 첫째, 우리 대통령의 권한이 헌법에 규정된 공식적 권한은 같아도 사회 전반에 미치는 영향력은 현저히 감소하고 있다. 구체적으로 사회 전체가 점차적으로 민주화되고 국회와 정당을 포함한 정치권과 언론계, 노동계, 민간기업 등 사회 전반의 정치적 자율성이 높아지면서 과거처럼 대통령에 의한 '무소불위'의 권한 행사는 있을 수도 없고 할 수도 없다. 우리 대통령제의 폐단인 대통령 일인 중심의 권위주의적 경향은 약화될 수밖에 없다. 권위주의의 약화는 대통령제가 민주화되는 사회에서도 조화롭게 제도적으로 정착될 수 있으리라는 전망을 가능케 한다.

둘째, 이와 관련하여 지난 2002년 대선과정에서 각 대선 후보들이 대통령의 여당 총재직을 포기하는 당권과 대권의 분리를 선언하면서 상향식 공천을 약속하였다. 이러한 정치적 상황 아래서 선출된 노무현 대통령은 여당의 총재직을 포기하였고, 또한 그는 2004년의 국회의원 공천과정에 공식적으로 영향력을 행사하지 않았고 이후 대통령의 국회와 정당에 대한 영향력은 점차적으로 감소되고 있다(자세한 것은 함성득, 2005 참조).

셋째, 1997년 말부터 심각한 경제위기를 겪으면서 그동안 우리 정치를 지배한 '지역주의'와 '남북한 대치상태를 이용한 안보 또는 북한변수'의 영향력이 현저히 감소하고, '경제변수'의 중요성이 높아지고 있다. 이러한 경제변수의 중요성은 이전의 역대 대통령들이 자신들의 절차적 정통성의 하자를 보완한다는 측면에서 그들의 권위주의를 유지하기 위해 경제개발정책을 추구한 것과는 질적으로 다르다. 이는 앞으로 절차적 정통성을 갖춘 대통령의 선출 및 국정운영과정에서 정책개발을 통한 높은 경제성장률과 낮은 실업률 그리고 이에 따른 국민총생산 증가와 부의 재분배 등의 경제업적이 점차로 중요시될 것임을 뜻한다.

이러한 긍정적인 전망 아래서 제 2장에서는 대통령학이 가장 발전한 미국 대통령학의 이론적 경향을 살펴보고, 이를 기초로 우리 대통령학의 현황과 문제점 그리고 발전방향을 살펴본다.

제 3장은 대통령학의 구조적 차원에서 대통령비서실을 중심으로 정책과정에서 대통령과 리더십, 대통령비서실과 정책조정, 국무총리와 행정부의 정책집행, 그리고 대통령과 국회 및 정당과의 관계를 분석한다. 특히, 구조적 차원에서 '대통령의 리더십'(*presidential leadership*)을 분석할 때에는 개인으로서 대통령의 개성 및 성격 등의 '개인 리더십'(*personal leadership*)을 기초로, 대통령과 행정부의 관계에서는 '행정 리더십'(*administrative leadership*), 의회와의 관계, 즉 '정책의 입법적 성공' 면에서는 '입법 리더십'(*legislative leadership*), 그리고 일반 국민의 정치적 지지를 받기 위한 '대중 리더십'(*public leadership*) 등의 관점에서

분석한다(Campbell, 1998; Edwards, 1983; Nathan, 1986; Wayne, 1978). 아울러 이 책에서는 그 연구범위가 너무 방대하여 자세히 다루지 않았지만 정책개발을 강조하는 대통령의 '정책 리더십'(*policy leadership*) 도 살펴본다. 정책 리더십은 일반적으로 경제, 교육, 노동, 문화, 안전, 과학기술 등과 관련된 '국내정책' 리더십과 외교, 안보 등과 관련된 '국외정책' 리더십으로 나눌 수 있다.

제 4장은 대통령학의 시간적 차원에서 대통령의 활동과정을 후보자, 당선인, 현직 대통령, 전직 대통령으로 세분해 분석한다.

제 5장은 대통령이 그의 정치활동을 정책개발에 집중하고 그 결과에 따라 그의 업적을 평가받는 '정책실명제'를 기초로 대통령 업적평가의 의의와 접근법을 미국과 비교하여 분석한다.

제 6장은 결론으로서 위의 분석을 기초로 현행 5년 단임 대통령제의 장·단점과 제도적 정착을 위한 방안을 살펴본다. 나아가 성공적인 국정운영을 위한 대통령의 바람직한 정치적 역할과 리더십 방향에 대해서도 모색한다.

이 책은 앞에서 강조한 바와 같이 이러한 시도를 통해 대통령 연구에서 좀더 넓은 구조적 차원과 좀더 장기적인 시간적 차원 등을 고려한 동태적이고 전반적인 시각을 제시한다. 이러한 시각에서 구조적 차원과 시간적 차원을 종합적으로 고려하여 이 책에서는 '정책실명제'에 기초한 대통령의 정책에 대한 전문성 제고를 강조한다. 이러한 정책개발의 중요성에 대한 주목은 대통령의 정책 리더십을 발전시키고, 이에 따른 대통령의 입법 및 행정 리더십의 제고는 개인 및 대중 리더십의 향상을 낳는다.

〈그림 1-1〉 대통령 리더십 순환이론

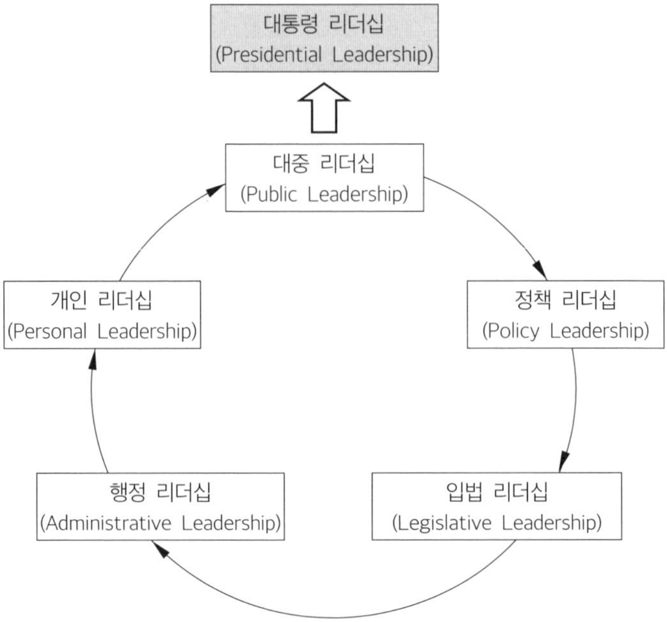

이렇게 향상된 대통령의 개인 및 대중 리더십은 그의 국정운영을 더욱 원활하게 하여 더 나은 정책을 개발할 수 있어 대통령의 정책 리더십이 다시 향상된다. 이것이 이 책을 통해 필자가 일관되게 주장하는 정책실명제에 기초한 '대통령 리더십 순환이론'이다(〈그림 1-1〉 참조).

제 2 장

대통령학의 이론적 고찰

1. 대통령학의 접근법

앞에서 언급한 것처럼 대통령학은 크게 '구조적 차원'(*structural dimension*)과 '시간적 차원'(*time dimension*)으로 나누어 볼 수 있다. 이를 자세히 살펴보면 아래와 같다.

1) 구조적 접근법

구조적 차원에서 대통령학은 그 연구대상으로 '특정 대통령 개인' 및 '특정 대통령의 대통령비서실과 행정부' 그리고 나아가 '대통령부'(*presidential branch*)를 포함한다. 구체적으로 미국 대통령 연구에서 '대통령'이란 개념은 Campbell(1986)이 분석한 것처럼 세 가지 사실을 함께 의미한다.

첫째, '특정 개별 대통령들'이다. 이는 특정 대통령의 독특한 개성 및 심리학적 요소와 그 대통령이 직면하는 총체적 정책문제와 위기를 통틀어 말한다.

둘째, '특정 대통령의 대통령비서실과 행정부'이다. 이 행정부는 특정 대통령이 가장 중요시했던 정책들을 달성하기 위해 국민의 지지를 확보하려고 하는 대통령의 국정운영 방식을 포함한다. 또한 이 행정부란 개념은 특정 대통령이 정치적 목표를 달성하기 위해 지지자들을 대통령비서실과 각 행정부처에 임명하고 그들을 관리하는 행정 지도력을 의미하기도 한다.

셋째, 국가기관으로서 '대통령부'이다. 이는 특정 대통령의 개성과 특성 및 그의 보좌기관의 특징을 초월하여 항상 존재해 왔고 앞으로도 계속적으로 존재할 조직, 즉 대통령부 그 자체를 말한다. 각 특정 대통령들은 이 대통령부를 각자 다른 방법으로 운영 변화시켜 왔으며, 그들은 각자 독특한 대통령부의 전통과 유산을 남겼다.

2) 시간적 접근법

대통령학이란 시간적인 차원에서 '좋은 자질을 갖춘 사람을 선출하는 과정'뿐만 아니라, 선출된 다음에 '새 정부를 어떻게 구성했는가', 대통령으로 취임한 후 '어떻게 대통령직을 수행했는가', 그리고 대통령직 임기를 마친 다음 '어떻게 사회활동을 하며 여생을 보내었는가' 등의 '업적' 또는 '결과'를 연구한다. 구체적인 예로 Carter 대통령은 당시 주어진 시대상에서 '정직함'이라는 좋은 자질을 갖추고 대통령에 선출되었으나, 대통령직은 훌륭히 수행하지 못했다. 그러나 임기 후 뛰어난 사회봉사활동으로 좋은 대통령의 이미지를 구축하였다. 또한 Nixon 대통령도 뛰어난 자질을 갖추어 대통령에 선출되었으나, Watergate사건으로 가장 '실패'한 대통령 중 하나로 기억되었다. 그러나 그는 사임 후 외교분야에서 뛰어난 전문가로서 또 국정의 원로로서 활동해 좋은 이미지를 구축했다.

이러한 관점에서 우리도 '좋은 대통령'을 희망할 때, 좋은 사람을 선출하는 것뿐만 아니라, 선출된 후 그가 국정을 어떻게 준비하고 수행할 것인가, 그리고 임기 후 사회활동을 어떻게 할 것인가를 연구하여야 한다.

2. 미국 대통령학

1) 미국 대통령의 역할과 발전

미국 정치의 중심은 전통적으로 의회였다(*legislative supremacy or congressional government*). 미국 헌법을 기초한 건국의 아버지들(*founding fathers*)은 개인의 자유를 최대한 보호하기 위해 대통령의 독재화를 두려워하여 가능하면 '강한 의회와 약한 행정부'(*congressional government*)를 구축하기 위해 대통령의 역할과 권한에 많은 제한을 두었다. 그리하여 미국 헌법은 의회의 권한에 대해서는 구체적으로 상세히 명시한 것과는 대조적으로 대통령의 권한과 의무에 관해서는 의도적으로 명확하게 규정하지 않았다. 다만 헌법 제 2조는 미국 대통령은 국가원수(*head of*

〈표 2-1〉 역대 미국 대통령

순서	대통령	소속 정당	출신 주	재임 연도
1	George Washington	연방주의당	Virginia	1789~1797
2	John Adams	연방주의당	Massachusetts	1797~1801
3	Thomas Jefferson	민주-공화당	Virginia	1801~1809
4	James Madison	민주-공화당	Virginia	1809~1817
5	James Monroe	민주-공화당	Virginia	1817~1825
6	John Quincy Adams	민주-공화당	Massachusetts	1825~1829
7	Andrew Jackson	민주당	Tennessee	1829~1837
8	Martin Van Buren	민주당	New York	1837~1841
9	William Henry Harrison	휘그당	Ohio	1841
10	John Tyler	휘그당	Virginia	1841~1845
11	James Knox Polk	민주당	Tennessee	1845~1849
12	Zachary Taylor	휘그당	Kentucky	1849~1850
13	Millard Fillmore	휘그당	New York	1850~1853
14	Franklin Pierce	민주당	New Hampshire	1853~1857
15	James Buchanan	민주당	Pennsylvania	1857~1861
16	Abraham Lincoln	공화당	Illinois	1861~1865
17	Andrew Johnson	공화당	Tennessee	1865~1869
18	Ulysses Simpson Grant	공화당	Ohio	1869~1877
19	Rutherford Birchard Hayes	공화당	Ohio	1877~1881
20	James Abram Garfield	공화당	Ohio	1881
21	Chester Alan Arthur	공화당	New York	1881~1885
22	Grover Cleveland	민주당	New York	1885~1889
23	Benjamin Harrison	공화당	Indiana	1889~1893
24	Grover Cleveland	민주당	New York	1893~1897
25	William McKinley	공화당	Ohio	1897~1901
26	Theodore Roosevelt	공화당	New York	1901~1909
27	William Howard Taft	공화당	Ohio	1909~1913
28	Woodrow Wilson	민주당	New Jersey	1913~1921
29	Warren Gamaliel Harding	공화당	Ohio	1921~1923
30	Calvin Coolidge	공화당	Massachusetts	1923~1929
31	Herbert Hoover	공화당	California	1929~1933

〈표 2-1〉 계속

순서	대통령	소속 정당	출신 주	재임 연도
32	Franklin Delano Roosevelt	민주당	New York	1933~1945
33	Harry S. Truman	민주당	Missouri	1945~1953
34	Dwight David Eisenhower	공화당	Kansas	1953~1961
35	John Fitzgerald Kennedy	민주당	Massachusetts	1961~1963
36	Lyndon Baines Johnson	민주당	Texas	1963~1969
37	Richard Milhous Nixon	공화당	California	1969~1974
38	Gerald Rudolph Ford	공화당	Michigan	1974~1977
39	James Earl Carter	민주당	Georgia	1977~1981
40	Ronald Wilson Reagan	공화당	California	1981~1989
41	George Herbert Bush	공화당	Texas	1989~1993
42	William Jefferson Clinton	민주당	Arkansas	1993~2001
43	George W. Bush	공화당	Texas	2001~2009
44	Barack H. Obama	민주당	Illinois	2009~

주: 미국의 경우 대통령의 재임기간에 상관없이 대통령의 '대수'를 산정하기 때문에 초대 George Washington 대통령부터 현재 Obama 대통령을 포함해 43명의 대통령이 존재한다. 그런데 현재 Obama 대통령은 제 44대 대통령이다. 왜냐하면, Cleveland 대통령이 제 22대 대통령을 지낸 다음 4년 후에 재당선되어 제 24대 대통령으로 재임했기 때문이다.

state) 로서 행정부의 수반, 군 최고사령관, 외교책임자로서의 역할과 공직임명권, 의회가 제정한 법률안에 대한 거부권(*veto power*), 조약체결권, 사면권 등의 권한을 갖는다고 최소한으로 규정하고 있다. 그러나 미국이 제 1, 2차 세계대전과 대공황이라는 위기를 극복하고 세계무대의 주역이 되면서 미국 대통령은 비공식적으로 국민 전체의 대변자, 세계평화와 안전의 수호자 등의 역할을 하고 있다.

현재 미국 정치에서 대통령은 매우 중요한 역할을 하면서 어떤 면에서는 정책과정에서 종종 의회보다 더 중요한 영향력을 미친다. 이러한 독립적이면서 강한 대통령제(*presidential government*) 로의 발전은 대통령의 권한에 대한 법원의 판례를 통한 해석, 많은 전임 대통령의 선례, 그리고 국가적 위기를 겪으면서 이루어졌다. 즉, 전임 대통령들은 헌법에 규정된 공식적 권한은 모두 같음에도 그들이 직면한 정치, 경제적 환경과 그들의 개성, 대통령직에 대한 그들의 인식 등에 의해 그들의 권한을 다르게 발전시켰다(자세한 것은 Pfiffner and Davidson, 1997 참조).

대통령 영향력의 확장 계기는 첫째, 초대 Washington 대통령이 1794년 위스키에 부과된 연방소비세 분쟁을 해결함으로써 연방정부의 우월성을 확립하면서부터였다. 또한 그는 외국과의 외교관계에서도 최고 책임자로서의 지위를 계속적으로 주장하고 실현하였다.

둘째, 대통령의 선출과정에서 의회 내의 지도자들에 의해 결정되던 대통령 후보자 지명과정이 국민이 직접 참여하게 되는 민주적 과정으로 변화되면서 대통령의 독립적 영향력이 강화되었다. 이러한 과정에서 전쟁영웅이고 민주당의 창시자인 Andrew Jackson(1829~1837)은 '보통 사람의 대통령'(*man of the people*)을 강조하며 대중적 지지를 이끌어 내 상당히 독립적 영향력을 발휘했다. 또한 공화당의 실질적 창시자이고 노예해방을 실시한 Abraham Lincoln(1861~1865) 대통령은 남북전쟁이라는 비상시국을 통해 대통령의 영향력 확장에 노력했다. 그는 대통령이 헌법과 국가의 수호를 위한 특권적 권한(*prerogative presidency*)을 가졌다고 강조하면서 종종 의회의 동의 없이 군사적인 행동에 돌입했다. Theodore Roosevelt (1901~1909) 대통령도 대통령의 권한을 확장 해석하여 대통령이 국가의 방향을 제시하고 국민을 교도(*stewardship presidency*) 해야 한다고 주장했다.[1] 또한 그는 국익을 위해서는 필요하다면 헌법이나 법률로 금지되지 않은 사항은 무엇이든지 해야 한다고 강조했다. 아울러 Woodrow Wilson(1913~1921) 대통령은 대통령만이 유일하게 국민을 대변할 수 있다고 주장했다. 또한 그는 제1차 세계대전을 겪으면서 공장징발권, 연료통제권 등의 많은 권한을 부여받았다.

셋째, 이러한 대통령 영향력은 제1차 세계대전 후 미국이 세계의 주역으로 등장하고, 또한 전쟁 중 행정부로 권한이 집중되고, 제도적으로 1921년 'Budget and Accounting Act'에 의해 재무부 소속의 예산실(Bureau of Budget, BoB) 설립에 의한 행정부 통제예산이 실시됨에 따라 날로 확대되었다. 또한 대공황과 제2차 세계대전을 직면하면서 Franklin Roosevelt 대통령에 의한 연방정부를 중심으로 한 위기극복 정책의 집행과정과 장기집권[2]을 통해 대통령 보좌조직의 확충이 급격하게 이루어졌다. 특히, Brownlow Committee를 이용한 공식적 대통령의 '행정집무실'(Executive Office of the President, EOP), 즉 '대통령실'의 설립을 계기로 '제도적 대통령'(*institutional presidency*)의 영역은 더욱 확장되었다(〈그림 2-1〉 참조). 구체적인 예로 재무부 소속의 예산실(BoB)이 대통령실로 옮겨왔다. 또한 Roosevelt 대통령은 대공황을

---

1) 이에 반하여 William Taft 대통령은 대통령의 권한을 소극적으로 해석하여 헌법에 규정된 이외의 권한이란 있을 수 없다고 주장했다. 또한 Eisenhower 대통령도 대통령의 권한을 소극적으로 해석하여 국민이 원하는 최소한의 서비스만을 제공하고자 했다.

2) 1951년 헌법 수정 제22조를 통하여 대통령 임기에 연임만 허용하고 3선 이상을 금지하였다. 이것은 Franklin Roosevelt 대통령처럼 네 번이나 당선되는 상황이 재연되지 않도록 하기 위한 것이다. 이는 대통령선거에서 현직 대통령이 훨씬 유리하기 때문에 인기 있는 독재자의 출현을 방지하기 위해서 제정하였다(서정갑, 1998; 함성득, 2002c).

〈그림 2-1〉 제도적 대통령

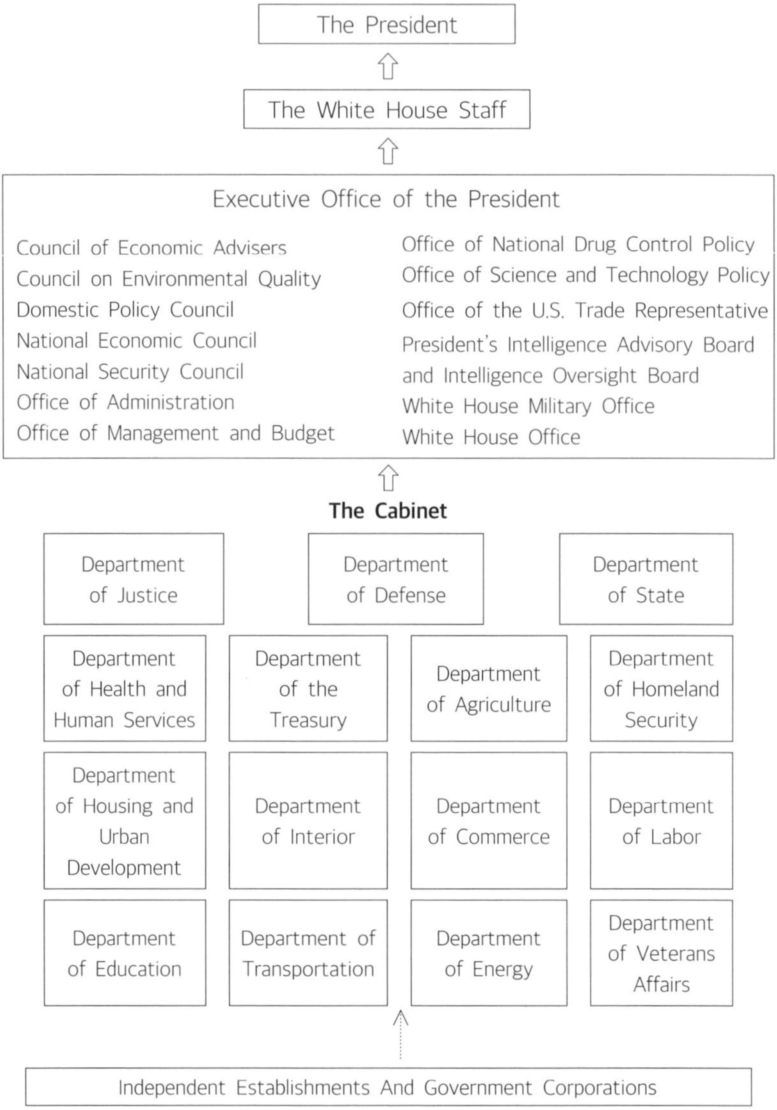

주: 화살표는 '법적 책임성'(legal responsibility)을 표시한다.
자료: Lowi, Ginsberg and Shepsle(2010: 171).

타개하고 연방관료제도를 확립했고, 국민에게 직접 호소하여 주요 국가정책의 입법과정을 주도하여 대통령의 영향력을 증대시켰다. 이때부터 대통령 중심의 국정운영(*presidential government*)이 이룩되었다.

이러한 점에서 Franklin Roosevelt 대통령부터를 '현대적 대통령'(*modern presidency*)이라고 호칭한다. 이렇게 확장된 대통령의 권한은 점차적으로 사회문제에 대한 정부의 역할이 증대되는 '행정국가화' 경향과 아울러 Nixon 대통령에 와서는 대통령 행정집무실에 '연방관리예산처'(Office of Management and Budget, OMB)를 설치하는 등 그 권한이 더욱 확대 해석되었다. 그러나 Nixon 대통령의 Watergate사건과 Reagan 대통령의 Iran-contra사건을 계기로 '제왕적 대통령'(*imperial presidency*)으로 변화한 대통령의 권한 남용에 대한 비판이 증대되었다. 제왕적 대통령이 그 전의 대통령과 다른 점은 국가위기상황에서 일시적으로 확대된 대통령의 권한이 평화 시에도 지속적으로 행사된다는 것이다(Schlesinger, 1973).

이후 대통령의 확장된 권한은 많은 분야에서 비판과 견제를 받게 되었다. 특히, 대통령의 권한은 'Congressional Budget and Impoundment Control Act'(1974)에 의해 설립된 '의회예산처'(Congressional Budget Office, CBO)를 통한 예산결정과정과 'Ethics in Government Act'(1978)에 의해 도입된 특별검사제 등을 통해 의회의 집중적 견제를 받기 시작했다. 그리고 1968년 이후 현재까지 대통령이 소속한 정당과 의회 상·하원의 다수당이 다른 '분할정부'(*divided government*)를 자주 겪으면서 대통령의 권한에 대한 의회의 견제는 더욱 증대되었다.

2) 제도적 대통령으로서 미국 대통령

(1) 대통령 보좌조직

① 내각 (Cabinet)

미국의 경우 내각은 대통령이 임명한 각부 장관 등으로 구성된 비공식 조직으로 헌법상 기관이 아니다. 내각은 1792년 Washington 대통령 당시 세 개의 주요 부처, 즉 국무(State), 전쟁(War), 재무(Treasury) 장관 및 당시 부처가 없었던 법무장관(Attorney General)과 자주 모임을 가지면서 비공식 자문기구로 발전하였다. 1794년 Thomas Jefferson 당시 국무장관이 Washington 대통령의 경제 및 외교정책에 항의하며 장관직을 사퇴하면서부터 내각에는 정당 색깔이 나타나기 시작하였다. 관례에 따라 내각에는 대통령이 임명하는 행정 각부 장관과 부통령이 포함되며 때로는 특별관청의 장이 참석하는 경우가 있다. 현재 내각에는 15개 부처가 있으며 장관의 서열은 설립연도순으로 하고 있다.[3)]

---

3) 국무부, 재무부, 전쟁부(1947년 국방부로 변경)는 1789년에 설립되었고, 내무부(Interior)는 1849년, 법무부(Justice)는 1870년, 농무부(Agriculture)는 1889년, 상무부와 노동부(초기에는 Department of Commerce and Labor로 1903년에 설립)는 1913년, 주택·도시계획부(Housing and Urban Development)는 1965년, 교통부(Transportation)는 1966년, 에너지부(Energy)는 1977년, 보건후생부(Health and Human Services)와 교육부(처음에는 Department of Health, Education, and Welfare로 1953년에 설립)는 1980년, 재향군인부(Veteran's Affairs)는 1989년, 국토안보부(Homeland Security)는 2003년에 설립되었다. 국토안보부는 2001년 '9·11 테러사건' 이후 증가된 미국 국내 안보불안 요인의 증가에 따라 George W. Bush 대통령이 대테러업무를 통합하고 국가안보를 강

당시 대통령에 대한 핵심 보좌기관인 내각은 대통령의 법률집행을 돕는 것 이외에도 정책결정을 보좌했다. 헌법을 기초한 건국의 아버지들(*founding fathers*)은 전제군주의 출현을 두려워하여 일인의 대통령 대신 오늘날 스위스의 '연방위원회'(*federal council*) 같은 회의체 또는 다수의 위원회 형태의 행정부를 설치하려 했지만 헌법에 반영되지는 못하였다. 그러나 그들은 행정부처와 장관의 필요성은 인정하였다. 이익단체들이 특별히 의회에 압력을 넣거나 자기들의 이익증진을 위해 대통령에게 특별한 조치를 요구할 때 가장 선호하는 것은 정부부처를 새로이 발족시켜 달라는 것이었다. 즉, 농민, 기업인, 근로자, 교사 등 이익단체 구성원들은 자기들을 대표하는 부처가 있으면 대통령에게 더욱 용이하게 접근할 수 있다고 믿었다.

1960년대에 들어서면서 대통령과 내각의 관계는 변화하기 시작하였다. 대통령이 직접 여론을 형성하고 입법활동의 주도권을 행사하게 되면서 대통령의 내각 의존도는 줄어들기 시작하였다. Eisenhower 대통령이 내각을 정책결정기관으로 활용한 마지막 대통령이라고 일컬어진다. 현재 대통령은 여전히 개인적 차원이나 소집단 형태로 행정각부 장관들과 협의하고 있지만 점차 보다 작은 핵심 보좌조직에 의존하고 있다. Reagan과 Bush 대통령은 '내각위원회'(*cabinet council*)를 구성하여 정책토론 및 제안과 대통령 우선 사업 추진 시 대통령을 보좌토록 하였

화하기 위해 신설한 부서로서 해안경비대, 세관, 이민국, 국경순찰대, 교통보안청 등 테러 관련 업무담당 기관들을 총괄하여 관장한다. 이 부서의 주요 기능은 국경, 교통 수송의 안보, 긴급상황 대비, 생화학, 핵, 방사능 공격에 대한 대처, 정보 분석 및 주요시설 보호 등이다(함성득, 2002c).

다. Clinton 대통령은 더욱 다양한 보좌기구를 활용하였는데, 경제(National Economic Council), 국내문제(Domestic Policy Council), 국가안보(National Security Council) 등 분야별로 각각 '정책위원회'(*policy council*)를 두어 독자적으로 업무를 추진하게 하였다. Obama 대통령은 통상과 수출 관련업무를 단일 부처로 일원화하는 한편, 국내 안보와 관련된 업무를 NSC로 통합하는 등 내각 조직 개편을 단행하였다.

② 대통령 행정집무실 (Executive Office of President)

대통령 행정집무실, 이른바 현재의 '대통령실'은 1939년 Franklin Roosevelt 대통령이 '뉴딜'(New Deal) 정책을 효과적으로 감독하기 위해 조직하였다. 그 이전의 대통령 참모조직은 보잘것없었다. 실례로 Washington 대통령은 재직 중 남부를 3개월간 여행했는데 마부와 하인 한 사람을 데리고 다니면서 잠은 여인숙에서 잤다. 또한 그는 공문서를 직접 보관하였다. Lincoln 대통령은 연설문을 직접 썼고 또한 자기 구두를 손수 닦았다. Cleveland 대통령도 백악관으로 걸려오는 전화까지 직접 받았고, Wilson 대통령은 주요 연설문을 직접 타이핑하기도 하였다. Franklin Roosevelt 대통령의 제 1기 재임 중 이렇게 빈약한 대통령 보좌조직으로는 복잡해지는 국정운영을 수행할 수 없다는 우려가 높아지자 1936년 Roosevelt 대통령은 이 문제를 다룰 Brownlow 위원회를 구성하여 연구하도록 하였다. 그 결과 나온 건의안이 공식적으로 대통령 보좌조직을 설립하여야 한다는 것이었고, 결과적으로 의회는 1939년 행정집무실의 설치권을 대통령에게 부여하였다.

최초의 대통령 행정집무실은 제 2차 세계대전을 수행하기 위한 3개의 기관과 예산실(BoB), 그리고 '백악관비서실'(White House Office)을 포함한 5개의 조직으로 구성되었다. 점차적으로 행정집무실의 규모와 책임, 권한은 확대되어 왔다. 행정집무실은 여러 개의 자문 및 정책결정기관과 특별기획팀으로 구성되며 자기 분야의 전문지식을 가지고 대통령의 정책결정 시 핵심적인 역할을 하고 대통령에게는 개별적으로 책임을 진다. 실례로 George W. Bush 대통령은 자신의 주 관심사인 '온정적 보수주의'(Compassionate Conservatism)라는 기치 아래 집 없이 가난하고 나이 들고 병든 자 또는 전과자들을 실질적으로 돕기 위해 2001년 행정집무실에 'Office of Faith-Based and Community Initiatives'를 설치하기도 하였다. 오늘날 대통령 행정집무실은 11개 기관과 백악관 바로 옆에 위치한 2개의 집행관저(Old Executive Building과 Executive Building)로 구성되어 있고 총인원은 약 1,800여 명에 이른다.

대통령 행정집무실 중 국가안보회의(National Security Council, NSC)는 1947년에 발족하였다. 국가안보회의는 미국의 외교 국방정책에 관한 대통령 자문기관으로서 기능하고 있으며, 구성원은 대통령과 부통령, 국무장관, 국방장관, CIA국장, 합참의장 등이다. 국가안보회의는 직원 100명에 연간 700만 달러 정도의 예산을 쓰고 있는데 실질적 관리책임자는 대통령 '국가안보보좌관'(*national security adviser*)이다. Nixon 대통령 당시 Henry Kissinger로 대표되는 대통령 국가안보보좌관은 역대 정부에서 외교국방에 관한 한 대통령의 가장 측근 보좌관이었으며, 대통령에게 매일 안보 관련 주요 정보와 정책에 관해 보고하고 조언하였다(함성득, 2002c).

흔히 OMB로 불리는 관리예산처(Office of Management and Budget,

OMB)는 미국의 모든 정책이 입안되고 집행되는 과정에서 반드시 거쳐야 하는 중요한 기관이다. 당초 1921년 예산실(BoB)로 발족하여 재무성 소속으로 있었는데 1939년 대통령 행정집무실에 설치되면서 대통령 직속기관으로 자리를 옮겼다. 현재의 관리예산처로 변경된 것은 1970년 Nixon 대통령에 의해서였다. 기능도 예산심사, 입법심사 외에 행정관리 기능까지 무소불위의 권한을 행사하고 있다. Nixon 대통령은 관리예산처를 정치적으로 장악하기 위해 정치적 임명 공무원 수를 늘렸다. 그 이유는 정권 교체과정에서 고위 직업공무원들의 역할을 축소하고 그들의 영향력을 배제하기 위해서였다. 현재 관리예산처 내의 정치적 임명 공무원 수는 21명 정도이다.

관리예산처는 예산편성 외에도 행정부 입장의 조율기능을 담당한다. 각 부처별로 법안을 제출하거나, 현행 법률에 대해 의견을 낼 때, 그리고 의회 청문회 등에서 증언할 때에는 반드시 대통령의 정책목표와 일치되는지 관리예산처의 사전심사를 받아야 한다. 또, 법안이 의회에서 통과된 후 행정부로 이송되었을 때 대통령이 서명할 것인지 거부할 것인지에 대해 각 부처의 의견을 수렴한다. 관리예산처는 그 외에도 행정부에서 시행하고 있는 각종 규제가 실제 필요한지, 당초 정책목표나 법률 제정 의도와 부합되는지, 경제적 효과는 어떠한지에 대한 규제심사권을 가졌다. 최근의 미국 대통령들은 관리예산처에 힘을 실어 주면서 행정 각부의 조정 통제와 연방예산 감축을 위하여 이를 적극 활용한다.

③ 백악관비서실 (White House Office)

백악관비서실은 1939년 발족한 이래 기구와 기능이 계속 확대되었다. 백악관비서실은 1960년대 중반까지는 비교적 소규모에 비공식적 기능을 수행하는 데 그쳤다. 소규모의 보좌관들이 연설문 작성, 여행계획 작성, 대통령의 정책결정에 필요한 정보수집 등의 업무를 담당하였다. 대통령 보좌관들은 정책분야에서 독자적 업무영역을 갖지 못했으며 내각의 각료들과는 영향력이나 위상 면에서 맞수가 되지 못했다. 고작 대통령의 개인 보좌관으로서 대통령의 귀를 넓혀 주고, 입법부 등과의 협의 시에는 대통령의 조정능력을 신장시키는 것으로 만족하였다(함성득, 2002c).

1950년대를 지나면서 비서실은 하나둘 보강되기 시작했다. 1950년대에 의회 연락담당관(*liaison with Congress*)이, 1960년대에 국가안보와 국내정책에 관한 보좌조직이, 1970년대와 1980년대에는 대통령의 지지기반인 이익단체, 주나 지방정부, 정당 등과의 연락담당팀이, 1990년대에 들어서는 경제정책팀이 각각 보강되었다. 그리고 2009년에는 백악관 국토안보(Homeland Security) 보좌관실과 국가안보(National Security) 보좌관실이 통합되어 9·11 테러 이후 국내와 국외로 구분되었던 백악관 안보팀이 재통합되었다.

대통령비서실이 확대되면서 첫째, 주요정책과 관련해 대통령의 분별력이 제고되고 행정부에서 추진하는 정책에 대해 대통령 개인의 선호를 갖게끔 하였다. 둘째, 대통령의 정책형성 및 결정능력을 크게 신장시켰다. 셋째, 권력의 중심축이 행정부처나 여타 정부기관에서 비서실로 이동하였고 그 결과 대통령 보좌관들의 위상과 영향력은 높아진 반면, 각 행정부처 장관들의 영향력은 상대적으로 감소하였다. 장관은 더 이상

〈표 2-2〉 백악관비서실의 인원 변화

연도	대통령	정식인원*
1937	Franklin D. Roosevelt	45
1947	Harry S. Truman	190
1957	Dwight D. Eisenhower	364
1967	Lyndon B. Johnson	251
1972	Richard M. Nixon	550
1975	Gerald R. Ford	533
1980	Jimmy Carter	488
1984	Ronald Reagan	575
1992	George H. W. Bush	605**
1996	Bill Clinton	511**
2001	George W. Bush	507**
2009	Barack Obama	487**

* 부통령실에는 20여 명의 보좌진이 있고, 국가안전보장회의(National Security Council)에는 약 100명의 보좌진이 있다. 그러나 이러한 약 120명의 인원은 여기에 포함하지 않았다.

** 위의 총원 숫자에는 각 행정부처에서 백악관 집무실에 파견된 약 50~75명의 인원은 포함되지 않았다. 또한 대통령이 사적으로 고용한 인원도 포함되지 않았다.

자료: Thomas Cronin, 1984: 347을 기반으로 보완함.

대통령의 유일한 보좌역도 으뜸가는 보좌역도 아니게 된 것이다.

백악관비서실의 직원 수는 1943년에 51명이던 것이 1953년에는 247명으로 늘어났고, 1972년의 583명을 정점으로 점차 축소 조정되어 오늘날 백악관비서실에는 정규직원 400명과 각 부처에서 파견 나온 100명에서 150명 정도가 일하고 있다(〈표 2-2〉 참조). 백악관비서실에는 비서실장과 그 밑에 두 명의 부실장, 정책, 홍보 등 분야별로 특별보좌관(*special assistant*), 고문(*counsel*), 상담역(*counsellor*) 등 다양한 명칭의 비서관들이 있는데 그 명칭은 정부가 바뀔 때마다 바뀌고 하는 일도 대외직함과 다른 경우가 많다.

백악관비서실 내의 권력투쟁은 우리의 경우처럼 대통령과의 물리적 거리와 밀접한 관련이 있다. 비서실 보좌관들은 아무리 사무실이 좁더라도 백악관(서관) 내에 있으려 애쓰고 또한 대통령 집무실(Oval Office)에 더 가까이 가려고 노력하고 있다. 백악관비서실이 점점 전문화되면서 정책결정부터 집행까지 직접 관장하게 되자 행정부의 장·차관들이 대통령에 접근하기가 어려워지고 있다. 그 결과 행정부 내에 불만이 야기되고 있으며 또 정치공무원(*political appointees*)과 직업공무원(*career bureaucrats*) 사이에 갈등도 높아지고 있다.

대통령에 따라서 백악관비서실 운영형태도 달랐다. 최근 대통령의 운영형태를 구체적으로 살펴보면 Nixon 대통령은 Truman과 Eisenhower 대통령처럼 계층제식 비서실을 운영했다. 그들은 비서실장을 중심으로 분명한 업무한계와 수직적 정책결정 체제를 유지하였는데, 이는 관리 측면에서는 별 문제가 없었으나 정치적 측면에서는 대통령의 눈과 귀를 어둡게 하는 등의 문제점을 야기했다(Johnson, 1974).

Ford와 Carter 대통령은 이러한 문제점을 인지하고 비서실 운영을 대폭 바꾸었다. Ford 대통령은 비서진의 대통령 접근을 더욱 용이하게 하였고, Carter 대통령은 비서실의 규모와 위상, 그리고 비서실 직원들이 누리던 특전을 줄여 버렸다. 비서실 조직운영은 대통령이 바퀴의 중심축이라면 보좌관들은 바큇살처럼 등거리를 두는 형식이었다. 비서실장은 없는 것이나 마찬가지였고 보좌관들이 바로 대통령에게 보고하는 식의 운영이었는데 이것도 문제점이 많았다. 보좌관들 간의 헤게모니를 잡기 위한 이전투구, 백악관과 행정부처 간의 불협화음 등은 정부정책에 혼선을 야기함은 물론 대통령 자신의 보호에도 실패한 것으로 평가되고 있다(자세한 것은 함성득, 2002b 참조).

Reagan 대통령은 비서실을 중앙집중식 관리형태로 구성하고 비서실장과 몇 명의 보좌관들에게 많은 권한을 위임하였다. 집권 1기 때의 James Baker 비서실장, Michael Deaver 부실장, 그리고 Edwin Meese 고문으로 구성된 백악관비서실 '삼두마차'는 비서실을 조화 있게 이끌어 나갔다. Reagan 대통령의 집권 1기 비서실 운영이 성공적이었다면 제 2기는 실패한 것으로 보고 있다. Donald Regan 비서실장 1인이 비서실 운영을 독점하면서 전권을 행사하였다. 비서실 직원들은 누구를 위해 일하는지를 모를 정도였고 대통령은 외부 의견과 인사로부터 멀어지게 되었다. Iran-contra사건에서 보여준 몇몇 보좌관들의 전횡과 음모는 대통령이 너무 많은 권력을 위임하고 이를 감독하지 않을 때 얼마나 위험할 수 있는지를 단적으로 보여 주는 사례이다. Nancy Reagan 여사가 Donald Regan 비서실장의 독단을 보다 못해 해임하였음은 잘 알려진 사실이다.

Bush 대통령의 초기 비서실은 강력한 비서실장 체제였다. 전 New Hampshire 주지사였던 John Sununu 비서실장은 비서실을 완전 장악하여 대통령에게로 가는 사람들과 문서는 자기를 거치도록 하였다. 그러나 그가 성격상의 문제와 사적 편의를 위해 대통령 전용기를 사용하는 등의 문제로 사임한 후 비서실에는 내부규율도, 중앙통제도 없는 난맥상을 보였다. 1992년 대통령선거 기간 중 당시 국무장관인 James Baker를 비서실장으로 기용하면서 선거전은 물론 백악관의 일사불란한 팀워크를 도모하였으나 때가 너무 늦어 효과가 미약했다.

Clinton 대통령의 집권 1기 전반 2년은 Ford와 Carter 대통령의 전철을 밟는 시행착오의 연속이었다. 대통령의 오랜 친구이던 Thomas McLarty가 비서실장에 임명된 후 비서실의 업무한계는 불분명하였고, 각종 회의는 잦고 길고 산만하였으며, 대통령 집무실에는 누구나 드나들었다. 대통령의 시간과 에너지를 효율적으로 배정하는 데 실패하였고, 의회와의 부적절한 대화, 대통령 발언의 중복, 모순 등은 한마디로 대통령이 비서실의 보좌를 제대로 받지 못한다는 증거였고, 그 결과는 국민의 지지도 하락으로 나타났다.

1994년 관리예산처장이었던 Leon Panetta를 비서실장으로 발탁하면서 비서실은 제 기능을 발휘하기 시작했다. Panetta 비서실장의 주된 역할은 비서실에 규율과 안정성을 가져오는 것이었다. 보고체계와 업무한계를 명백히 하였고 회의 참석자 수는 최소한으로 제한하였으며, 대통령에 이르는 문서와 사람들은 비서실장을 통해야 했다. 그는 또 전직 하원의원으로서 경험과 인맥을 갖고 의회와의 관계에서 대통령의 최고 대변자가 되었으며 심지어 보좌관들은 가급적 언론에 노출되어서는 안 된다는 금기를 깨고 많은 시사 프로그램 등에 나가 대통령 입장을 대변하는 등 새로운 스타일의 비서실장상을 제시하였다. Clinton 대통령의 집권 1기 전반의 비서실 운영의 경험은 비서실이 결코 아마추어들의 직무훈련장이 아니며, 지식과 경험 그리고 정치적 안목이 있는 사람들이 근무해야 한다는 점을 말해 준다.

George W. Bush 대통령은 Andrew Card 전 교통부 장관을 비서실장으로 임명하고 매우 체계적이고 조직적으로 백악관비서실 체제를 운영했다. 특히, Card 비서실장은 업무의 정확성과 효율성을 강조했다. 한편 Barack Obama 대통령의 첫 비서실장인 Rahm Emanuel(2008~

2009년) 은 〈타임〉(*Time*) 으로부터 "역사상 가장 막강한 힘을 가진 비서실장"이라는 평가를 받기도 했다.

④ 부통령 (Vice President)

과거와 비교하여 미국의 부통령만큼 그 역할과 위상이 커진 기관도 없을 듯하다. 20세기 중반 이전만 해도 부통령은 대통령 유고 시 대통령직 계승과 상원의 사회봉을 잡고 가부 동수인 경우 투표권을 행사하는 정도의 미미한 존재였다. 실제 부통령을 역임했던 초대 John Adams와 2대 Thomas Jefferson이 각각 "인간의 머리로 고안해 낼 수 있는 가장 보잘 것없는 자리", "명예로우면서도 편안하지만 이 자리를 갖고 있어야 할지는 잘 모르겠다"고 평한 데서 당시 부통령의 위상을 짐작할 수 있다.

최근까지만 해도 부통령은 정치인으로서 종착역이라는 인식이 보편화되어 있었다. 그러던 것이 1945년 Franklin Roosevelt 대통령의 급서, Eisenhower 대통령의 와병, 1963년 Kennedy 대통령의 암살, 1974년 Nixon 대통령의 중도사임 등 연속되는 대통령의 유고[4] 로 부통령의 직책이 새로이 조망되기 시작했고, 현재는 행정부의 제 2인자의 위치로까지 자리매김하고 있다. 오늘날 부통령은 옛날과 달리 의회의

---

4) 헌법의 초안자들은 대통령의 유고 시를 생각하여 부통령직을 고안하였다. 또한 헌법은 부통령 유고 시 의회가 후임자를 선정하도록 하였다. 미국 의회는 이를 더욱 분명히 하기 위하여 1947년 Presidential Succession Act를 제정하여 승계 순위를 결정했다. 대통령과 부통령 유고 시는 하원의장이, 하원의장 유고 시는 상원임시의장(*president pro tempore*), 그 다음은 국무장관, 재무장관, 국방장관, 그리고 그 다음은 장관 중 부처 설립연도순에 따라서 승계하도록 하였다.

지도급 인사 또는 주지사 출신으로서 경험과 능력을 겸비한 유능한 정치인들이며, 미래의 대통령 후보로 주목받고 있는 인사들이다. 부통령직에 취임하면서부터 가장 유력한 차기 대통령 후보로 간주되며, 특히 대통령의 제 2기 임기 말 기간에는 대통령 후계자로 각광을 받으면서 권력의 중심이 이동하는 현상까지 나타나고 있다.

Cronin(1982)은 구체적으로 오늘날 부통령의 역할을 다음의 12가지로 설명했다. ① 상원의장, ② 국가안보회의 멤버, ③ 각종 국가조언위원회 의장, ④ 대통령 특사, ⑤ 대통령 핵심 조언자, ⑥ 의회 연락 책임자, ⑦ 위기 조정자, ⑧ 임시조정위원회 감독, ⑨ 대통령 출장 시 각료회의 주재, ⑩ 정당의 부지도자, ⑪ 대통령직 승계 실습, ⑫ 미래의 대통령 후보자 등이다. 또한 Light(1982)는 오랫동안 부통령을 관찰한 후 부통령이 영향력을 유지하기 위해서 지켜야 할 네 가지 규율을 제시하였다. 첫째, 언론에 불만을 터뜨려서는 안 된다. 둘째, 대통령의 영광을 가로채서는 안 된다. 부통령이 분명히 명심해야 할 것은 자신이 대통령이 아니라는 것이다. 셋째, 조화로워야 한다. 부통령이 아무리 대통령의 결정사항에 불만이 있더라도 최종결정을 지지하여야 한다. 적극적 지지자나 로비스트가 될 것까지는 없다 하더라도 다른 참모들과 의견을 같이해야 한다. 마지막으로 부통령은 더러운 일을 같이 나누어야 한다. 싫다고 불평해서도 안 되며, 팀 플레이어로서 보조를 맞춰야 한다는 것이다(함성득, 2002c참조).

건국 이후 지금까지 대통령의 사망으로 대통령직을 계승하거나 부통령직을 역임한 후 선거를 통해 대통령에 당선된 부통령은 14명에 이른다. 구체적으로 John Adams, Thomas Jefferson, Martin Van Buren,

John Tyler, Millard Fillmore, Andrew Johnson, Chester Arthur, Theodore Roosevelt, Calvin Coolidge, Harry Truman, Lyndon Johnson, Richard Nixon, Gerald Ford, George Bush 대통령이다. 초창기 John Adams와 Thomas Jefferson이 선거에 의해 대통령에 당선된 이후 현직 부통령이 대통령선거에서 대통령에 당선된 것은 겨우 두 번밖에 안 된다. 첫 번째는 1836년 Martin Van Buren이 Andrew Jackson 에 이어 대통령으로 당선된 것이고 두 번째는 1988년 George Bush 대통령이다.

전통적으로 대통령 후보가 러닝메이트를 선정할 때에는 지역적으로나 이념적으로 안배를 하고 있다. 남부나 북부, 진보와 보수 간의 균형으로 대통령 후보의 부족한 점을 보완함으로써 득표의 극대화를 꾀하고 있다. Clinton 대통령이 Albert Gore 당시 상원의원을 러닝메이트로 지명할 때 Clinton이 남부의 조그만 Arkansas의 주지사 출신이어서 부통령은 Washington 정가의 상원의원을 선정한 것으로 보이며 그 외에 지역적 이념적 요인이 고려되었을 것으로 판단된다. Woodward(1995)에 의하면 Clinton이 Albert Gore를 민주당 부통령 후보로 지명한 이유는 측근 보좌관들이 "그는 결코 등 뒤에서 비수를 들이댈 사람은 아니다"라고 강조하였고, 또한 깨끗한 정치인으로서의 이미지와 인간적 신뢰도가 크게 작용하였다고 주장한다.

부통령의 위상을 높여 준 최초의 대통령은 Eisenhower 대통령이다. 그는 Nixon 부통령을 국무회의와 국가안보회의, 입법전략회의 등에 참석하도록 배려했고 대통령의 세 차례에 걸친 와병기간 중에 국정을 관장하게 하였다. Johnson과 Nixon 대통령은 부통령에게 별로 권한을 주지 않았으나 그 후의 대통령들은 부통령을 상담역으로 적극 활용하였고 그에 상응하여 권한도 많이 부여하였다. 역사상 가장 막강한 부통령이라 할 수 있을 Clinton 행정부의 Gore 부통령은 대통령이 등장할 때에는 거의 빼놓지 않고 바로 옆에 있을 정도로 파격적 예우를 받았다. 이러한 징후는 Clinton 대통령이 당선 직후부터 가는 곳마다 부통령을 동반하면서부터 나타났으며 당시 누구도 정부의 제 2인자로서 Gore 부통령의 지위를 부인할 사람은 없었다. 1997년 가을 Georgetown대학교에서 개최된 '지구온난화 회의'에 대통령, 부통령이 함께 참석한 적이 있었는데 통상적으로 외부행사에는 정・부통령이 같이 참석하지 않는 것을 고려할 때 부통령의 관심분야인 환경문제에 힘을 실어주기 위한 대통령의 배려로 생각되었다.

당시 Gore 부통령은 국가업적평가위원회(National Performance Review)를 주관하면서 정부 재창조 프로그램을 성공적으로 추진했다. 또한 Clinton 대통령은 Gore 부통령을 차기 대통령으로 만들기 위해 각종 지원을 아끼지 않았다. 구체적으로 정치자금 모금행사를 계속하는 등 — 사실 Clinton 대통령 자신은 정치자금 모금이 필요 없는 상태였다 — 통상적인 정・부통령 간의 관계에서는 좀처럼 보기 힘든 배려를 하였다. George W. Bush 대통령 아래서 Dick Cheney 부통령도 국가의 주요정책 결정과정에서 매우 중요한 역할을 수행하였다. 현 Joe Biden 부통령은 상원의원을 6차례 연임함으로써 의정 활동 경력만 36년에 달하는 원로 정치인으로서 상원시절 경험을 바탕으로 다양한 국제문제 및 외교정책에 대해 Obama 대통령에게 적극적으로 자문을 수행하며 중추적 역할을 하고 있다.

⑤ 영부인 (First Lady)

대통령 위상의 변화만큼 영부인의 역할과 위상도 많이 변화하였다. 과거에는 백악관의 안주인으로서 의전하는 역할에 만족하였으나 Franklin Roosevelt 대통령의 부인 Eleanor Roosevelt 여사를 시발점으로 남편의 선거운동과 각종 캠페인에 깊이 관여함은 물론 대통령 대신 주요 행사에 참석하여 대중연설도 하는 등 대통령의 정치적 동반자로서, 조언자로서 그 역할이 점점 중요해지고 있다. 대통령 보좌관들은 대통령에게 나쁜 보고를 하기를 꺼리는 경향이 있지만 영부인은 능히 할 수 있다. 앞에서 살펴보았듯이 Nancy Reagan 여사가 대통령 고위 보좌관들의 월권과 독주로 부작용이 심화되자 대통령에게 건의하여 비서실장을 해임한 것이 그 예이다(자세한 것은 함성득, 2001a 참조).

영부인은 시중의 여론을 가감 없이 대통령에 전달하기도 한다. 이는 Eleanor Roosevelt 여사가 처음 시도했던 것으로 그녀는 전국을 여행하면서 많은 사람들을 만나 여론을 청취하고 국가 분위기를 대통령에게 전달하였으며, 신문에 매일 "My Day"라는 제목의 칼럼을 썼다. 그녀는 또 여성운동, 빈곤퇴치, 고용촉진 등 수많은 인도적 프로그램을 추진하여 당시 가장 영향력이 큰 여성이었을 뿐 아니라 활동적 인사로 평가되었다. 그녀는 후임 영부인이 어떻게 행동해야 할 것인지에 대한 기준을 제시했다고 볼 수 있다. 348회에 달하는 그녀의 기자회견은 그녀가 얼마나 활동적이었나를 알 수 있게 해주며, 1997년 7월 Washington, D. C. 에 개관한 Franklin Roosevelt 기념관에 영부인으로서는 처음으로 자리한 것은 그녀의 업적평가가 생존 시에 못지않다는 것을 보여준다.

최근의 영부인들은 정책분야에까지 참여하고 있다. Rosalynn Carter

여사는 처음으로 국무회의 정규멤버로 참석하였고 Nancy Reagan 여사는 불법마약 추방을 위한 캠페인(Just Say No)을 전개하였다. 최초로 영부인을 공식기관화한 Jacqueline Kennedy 여사는 처음으로 공보비서를 임명하였고, 곧이어 40명 정도로 구성된 영부인 비서실을 설치하였다. 그녀는 백악관을 우아하고 고상하게 가꾸고 자선사업, 문화, 예술행사를 후원하면서 미국인들이 향수처럼 그리는 왕비(*queen*)의 품위와 위엄을 재현하였다.

1992년 대통령선거 당시 Clinton 후보가 "만약 나를 찍으면 하나 값으로 둘을 얻게 될 것"이라고 농담할 때부터 벌써 Hillary Clinton 여사의 정부 내 역할은 짐작되었다. Hillary Clinton 여사는 선거가 끝나면서 많은 분야에서 주도적 역할을 하였고, 특히 Clinton 집권 1기 때의 최대 역점사업이었던 의료개혁 추진위원장을 맡기도 하였다. 대통령 집무실 옆에 처음으로 영부인실을 만든 그녀는 심지어 '공동 대통령'(*co-president*)이라고까지 불렸다(Carlson, 1993). Hillary Clinton 여사는 Clinton 대통령이 성추문사건으로 어려움을 겪는 동안 지속적으로 남편을 방어했으며 1998년 중간선거에서는 남편 대신 적극적으로 운동을 하여 그녀의 영향력과 인기를 높였다. 결국 그녀는 영부인 출신으로는 미국 최초로 2000년 뉴욕 주 연방 상원위원에 당선되어 활발한 입법활동을 펼쳤고, 2008년에는 미국 대통령선거에 출마하였으나 실패하였다. 그러나 그녀는 Obama 행정부에서 2009부터 2013년까지 국무장관을 역임하였고 2016년 미국 대통령선거에 다시 출마하여 민주당 대통령 후보가 되었다.

영부인은 그녀의 독특한 위치, 즉 이혼할 수는 있어도 절대로 해고당하지는 않는다는 특성 때문에 대통령에게 직언할 수도, 정부정책이나 인사에 개입할 수도, 인(人)의 장막을 쌓을 수도 있다. 법률상 대통령 직계가족은 연방정부 내에 공식직함을 가질 수 없지만, 보수 없이 대통령이 지시한 임무를 수행하는 것과 정부 외 다른 분야에서 보수를 받는 직책을 가지는 것은 가능하다. 원래 영부인은 정치적 인사라기보다는 국가적 상징으로 인식되기 때문에 언론의 비난이나 정치권의 공격에서는 멀찌감치 피해 있으며, 국민으로부터는 따스한 시각을 받고 있다. 마치 자유의 여신상을 공격하는 것만큼이나 영부인을 공격하는 것이 부적절하다는 인식이 지배적이다. Watergate사건이 한창일 때도 Pat Nixon 여사를 공격한 사람은 없었다. 이러한 관점에서 영부인의 전통적 역할(의전 및 사회봉사)에 비중을 두는 사람들은 영부인이 정치문제에 깊숙이 개입하는 것을 좋게 보지는 않는 것 같다. 그러나 Hillary Clinton 여사에 와서 사정은 좀 바뀌었다. 실례로 Whitewater사건, 백악관 여행사무실 직원 해고 등으로 구설수에 오르는 등 그녀가 활동적인 만큼 언론, 정치권의 공격도 거세진 것이다. 반면 Laura Bush 여사는 상대적으로 조용히 George W. Bush 대통령을 내조하였다. 현재 Michelle Obama 여사는 전임 영부인인 Laura Bush 여사가 토론 등을 극히 꺼렸던 것과는 대조적으로 Barack Obama 대통령에게 매우 적극적인 정치내조를 하고 있다. 특히, 그녀는 군인가족 지원, 취업주부의 직장과 가정 내 균형문제, 국가서비스 장려, 예술과 예술교육 증진, 건강한 식생활 및 아동문제 등에서 어느 참모보다 영향력 있는 조언자 역할을 수행하고 있다.

이러한 영부인의 업적에 대한 업적평가도 이루어지고 있다. 구체적으로 '성공한 영부인'은 Eleanor Roosevelt (Franklin Roosevelt의 부인), Abigail Adams (John Adams의 부인), Lady Bird Johnson (Lyndon Johnson의 부인), Dolley Madison (James Madison의 부인), Rosalynn Carter (Jimmy Carter의 부인), Betty Ford (Ford의 부인), Edith Wilson (Wilson의 부인), Jacqueline Kennedy (Kennedy의 부인) 등이다. '실패한 영부인'은 Mary Lincoln (Lincoln의 부인), Florence Harding (Harding의 부인), Ida McKinley (McKinley의 부인), Nancy Reagan (Reagan의 부인) 등이다(Eskin, 1998).

(2) 미국 대통령실 조직

미국 대통령 행정집무실, 즉 대통령실을 구체적으로 살펴보면 다음과 같다(The United States Government Manual, 2011 참조).

① 백악관비서실

- 대통령[5]

---

5) 대통령의 보수 및 특전을 살펴보면 대통령의 봉급은 의회에서 정한다. 그리고 헌법 제2조 제1항은 재임 중에는 보수를 올릴 수도 내릴 수도 없도록 하고 있다. 이에 따라 1789년 9월 24일 최초로 정해진 보수는 연봉 2,500달러였고 현재는 40만 달러에 이른다. 대통령은 봉급 이외에 10만 달러의 여행수당과 1만 2천 달러의 접대수당을 받는다. 대통령 봉급이 몇십 년 만에 인상되고 있는 것은 공직자의 봉급인상에 대해 국민들의 시각이 별로 곱지 않기 때문이다. 더욱이 최근의 대통령은 대부분 백만장자 출신이었다. Kennedy, Johnson, Nixon, Carter, Reagan, Bush 등이 그들인데, Kennedy 대통령은 봉급 전액을 국고에 반납하였다. 대통령이 갖는 특전은 세계 최강국의 국가원수에 걸맞게 대단히 많다. 먼저 주택으로 백악관과 Camp David 별장이 있고, 교통수단으로 공군 1호

• 비서실장

• 대통령 보좌관 겸 정책·정치담당 부실장, 백악관 운영담당 부실장, 커뮤니케이션국장, 특별사업국장, 과학기술담당 대통령 보좌관 겸 과학기술정책실장, 정부 간 관련사업 국장, 홍보실장, 내각담당 비서, 의회담당 국장, 대통령 보좌관 겸 부통령 비서실장, 국가안보담당 대통령 보좌관, 대통령 상담역, 공보비서 상담역, 인사담당 국장, 국내정책담당 보좌관, 국내정책기획 보좌관, 정치담당 국장, 정책 및 전략담당 보좌관 겸 비서실장 상임보좌관, 참모진 비서, 관리 및 행정담당 보좌관, 국가경제회의 실장, 영부인 비서실장

• 국내정책담당 대통령 부보좌관, 국가안보담당 부보좌관, 의회담당 부국장, 영부인 공보비서, 정부 간 사업담당 부국장, 일정관리 및 대통령 집무실 운영담당 부보좌관, 의회담당 부보좌관, 커뮤니케이션담당 부국장, 훈장담당 국장, 정치담당 부보좌관, 내각비서차장, 국가안보담당 부보좌관 겸 국가안보회의 참모장, 경제정책담당 부보좌관, 일정담

기(Air Force One)와 헬기, 그리고 35대의 자동차가 있다. 무엇보다도 대통령은 철저한 경호를 받는다. 1901년 William McKinley 대통령이 암살된 이후 재무부의 비밀경호실(*secret services*)이 대통령 경호를 담당하고 있는데 대통령 본인은 물론 직계가족까지 포함하고 있다. Kennedy 대통령이 암살되기까지 9명의 대통령을 성공적으로 경호하였으나 Kennedy 대통령 암살을 계기로 비밀경호실의 조직과 예산은 엄청나게 확대되었다. 1963년 당시 389명의 직원에 800만 달러의 예산을 썼으나 1990년대 중반 전 세계에 걸쳐 100개 이상의 지부 사무실과 4,600명의 직원, 그리고 4억 7,500만 달러의 예산을 쓰고 있다(서정갑, 1998; 함성득, 2002c). 2003년 3월 1일 비밀경호실은 재무부로부터 국토안보부로 이관되었다.

당 실장, 백악관 경비실장, 백악관 인사담당 차장, 영부인담당 부실장, 연설문담당 실장, 대통령 부상담역, 미디어 및 운영담당 부공보비서

- 내각 관련 특별보좌관, 내방객담당 특별보좌관, 하원담당 특별보좌관, 특별보좌관 겸 비서실차장, 상원담당 특별보좌관, 홍보담당 특별보좌관, 백악관 인사담당 국장보, 훈장담당 부실장, 영부인 여행담당 국장, 대통령 연설담당관, 서신과 메시지담당 국장, 연설문담당 특별보좌관, 언론담당 국장, 일정관리 부실장, 정치담당 특별보좌관, 여행담당 특별보좌관, 언론담당 차장, 백악관 운영담당 국장, 대통령 특별보좌역, 내각담당 특별보좌관, 사료관, 의회담당 특별보좌관, 홍보담당관보, 언론담당실장보, 홍보담당관실 참모장, 영부인 일정관리 담당관, 사회비서, 연구담당관, 의회담당 특별보좌관, 대통령 상담역보, 대통령 특별상담역, 정책개발 고문

② 부통령 비서실

- 비서실장 겸 부통령 상담역, 부실장, 커뮤니케이션담당 국장, 상담역, 정치담당 국장, 국가안보담당 고문, 의회담당 부상담역, 상임보좌역, 부통령 특별보좌관 겸 부인담당 실장, 국내정책 고문, 서신담당관, 일정관리관, 일정관리 부관리관

③ 경제고문회의 (Council of Economic Advisors)

④ 환경의 질에 관한 위원회 (Council on Environmental Quality and Office of Environmental Quality)

⑤ **국가안보회의** (National Security Council)

⑥ **행정실** (Office of Administration) : 시설관리, 재정관리, 일반 서비스, 인적자원관리, 정보시스템 및 기술, 도서관 및 연구관리, 정보시스템 및 기술, 도서관 및 연구서비스

⑦ **관리 및 예산실** (Office of Management and Budget)

⑧ **국가 마약통제 정책실** (Office of National Drug Control Policy)

⑨ **정책개발실** (Office of Policy Development)

가. 국내정책회의(Domestic Policy Council)

나. 국가경제회의(National Economic Council)

⑩ **과학기술정책실** (Office of Science and Technology Policy)

⑪ **미국무역대표부** (Office of United States Trade Representative)

3) 미국 대통령학의 이론적 경향

미국 대통령 역사는 크게 1788년부터 1933년까지의 '전통적 대통령들'(*classical presidency*)과 1933년 Franklin Roosevelt 대통령을 시작으로 현재까지의 '현대적 대통령들'(*modern presidency*)로 나누어진다. 현재의 미국 대통령학 연구는 현대적 대통령들을 주로 분석한다. 왜냐하면 대공황을 전후로 한 Franklin Roosevelt 대통령 전에는 미국이 세계무대의 주역이 아니었고 국가적 정책결정과정에서도 의회의 역할과 영향력이 상대적으로 대통령보다 크고 강했기 때문이다. 또한 옛날 대통령들에 대한 연구는 특정 대통령 중심의 지극히 개인적인 것들이어서 학

문의 연구대상으로 과학적 가치를 지니기보다는 흥미 위주의 기삿거리밖에 안 되기 때문이다(자세한 것은 함성득, 1996; 함성득, 2002d; Pfiffner, 1994 참조).

현재 미국 대통령학의 경향을 구체적으로 살펴보면 첫째, Franklin Roosevelt 대통령 취임 당시 열 명 이하이던 백악관 보좌조직이 어떻게 현재의 약 3천 명이 넘는 거대한 보좌조직으로 성장했는가 하는 것이다. 이에 따라 연구방법 면에서 대통령을 대통령 개인뿐만 아니라 대통령실을 포함한 대통령부라는 제도적 관점에서 접근한다(Hart, 1995). 이러한 제도적 관점의 기본적 명제는 대통령을 보좌하는 사람들과 조직 및 기관, 즉 '대통령실이 업무수행에서 갈등 없이 잘 조직화되면 대통령의 업무수행능력이 더 성공적일 수 있다'는 것이다(함성득, 1996; 1997a). 다시 말해 대통령실이 잘 조직화되지 않으면 대통령의 업무수행이 실패한다는 것이다. 따라서 대통령학은 백악관의 인원과 조직의 성장, 이에 따른 백악관의 기관화 또는 제도화(*institutionalization*), 그리고 행정부에 대한 백악관의 통제능력의 증가를 분석한다.

특히, Nixon 대통령 이래로 대통령은 백악관의 방대한 조직과 인원을 조직화하기 위해 비서실장(*chief of staff*)이 필요했고 이들의 분석을 통해 비서실장이 백악관의 조직과 인원에 대해 통제를 너무 많이 하면(예를 들어 Nixon 대통령의 H. R. Haldeman, Reagan 대통령의 Donald Regan, 그리고 Bush 대통령의 John Sununu), 대통령의 업무수행에 많은 문제점을 낳는다는 사실 등이 밝혀졌다.

또한 구체적으로 대통령부는 '대통령실'과 그 행정부로 구성되어 있다고 주장한다(Hart, 1995). 미국의 경우 대통령실은 대통령 행정집무실

(EOP)을 가리킨다. 물론 대통령 행정집무실은 백악관비서실(White House Office)을 포함한다. 대통령 행정집무실의 원래 목적은 행정부 정책의 조정과 대통령에 대한 전문적 지식의 제공이었다. 그러나 현재는 이들 조직이 제도화됨에 따라 대통령은 행정부를 통제하기 위해 이들 조직을 사용한다. 이와 관련하여 현재의 미국 대통령학은 대통령의 행정내각과 그 장관들의 정책결정과정에서의 역할을 분석한다. 대체적으로 대통령과 개인적 친분 등에 의해 차이는 있지만, 내각의 장관들은 주요 국가정책결정에서 그 영향력이 감소하고 있으며, 그 내각과 장관의 관할분야에 대해서 백악관 참모조직의 실질적 영향력이 증대되고 있다.

둘째, 미국의 독특한 '권력분립'(*separation of powers*) 제도 아래서 대통령의 정치적 영향력의 제약점들을 분석한다. 특히, 대통령과 의회의 관계를 분석하며, 대통령의 행정부에 대한 막강한 영향력에도 불구하고 종종 행정부의 주요정책 결정과정에서 다른 나라와 달리 헌법이 규정한 '견제와 균형'의 관점에서 지금까지 의회가 상당히 중요한 역할을 했다고 주장한다. 구체적인 예로 의회와 관련해서 Bush 대통령 당시 걸프 전쟁을 중심으로 증가되는 대통령의 전쟁수행 권한(*war power*)이나, 백악관의 부정부패와 권력남용과 관련하여 Nixon 대통령의 Watergate 사건과 Reagan 대통령의 Iran-contra사건 등을 주로 분석한다.

셋째, 일반 대중의 예비선거 참여 확대로 대통령과 일반 대중이 훨씬 더 가까이 연결되었다. 특히, 일반 대중이 텔레비전을 통해서 대통령을 볼 수 있어서 이러한 친숙성이 높아졌다는 것이다. 이를 '대통령의 민주화'(*democratization of the presidency*)로 보고 이에 대처하기 위해, 구체적으로 새로운 통신기술을 활용하여 대통령이 어떻게 자신의 정책과 업적을 홍보하고 이에 따라 백악관이 어떻게 조직을 구성 · 변화시켜 왔는지를 연구한다(함성득, 1996).

넷째, 미국 대통령학은 역대 대통령 후보자들의 실현가능성 없는 공약남발로 인해, 일반 대중은 그들이 직면하고 있는 모든 문제점에 대해서 새로운 대통령이 이를 모두 해결해 줄 것이라고 높은 기대를 갖는다고 주장한다. 그러나 이러한 기대가 충족되지 않을 때 일반 대중은 대통령(*president*)과 나아가 대통령직(*presidency*)에 더욱더 회의적이 된다는 것이다. 그러므로 앞으로의 대통령 후보자들이 실현가능한 실질적 공약을 하고, 이에 따라 일반 대중이 대통령에 대해 현실적으로 가능한 기대감을 갖게 하여, 삼권분립하에서 제약된 미국 대통령의 지도력을 어떻게 향상시킬 것인가를 연구한다.

총괄적으로 최근의 미국 대통령학은 대통령 개인(*president*)의 인격과 성격뿐만 아니라 대통령실과 행정부를 포함한 대통령부의 구조와 기능의 변화과정에 초점을 둔 제도적 접근(*institutional approach*)을 시도하고 있다. 이러한 제도적 시각에서 과거의 대통령들을 분석하여 대통령의 성격에 관계없이 일반적인 사실을 이론적으로 제시하여, 앞으로 대통령들이 직면할 구조적 틀을 보편성 있게 제시하려고 한다. 이는 개별 대통령의 성격과 이에 따른 리더십 분석으로는 그 행정부가 처한 특수 시점과 상황으로 인해 다른 대통령에게 적용할 수 있는 일관성 있고 객관화된 사실 또는 경향을 도출하기 어렵기 때문이다. 그러므로 미국 대통령학은 분석방법의 객관성과 공정성, 그리고 분석결과와 관련 높은 이론적 일반화를 추구한다.

아울러 미국 대통령학은 '모든 대통령은 더 많은 권력을 추구한다'는 가정에서 시작한다(Dickinson, 1997; Neustadt, 1990). 권력은 대통령이 그의 시각에서 보다 좋은 국정운영 결과를 위해 그의 영향력을 효과적으로 극대화할 수 있는 능력이다. 이러한 미국 대통령학의 이론적 연구의 주요 논쟁은 대통령의 국정운영 및 그 결과와 관련, 대통령의 개인적 특성 및 심리적 요소들의 영향력과, 대통령을 초월하는 법·제도·관습·문화·조직요소들의 영향력의 상대적 중요성에 놓여 있다.

이러한 미국 대통령 연구의 이론적 경향은 크게 세 가지 흐름으로 요약할 수 있다. 첫째, 대통령학의 접근방법으로서 '개인적 및 심리학적' 접근법과 '제도적 및 조직적' 접근법이다. 둘째, 대통령학의 목적으로서 '분석적 및 설명적' 성격과 '처방적' 성격이다. 셋째, 대통령학 연구의 주요 관점에서 통치, 즉 '국정운영' 중심과 국민에 대한 대통령의 인기와 긍정적 이미지 제고, 다시 말해 '선거운동' 중심의 관점이다.

(1) 개인적 및 심리적 접근법과 제도적 및 조직적 접근법

미국 대통령학은 특정 대통령에 그 연구의 초점을 두어 그 대통령의 인격과 성격, 즉 심리학적 요소가 일반인과 어떻게 다르고, 어떻게 형성되었으며, 이러한 개인적 특성들이 어떻게 국정업무 수행에 영향을 미치는가에 연구의 초점이 맞추어졌다. 그러나 점차적으로 연구의 초점이 변화하여 조직이나 중요한 '국가제도'로서 행정부와 대통령부에 관심이 모였다. 이는 특정 대통령의 개인적 특성 연구가 과학적 분석으로서 어려움에 직면하면서, 제도적 차원과 관련 국정운영에 여러 대통령들이 겪었던 일반적 경향을 찾고자 한다. 현재의 미국 대통령학은 이 두 가지 접근법을 종합하여 대통령을 특정 대통령, 행정부, 나아가 대통령부로서 연구하려고 한다.

① 개인적 및 심리적 접근법

이론적 측면에서 종래의 대통령 연구는 '대통령 개인의 리더십 또는 지도력'에 대한 연구로부터 출발한다. 대통령의 리더십 연구는 각 대통령의 인격과 성격에 크게 관심을 두고 있다. 즉, 특정 대통령이 대통령으로 선출되기까지에 필요했던 특성들을 분석하고, 이러한 특성이 어떻게 그의 대통령으로서의 국정업무 수행에 영향을 끼쳤는지를 분석한다(〈표 2-3〉 참조). 이러한 연구에도 크게 세 가지 흐름이 있다.

첫째는 자질론 또는 영웅론이다. 즉, 대통령으로 선출된 사람은 이미 태어날 때부터 보통사람들과 달리 지도자가 되기 위한 독특한 자질을 갖고 태어난다는 것이다. 다시 말하면 대통령들은 보통사람들과 달리 미래에 대한 비전, 출중한 외모와 목소리, 탁월한 통솔력, 뛰어난 문제분석력 및 업무통제력 등의 자질, 즉 카리스마를 갖고 태어난다는 것이다. 자질론적 시각의 장점은 교육시설 및 환경이 좋지 않았던 옛날의 위대한 지도자들의 뛰어난 자질이나 카리스마를 잘 설명한다는 것이다. 반면에 자질론 또는 영웅론은 신체적이나 사회적으로 어려운 환경 속에서도 자신의 노력과 뛰어난 스승들을 만나 그 어려움을 극복하여 대통령에 선출되고, 뛰어난 업적을 남긴 지도자들을 분석하는 데는 어려움이 있다(함성득, 1997a).

둘째는 후천적 및 교육론적 접근으로 지도자의 자질은 갖고 태어나는 것이 아니라, 본인의 노력에 의해 형성되는 것으로 보는 견해이다. 즉, 대통령이 되기 위한 자질들은 본인의 노력, 교육의 영향, 경험의

〈표 2-3〉 대통령 연구의 접근법

	개인 특성 및 심리적 접근법	제도적 및 조직적 접근법
대통령직에 대한 시각	개인적 및 단일적 기관	조직유기체 및 집합체적 기관
주요 연구 초점 및 대상	• 개인행태 • 개인성장배경 • 리더십 유형 • 개별 정책결정과정 • 국정운영 스타일	• 법적 권한, 의무 및 역할 • 통치이념 • 개별 정책결정과정 및 결과 • 대통령실의 구조 및 행정부와의 관계 • 국정운영 결과
국정운영에 영향을 미치는 중요 변수	• 개인적 성격 • 직무에 대한 태도 • 활동에너지 • 정치적 기술	• 국정운영 비전 및 계획 • 보좌조직의 전문화
분석시간틀	단기적 시각	장기적 및 중기적 시각
주요 분석방법	• 개인적 면담 • 단일사례 연구	• 개인적 면담 • 다수사례 연구 • 계량적 시계열 분석

결과로서 후천적으로 습득하게 된다는 것이다. 교육론적 접근의 장점은 자질론의 단점을 쉽게 극복할 수 있다는 데 있다.

이 두 입장을 종합 발전시켜 Barber(1977; 1992)는 미국의 역대 대통령들을 성격 또는 심리학적 측면에서 재임 대통령의 '활동에너지'와 '직무에 대한 태도'를 중심으로 '적극-긍정형', '적극-부정형', '소극-긍정형', '소극-부정형'으로 분류해 대통령의 심리적 특성과 국정운영 결과의 관련성을 분석했다(자세한 것은 3장 1절 참조). 아울러 Barber(1992)는 이러한 분석틀을 이용해서 미래 대통령들의 국정운영 방향을 예측할 수 있다고 주장했다. 그러나 Barber(1992)의 분류는 너무 단순하여 상당히 복잡하고 이중적 성격을 가진 대통령을 분석하기 어렵다는 단점이 있다. 아울러 많은 학자들은 Barber(1992) 분석틀의 예측성을 부정하고, 기껏해야 그의 분석틀은 대통령의 국정운영과 대통령의 심리적 요소와의 관련성을 이해하는 데 도움이 될 뿐이라고 주장한다(함성득, 1997a; Campbell, 1993; Pfiffner and Davidson, 1997).

셋째는 자질론 접근과 교육론적 접근을 결합하여 각 시각의 장점과 단점을 보완한 상황론적 접근이다. 상황론적 시각은 각 개인이 대통령으로 선출되고 임무를 수행하기 위해서는 어떤 시기에 특정한 자질이 잘 결합하거나 조화되어야 한다는 것이다(Mukunda, 2012). 다시 말해 아무리 대통령이 되기 위한 여러 자질들을 갖추었더라도 시대적 상황이 그러한 인물 또는 자질을 필요로 하지 않으면 대통령으로 선출되지 못한다는 것이다. 이는 자질 면에서 좀 뒤지지만 상황이 그러한 인물을 필요로 하면 그 인물이 그 상황에 그 국가의 지도자로 선출된다는 것이다. 예를 들어 미국에서 Carter 대통령이 Nixon 대통령의 Watergate 사건 덕분에 대통령에 선출되었던 사실을 꼽을 수 있다. 그러나 선거과정에서 유효했던 그의 청렴결백성이 대통령의 국정업무 수행에는 큰 도움이 되지 못하였다. 한편 Reagan 대통령은 자질 면에서 좀 부족했지만 Carter 대통령의 실정과 당시의 시대적 상황이 그의 영화배우로서 강한 이미지를 필요로 했기 때문에 등장했다. 우리의 예로 1987년 민주화 이후 노태우 대통령이 대통령으로 선출되는 과정에서는 여러 의견을 수렴하는 그의 자질이 장점으로 작용했지만 국정수행에서는 이 자질이 정책결정력을 약화시켜 국민들에게 우유부단하고 연약한 대통령으로 비쳤다.

다만 이러한 상황론적 시각은 지나간 과거의 대통령과 그 업무수행을 그들의 자질과 상황에 비추어 설명을 하는 데에 커다란 장점을 갖고 있으나, 자질론과 교육론과 비교하여 상대적으로 앞으로 특정 개인이 대통령으로 선출되기 위해서 그리고 보다 나은 국정수행을 위해 어떻게 해야 할 것인가라는 객관적 사실을 끌어내는 '미래예측 설명력'이 낮다는 단점이 있다(Moe, 1993). 이러한 미래예측 설명력의 부족은 비단 상황론적 시각뿐만 아니라 자질론과 교육론도 마찬가지이다. 즉, 개인 중심의 인격이나 성격을 통한 대통령 연구는 특정 대통령과 그의 특정 성격이 어떻게 그 대통령의 국정업무수행에 영향을 미치는가는 잘 설명할 수 있으나, 미래예측 설명력이 부족하다는 단점을 극복하기가 어렵다(Campbell, 1993).

대통령 개인 성격 및 심리적 접근법은 연구의 초점을 대통령 개인의 성격과 행태(정책결정 및 협상)에 두고 있다(〈표 2-3〉 참조). 이러한 접근법은 대통령직을 상당히 개인적, 즉 대통령 중심의 '단일기관'으로 보며, 연구의 대상기간을 특정 대통령 재임기간에 한정하는 매우 단기적 시각을 갖고 있다(Pika, 1982; Greenstein, 2000). 이러한 접근법은 대통령 연구에서 '행태주의'로 발전하였다. 이 행태주의는 두 가지 가정에 기초를 두고 있다. 첫째, 대통령은 환경이 만든 제약 속에서 그의 성격과 가치체계에 기초하여 그 제약점들을 고려하여 정책을 결정한다. 둘째, 환경은 항상 변화하고 대통령은 이를 변화하게 할 수 있다(Bunce, 1981). 이러한 행태주의는 대통령의 국정운영에서 대통령의 개인적 요소들이 제도적 또는 조직적 요인들의 영향력을 상쇄한다고 주장한다.

그러나 행태주의 또는 개인 성격 중심 접근법은 학문적 접근법으로서 그 연구 결과의 일반화 또는 객관화의 어려움 때문에 그 이론적 가치가 약하다(Pika, 1982). 아울러 이러한 행태주의 또는 개인적 성격 연구는 그 연구 방법으로 주로 개인적 면담, 개인 전기, 신문기사, 통치 사료에 의존하는데, 자료의 객관성과 계량적 연구를 위해 측정가능한 변수로 바꾸는 '조작화'가 어렵고, 그 접근법이 저널리스틱해서 과학적 접근방법으로서 가치가 약하다는 비판을 받고 있다(Campbell, 1993).

② 제도적 및 조직적 접근법

제도적 및 조직적 접근은 특정 대통령 개인의 성격과 심리적 요소들보다 장기적 시각에서 대통령직을 '유기적' 기관 또는 '집합적' 기관으로 보고, 헌법에 규정된 대통령의 권한과 책임, 대통령비서실의 구조와 기능, 대통령과 행정부 관계 등의 변화과정에 초점을 둔다(Moe, 1993; Pika, 1982; Walcott and Hult, 1987). 미국에서는 Franklin Roosevelt 대통령부터 대통령실의 조직이 급격히 복잡해지고 보좌인원이 증가함에 따라 대통령실의 효율적인 조직운영과 관리에 관심이 증대되었다(Dickinson, 1997; Pfiffner, 1994). 조직적 접근은 정책결정과정에서 대통령을 조직으로 보아 대통령실의 구조와 기능 그리고 대통령실 내의 관료들, 즉 정치적으로 임명된 관료들과 일반 전문관료들 간의 협조 및 갈등 관계 등을 관리적 입장에서 분석한다. 나아가 정책결정과정에서 보좌조직의 확대와 전문화가 어떻게 영향을 미치는지를 분석한다.

조직적 접근은 제도적 접근과 비교하여 분석의 정확성을 위해 연구의 대상으로서 상대적으로 숫자가 적은 대통령들의 사례들을 연구하며 '중기적 시간틀'을 유지한다(Hart, 1995; Hess, 1988; Pika, 1982). 이러한 시각은 '신제도주의'(*new institutionalism*)로 발전하였다. 신제도주의는 '위임-대리관계'(*principal-agent model*) 이론과 '거래이전비용'(*transac-*

tion-cost theory) 이론을 강조하는 '조직의 신경제학'(*new economics of organization*)에 기초하고 있다(Miller, 1992; Moe, 1984; 1985; 1990; 1993; Moe and Wilson, 1994). 신제도주의는 대통령의 국정운영 효율성을 극대화하기 위해 대통령과 그를 보좌하는 관료와의 관계에서 대통령 중심의 집권화를 통한 위임-대리관계를 확고히 하여 정보 및 영향력의 거래이전비용을 최소화하여야 한다고 주장한다. 신제도주의는 미국 대통령들이 점차적으로 왜 그들의 보좌조직들을 백악관 내에 집중 증가시키면서 동시에 '관료 조직화'하여, 모든 정보와 영향력을 대통령 자신에게 집중시키는지를 잘 설명한다.

제도적 및 조직적 접근은 과거의 대통령들을 분석하여 특정 대통령의 특정한 성격에 관계없이 일관성 있고, 객관적 사실 및 경향을 이론적으로 제시하여 앞으로의 대통령들이 직면할 국정과제 등의 구조적 틀을 보편성 있게 제시한다. 대통령의 성격과 이에 따른 리더십 분석으로는 그 행정부가 처한 특수시점과 상황 때문에 다른 대통령에게 적용할 수 있는 일관성 있고 객관화된 사실이나 경향을 도출하기 어렵다. 반면에 제도적 및 조직적 접근법은 그 분석방법의 객관성과 공정성, 그리고 분석결과의 일관성을 유지하면서 일반화하기가 용이하다는 장점을 지녔다(〈표 2-3〉 참조). 아울러 이 접근법은 업무를 중심으로 정치적 충성이 아닌 직업전문성에 기초하여 대통령의 보좌조직을 구성하고 충원한다면, 국정업무의 일관성 및 안정성이 높아 대통령의 보다 나은 국정운영에 도움이 될 것이라고 주장한다(Burke, 1992; 1995; Feldman, 1993; Walcott and Hult, 1987).

그러나 제도적 및 조직적 접근법의 중요한 문제점은 '과연 대통령실의 보좌조직이 정치적으로 임명된 사람보다 일반 행정부에서 경험을 쌓은 임기가 보장된 직업관료들로 더 많이 충원된다면(다시 말하면 보좌조직이 정치성을 떠나 업무에 대한 직업전문성으로 조직화된다면), 정말로 대통령의 국정수행에 도움이 될 것인가?'라는 질문에 대한 답변이 궁색해진다는 것이다. 실례로 Kennedy 대통령의 경우 1961년 쿠바에 대한 '피그만 침공' 실패 이후 이러한 관료 중심의 처방책을 무시하고서 정치적으로 임명된 전문가들의 도움을 받아 1962년 '쿠바 미사일 위기'를 성공적으로 해결했다.

한편 제도적 및 조직적 연구방법은 국정업무수행에 대한 각 특정 대통령의 성격 등 개인적 요인들의 영향이 제도적 요인들에 따라 대체적으로 가감 또는 상쇄된다고 가정한다(함성득, 1996; Moe, 1993; Sinclair, 1991). 그러나 실제에서는 Campbell(1993), Greenstein(1988; 1994; 2000), Hargrove(1993)와 Neustadt(1990)가 주장하는 것처럼 미국에서 어느 대통령의 제도적 상황이 그 대통령의 국정업무수행을 아주 정확하게는 설명하지 못하고 있다. 도리어 대통령의 국정업무수행의 많은 부분이 "어떻게 각 특정 대통령이 그 자신을 일반 대중에게 좋은 방향으로 알리는가? 어떻게 그 자신이 정책결정과정을 잘 운영하는가? 또는 어떻게 그 자신이 특정 정책분야에서 독립적 영향력을 가진 참여자들을 잘 설득하는가?"에 달려 있다. 특히, 미국 대통령의 훌륭한 국정업무수행의 최종목표를 '대통령의 인기'와 '재선'이라고 볼 때 개인적 요소의 중요성을 무시할 수는 없다. Campbell(1986)은 특정 재직 대통령의 성격과 심리적 특성을 국정업무수행과 철저히 연결시켜서 연구하지 않고서는 특정 대통령과 그 행정부를 제대로 이해할 수 없다고까지 주장한다.[6]

미국의 경우 객관적인 통치사료 및 각 대통령의 사생활에 관한 자료를 갖고 있음에도 불구하고, 제도적 및 조직적 시각에서 개인적 요소 접근법을 미국 대통령의 연구접근방법으로서 낮게 평가하는 기본적 이유는 개인적 요소들의 계량적 연구를 위한 조작화의 어려움 때문이다(Moe, 1993). 이러한 조작화의 어려움은 대통령을 과학적으로 연구·접근할 수 없게 한다. 하지만 이러한 방법론적 문제 때문에 대통령의 개인적 및 심리적 요소들이 국정업무수행에 미치는 영향의 중요성을 알고 있으면서도 이를 무시한다면 이는 과학적 접근법이 될 수 없다.

미국에서 일반적으로 대통령학은 '국가 주요정책 결정과정에서 객관적이고 일관성 있는 대통령의 역할 변화를 연구할 때 이러한 변화가 특정 재임 대통령의 개성과 심리적 요소들에 의해 영향을 받으며, 아울러 이러한 역할의 변화는 대통령실, 나아가 대통령부의 조직과 구조에 중요한 영향을 미친다'고 정의한다. 미국의 대통령 연구는 객관적이고 과학적인 연구를 위해 개인적 및 심리적 요인들과 제도적 및 조직적 요인들을 함께 고려하고 있다. 다만, 연구과정에서 특정 대통령과 상황에

---

6) 이러한 관점에서 Neustadt(1990)는 미국 대통령의 리더십 연구에서 특정 대통령의 개인적 및 심리학적 요소, 특히 '설득력'을 바탕으로 한 '협상능력'과 '정치적 상황'의 중요성을 강조하였다. 그는 대통령의 국정운영의 성패 또는 지도력의 발휘는 그 당시 기득권(특히, 미국에서는 워싱턴 정가)의 적극적 호응에 달려 있다고 보았다. 또한 그는 이러한 기득권의 호응을 대통령에게 부여된 통치권한을 넘어서서 대통령이 기득권으로부터 그의 정치적 능력(협상능력 등)을 어떻게 평가받고 있느냐 하는 '평판'과 대통령이 그 정책에 대해 국민으로부터 얼마나 지지를 받고 있는가를 기존 이익계층이 어떻게 '인식'하고 있는가에 달려 있다고 보았다. 이러한 Neustadt의 입장을 '정치심리학적' 접근법이라 하며, 이는 미국 대통령 연구의 주요 틀로 자리 잡았다(자세한 것은 3장 참조).

따라 그 비중을 달리할 뿐이다.

(2) 분석적 및 설명적 성격과 처방적 성격

전통적으로 미국 대통령학은 특정 대통령의 성격, 즉 심리학적 특성이 국정운영에 미친 영향, 국가 주요정책 결정과정에서 대통령의 역할 및 그의 보좌조직의 변천과 그 역할, 그리고 국정운영 결과를 설명하는 데 그 연구의 중점을 두었다. 나아가 이들 간의 연관성을 체계적이고 과학적으로 분석했다. 이러한 분석적 및 설명적 성격의 대통령 연구는 두 가지 가정에 기초를 두고 있다. 첫째, 미국 '대통령'(*president*)은 미국의 주요 국가정책에 크게 영향을 미친다는 것이다. 둘째, 이러한 미국 대통령의 공공정책에 대한 영향력은 개별 대통령의 개인적 지도력과 그 대통령이 처한 정치적 상황에 달려 있다는 것이다(Mukunda, 2012). 그리고 대통령부 또는 대통령이라는 직위가 갖는 권한의 확대와 축소는 결국 그 현직 대통령의 국정운영 결과에 달려 있다는 것이다. 그러므로 특정 대통령의 국정운영에 대한 치밀한 분석은 다른 한편으로는 대통령부, 그 자체의 한 부분을 연구하는 것이다(Greenstein, 1988; Pfiffner and Davidson, 1997).

예를 들면 어떠한 정책분야와 관련된 국정운영이 성공적 결과를 가져왔을 때 이러한 분석적 및 설명적 성격의 대통령 연구는 그러한 성공적 결과가 어떠한 요인들에 기인하였는지를 분석한다. 이는 성공적 정책 결과가 어떤 요인, 예를 들어 보좌조직의 뛰어난 전문성 또는 대통령의 특수한 지도력의 요소 등과 보이는 관련성을 그 '인과관계'에 근거하여 체계적, 과학적 또는 계량적으로 분석하는 것이다. 분석적 및 설명적 연구의 목적은 앞으로 대통령의 국정운영에서 정책성공을 위한 대안을 제시하는 것이다. 어떤 정책수행의 결과가 실패했을 경우에도, 분석적 및 설명적 연구는 그 원인을 철저히 규명하여 향후 대통령의 국정운영에서 정책실패를 최소화하는 데 목적을 둔다(Greenstein, 1988; Pfiffner and Davidson, 1997).

다시 말해 분석적 및 설명적 성격의 대통령 연구는 치밀한 분석과 설명을 통해 앞으로의 대통령들이 국정운영과정에서 직면할 여러 문제들과 그 해결책을 제시하고자 하는 것이다. 분석적 및 설명적이며 장기적 시각의 연구경향은 학문으로서 대통령학이 정치학의 중요한 부분으로 자리 잡게 하는 데 공헌했다. 그러나 현재 미국 대통령학의 연구경향은 위에서 언급한 연구대상을 설명하려는 것이 아니라, 어떻게 하면 특정 시기의 대통령의 국정운영능력을 향상시켜 나가는가에 중점을 두는 처방적 성격을 띤다(DiClerico, 1991; Pfiffner, 1988).

처방적 성격은 미국 정치의 두 가지 큰 정치적 흐름에 기인한다. 첫째, 시간이 갈수록 대통령 후보자들이 대통령에 선출되기 위해 대통령 선거만을 위한 전혀 실현가능성이 없는 허황된, 그렇지만 밝은 미래와 높은 기대감을 불러일으키는 선거공약을 내세웠다. 결과적으로 대통령의 국정운영에 대한 국민의 기대감이 높아졌다(Genovese, 1995; Pfiffner, 1994; Pfiffner and Davidson, 1997). 둘째, 이러한 경향과는 대조적으로 사회가 갈수록 복잡 다원화되고 민주화됨에 따라 다양하고 조직화된 정치적 이익집단들이 출현하였다. 이들의 출현으로 대통령이 대통령으로서 국정운영과정에 발휘할 수 있는 제도적 또는 조직적 권한이 계속적으로 축소되고 제한되었다. 제도적 권한의 제한은 개인으로서 대통령의 뛰어난 지도력을 요구한다. 그러나 실제로 대통령은 많고도 다양한 이익집단들의 요구를 만족시키거나 또는 조화 내지 조정하기가 어려워, 개인적으로 뛰어난 지도력을 발휘하기가 구조적으로 불가능한 상황이다(Greenstein, 1988; Pfiffner and Davidson, 1997).

이러한 상황에서 국민은 새로운 대통령에 대한 많은 기대감을 가졌으나, 시간이 지남에 따라 대통령이 어떠한 자질의 소유자인가에 상관없이 대체적으로 국정운영결과에 실망하게 된다(Genovese, 1995). 학자들은 이를 '기대감의 괴리' 또는 '대통령 리더십의 딜레마'라고 정의하고, 이러한 현상은 더욱더 심화되어 점차적으로 국민이 특정 대통령 개인뿐만 아니라 대통령이라는 직위에까지 실망하여 불신이 증대한다고 주장한다. 아울러 대통령에 대한 불신이 정부 전체에 대한 불신으로 연결된다고 주장한다(Edwards and Wayne, 1997; Light, 1982; Pfiffner, 1994; Skowronek, 1993). 이러한 상황에서 Stuckey(1991)는 대통령이란 이제는 국민의 기대감이나 열망을 궁극적으로 또는 최종적으로 '해석하는 책임자'(Interpreter-in-Chief)가 되어야 한다고 주장한다.

그러므로 미국 대통령 연구에서 가장 중요한 연구과제는 특정 대통령 자신과 국민이 갖고 있는 특정 대통령에 대한 높은 기대감을 충족시키기 위해 '어떻게 대통령이 국정운영능력을 증가시키는가' 하는 데 있다. 따라서 대통령의 국정운영평가는 대통령의 국정운영에 대한 국민의 인기에 달려 있다고 보았다. 그러므로 대통령학의 처방적 성격은 상황 즉흥적이며 단기적인 문제들, 즉 단기적 이미지 손상 또는 인기하락 등을 해결하기 위한 대책개발에 초점을 둔다. 또한 처방적이며 단기적인 성격은 대통령과 그의 보좌조직으로 하여금 당면한 상황에 대한 즉

각적 대응에만 집중하게 한다. 그러나 이러한 상황적 문제에 너무 집착하면 특수시점과 상황들을 뛰어넘는 국민의 화합이나 협조를 이끌어 내는 장기적 시각, 즉 큰 안목과 국정운영의 비전을 제시하지 못한다. 또한 특수상황 중심의 단기적 시각의 처방적 성격은 일반화된 체계적 이론개발을 늦추어 대통령학의 이론적 성숙에 기여하지 못한다. 그리하여 현재 미국의 대통령학은 정치학의 다른 어떤 분야보다도 이론적 체계화 내지 성숙이 미약하다.

예를 들면 처방적이며 단기적 시각의 연구경향은 처방적 경향의 연구자들이 대통령의 국정운영의 결과를 잘 반영한다고 주장하는 '대통령의 인기함수' 개발에 잘 나타난다. 대통령의 인기함수에는 일반적으로 경제성장률, 물가상승률, 실업률, 국가안보위기, 정치이념 등이 있으나, 중요 변수는 경제성장률과 물가상승률, 그리고 실업률을 포함한 경제정책변수이다(Abramowitz, 1988; Frey and Schneider, 1978; Hahm, Kamlet, and Mowery, 1997; Mueller, 1970). 이러한 시각에서 대통령의 인기유지와 재선을 위한 선거의 시점과 재임 대통령 소속 당에 유리한 선거만을 위한 좋은 경제상태 유지를 연결시켰다. 그리고 '필립스 곡선'(Philips Curve)으로 요약되는 물가상승률과 실업률의 부정적 상관관계에 기초하여 많은 정치경제적 가설들이 제시되었다. 그러나 이러한 가설들은 특정 시점과 특정 대통령에게는 타당성을 가지나, 이를 초월하여 일반화하기에는 이론적 성숙이 아직 미흡하다(Alt and Chrystal, 1983; Beck, 1982a, 1982b, 1984; Hahm, Kamlet, and Mowery, 1995a).

구체적으로 미국의 경우 이러한 가설에 바탕을 두어 실업률의 감소가 민주당 대통령에게 더 유리하고, 물가상승률의 감소가 공화당 대통령에게 더 유리하다고 알려져 있다. 역대 미국 대통령들은 대체적으로 이러한 가설들에 기초하여 그의 정치적 이익을 고려하여 국정을 운영했다. 그러나 실업률과 물가상승률이 함께 높은 스태그플레이션하에서 이러한 가설들의 타당성은 약화되었고, 이에 따라 이론적 발전을 위한 경험적 및 계량적 증명이 어려워 일반화의 어려움을 겪게 되었다(Alesina and Sachs, 1988; Beck, 1982b, 1984; Hahm, Kamlet, and Mowery, 1995a, 1995b; Hibbs, 1977, 1982).

(3) 통치 중심과 선거운동 중심

종래의 미국 대통령학은 대통령과 행정부 관계, 특히 관료제의 운영과 대통령과 국회 관계 등 통치 및 국정운영행위의 관점에 연구중점을 두었다. 그러나 과학 및 통신기술의 발전으로 대통령과 일반 대중의 관계가 좀더 가까워질 수 있게 되면서(Pfiffner, 1994는 이를 '대통령의 민주화'라 한다), 현재 대통령학은 대통령과 일반 대중 관계, 또는 대통령과 미디어 관계 등 대통령의 이미지 제고 및 선거운동, 즉 대통령의 인기관리의 관점에 연구의 중점을 두고 있다. 선거운동 중심 관점에서는 이론적으로 현직 대통령의 훌륭한 국정수행과 '국민에 대한 적극적인 선거전략적 홍보'(*going public*)가 그 대통령에 대한 국민의 지지를 이끌어낼 수 있어 현재의 국정운영과 재선과정에 중요한 영향을 미친다는 것이다(Jones, 1996).

구체적인 예로 많은 미국 대통령 연구자들은 Clinton 대통령의 경우 그의 집권 1기 4년 동안에 국정운영보다는 재선을 위한 선거운동에 더 치중했다고 주장한다. 즉, 4년 동안 구체적이고도 포괄적이며 일관성 있는 통치이념에 근거해서 국정운영을 수행한 것이 아니라, 재선을 위한 선거운동에 치중하여 모든 주요 국가정책 결정에서 자신의 재선에 유리하도록 정치적 입장 또는 통치이념을 바꾸어 정책을 결정했다는 것이다. 그 결과 그의 경제, 국방, 외교 등 주요 국가정책 결정과정에서 전문정책 보좌관들의 영향보다는 그의 재선운동 전략가들의 영향이 훨씬 컸다(Campbell and Rockman, 1996; Jones, 1996).

이러한 경향은 1996년 Clinton 대통령이 그의 정치이념 또는 철학과 상이한 '사회복지법개혁안'을, 백악관의 전문정책 보좌관들의 반대에도 불구하고 여론조사에 바탕을 둔 선거운동 전략가인 Dick Morris의 정치적 이익의 강조에 따라 지지하기로 결정한 사례에서 잘 드러난다(Morris, 1996). 이러한 Clinton 행정부의 선거운동 중심의 국정운영에 기인하여 많은 학자들이 Clinton 행정부의 첫 번째 임기는 단기적인 정치적 이익에 치중하여 21세기를 맞이하는 국가를 위한 장기적 비전을 제시하지 못했다고 주장한다(Campbell and Rockman, 1996).

과학 및 통신기술의 발달에 힘입어 매일매일의 대통령 정책결정이 바로 국민에게 알려지며 국민의 여론형성에 직접적 영향을 미칠 수 있기 때문에 이러한 선거운동 중심의 국정운영은 더욱 심화되고 있다(Brace and Hinckley, 1992). 즉, 대통령의 국민에 대한 인기가 대통령의 정책결정에 직접적으로 영향을 미친다. 또한 Morris(1996)와 Neustadt(1990)가 주장한 것처럼 대통령의 국민에 대한 인기는 대통령의 성공적 국정운영을 위한 각계각층의 지지를 이끌어 내는 과정에서도 중요한 영향을 끼친다(*governing by campaigning*). 결과적으로 옛날과 달리 통치 또는 국정운영과 선거운동의 구분이 없어졌다(Jones, 1996).

국정운영에서 주요 국가정책의 결정은 장기적 시각보다는 단기적 시각이 그리고 처방적 성격이 우선시된다. 왜냐하면 대통령과 그 보좌참모들은 바로 대통령의 단기적 인기와 정치적 이익을 생각지 않을 수 없기 때문이다. 또한 이러한 선거운동 중심의 단기적 시각의 경향이 심화되면 대통령 선출과정에서 정책이슈보다는 후보자의 개인적 매력이 더 중요한 영향을 미치게 된다. 나아가 이러한 경향이 더 심화되면 정책개발을 위한 정당의 중요성이 약화되고, 정치적 홍보를 위한 대통령 후보의 사조직과 미디어가 정당의 역할을 대체하게 된다(Pfiffner, 1994).

선거운동 중심의 국정운영상황에서 대통령 보좌조직으로서 '여론조작자'(*spin doctor*)를 포함한 '선거운동전략가'(*professional campaign strategist*)들도 정책전문가들만큼이나 점차적으로 중요한 자리를 점하고 있으며, 이들의 중요성은 더욱 증가될 것이다. 현재 이들의 조직은 대통령의 보좌조직으로서 비공식적이지만, 앞으로는 대통령실의 공식조직이 될 수도 있다. 이와 비슷한 예로 과거에 미국 대통령의 공보대변인실은 대통령 보좌조직으로서 공식조직이 아니었지만, 점차적으로 국정운영에서 미디어와 여론의 중요성 때문에 공식조직으로 자리를 잡았다.

최근의 선거운동 중심의 국정운영 경향은 대통령 연구에서 대통령의 개인 요소, 즉 심리학적 요소나 조직적 또는 제도적 측면의 접근보다는 대통령과 미디어 또는 대중 간의 직접적 관계를 강조하는 '수사학적'(*rhetoric*) 또는 '여론 중심적' 접근법을 강조한다(Tulis, 1987; Cohen, 1995; Kernell, 1997). 이러한 수사학적 또는 여론 중심적 접근법의 기본적 가정은 대통령과 그의 보좌조직이 여론을 이끌어 갈 수 있다는 것이다(Cohen, 1995).

이를 자세히 살펴보면 첫째, 대통령은 정치적 드라마, 즉 뛰어난 연설과 다른 나라를 방문하여 성공적인 정상회담을 하는 것 등을 통하여 자신에 대한 국민의 인기를 조작 또는 조정할 수 있다(MacKuen, 1983; Ragsdale, 1984; 1987; Ostrom and Simon, 1985; Simon and Ostrom, 1988; 1989). 둘째, 대통령은 특정 정책에 대한 여론을 그에게 유리하게 이끌어 갈 수 있다는 것이다. 특히, 국민에게 인기가 높은 대통령은 훨씬 쉽게 그에게 유리하도록 여론을 이끌어 갈 수 있다(Edwards, 1983; Kernell, 1997; Mondak, 1993; Page and Shapiro, 1992).

수사학적 또는 여론 중심적 측면을 강조하는 대통령 연구는 대통령의 국정운영에서 실질적 정책의 개발, 이행, 결과에 대해서는 무관심하고 매우 상황대응적이고 단기적이다. 또한 정책결과가 성공했든 실패했든 관계없이 미디어 또는 대중 관계에서 여론조작자에 의한 효과적 선거광고(PR) 전략으로 '정책결과의 합리화'(*spin control*)에 치중한다. 이러한 과정은 정책실패의 합리화를 위한 희생양을 철저히 이용하는 '여론몰이 정치'로 나아가는 경향이 강하다. 이러한 여론몰이 정치가 더욱 심화되면 합리화과정에 참여하는 선거광고 전략가와 미디어 기자들에 의해 정치가 좌우된다.

아울러 이러한 상황에서 일반 국민은 정치과정에서 무력감과 소외감을 느끼면서 단순히 방관자들로 변화한다(Patterson, 1994). 구체적인 예로 1968년 대통령선거 과정에서 후보자들이 미디어에 출연하여 계속적으로 자신의 정견을 발표하는 데 주어진 시간은 후보자 일인당 평균 42.3초 정도였다. 한편 1992년 선거에서는 방송기자들이 후보자들의 정견을 정리 설명함으로써 후보자가 계속적으로 자기 정견을 발표할 수 있었던 시간은 일인당 단지 8.4초였고, 1996년 선거에서는 더욱 줄어 7.2초였다(Lichter and Noyes, 1996).

이러한 여론정치가 심화되면 대통령이 여론에 민감하게 반응함으로써 정책결정에서 민심을 반영할 수 있는 장점이 있으나, 미디어에 자주 노출되는 대통령은 신비감이 감소하여 국민이 그를 평범하게 느낄 수 있다. 대통령 개인의 권위 감소는 장기적으로 대통령이라는 직위 또는 대통령부 권위의 감소에도 영향을 미치게 된다(Jones, 1996). 또한 대통령의 국민에 대한 권위 감소는 그의 국정운영에도 부정적으로 영향을 미치게 된다. 결과적으로 대통령 연구에서 여론정치 또는 선거운동 중심의 수사학적 나아가 단기적 연구경향이 심화되면, 대통령학의 처방적 성격과 함께 대통령학의 이론적 체계화를 더욱 어렵게 할 것이다.

3. 우리 대통령학의 연구경향과 과제

1) 우리 대통령학의 이론적 고찰

미국의 대통령 연구와 비교하여 우리의 대통령 연구는 대통령학의 이론적 체계화를 어렵게 하는 몇 가지 구조적 및 환경적 제약요인들에 직면해 있다. 첫째, 미국과 비교하여 권위주의적 문화의 영향이 강하고(박종민, 1996; Heo and Hahm, 2015), 미국의 의회나 사법부와 같은 대통령의 실질적 견제기관의 기능이 약한 우리의 경우 대통령들이 국가운영에서 행사하는 영향력은 미국, 나아가 어느 나라의 대통령 또는 정부수반보다도 상대적으로 크다(안병만, 1998; 이남영, 1996; 이종범, 1995). 이러한 상황에서 우리 대통령들의 개인적 및 심리적 요인들이 그들의 국정운영에 미치는 영향력은 미국의 그것보다 훨씬 크다(Hahm and Plein, 1995; 1997). 그러므로 우리의 대통령 연구는 미국과 비교하여 상대적으로 자질론 중심의 개인적 및 심리적 접근법에 치중하게 된다.

둘째, 미국과 비교하여 우리의 민주정치 역사가 짧아서 연구대상이 되는 대통령 숫자가 적어(많게는 11명, 적게는 9명밖에 되지 않아) 연구결과의 일반화 또는 객관화가 상대적으로 어렵다.

셋째, '지역주의' 중심으로 정치구도가 짜여 있어 국정운영 및 대통령 선거에서 '출신지역' 변수가 상대적으로 큰 중요성을 갖는다. 구체적인 예로 지금까지 대통령선거에서 가장 영향력이 컸던 독립변수는 대통령 후보자들의 출신지역이었다. 출신지역이 중요한 변수이기 때문에 미국 대통령의 정치적 인기함수에서 중요한 독립변수인 '정책변수'(경제상황, 정치적 이념 등)의 영향력이 우리의 경우는 미미하다. 이러한 상황에서 대통령 후보자들, 그들의 정당 및 관련분야 연구학자들은 경제 등의 다른 정책변수에는 큰 관심을 갖지 않게 되므로 정책개발 등에 노력을 기울이지 않게 된다. 아울러 현직 대통령은 국민에 대한 자신의 인기 유지와 다가오는 대통령선거에서 소속당 대통령 후보자의 유리한 입지를 위해 자신의 훌륭한 국정수행(예로, 좋은 경제상태)보다는 지역변수에 더 관심을 갖게 되어 그의 정치적 이익을 고려하여 정책을 수행한다. 그러므로 '지역 중심'의 정치적 구도는 우리 대통령학의 심도 있고 체계화된 이론적 성숙을 위해 반드시 극복해야 할 제약이다.

넷째, '남북한 분단 상황'이다. 미국과 비교하여 대통령의 인기 및 선거 그리고 국정운영에 '안보위기' 변수의 영향이 우리의 경우 상대적으로 크다. 역대 대통령선거 및 대통령의 국정운영에서 '안보위기' 변수는 지역변수보다 어떤 때는 더 큰 영향을 미친 것이 사실이다. 실제로 남북한 분단 상황에서 안보위기 변수 역시 지역변수의 영향과 마찬가지로 경제 등의 다른 정책변수들에는 큰 관심을 갖지 않게 함으로써 대통령 연구의 이론적 성숙에 부정적 영향을 미치고 있다. 최근 들어 이 변수는 '북풍 또는 대북·통일 변수'로 불린다.

이러한 제약요인들에도 불구하고 대통령에 관한 많은 연구가 이루어져 왔다. 먼저 학술적인 대통령 연구로는 1992년 한국행정학회가 "대통령과 정책"을 주제로 대통령들의 리더십 유형과 그 특징을 분석한 것이 있다(안병만, 1992; 정정길, 1992). 그 외에도 대통령 개인의 지도력에 관한 연구는 많이 있었다(구광모, 1984; 김인수, 2003; 김종석, 2010; 김충남, 1992; 김혁·가상준, 2005; 김호진, 1997; 2010; 박동천, 2008; 박명림, 2008; 배병인, 2009; 안병만, 1998; 〈월간조선〉, 1993; 이강로, 1993; 이남영, 1996; 이종범, 1994; 1995; 이현우·이정진, 2007; 정윤재, 1993; 2003; 정정길, 1993; 한승조, 1992; 함성득, 2000a; 2005; Choe, 2013; Hahm and Choi, 2009; Hahm and Lee, 2008).

최근 들어 우리의 대통령 연구는 그 연구범위를 넓혀서 주요정책 결정과정에서 대통령의 역할(배종윤, 2001; 신창우, 1990; 이정진, 2003; 장연수, 2000; 정정길, 1994; 함성득·김옥진, 2005; 함성득·양다승, 2012; 현원복, 2005; Hahm, 1994a; Hahm and Plein, 1995; 1997)과 청와대 조직과 참모진의 구성에 관한 연구(김정해, 2003; 김혁, 2001; 박중훈, 1996; 배정훈, 1997a; 1997b: 2003; 양다승, 2012; 정창화, 2003;

〈표 2-4〉 한국의 역대 대통령

순서	대통령	재임기간
1	이승만	1948. 7.20 ~ 1952. 8.14
2	이승만	1952. 8.15 ~ 1956. 8.14
3	이승만	1956. 8.16 ~ 1960. 5. 3
4	윤보선	1960. 8.12 ~ 1962. 3.23
5	박정희	1963.12.18 ~ 1967. 6.30
6	박정희	1967. 7. 1 ~ 1971. 6.30
7	박정희	1971. 7. 1 ~ 1972.12.16
8	박정희	1972.12.27 ~ 1978.12.26
9	박정희	1978.12.27 ~ 1979.10.26
10	최규하	1979.12. 6 ~ 1980. 8.16
11	전두환	1980. 8.27 ~ 1981. 2.24
12	전두환	1981. 2.25 ~ 1988. 2.24
13	노태우	1988. 2.25 ~ 1993. 2.24
14	김영삼	1993. 2.25 ~ 1998. 2.24
15	김대중	1998. 2.25 ~ 2003. 2.24
16	노무현	2003. 2.25 ~ 2008. 2.24
17	이명박	2008. 2.25 ~ 2013. 2.24
18	박근혜	2013. 2.25 ~ 2018. 2.24

최평길, 1998; 최평길·박석희, 1994; 함성득, 1999a; 2000a; 2002b; Hahm, 2002)가 있었다. 이러한 연구들은 크게 '개인적 및 심리적 접근'과 '조직적 및 제도적 접근' 그리고 앞의 두 시각을 함께 적용한 '종합적 접근'으로 분류할 수 있다.

(1) 개인적 및 심리적 접근

구광모(1984)는 Barber(1972; 1992)의 이론, 즉 특정 대통령의 인격과 성격을 소극-긍정형, 소극-부정형, 적극-긍정형, 적극-부정형으로 나누는 분류틀을 소개 및 설명했다. 또한 이 틀에 맞추어 이승만 대통령과 박정희 대통령을 적극-부정형으로 보아 설명했다. 아울러 미국 대통령의 자질과 특성을 Barber(1992)의 설명에 맞추어 소개했다. 이 연구는 우리 대통령의 성격과 특성 그리고 이러한 특성이 어떻게 주요 국가정책에 영향을 미치는지를 Barber(1992)의 틀에 맞추어 분석적으로 설명하려고 했다. 그러나 이 연구는 너무나 Barber(1992)의 이론에 치중하여 앞에서 언급한 Barber(1992)의 분석틀이 갖고 있는 문제점을 그대로 갖고 있다(실제로 이는 우리의 연구여건상 훨씬 더 많은 문제점을 안고 있다). 가장 큰 문제점은 이 연구가 한국에 관한 연구라기보다 Barber(1992)의 소개서 같은 인상을 준다는 점이다. 즉, Barber(1992)의 틀을 한국에 적용하여 우리의 실정에 맞는 연구의 틀로 만드는 노력이 부족했다.

김호진(1997)은 Barber(1972; 1992)의 틀을 한국에 적용해 우리 대통령들의 리더십을 서술적으로 분석하여 이승만은 '가부장적 권위형', 장면은 '민주적 표류형', 박정희는 '교도적 기업가형', 전두환은 '저돌적 해결사형', 노태우는 '소극적 상황적응형', 김영삼은 '승부사적 성취형' 등으로 분류했다. 한승조(1992)는 독특한 시각(약간은 체제유지 내지 보수주의적 시각)으로 우리 대통령들의 리더십 연구에 초점을 두어 이승만, 박정희, 노태우 대통령들을 연구했다. 아울러 설문조사를 기초로 1992년 대통령선거를 앞두고 각 후보자들의 자질 및 리더십을 분석했다. 이 연구는 미국 대통령 연구이론의 소개 또는 설명을 지양하고 실질적으로 우리 대통령들을 개인 또는 심리학적 요소를 중심으로 접근한 것이다. 이후 우리의 많은 대통령 연구가 이러한 개인적 또는 심리학적 요소 중심 접근법으로 이루어져 왔다(정윤재, 2003; 함성득 2005).

(2) 조직적 및 제도적 접근

김충남(1992)은 제도적 및 조직적인 입장에서 Pfiffner 외(1991)의 이론을 소개 및 설명했다. 즉, 앞에서 설명한 바와 같이 특정 대통령의 인격과 성격을 초월한 대통령비서실 중심의 국정운영에 관한 일반적인 경향을 연구하고자 했다. 그러나 이 연구도 Pfiffner 외(1991)의 이론에 너무 치중하여 앞에서 언급한 바와 같은 제도적 및 조직적 입장의 문제점을 가지고 있다. 더 심각한 문제는 이 연구가 비록 연구의 많은 부분을 Pfiffner 외(1991)의 시각을 한국에 적용하려는 데에 관심을 두었으나, 역시 Pfiffner 외(1991)의 소개서 같은 인상을 지우기 어렵다는 것이다. 김충남(1998)의 연구는 이러한 점을 극복하고자 노력했다(자세한 것은 함성득, 1998f 참조).

최평길(1998)과 최평길・박석희(1994)는 대통령의 국정운영능력 극대화를 위해 대통령 자신의 리더십 스타일의 변화보다는 조직적・제도적 입장에서 미국 대통령비서실의 조직운영과 비교하여 효율적인 우리 대통령비서실의 조직운영 및 정책개발관리 등을 위한 방안을 설문조사에 기초하여 계량적으로 연구했다. 이 연구는 우리의 대통령 연구를 대통령 인물 중심에서 조직으로서의 대통령실, 특히 비서실의 운영 및 조직 개편에 중점을 두는 방향으로 이끌었다. 그러나 이 연구는 묵시적으로 김영삼 정부에 중점을 두어 김영삼 정부의 더 나은 국정운영을 위한 처방적인 성격이 강하다. 그 외에도 박중훈(1996), 신창우(1990), 양다승(2012), Hahm(2002) 등도 제도적 및 조직적 시각에서 접근했다.

(3) 종합적 접근

Chung(1989)은 개인적 및 심리적 접근법과 제도적 및 조직적 입장을 우리의 경제정책 결정과정에서 대통령과 관료들의 역동적 관계로서 종합 분석하여, 이들의 관계를 '대통령의 임기', '대통령의 성격 및 개성', '문제의 성격', '정책상황' 등 네 가지 요소에 의해 결정된다고 보았다. 이 연구는 또한 박정희 대통령과 전두환 대통령을 비교하여 연구결과의 일반화를 꾀하고 있다. 특히, 이 연구는 경제정책 결정과정에서 대통령의 정치적 권위와 직업관료의 전문성의 동적인 관계를 상세히 분석 및 설명하고 있어, 한국 경제발전의 역동성을 이해하는 데 큰 도움이 되고 있다. 다만, 이러한 경제정책에 국한된 연구결과들이 그 상황성과 주요 참여자들의 역동성이 상이한 다른 주요 국가정책에도 적용될 수 있을지는 의문이다.

정정길(1994)은 그의 연구대상을 넓혀서 박정희 대통령, 전두환 대통령, 노태우 대통령, 그리고 이후의 연구에서는 김영삼 대통령을 포함하여(정정길, 1996) 경제정책에서 대통령의 역할을 전문적인 관료와의 역동적 관계로 설명했다. 이렇게 연구대상을 넓힘으로써 특정 대통령을 초월하여 실제로 특정 대통령의 개성과 특성을 고려하면서도 대통령과 직업관료의 역동적인 관계에 대하여 객관적이고 일관된 경향을 도출하고자 했다. 또한 우리 대통령학의 연구범위를 구조적인 차원에서 대통령과 행정부로 확대했다.

Hahm and Plein(1995)은 정정길(1994)의 연구를 확장하여 과학기술정책 결정과정에서 개인적 및 심리적 접근법과 제도적 및 조직적 접근법을 종합하여 대통령의 역할을 직업관료, 나아가 민주화에 따른 여러 정책참여자들 간의 역동적 관계에서 설명하고자 했다. 이 연구의 장점은 여러 특정 대통령 또는 행정부를 초월하여 과학기술정책 결정과정에서 대통령의 역할이 변화하여 온 일관된 특성을 찾고자 한 것이다. 이 연구의 결과는 일반화가 가능하며 따라서 다음 대통령에게도 적용될 수 있다는 점에서 예측성이 강하다.

또한 우리의 과학기술 발전을 위해 제도적 차원, 즉 과학기술을 담당하는 대통령비서실의 조직 개편 등의 처방적 접근도 시도했다. 이 연구의 단점은 일반론적 경향 도출에 중점을 두다 보니, 특정 대통령의 개성과 성격이 구체적으로 과학기술정책 결정에 어떻게 영향을 미쳤는지를 분석하지 못한 점을 들 수 있다. 이러한 결점을 보완하고자 Hahm and Plein(1997)은 '구조주의' 및 '합리적 선택' 이론의 관점을 종합적으로 적용하여 과학기술 발전과정에서 대통령과 관료의 역동적 관계를 개인적 요소와 제도적 요소를 함께 고려하여 분석하였다. 그러나 이 연구도 과학기술정책에만 치중하여 이 연구에서 도출한 결론들을 다른 주요 국가정책에 대한 연구에까지 일반화시키는 데에는 한계가 있다.

2) 우리 대통령학의 문제점

위에서 살펴본 제약점들을 고려하여 우리 대통령 연구의 이론적 체계화를 저해하는 문제점들을 정리하면 크게 세 가지로 요약할 수 있다. 첫째, 앞에서 언급한 바와 같이 우리의 제약점을 고려하더라도 우리 대통령 연구는 시간적 차원에서 자질 중심의 대통령의 선출과정과 구조적인 차원에서 개인으로서의 대통령에 너무 치중하여 대통령 연구의 중요한 일부분인 국정수행을 위한 행정부와 조직으로서의 대통령실 또는 대통령부에 관한 연구가 부족하다. 이러한 경향은 우리로 하여금 대통령을 전체적인 관점으로 보지 못하게 만들고, 대통령 개인의 자질이나 심리학적 특성 연구에 치중하게 한다.

아울러 이러한 연구는 Barber(1972; 1992)와 George(1974)의 영향을 크게 받아 대통령 개인의 성격과 이에 따른 리더십 유형에 기초를 두고 있다. 이러한 개인 특성 및 심리적 요소 중심 접근법은 상대적으로 각 대통령 재임 시 통치기록, 즉 통치사료가 잘 보관되어 있는 미국의 경우에도 그 자료의 객관성과 공정성의 확보 및 조작화의 어려움 때문에 과학적 접근방법으로서 어려움을 겪고 있다. 그런데 통치사료가 우선 절대적으로 부족하고, 설령 있다 해도 그 정확성과 객관성에 의심을 갖게 되는 우리의 현실(이정식, 1994 참조)에서는 대통령학의 이론적 체계화를 위한 이 접근법의 유용성이 상대적으로 미약하다. 또한 이 연구방법은 그 연구결과의 이론적 객관화 또는 일반화에 상당한 문제점을 안고 있다. 즉, 이러한 개인성격 및 심리적 요소 위주의 접근법은 과거 특정 대통령 개인의 심리적 상태가 어떻게 국정운영에 영향을 주었는지를 설명할 뿐 앞으로 대통령들의 국정운영에 대한 영향을 예측하기는 어렵다(자세한 것은 Campbell, 1993; 함성득, 1996 참조).

둘째, 앞에서 지적한 문제점들에 기인하여 지금까지 우리 대통령 연구는 이론적 틀을 기초로 한 분석적 또는 학문적 연구라기보다는 인물소개 형식의 신문기사 또는 월간잡지 게재, 나아가 홍보용 자서전 형식이 주종을 이루었다(이종범, 1994). 이러한 연구방법은 이론적 체계화를 위한 분석으로서 과학적이지 못하여 설명력과 타당성이 높은 일관성 있는 이론을 제시하지 못한다.

셋째, 위의 문제점들에 기인하여 우리 대통령 연구는 어떤 모델(이론구성)에 기초를 둔 경험적 및 계량적 접근이 부족하다. 따라서 지금까지 우리 대통령 연구는 덜 체계적이며 나아가 이론적 성숙이 미약했다. 즉, 우리 대통령 연구가 방법론적인 면에서 사실서술에 치중하고, 조작화 또는 통계적인 면에서 상당히 신뢰성이 낮은 자료에 의존함으로써 이론적으로 체계화되기가 어려웠다. 미국의 경우 대통령 연구자들은 국방정책, 복지정책, 경제정책, 과학기술정책 등에서 대통령의 역할을 연구할 때 처음에는 우리가 접근하는 것처럼 사실서술과 이에 따른 이론적 일반화를 시도한다. 그러나 그들은 여기서 그치지 않고 이러한 이론적 가설들을 특정 수학적 모델로 조작화 또는 단순화시킨다(Miller, 1993).

또한 실제적인 수치자료를 수집하여 그 수학적 모델을 통계학 패키지를 사용하여 실제로 그 모델의 타당성과 신뢰성을 증명해 보이는 경험적 또는 계량화된 분석을 사용함으로써 이론적 성숙의 기반을 다진다. 특히, 미국의 경우 대통령 그리고 다른 선진국가의 경우 수상을 포함한 정부수반의 정책우선순위를 잘 반영하는 예산 및 재정정책과 관련한 대통령 및 정부수반의 지도력을 연구하는 경우 이와 관련된 자료의 수집과 조작화가 용이하여 계량적 접근방법의 경향이 높다(예를 들면, Beck, 1982a; Hahm, 1994b; 1996; Hahm, Kamlet, and Mowery, 1992; 1995b; 1997; Hahm, Kamlet, Mowery, and Su, 1992; Kamlet and Mowery, 1987).

3) 우리 대통령학의 연구방향

이상에서 미국 대통령학의 이론적 경향을 살펴보았다. 또한 우리 대통령 연구의 이론적 경향과 문제점을 분석했다. 이러한 분석들을 기초로 우리 대통령 연구의 이론적 체계화를 위한 앞으로의 연구방향에 관해서 논의하고자 한다.

첫째, 앞에서 언급한 바와 같이 우리의 대통령 연구는 시간적인 차원에서 뛰어난 자질의 소유자를 대통령으로 선출하는 측면에서 개인특성 및 심리적 요소 접근법, 특히 자질론 위주의 연구로 일관되어 왔다. 이러한 편협한 경향은 선출된 이후 대통령으로서의 훌륭한 국정업무 수행과 퇴임 후 사회활동 등의 대통령 연구의 중요한 부분을 간과하게 되어 우리에게 대통령에 대한 동태적인 관점을 제시해 주지 못한다. 다시 말하면 긍정적인 측면에서 보면 특정 개인이 대통령으로 선출된 이후 시간이 지남에 따라 그는 지적으로 더욱 성숙할 수 있고, 정치력이 증대될 수도 있다. 한편으로 그는 시간이 지남에 따라 부정적으로 정치적 유연성을 잃고 자기중심적 또는 권위주의적으로 나아갈 수도 있다. 그러므로 대통령의 훌륭한 국정업무 수행 및 퇴임 후 사회활동에 대한 연구가 중요하다. 이러한 연구방향은 대통령 연구에 장기적 시각을 제공한다.

둘째, 우리 대통령 연구가 구조적인 차원에서 대통령 개인에 초점에 두어 대통령 개인 특성요소 접근법에 치중해 왔다. 이러한 경향은 대통령 연구에 중요한 구조적 또는 조직적 차원인 행정부와 그 외의 대통령실을 간과함으로써 대통령 연구에 전반적인 관점을 제시하지 못한다. 또한 대통령 보좌조직이 시간적으로 진화 및 발전된다는 점을 생각할 때 이러한 조직적 관점의 중요성은 증대한다.

셋째, 우리 대통령 연구에서 개인요소 접근법과 제도적 및 조직적 접근법 간의 비중의 문제이다. 대통령 개인요소 중심 접근방법과 비교하여 제도적 및 조직적 접근법의 장점과 단점은 우리의 대통령 연구에도 시사하는 바가 크다. 무엇보다도 제도적 및 조직적 접근법은 우리의 대통령 연구에서 연구초점을 개인적 요인(예를 들어 대통령의 성격)보다 제도적 및 조직적인 요인, 즉 청와대의 조직과 참모진 구성, 비서실장의 중요성, 각 정책결정과정에서 대통령의 역할 등에 두고 그 연구범위를 넓힌다는 중요성을 갖고 있다. 또한 대통령 개인적 요인의 연구를 위한 객관적이고 공정한 자료의 부족으로 개인적 요인들의 영향력을 조작화하기 어려운 상황에서 앞에서 살펴본 바와 같이 제도적 및 조직적 접근법은 그 과학성에 기인하여 대통령 연구와 관련해 더욱 일관성 있고 보편성을 갖는 이론적 발전에 도움이 될 것이다.

그러나 앞에서 주장한 것처럼 미국과 비교하여 권위주의적 전통의 영향이 강한 우리 정치문화와 대통령 중심체제 아래서 우리 대통령이 국가운영에 미치는 영향력은 미국 대통령에 비해 상대적으로 크다. 이러한 점에서 국정운영에 미치는 각 대통령의 개인적 및 심리적 요인들의 영향력은 미국보다 한국에서 훨씬 더 클 것이다(자세한 것은 Hahm and Plein, 1997). 다시 말하면 제도적 및 조직적 접근법이 주장하는 것처럼 제도적 및 조직적 요인들이 대통령의 국정운영에 대한 개인적 요인들의 영향력을 충분히 상쇄할 수 있을 것 같지는 않다(함성득, 1996; 1997a).

그러므로 우리의 대통령 연구는 미국과 비교하여 상대적으로 큰 개인적 요인의 영향력에 기인하여 이들 개인적 요인들을 간과할 수 없다.

즉, 보다 과학적인 대통령 연구를 위해서는 제도적 및 조직적 요인들과 개인적 및 심리적 요인들을 함께 고려해야 한다. 다만, 미국의 연구경향처럼 연구과정에서 상황과 대통령에 따라 그 비중을 달리하여야 한다. 특히, 개인적 요인들의 연구에서는 더욱 객관적이고 공정한 자료 확보에 노력해야 한다. 다만 앞에서 살펴본 바와 같이 개인적 요인들에 너무 치중하면 일관성 있는 객관화와 일반화에 어려움을 겪는다. 여기에 우리의 대통령 연구의 어려움이 놓여 있다.

넷째, 우리의 대통령 연구도 점차적으로 처방적 성격이 짙어지고 있다. 특히, 대통령의 국정운영과 관련 민주화 이후 김영삼 대통령, 김대중 대통령, 노무현 대통령, 이명박 대통령, 박근혜 대통령을 거치면서 언론에 대한 현시성이 강조되어 이러한 처방적 성격은 더욱 증대되었다(국가경영전략연구원, 2003; 박세일 외, 2002). 미국의 경우 대통령에 관한 연구가 분석적 및 설명적 성격이 충분히 성숙한 다음 처방적 성격으로 나아가 문제점이 비록 덜하나, 우리의 경우 분석적 및 설명적 성격의 성숙 없이 바로 처방적 성격으로 나아감에 따라 대통령 연구의 체계화되고 일관성 있는 이론적 성숙이 어려울 것 같다.

다섯째, 넷째의 경향과 아울러 우리의 대통령 연구도 점차적으로 선거운동 방향으로 나아가고 있다. 그러나 대통령 연구에서 가장 중요한 연구대상이 대통령의 뛰어난 국정업무 수행임을 감안할 때 이는 결코 바람직한 방향은 아니다. 특히, 우리의 경우 선출되기까지는 국민에게 큰 기대감을 주었던 대통령이 실제 국정운영에서는 비록 뛰어난 선거 및 홍보 전략과 자원을 가지고 있었어도 실패한 경우가 대부분이었다. 그러므로 이러한 사실을 감안할 때 우리 대통령 연구의 이론적 발전을 위해서 국정운영 중심 연구경향의 중요성이 크다 하겠다. 또한 이를 연구의 중요과제로 다루는 분석적 및 설명적 성격의 대통령 연구가 우리의 경우 더욱 필요하다.

여섯째, 방법론적인 측면에서 우리의 대통령 연구에서 절실하게 필요한 것은 '연구영역 또는 활동의 전문적 분화'이다. 이는 '이론적 체계화'와 '체계적인 경험적 또는 계량적 검증' 등 연구 활동의 분화이다. 구체적으로 한 연구자가 이론적으로 어떤 가설을 제시하면, 다른 연구자가 이를 기초로 수학적으로 또는 다른 방법으로 이를 단순화 또는 조작화해 주어야 한다. 그리고 또 다른 연구자가 이론적 가설과 모형을 바탕으로 자료를 수집하여 이를 시험 및 증명해 보이는 경험적 또는 계량적 접근을 해야 한다. 즉, 가설제시, 이론구성, 검증, 재검증과 반론제시 등의 일련의 연구가 가속화되어야 더욱 체계적인 대통령학 연구가 정착될 수 있을 것이다. 결론적으로 이러한 전문적 연구 활동 분화를 통해 우리의 대통령 연구의 이론적 성숙을 기대할 수 있을 것이다.

그러나 우리 대통령 연구의 이론적 발전을 위해 경험적 또는 계량적 접근의 중요성은 인식하지만 현재 우리의 실정, 즉 체계적인 자료의 부족 그리고 계량적 접근을 돕는 시설의 미비를 감안할 때 현실적으로 가능한 새로운 접근방법이 필요하다. 이러한 현실적인 방법 중의 하나가 대통령의 재임기간 중 국정운영에서 일어난 주요 국가정책사례를 통한 분석이다. 국가정책사례 분석은 Neustadt(1990)가 주장한 것처럼 특정 대통령을 분석함에 분석대상이 특정 사례에 한정되어 이들 대통령 간의 정책결정과정에서 나타나는 지도력 또는 행태의 차이를 일반화, 나아가 이론화하기는 어려워도, 전반적인 관점에서 이러한 주요정책

사례를 사용하여 대통령 연구의 분석범위를 넓혀 갈 수 있다. 이러한 분석범위의 확장은 우리 대통령 연구결과의 일반화 또는 이론적 체계화에 큰 기여를 할 것이다.

결론적으로 위에서 언급한 연구방향을 통해 우리 대통령 연구도 좀 더 동태적이고 전반적인 시각 및 관점을 제시할 수 있을 것이다. 이러한 동태적이고 전반적인 시각이야말로 보다 더 발전된 우리 민주사회에서 앞으로 우리 대통령들이 직면할 문제점들을 파악하고, 그 문제점들을 해결할 수 있는 대책들을 제시할 수 있을 것이다.

제 3 장

대통령학의 구조적 차원

대통령직은 대통령을 초월해 있다.
대통령직은 대통령이 아무리 소인이라도
그 이상으로 돋보이게 만들 수 있고, 아무리 대인이라도
대통령직의 수행에는 충분치 않다.
— Lyndon B. Johnson 대통령, 1971

조직은 바보를 천재로 변화시킬 수는 없지만 …
비조직화는 큰 재난을 쉽게 낳을 수 있다.
— Dwight D. Eisenhower 대통령, 1963

구조적 차원에서 대통령학은 첫째, 특정 대통령 개인에 집중하여 그의 성격, 행태를 포함한 '개인 리더십'(*personal leadership*)을 연구한다. 둘째, 정책결정과정에서 정책결정, 집행, 그리고 조정의 관점에서 대통령의 비서실과 행정부를 포함한 대통령부를 연구한다. 셋째, 대통령과 그의 비서실, 그리고 행정부를 둘러싼 정치·문화적 환경, 즉 국민, 국회, 정당, 언론과의 관계도 그 연구의 대상으로 한다. 이러한 구조적 차원의 대통령 연구는 결과적으로 '제도적 대통령'(*institutional presidency*)에 연구의 초점을 두게 된다.

따라서 이러한 구조적 차원과 관련하여 대통령 리더십을 고찰하면 그 대상이 대통령비서실과 행정부가 되어 정책결정과정 및 제도적 기관의 효율적 운영과 정책집행에 초점을 두어 대통령의 '행정 리더십'(*administrative or executive leadership*)[1]이 강조된다(함성득, 1998f; 1998g; Campbell, 1998; Nathan, 1986). 한편 그 연구대상이 국회가 되어 설득과 협상을 기초로 한 '정책의 성공적인 입법화'에 초점을 둘 때는 대통령의 '입법 리더십'(*legislative leadership*)이 강조된다(이원근, 1998; 함성득, 1998e; 2002a; 2005; Wayne, 1978). 또한 그 연구대상이 언론과 국민이 되어 정치적 지지 확보에 초점을 둘 때는 대통령의 '대중 리더십'(*public leadership*)이 강조된다(함성득, 1998f; Edwards, 1983).

이러한 관점에서 대통령의 성공적인 국정운영을 위해서는 무엇보다도 입법 리더십과 행정 리더십이 강조되어야 한다. 왜냐하면 성공적인 국정운영은 무엇보다도 성공적인 정책결과에 달려 있기 때문이다. 또한 성공적인 정책결과는 '정책의 빠른 입법화'를 이끌어 내는 대통령의 입법

1) 행정 리더십과 관련하여 구체적으로 김대중 대통령의 '실업대책'이 자주 거론된다. 1999년 실업률은 약 8%로 실업자 수는 약 200만 명으로 추산되었다. 당시 김대중 정부가 마련한 실업대책 예산은 약 8조 원이었다. 이 예산은 매달 80만 원씩 100만 명의 실업자에게 10개월 동안 지급할 수 있는 막대한 규모였다. 이러한 실업에 대한 예산이 그 실제적 집행에서는 취업알선, 직업훈련을 통한 고용안정 및 고용창출 사업으로 연결되지 않고, 행정의 편의성에 따라 소비적 실업급여 및 비생산적 공공근로사업으로 연결되는 경향이 강했다. 이는 대통령이 정책결정뿐만 아니라 정책집행에 대해서도 치밀히 관여하여 집행의 효율성을 높여야 함을 보여준다. 이렇게 정책결정과 집행 사이의 괴리를 '잃어버린 연결고리'(*missing link*)라고 하며 이를 대통령 행정 리더십의 약화라고 본다(함성득, 1998f; 1998g; Campbell, 1998; Hargrove, 1975).

리더십과 이의 효율적인 집행을 강조하는 '행정 리더십'에 크게 의존하기 때문이다. 아울러 성공적인 국정운영을 위해서 중요한 대중적 지지를 확보하는 대통령의 대중 리더십은 '국민에게 직접 호소'(*going public*) 하는 전략과 관련된다. 이는 제 4장 시간적 차원에서 살펴보기로 한다.

1. 대통령의 개인 리더십

개인으로서 대통령 리더십을 연구하는 데는 여러 가지 분석법이 있다. 우리나라를 포함한 동양에서 널리 사용되는 생년월일을 강조하는 사주팔자, 얼굴의 생김을 관찰하는 관상, 손금을 바탕으로 하는 수상 등도 이러한 분석에 사용되고 있다. 또한 서양에서는 점성술, 태어난 달의 동물(*zodiac sign*), 대머리냐 아니냐, 콧수염이 있느냐 없느냐 등을 기준으로 개인으로서 특정 대통령의 리더십을 분석하였다. 또한 제 4장의 시간적 차원에서 자세히 살펴보는 바와 같이 대통령의 신장, 나이, IQ를 통한 지적 능력 등과 리더십 관계를 분석하기도 하였다. 그러나 이러한 분석기법은 과학성, 즉 원인-결과 분석의 연계성이 부족하여 일반적인 것으로 받아들여지지 못하였다.

이러한 분석법에서 가장 선구적이고 일반인에게 가장 많이 알려진 것은 개인의 심리적 측면을 강조하는 James Barber(1972; 1992)의 분석이다. 또한 James MacGregor Burns(1978)는 개인의 리더십 속성을 중심으로 '일상적'(*transactional*) 지도자와 '전환적'(*transformational*) 지도자로 분류하였다. 그리고 이러한 분석은 Richard Neustadt(1990)에 의해서 보완 발전된다. 이를 구체적으로 살펴보면 다음과 같다.

1) 대통령의 개인적 특성

James Barber(1972; 1992)는 대통령 후보자들이 대통령이 되어서 어떻게 국정운영을 할 것인지를 예측하여 유권자의 선택(*choosing presidents*)을 돕기 위한 분석법을 제시하였다. 이러한 분석을 위해서는 다음과 같은 4가지 가정이 요구된다. 첫째, 대통령의 개성(*personality*)이 대통령의 행태에 중요한 영향을 미친다. 둘째, 크게 성격(*character*), 세계관(*world view*), 행위방식(*style*)을 포함하는 대통령의 개성은 상당히 정형화되어 있다. 셋째, 특정 대통령의 개성은 그가 직면한 국민의 기대감을 포함한 정치적 상황과 상호 밀접하게 연관되어 있다. 넷째, 특정 대통령의 성격, 세계관, 행위방식은 일반적으로 어린 시절부터 형성되기 시작하여 그의 첫 독립적인 정치적 성공을 거둔 시기를 전후하여 완성된다. 이러한 가정하에서 Barber는 대통령의 개성이 그들의 '활동에너지'와 '정치적 직무에 대한 태도'로 표출된다고 보았다. 활동에너지는 특정 개인이 얼마나 활동적이냐를 분석하는 것이고, 정치적 직무에 대한 태도는 그가 얼마나 정치적 생활을 즐기느냐를 분석하는 것이다.

이를 기초로 Barber(1992)는 먼저 역대 미국 대통령들을 성격 또는 심리학적인 측면에서 '활동에너지'와 '직무에 대한 태도'를 중심으로 '적극-긍정형'(*active-positive*), '적극-부정형'(*active-negative*), '소극-긍정형'(*passive-positive*), '소극-부정형'(*passive-negative*) 등으로 분류해 대통령의 심리적 특성과 국정운영 결과의 관련성을 분석하였다. 그에 따르면 적극적 대통령은 끊임없는 활동에너지를 갖고 있으며 소극적 대통령은 Coolidge 대통령(꼭 11시간 잠을 자고, 낮잠을 즐김)처럼 근본적으로 활동에너지가 부족하다. 긍정적 대통령은 대통령직 수행에 큰 기쁨을 가지나 부정적 대통령은 겨우 최소한의 만족을 느낀다.

구체적으로 살펴보면 첫째, 적극-긍정형 대통령의 장점으로서는 대체적으로 성취욕이 강하고 결과(*results*) 중심적 국정운영을 추구한다. 단점은 너무나 많은 일을 벌이고 또한 정책에 단기적 시각을 가져서 단기적 성과를 추구한다. 또한 자기 혼자만의 생각이 강해서 종종 그의 참모들이 그가 무엇을 추구하는지 이해하기가 상당히 어려워 정책집행에 상당한 문제점을 초래한다. 성공적인 대통령으로는 미국의 Jefferson, Franklin Roosevelt, Truman, Kennedy 대통령이 이 유형에 포함된다. 또한 Ford, Bush 대통령도 이 유형에 속한다. 실패한 대통령으로는 Carter 대통령이 이 유형에 속한다.

둘째, 적극-부정형 대통령의 장점으로는 매우 야심적이며 모든 일에 치밀하게 준비하고 꼼꼼하게 집행을 통제한다는 점을 들 수 있다. 단점은 권력욕(*power*)이 너무 강하여 모든 일을 투쟁의 대상으로 본다는 것이다. 성공적인 대통령으로는 미국의 Lincoln, Wilson 대통령이 이 유형에 속한다. John Adams, Hoover, Johnson 대통령도 이 유형에 포함된다. 실패한 대통령으로는 Nixon이 이 유형에 속한다.

셋째, 소극-긍정형 대통령의 장점은 성격이 매우 부드럽고, 다른 사람의 조언에 귀를 기울이고 협동적이어서 매우 원만한 성격이라는 점이다. 이러한 유형의 궁극적 목적은 누구에게나 비판과 원망 대신 사랑(*love*)과 칭찬을 받는 것이다. 그러므로 단점으로는 용기와 결단을 통해 어려운 과업을 추구하지 못하는 우유부단한 성향을 들 수 있다. 성공한 대통령으로는 Madison 대통령이 이 유형에 포함되며 Taft, Reagan 대통령도 이 유형에 속한다. 실패한 대통령으로는 Harding 대통령이 이 유형에 포함된다.

넷째, 소극-부정형 대통령의 장점은 비정치적이며 국가와 국민에 대한 사명감과 윤리의식(*civic virtue*)이 높다는 것이다. 단점으로는 정치 자체에 대해서 부정적이며 정치적 상황을 잘 이해하지 못하고 대인관계가 원만하지 못하며 또한 정치적 유연성이 부족하여 막연한 원칙에 집착한다는 점이다. 성공한 대통령으로는 Washington, Eisenhower 대통령이 이 유형에 포함된다. 실패한 대통령으로는 Coolidge 대통령이 이 유형에 속한다.

이러한 분석에서 중요한 것은 위의 네 가지 유형 중 어느 유형이 다른 유형보다 좋다거나 우월하다는 것이 아니라 각 유형마다 장·단점이 있다는 것이다. 따라서 각 유형의 장점이 발휘될 때는 특정 대통령의 개성이 그의 국정운영에 긍정적으로 작용하지만 단점이 노정될 때는 개성이 국정운영에 부정적으로 작용한다는 것이다. 아울러 Barber(1992)는 이러한 분석틀을 이용해서 현재의 대통령 후보자들의 개성을 분석한다면 미래 대통령으로서 그의 국정운영 방향을 예측할 수 있다고 주장하였다.

그러나 Barber(1992)의 분류는 너무 단순하여 상당히 복잡한 그리고 이중적 성격을 가진 대통령을 분석하기 어렵다는 단점이 있다. 구체적인 예로 Greenstein(1994)은 Clinton 대통령의 지도력을 분석하는 데 있어 외양적으로는 Barber(1992)의 분류틀에 기초하여 적극-긍정형으로 분류할 수 있으나, 내향적으로는 Barber(1992)의 어느 분석틀에도 그를 분류하기가 어렵다고 주장한다. 아울러 많은 학자들은 Barber(1992)의 분석틀의 예측성을 부정하고, 기껏해야 그의 분석틀은 대통령의 국정운영과 대통령의 심리적 요소와의 관련성을 이해하는 데만 도움이 될 뿐이라고 주장한다(함성득, 1997a; Campbell, 1993; Pfiffner and Davidson, 1997).

2) 대통령 리더십의 속성

Burns(1978)는 대통령의 리더십의 속성을 연구하여 '일상적 지도자'(*transactional leader*)와 '전환적 지도자'(*transformational leader*)로 구분하였다. 일상적 지도자는 국민들에게 고용의 기회를 제공하거나 정부보조금을 지급하는 등 국민이 원하는 물질적 욕구를 충족시켜 줌으로써 그에 대한 정치적 지지를 얻는 속성이 강하다. 이에 반하여 전환적 지도자는 국정운영 철학 또는 비전, 탁월한 도덕성 등을 통해 국민에게 큰 희망을 불어넣거나 동기부여를 함으로써 더 나은 업적을 산출하는 속성이 강하다. Burns(1978)는 일반적으로 전환적 지도자가 일상적 지도자보다 위대한 대통령이 될 가능성이 높다고 주장한다.

3) 대통령의 권력과 설득력

Neustadt(1990)는 대통령이 국가 주요정책 결정기관이라는 시각에서 각 대통령들, 즉 Franklin Roosevelt와 Reagan을 포함한 6명의 역대 대통령 재임기간 중 정책결정사례들을 분석하여 정책결정과정에서 대통령의 정책결정 스타일과 개인으로서 대통령의 영향력에 초점을 맞추었다. Neustadt(1990)는 이러한 미국 대통령의 리더십 연구에서 그 핵심을 대통령의 권력(*power*)에 두고 그 강약을 분석하였다. 특히, 권력의 강약은 국민이 특정 대통령에게 기대하는 수준과 그 수준의 기대를 수행할 수 있는 특정 대통령의 역량의 차이로 알 수 있다고 주장한다. 또한 이러한 대통령 권력의 강약은 대통령의 공식적 권력과는 다른 개념이며 정치적 목적을 달성하는 데는 많은 한계가 있다고 본다. 그는 "대통령은 그의 시간 대부분을 상대방으로 하여금 그가 하는 일에 동참하고 지지해 줄 것을 설득하는 데 보낸다"고 주장한다. 결국 그는 대통령의 실질적 권력은 '설득력'(*power to persuade*)에 기초한다고 강조한다.

구체적으로 Neustadt(1990)는 특정 대통령의 개인적 및 심리학적 요소, 특히 '설득력'을 바탕으로 한 '협상능력'과 '정치적 상황'의 중요성을 강조하였다. 그는 대통령의 국정운영의 성패 또는 리더십의 발휘는 그 당시 전문가 집단을 포함한 기득권(특히, 미국에서는 워싱턴 정가) 계층들의 적극적 호응에 달려 있다고 본다. 이러한 전문가를 포함한 기득권 계층의 대통령 정책에 대한 호응은 첫째, 대통령에게 부여된 공식적 권한을 넘어서서 대통령이 그들로부터 어떻게 그의 정치적 능력(협상능력 등)을 평가받고 있느냐는 '명성과 평판'(*reputation*)에 의존한다고 본다. 둘째, 전문가 집단을 포함한 기득권 계층이 대통령의 정책이 국민으로부터 얼마나 큰 지지, '대중적 명망과 평판'(*public prestige*)을 얻고 있는지를 어떻게 '인식'(*perception*)하는지에 달려 있다고 본다. 결론적으로 명성과 대중적 지지에 기초한 인식과 설득력을 포함한 특정 대통령의 성향과 역량은 대통령의 공식적 권한을 초월하여 정책과정과 그 환경에 영향을 미친다는 것이다.

이러한 Neustadt(1990)의 입장을 '정치심리학적' 접근법이라 하며, 이러한 접근법이 미국 대통령 연구의 주요한 틀로 자리 잡았다. 특히, 앞에서 설명한 바와 같이 지속적으로 민주화되는 우리 사회에서 대통령들의 성공적인 국정운영 수행도 과거처럼 단순히 높은 경제발전의 성취에만 달려 있는 것이 아니다. 도리어 좀더 미묘하고 복잡한 차원의 문제들, 즉 경제와 사회운영에서 제한된 정부역할의 이해, 사회 이익집단들 간의 갈등을 해소할 수 있는 능력, 그리고 정책의 성공적 집행을 위한 각 사회 이익집단들 간의 효과적인 정치적 연합 및 제휴를 이끌어 낼 수 있는 능력에 달려 있다. 따라서 Neustadt(1990)의 시각은 우리에게 매우 중요한 시사점을 제공한다.

4) 우리 대통령의 개인 리더십

앞에서 설명한 대통령의 개인 리더십 분석방법을 우리의 경우에 적용한 예를 구체적으로 살펴보자. 첫째, 필자의 고려대 대통령학 강좌를 수강한 학생들이 Barber(1992)의 기준에서 1997년 제15대 대통령선거에 출마한 이회창·김대중·이인제 후보의 인물평가와 함께 대통령으로서 국정운영 스타일을 선거 전에 예측해 보았다. 구체적으로 대통령학 수강생 15명의 연구는 각 후보들의 개인적 특성이 갖는 양면성에 기초해 예상되는 대통령 직무수행의 성패를 전망하였다.

먼저 이회창 후보의 경우 행동은 소극적이고 정치 자체에 대해서도 부정적 생각을 갖는 것으로 분류되었다. 장점은 의무감이 강한 것이고 단점은 정치적 유연성이 결여돼 있고 막연한 원칙에 집착하는 것이다. 또한 정치인으로는 적합하지 않은 성격이라고 보았다. 김대중 후보의 경우 행동은 적극적이나 정치 자체에 대해서는 부정적 생각을 갖는 것으로 분석되었다. 장점은 치밀성이, 단점으로는 지나친 권력욕이 지적되었다. 이인제 후보는 행동이 적극적이며 정치 자체에 대해서도 긍정적 생각을 갖는 인물로 분류되었다. 장점은 결과를 중시하고 성취욕이 강한 반면 단점은 준비 없이 많은 일을 벌인다는 것이다(자세한 것은 이한우, 1997 참조).

둘째, 한승조(1992)는 이승만 대통령을 '옹고집형 지도자'로 보고 정부요직의 충원에 매우 권위주의적이며 자의적 · 파격적이었다고 주장한다. 박정희 대통령은 '공격적인 집념의 지도자'로 규정하고 권위주의적 정신세계에서 성장하여 사회적 규범을 중시하고 개인적 능력과 업적에 기초를 둔 군대적 권위주의 성격유형의 소유자로 보았다. 또한 박정희 대통령은 군 지휘 능력과 행정집행 능력이 뛰어난 행정적 지도자였다. 그는 우리의 후진성과 가난을 극복하기 위해 현실주의적인 목표를 추구하고 민주주의 · 반공과 같은 추상적인 상징 조작보다는 근대화와 경제성장을 통한 산업화를 강력하게 추진했다.

전두환 대통령은 '저돌적이나 순진한 지도자'로 규정하고 심신이 강건, 성격이 소박 · 단순 · 정직하고 의무감이 강한 과업추진형 지도자로 보았다. 전두환 대통령은 경제안정화, 중화학공업 육성, 첨단산업 개발 등의 정책을 강력하게 추진했다. 노태우 대통령은 '신중하게 몸 사리는 지도자'로 규정하고 인간적 약점을 내보이지 않는 조심성 많은 인생을 추구하며 대인관계에서 매우 방어적이며 인기관리에 관심이 많다고 보았다. 그는 소극적이고 상황적응적인 인간 중심형·민원처리형 지도자였고 6·29민주화 선언의 실천과 북방정책을 추구하여 남북한의 유엔 동시 가입을 이룩하는 등 한국의 위상을 높이는 데는 기여했다고 보았다.

셋째, 김호진(1997)은 이승만 대통령의 경우 독립운동에서 얻은 전통적 카리스마에 기초한 '가부장적 권위주의형' 지도자로 평가했다. 이러한 개인 리더십은 발췌개헌, 사사오입개헌, 3·15 부정선거 등의 '권력의 사인화(私人化)'를 초래하였다. 박정희 대통령은 '교도적 기업가형'으로 지도이념과 리더십 스타일의 경직성으로 인해 경제건설의 업적에도 불구하고 국민들의 자유와 인권을 무시했다는 비판을 받게 되었다고 주장한다. 전두환 대통령은 국정지도이념이 정립되지 않은 상태에서 정책을 저돌적으로 추구하는 '저돌적 해결사형'으로 보았다. 노태우 대통령은 소명의식이 부족하고 결단력이 부족한 '소극적 적응형'으로 보았다. 김영삼 대통령은 '공격적 승부사형'으로 영웅주의에 집착하여 현실여건을 무시하고 개혁정책을 추진하는 독단적인 국정운영을 하였다는 것이다.

그 외에도 안병만(1998)은 Barber(1992)의 틀을 사용하여 역대 우리 대통령의 리더십을 연구하였다. 그는 박정희 대통령을 근대화의 비전을 제시하고 자신 있게 정책을 추구한 적극적-긍정형의 유형에 해당한다고 보고 그를 가장 성공적인 대통령으로 평가하였다. 또한 이승만, 전두환, 김영삼 대통령을 적극적-부정형으로 보고 권력지향적이며, 구체적인 직무수행을 즐기기보다는 부정적 태도를 가졌다고 주장하였다. 그리고 장면 총리는 타협과 조화를 중시하여 소극적-긍정적 유형으로, 노태우 대통령은 자신감이 부족하고 대세를 좇아 결정을 내리는 소극적-부정형으로 평가하였다.

2. 대통령의 행정 리더십 I: 대통령비서실

구조적 차원에서 대통령학을 연구할 때 그 초점은 대통령의 성공적인 국정운영을 위한 효율적인 정책결정과정과 그 집행에 관련된 대통령 이외의 주요 참여자들을 분석하는 데 맞추어진다. 우리의 경우 대통령 이외에 행정부를 대표하는 국무총리, 각 부처 장관, 대통령비서실의 참모, 그리고 이들의 모임인 국무회의가 주요 분석대상이 된다. 그러므로 이 절에서는 먼저 대통령과 대통령비서실의 관계에서 대통령비서실의 조직과 기능의 변화와 그 개편방향을 살펴본다.[2)]

---

2) 이러한 구조적 차원의 분석과정에서 우리의 대통령비서실과 미국의 대통령비서실 간의 특이한 차이점 중의 하나가 '대통령경호실'의 소속이다. 미국의 경우 대통령경호실은 원래 재무부 소속이었으나 2003년부터 국토안보부(Department of Homeland Security) 소속이 되었고 우리의 경우 대통령비서실에 속한다. 따라서 미국의 경우 경호실의 예산과 인원은 국토안보부의 직접적인 통제를 받는다. 우리의 경우 박정희 대통령하의 특정 기간 동안(박종규 경호실장과 차지철 경호실장 당시) 특정 분야에서 대통령비서실보다 경호실의 권한이 월등한 때도 있었지만 그것은 비정상적이고 예외적인 경우이다. 그러므로 이 절에서는 이를 예외적으로 취급하고 자세히 분석하지는 않는다. 지금까지 우리의 대통령비서실 분석에서는 대체적으로 경호실을 제외한 청와대의 예산과 인원에 대해서만 분석을 했다(예를 들어 박중훈, 1996; 함성득, 1999a). 그러나 실질적으로는 경호실이 대통령비서실 전체 예산과 인원의 절반 이상을 점하고 있다. 구체적으로 2012년도 대통령실 소관 세출예산안을 보면 청와대 전체의 예산은 1,650억 2천만 원이

1) 대통령비서실의 조직변화

이 항에서는 대통령학 분야에서 가장 기본적인 연구대상의 하나인 대통령비서실 조직의 변화를 좀더 깊이 있게 살펴보고자 한다. 우리가 일반적으로 생각하는 대통령비서실은 대통령의 참모기구로서 대통령비서실장과 수석비서관, 비서관, 행정관, 기타 기능직 공무원 등으로 구성되어 있는 대통령의 최측근 보좌기구이다. 이는 '협의의 대통령비서실'이라 할 수 있다.

다음으로 이러한 협의의 대통령비서실에 대통령 직속기구를 추가하는 경우에 이를 '광의의 대통령비서실'이라고 한다. 현재 이러한 광의의 대통령비서실 개념에는 대통령 직속기구로서 감사원, 국가정보원, 민주평화통일자문회의, 국가안전보장회의, 국민경제자문회의, 국가과학기술자문회의, 방송통신위원회, 국가인권위원회, 지역균형발전위원회, 규제개혁위원회, 청년위원회 등의 대통령 직속 헌법기구 및 회의체 또는 위원회 형식의 기구들이 포함된다.

그러나 우리의 대통령 직속기구라는 개념이 미국에서 광의의 대통령비서실이라고 부를 수 있는 대통령 행정집무실, 즉 대통령실(Executive Office of the President, EOP)에 정확하게 일치한다고 보기는 어렵다.

고, 이 중 대통령실 본부 예산은 814억 2,500만 원이고 경호처 예산은 835억 9,500만 원이다. 이러한 전체 예산 중 사업비는 43.2%, 인건비는 41%, 기본경비는 15.8%를 차지하고 있다. 다만, 이러한 경호실의 예산과 인원에 대한 분석은 연구대상의 비밀성과 자료의 불충분으로 인하여 분석이 대단히 어렵다. 특히, 경호실의 인원에 대한 분석은 파견근무가 많아서 더욱 어렵다.

왜냐하면 미국의 대통령실은 서로 독립적인 11개 자문기관과 정책결정 기관으로 구성되어 있는 반면, 우리의 대통령 직속기구에는 감사원과 같은 정책집행기구도 포함되어 있기 때문이다. 따라서 우리의 대통령 직속기구는 실제로 대통령을 직접 보좌하는 기구로서의 성격이 희박하기 때문에 미국의 대통령실(EOP)과 완전히 일치하는 개념은 아니다. 더 나아가 대통령 직속기구의 개념은 단순한 법제상의 개념일 뿐 조직 구성의 원리와 기능에 따른 단일조직의 실체라고 보기에는 다소 무리가 따른다. 이러한 개념상의 문제점들은 크게 두 가지로 요약할 수 있다.

첫째, '대통령비서실'이 광의와 협의의 구분이 명확치 않은 채로 막연히 '청와대'라는 용어로 사용된다는 것이다. 우리가 생각하는 '협의의 대통령비서실'은 미국의 '백악관비서실'(White House Office)에 해당하는 것이며, 여기에 기타 대통령 직속기구들이 첨가될 때 미국의 대통령 '행정집무실', 즉 대통령실(EOP)에 해당된다. 그러나 이러한 개념적 대응도 위에서 살펴본 것처럼 반드시 정확한 것은 아니다. 특히, 일부 정부예산 문서에서는 협의의 대통령비서실을 대통령실로 표기하는 경우도 있어 미국의 대통령실(EOP)과 혼동하기 쉽다.

둘째, 대통령 직속기구의 개념적 문제이다. 이러한 개념은 앞서 말한 것처럼 단일 조직의 개념으로 삼기에는 무리가 따른다. 특히, 이러한 대통령 직속기구는 국정운영과 관련하여 그 기능적 연계성을 갖지 못한다는 단점이 있다. 더욱이 최근 청와대의 국정운영능력 부재가 드러나면서 대통령비서실과 대통령 직속기구 그리고 대통령의 국정의지를 집행하는 정책집행기관 간의 능률적 연계를 중심으로 하는 대통령부라는 개념이 소개되고 있다(함성득, 1997a; 1999a). 그러나 미국과는 달리 우리에게 대통령부라는 개념은 아직까지는 일반적으로 확립되어 있지 않다. 따라서 이 항에서는 연구의 범위를 협의의 대통령비서실, 즉 미국의 백악관비서실에 해당하는 대통령비서실에 둘 것이다.

우리 대통령비서실과 관련된 법령은 구체적인 내용을 규정하지 않고 오직 기능의 대강과 공무원의 종류 및 정원만 규정하고 있다. 이는 대통령비서실의 특성으로 보아 이를 운영하는 대통령에게 충분한 재량권을 부여하기 위한 것으로 보인다(청와대 총무수석실, 1997). 대통령비서실은 그 정원의 범위 내에서 자체 규정에 의거하여 기구를 만들어 운영해 왔다. 직제의 개정 없이도 기구를 바꿀 수 있었으며, 그 결과 실질적으로도 개편이 빈번하게 있어 왔다.

이러한 빈번한 개편 중에서 중요한 의미를 갖는 경우를 중심으로 청와대 총무수석실(1997), 박중훈(1996), 함성득(1999a; 2013a), 양다승(2012)에 기초하여 초대 이승만 대통령부터 박근혜 대통령까지의 대통령비서실의 조직변화와 기구개편의 특징들을 살펴보고자 한다. 특히, 대통령비서실 조직변화 분석에서는 함성득(1997a; 1999a)과 Hart (1995)에 기초하여 개인특성 및 심리적 접근법과 제도적 접근법을 종합한 '대통령 개인 리더십', '정치경제적 상황' 그리고 '대통령비서실과 행정부 내의 역학관계와 헌법구조를 종합한 제도 요인'을 중요 영향변수로 보고 있다(자세한 것은 함성득, 1999a 참조).

(1) 이승만 대통령(제 1공화국)하의 대통령비서실

이승만 대통령은 1875년 3월 26일 황해도 평산에서 태어나 배재학당을 졸업하고, 독립협회사건으로 7년간 옥고를 치른 후 1904년 미국으로 건너가 조지워싱턴대학교 학사(1907), 하버드대학교 석사(1908), 프린스턴대학교 박사(1910)를 받았다. 1919년 상하이 임시정부 대통령에 취임하였고, 1945년 광복 직후 귀국하여 1948년 대한민국 초대 대통령에 당선되었다. 이후 1952년 제 2대 대통령과 1956년 제 3대 대통령에 당선되었고, 1960년 제 4대 대통령에 당선되었다가 4·19혁명으로 하야했다.

이승만 대통령은 초대 대통령에 당선된 직후 1949년 1월 6일 우리나라 최초의 대통령비서실 직제를 제정하고, 매우 단출한 대통령비서실(당시 명칭은 경무대)을 마련했다(〈그림 3-1〉 참조). 비서진을 구성하는 핵심인사의 담당업무를 중심으로 보면 비서관장(이기붕) 아래 정무비서가 3인, 공보, 서무, 문서비서가 각 1명씩 있었고 경무대에 2명의 비서가 있었다. 이러한 비서실 형태는 대통령의 개인비서 역할을 수행했을 뿐이며 그 구성이 정부부처의 기능과는 아무런 연관이 없다. 따라서 공식적인 정책자문과 집행에는 상관없이 구성되어 있다. 그러나 당시 비서실은 대통령에 대한 외부인사의 접근가능성을 통제하고 있었기 때문에 막강한 정치적 권력을 행사할 수 있었다.

제 1공화국의 대통령비서실 기구의 가장 큰 특징은 그림 〈3-1〉에서 보는 바와 같이 기구의 단순함이다. 이러한 특징은 첫째, 이승만의 가부장적 권위주의 스타일에 의한 결과로 볼 수 있다(김호진, 1997). 그의 권위주의적 리더십은 정책결정과정에서 집단토론과정을 통한 조언을 무시하고 장관과의 개별적 면담을 통해 단독으로 정책을 결정하는 정책결정 스타일을 만들어 내었다. 결국 장관을 직접 관리하는 스타일 때문에 비서실은 정책결정과정에서 제외되었고 그 결과 조직과 기능이 빈약할 수밖에 없었다. 또한 당시 이승만 대통령은 자신의 높은 학문과

〈그림 3-1〉 제1공화국의 대통령비서실

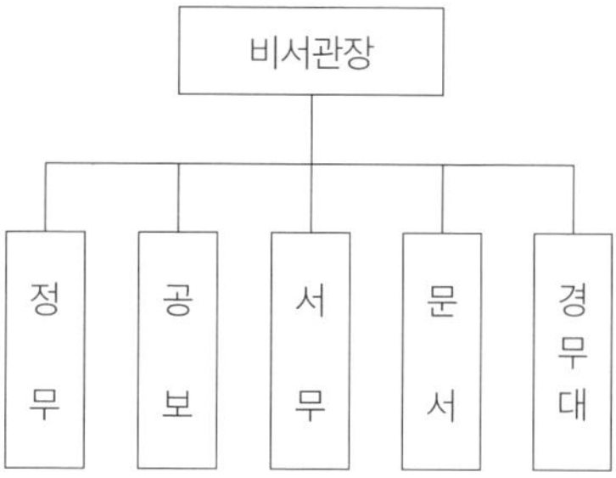

자료: 박중훈, 1996: 44.

풍부한 미국 내 활동으로 인해 당시의 국내 관료들의 능력에 대한 평가가 높지 않았다. 결국 이승만의 관료 능력에 대한 불신감은 대통령비서실 보좌조직의 능력에 대해서도 이어졌다.

둘째, 비서실 기구의 단출함은 최초의 비서실이었다는 점에서 설명된다. 즉, 당시의 비서실은 처음으로 신설되었기에 그 기능과 역할에 대한 아무런 제도적 선례가 없었다. 더군다나 이승만은 대통령이 되기 전까지 행정에 대한 훈련이나 경험을 갖지 못하였으므로 국가행정에 어두울 수밖에 없었고 이러한 상황에서 비서실의 적극적 활용이란 요원한 일이었다. 또한 당시 이승만 대통령은 한국 독립의 획득과 유지라고 하는 정치적 목표를 성취하는 주요 수단으로 외교를 중시했고 분단된 국토의 통일도 미국의 힘을 이용해 달성하려고 했다. 이렇듯 그의 관심이 외교에 있던 상황에서(한승조, 1992), 당시 외국어 구사능력 및 외교협상 경험이 부족했던 비서실 보좌진의 역량 문제 때문에 비서실이 충분한 외교업무 보좌능력을 갖출 수 없었고 그 결과 비서실의 대통령 보좌 기능은 더욱 제한될 수밖에 없었다.

셋째, 1945년 해방 이후 한국사회는 정치세력 간의 권력투쟁과 좌·우 이념대립이 치열했고, 찬·반탁 문제로 국론이 양분되는 등 혼란의 소용돌이에 휩싸여 있었다. 이러한 상황에서 미군정 당국은 한국사회에 대한 지배권을 강화하기 위해 행정관료, 군대, 그리고 경찰조직을 강화시켰다. 그러나 이러한 미군정 당국의 시도는 반공헤게모니의 구축과 사회평정작업의 긴박성 때문에 군과 경찰 등 억압기관의 강화에 치중했던 것이다(김호진, 1997).

미군정의 지배권 강화는 결과적으로 나중에 이승만 정권의 권위주의적 성격을 강화시켰고, 특히 이승만의 사당(私黨)이었던 자유당이 발췌개헌(1952), 사사오입개헌(1954), 보안법개정파동(1958), 3·15 부정선거(1960) 등을 자행하는 데 밑받침이 되었다. 결국 어려운 경제상황에도 불구하고 공산주의와의 대립과 같은 불안한 정치적 상황으로 인해 정부 운영의 중심은 자유당과 경찰조직이었기 때문에 당시의 대통령비서실은 그 기능과 역할을 확대하기가 상대적으로 어려웠다.

(2) 윤보선 대통령(제 2공화국)하의 대통령비서실

윤보선 대통령은 1897년 8월 26일 충청남도 아산에서 태어나 영국 에든버러대학교를 졸업(1930)하고, 제 4대 서울시장(1948~1949)과 제 2대 상공부 장관(1949~1950) 그리고 제 3, 4, 5대 민의원을 거쳐 1960년 제 4대 대통령에 당선되었다. 하지만 제 2공화국의 비서실은 내각책임제하에서 운영됨으로써 1명의 비서실장과 3명의 비서관만 두어 비서실 사상 가장 단출한 조직이었다(〈그림 3-2〉 참조). 비서실장 밑에 대변인과 공보담당 비서 외에 국방을 담당하는 비서가 신설되었고, 반면에 총무

〈그림 3-2〉 제 2공화국의 대통령비서실

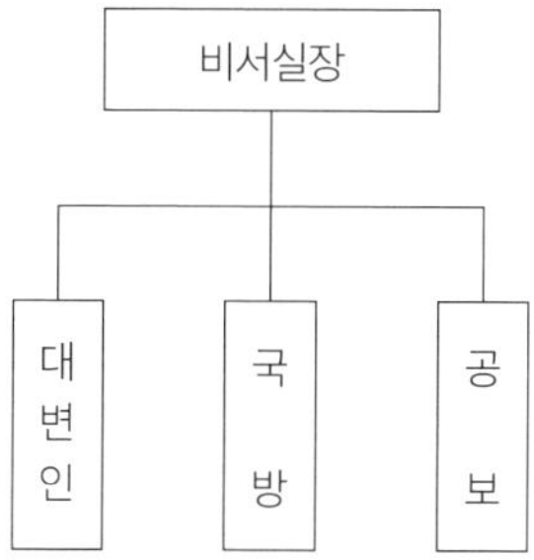

자료: 박중훈, 1996: 45.

영역에 해당하는 서무·문서담당이 없어지고 경호업무가 분리되었다.

윤보선 대통령의 비서실도 이승만 대통령의 비서실과 마찬가지로 매우 단순한 형태를 보인다. 이러한 비서실의 특성에 가장 커다란 영향력을 미친 변수는 첫째, 1960년 대통령제에서 의원내각제로의 개헌에 따른 제도적 변화이다. 개정된 헌법에 따라 대통령은 계엄선포의 요구에 대한 거부권, 국무총리 지명권 등 실질적 권한이 부여되어 있었다. 그러나 이는 상징적인 대통령의 권한에 불과했으며 당시 대통령은 원칙적으로 국가원수로서의 지위와 명목적이고 의례적인 집행부 수반으로서의 지위를 갖는 데 지나지 않았다. 따라서 실질적인 권한은 내각, 즉 '국무원'(國務院)이 행사하였다. 결론적으로 단출한 비서실은 윤보선 대통령의 리더십에 의한 결과라기보다는 제도적 변수로서의 의원내각제라는 헌법구조에 기인한다.

둘째, 윤보선 대통령의 리더십은 의원내각제하에서 매우 제한적일 수밖에 없었다. 그러나 윤보선 대통령은 이러한 제도적 한계를 넘어서 자신의 권한을 강화하려고 노력했다. 그러한 노력의 일환으로 신민당의 창당(1961년 2월 20일)을 들 수 있는데 이는 자신의 권력 강화의 주안점을 정치적 기구인 정당에 두는 것이었으므로 비서실의 역할은 상대적으로 축소될 수밖에 없었다.

셋째, 제 2공화국 당시의 사회상황은 경제적 어려움과 함께 정치적 혼란으로 심각한 위기상황을 맞고 있었다. 특히, 4·19 혁명과 같은 민주화에 대한 급격한 욕구의 분출은 당시 걸음마 단계에 있던 우리 민주주의체제가 감당하기에는 상당히 벅찬 과제였고 결과적으로 정치적 혼란을 가중시켰다. 이러한 상황에서 10개월에 불과했던 자유당 정권의 짧은 통치기간은 과거유산 청산과 사회안정 및 질서회복에 국가적 관심이 쏠려 있던 시기였다. 따라서 대통령비서실과 같은 정부기구의 개편에 대한 사회적 관심과 고려는 적을 수밖에 없었고 실제 그러한 제도적 발전의 시간적 여유조차 없었다.

(3) 박정희 대통령(제 3공화국)하의 대통령비서실

① 대통령비서실 조직변화의 중요성: 현대적 대통령비서실의 성립

박정희 대통령은 1917년 11월 14일 경상북도 구미에서 태어나 1937년 대구사범학교를 졸업하고 교사 생활을 하다가, 만주 군관학교(1942)와 일본 육군사관학교(1944) 그리고 육군사관학교(1946)를 졸업하였다. 1961년 5·16쿠데타를 주도하고 제 2대 국가재건최고회의 의장과 대통령 직무대행을 거쳐 1963년 제 5대 대통령에 당선되었다. 이후 1967년 제 6대 대통령, 1971년 제 7대 대통령, 1972년 제 8대 대통령, 1978년 제 9대 대통령에 당선되었으나 1979년 10월 26일 김재규 중앙정보부장

의 저격으로 서거하였다.

1963년부터 1979년까지 박정희 대통령(제 3, 4공화국) 하의 대통령비서실은 '현대적 대통령'(*modern presidency*)에 해당하는 대통령비서실의 구체적 면모를 갖추게 되었다(자세한 것은 Hahm, 2002 참조). 다시 말해 미국의 '제도적 대통령'(*institutional presidency*)이 Franklin Roosevelt 대통령부터 시작되었듯 우리의 경우 이것은 박정희 대통령부터 시작되었다. 구체적으로 박정희 대통령 아래서 대통령비서실이 갖는 가장 두드러진 특징은 단순 비서기능 중심의 비서실 운영체계가 점차 정책기능 중심의 운영체계로 변화되었다는 것이다. 이러한 변화는 비서실의 내각통제기능이 강화됨에 따라 전반적인 국정주도권이 내각에서 대통령비서실로 이전되었기 때문이다.

우선, 제 3공화국 대통령비서실의 특징을 살펴보면 첫째, 제 1, 2공화국에 비해 기능적으로 분화된 대통령비서실 기구를 갖추었다. 둘째, 대개의 국정업무가 정무수석비서실을 중심으로 이루어졌다. 셋째, 비서실장 중심의 국정운영체제로 변모하게 되었다. 넷째, 특별보좌관 제도를 도입하여 비서실의 정책기능을 강화하였다. 이러한 제 3공화국 비서실의 특성들과 함께 제 4공화국의 비서실 기구개편의 특성으로 들 수 있는 것은 '대통령의 필요와 환경변화에 대한 대응으로서 대통령비서실 기구와 인원의 증대'라고 할 수 있다. 이러한 제 3, 4공화국 시절의 대통령비서실 기구와 인원의 급격한 증대는 역대 대통령비서실 변천사에서 가장 중요한 변화로 볼 수 있다.

이러한 변화의 특징을 살펴보기 전에 박정희 대통령 당시의 대통령비서실 변화의 분석에서 중요한 의미를 갖는 집권기간 구분에 대해 살펴볼 필요가 있다. 제 3공화국과 제 4공화국은 박정희 대통령 한 사람에 의해 집권되던 시기이다. 박정희 대통령의 집권기간은 정치체제 면에서 일반적으로 세 시기로 구분된다. 즉, 5·16 이후 제 3공화국 수립까지의 군정기(1961년 5월~1963년)와 1960년대의 제 3공화국(1963~71년), 그리고 1970년대의 유신체제, 즉 제 4공화국(1972~79년) 등으로 나눌 수 있다. 이 중 군정기는 박정희가 대통령으로 취임하기 이전이므로 대통령비서실 연구에서는 제외하고 2기인 제 3공화국과 3기인 제 4공화국만을 그 연구대상으로 한다.

② 1963년 12월의 대통령비서실 기구 변화

1963년 12월 17일 정부조직법 제 9조에 의해 제 3공화국 최초의 대통령비서실 직제가 설치되었다. 제 3공화국 최초의 비서실 직제에 따라 우리의 대통령비서실은 근대적 대통령비서실의 면모를 갖추기 시작했다. 이 시기의 비서실은 무엇보다도 이전 이승만 대통령과 윤보선 대통령하의 대통령비서실과는 달리 기능적으로 분화되어 있었으며, 최초로 비서실장의 직제가 마련되었고 정부부처의 업무를 대통령비서실에서 관할하게 되었다. 당시의 대통령비서실 기구 중 특이한 점은 정무수석실이 오늘날과 같이 정당과 의회와의 관계 업무를 주로 담당하는 것이 아니라 정치, 외무, 국방을 포함하여 대통령과 관련된 모든 국정기능을 통합적으로 관리하였다는 점이다(〈그림 3-3〉 참조). 다만 주요 경제정책에 대한 결정은 내각의 장기영과 김학열 두 경제부총리에 의존하였다. 이는 당시 박정희 대통령이 경제 관련 지식과 경험이 없었기 때문이다(정정길, 1992).

〈그림 3-3〉 1963년 12월의 대통령비서실

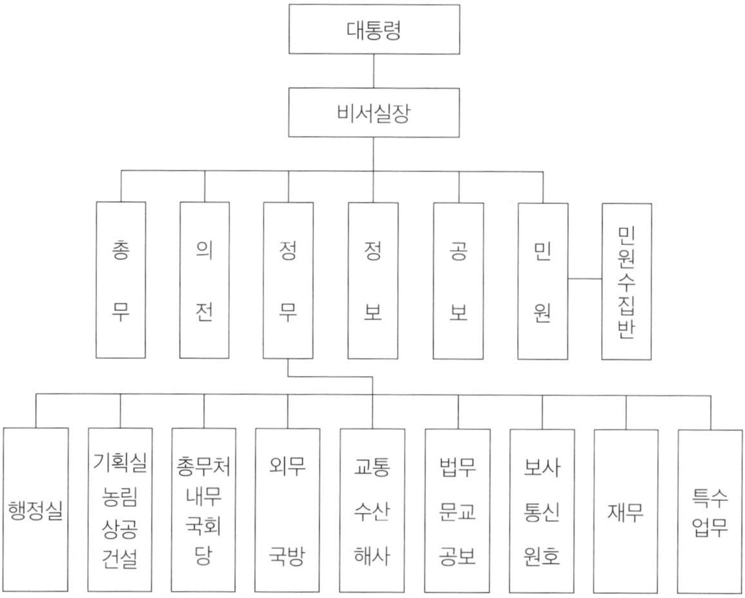

자료: 청와대 총무수석실, 1997: 130.

이러한 대통령비서실의 특징으로는 첫째, 대통령의 직접적인 국정운영 장악 의지에 따른 근대적 비서실 체제의 정비를 들 수 있다. 근대적 대통령비서실 체제를 갖춘 박정희 대통령은 1964년 6·3 항쟁을 계기로 기존의 권력구조를 이후락 대통령비서실장 중심의 '친정체제'(親政體制)로 재편하였다. 즉, 한일회담의 실세로서 국민의 주요 비판대상이었던 김종필을 외유시키고 박정희 대통령의 친위조직이 중앙정보부와 대통령비서실 등 행정부 내 실권을 점유하게 되었다(이광일, 1998). 결국 박정희 대통령의 '친정체제를 통한 국정운영'은 대통령비서실의 근대적 구조를 탄생시킨 것이다.

둘째, 대통령의 최측근 보좌기구라는 제도적 측면에서 대통령비서실이 갖는 영향력이다. 즉, 친정체제에서 대통령과의 물리적 거리는 그 기구의 기능과 역할을 결정짓는 중요한 요인이다. 그런데 당시 강력한 대통령의 국정장악 의지를 뒷받침하기 위해서는 기존의 행정부처로는 역부족이었다. 그 대안으로서 대통령을 가까이에서 보좌할 수 있는 현대적 기능을 갖춘 대통령비서실이 필요했다는 것이다.

셋째, 당시의 정치상황은 매우 혼란스러웠으며 경제상황 역시 최악의 수준이었다. 실제 박정희 대통령은 제2공화국의 정치적 혼란과 무능을 쿠데타의 이유로 제시하였다. 즉, 박정희 대통령은 정치적 혼란을 경제 발전의 걸림돌로서 지목했던 것이다. 결국 박정희 대통령은 경제발전이 정치발전에 우선해야 한다고 생각했다. 그 결과 자신의 의지를 행정부에 명확하고 강하게 전달하였고, 그 후속조치로서 경제발전의 기반이 될 수 있는 정부정책의 수립 및 집행능력을 강화하기 위해 현대적 행정(관리)능력을 갖춘 대통령비서실 조직을 탄생시킨 것이다. 다시 말하면 당시 박정희 대통령의 정치적 정당성이 취약했기 때문에 경제적 업적을 통해 이를 보충하려고 하였고 그 결과 능률적이며 강력한 보좌기구의 필요성이 대두하였다.

실례로 박정희 대통령은 1966년의 연두회견에서 탈세를 '5대 사회악'의 하나로 지목하면서 이를 발본색원하겠다고 발표하였다. 이에 따라 1966년 3월에는 청와대의 농림비서관을 폐지하고 민원수석실의 직제 신설에 따른 기능 확대가 두드러졌다. 당시 민원수석실은 1965년 9월에 시작된 조세행정특별감사를 1966년 초까지 계속하여 부정사실의 적발과 함께 조세징수의 능률화에 기여했고 박정희 대통령의 특별지시에 따라 '민원수집반'을 편성하게 되었다(김용복, 1998). 또한 정무의 여러 업무분야에 '국회, 정당, 서울시'가 추가되었는데 이는 오늘날 정무의 주 관할업무가 국회·정당 관련 업무인 것을 감안할 때 당시의 국회와 정당의 위상이 매우 취약하였음을 반영한다.

③ 1969년 3월의 대통령비서실 조직 개편

박정희 대통령은 1967년 재선과 함께 국회에서 다수여당을 탄생시킴으로써 대통령비서실을 중심으로 한 절대 권력을 장악하는 데 필요한 정치적 입지를 구축하였다(강인섭, 1983). 이러한 여건하에서 대통령비서실은 그 규모 면에서 매우 확대되었고 역할도 세분화되었다. 이 시기의 대통령비서실은 첫째, 경제수석비서실의 신설, 둘째, 정무수석실의 업무영역 축소, 셋째, 특별보좌관제의 신설 등과 같은 세 가지 특징을 갖는다. 그 외 경제 2수석실 아래 과학기술비서관 설치가 특이하다(〈그림 3-4〉 참조). 특히, 특별보좌관제의 신설은 대통령비서실 내에 대통령의 정책자문기구가 신설되었다는 데 그 의미가 크다고 할 수 있다. 더구나 기존의 비서실장 중심의 운영체제에서 '비서실장-특별보좌관'의 운영체제로의 변화는 대통령비서실의 행정기능과 정책기능의 분리를 뜻하는 것으로서 우리의 대통령비서실 조직변화에 커다란 분기점으로 볼 수 있다.

이 시기 대통령비서실 조직 개편에 따른 특징은 여러 측면에서 접근해 볼 수 있다. 첫째, 경제수석실의 신설을 대통령의 리더십 측면에서 살펴보면 다음과 같다. 1960년대 초기의 박정희 대통령은 주요 경제정책 결정을 주로 장기영과 김학열 두 부총리에 의존했는데 이는 당시 박

〈그림 3-4〉 1969년 3월의 대통령비서실

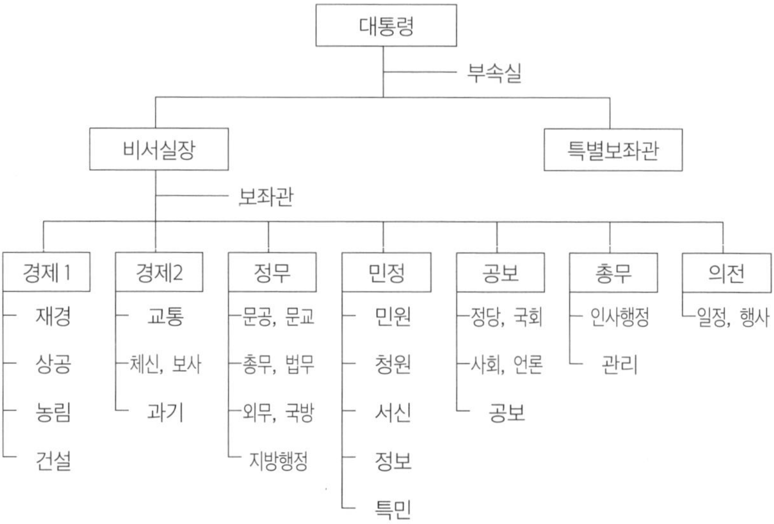

자료: 청와대 총무수석실, 1997: 133.

정희 대통령이 경제정책 결정과 관련된 경제이론에 대한 지식과 경험이 없었기 때문이다(정정길, 1992). 그러나 1960년대 후반부터 박정희 대통령은 그동안 축적된 지식과 경험으로 경제정책을 직접 관리하려 하였고, 동시에 자신이 알지 못하는 전문적인 경제지식을 자문하기 위해서 대통령비서실 내 경제수석실을 강화시켰다.

제 3공화국은 대통령의 경제지식의 한계 때문에 경제부처가 중심이 되어 경제정책을 관리해 나갔다. 이러한 특징은 1960년대 초반부터 중반까지의 대통령비서실 기구에도 나타난다. 즉, 경제 관련 업무를 포함한 거의 대부분의 국정업무가 정무수석실에 집중되어 경제 관련 업무만을 특화시킨 관리체제를 갖지 못하였다. 경제정책과 관련된 주요한 정책결정은 1961년에 신설된 '경제기획원'을 중심으로 이루어졌다. 그러나 1969년 3월부터 대통령비서실 조직에 경제수석실이 신설되면서 대통령비서실이 경제정책의 핵심적 관리자로 등장하게 되었다.

1970년대 들어서면서 대통령비서실 중심의 경제운용이라는 대통령 직할의 일원적 관리체제가 구축되어 관료조직보다는 대통령 개인에게 경제정책의 결정권이 집중되었다(김용복, 1998). 이러한 대통령의 경제정책에 대한 직접관리는 그 이면에 정권 연장을 위한 경제발전의 강조라는 박정희 대통령의 정치적 의도가 작용하였다. 아울러 특별보좌관제의 신설은 박정희 대통령의 통치력 강화라는 맥락에서 이해된다. 특히, 기존의 대통령비서실 체제가 내각부처 중심의 대응적 기구편제를 갖고 있었던 것에 비해 특별보좌관제는 대통령의 정책자문에 필요한 제도라는 점에서 행정기능과 정책기능이 분리되었다는 의미를 갖는다.

둘째, 제도적 요인과 관련 정무수석의 업무영역 축소는 기존 비서실 제도의 한계에 따른 결과로 볼 수 있다. 사회발전과 경제위기상황에 따른 행정환경의 복잡화로 인해 정무수석실에서 모든 정부정책과 행정을 담당하기가 어려워져 정무의 업무 중 경제 관련 업무를 경제수석실로 독립시켰다는 점이다. 특히, 1960년대 후반부터 심각한 경제상황이 점차로 가시화되고 있었고, 이러한 위기관리를 위해서는 기존의 대통령비서실 체제로는 한계가 있었다. 따라서 기존 제도의 한계로 인해 이러한 위기관리를 위해 새로운 전문기구의 필요성이 대두되었고 그 결과가 바로 경제수석실의 신설이었다.

이 외에도 예전에 폐지되었던 농림비서관의 신설 또한 제도적 요인으로 설명이 가능하다. 우선 농림비서관의 신설은 박정희 대통령이

1967년 이후부터 주창한 농공병진정책(農工竝進政策)에 따른 것으로 볼 수 있다. 이러한 농공병진정책은 1966년 7월에 청와대 국무회의를 통해 확정된 제 2차 경제개발 5개년계획의 일환으로 시작된 것으로서, 이는 당시 경제기획원과 공화당, 경제과학심의회의, 평가교육단 및 경제기획자문위원회 등의 여러 기구들이 내놓은 건의안에 의해 확정되었다. 따라서 농림비서관의 신설은 여러 기구들이 대통령의 정책결정에 복합적으로 작용한 결과로 만들어진 제도적 부산물이라고 볼 수 있다. 또한 경제 2수석실 산하의 과학기술비서관의 신설은 1967년 3월에 내각에 신설된 과학기술처에 대응하는 대통령비서실 기구의 창설이라고 볼 수 있다.

셋째, 경제수석실의 신설은 상황요인을 통해서도 설명이 가능하다. 당시의 심각한 경제상황을 해결하여 그 경제적 성과를 정권의 정당성 차원으로 끌어올리기 위해 박정희 대통령이 직접 경제 관련 업무를 통제하려 한 결과가 바로 경제수석실의 신설이라는 것이다. 다시 말하면 경제수석실의 신설은 제 1, 2공화국이 남긴 경제적 문제와 정치적 정당성의 부재라는 상황요인들에 의한 결과로 볼 수 있다.

아울러 정무수석의 기능 축소는 '3선 개헌'이라는 정치적 상황요인을 통해 살펴볼 수 있다. 1967년 대통령선거에서 근소한 표차로 승리한 박정희 대통령은 한편으로 사당화(私黨化)된 공화당을 통해 3선 개헌의 필요성을 선전·확산시키고, 다른 한편 중앙정보부, 대통령비서실을 중심으로 '3선 개헌'을 본격적으로 추진하였다(이광일, 1998). 이를 위해 정무수석실을 중심으로 '3선 개헌'에 대한 국민과 야당의 반대를 무마시키기 위해 정치적 홍보를 중시하게 되었다. 결과적으로 정무수석실에서 담당하던 정당 · 국회 관련 업무를 '사회, 언론' 및 '공보' 기능을 수행하던 공보수석실에 이관했다.

1969년 8월에는 경제수석실이 1, 2, 3실로 세분화되었고, 이는 경제 소관 업무에 대한 전문화와 분업화의 결과로 볼 수 있다. 그러나 11월 20일에는 경제 1수석만이 남고 경제 2, 3수석이 폐지되고 대신 외채관리수석이 신설되었다. 경제수석실의 세분화를 통한 경제수석비서실의 강화는 앞에서 살펴보았듯이 박정희 대통령의 경제정책 관리능력 향상에 따른 직접적인 경제정책 관리의지로 볼 수 있다. 특히, 중대한 정치문제들로 인하여 박정희 대통령이 경제정책을 직접 관리하기가 어려웠던 상황에서 1969년 10월의 3선 개헌안 통과는 시급한 정치문제의 일단락과 함께 박정희 대통령에게 경제정책에 대한 직접관리의 의지를 더욱 부추겼다고 볼 수 있다.

아울러 경제전문가인 김정렴 비서실장의 임명(1969. 10) 도 경제비서실의 전문화에 영향을 끼쳤다. 또한 1969년 11월의 외채관리수석 신설은 당시 계속적으로 도입되는 외자에 따라 늘어나는 외채를 감소시키고 선진국의 자본시설을 도입하기 위해서는 막대한 외자가 필요한 경제적 상황과 밀접한 관련이 있다(정정길, 1994). 따라서 당시의 막대한 외채가 중대한 국가적 문제로 간주되어 이를 전담하기 위해 독자적인 외채수석실 신설이 이루어졌다. 그러나 1970년이 되면서 외채관리수석실이 폐지되고 경제 관련 수석실은 경제수석실로 일원화된다. 동시에 특별보좌관에 특보와 사정비서관이 신설되었다. 이후 1971년에는 특별보좌관실에 외교, 국방, 교육문화, 정치, 경제, 사회비서관 등이 신설된다.

결론적으로 1970년대 박정희 대통령비서실의 주요 특징은 경제수석실의 강화이다. 특히, 당시 경제부총리였던 김학렬 부총리가 암으로 투병하던 1971년부터 실질적인 경제정책 관리 권한이 대통령비서실로 넘어오게 되면서 대통령비서실의 규모와 기능이 크게 확대되었다고 볼 수 있다.

다음으로 획기적인 변화는 무엇보다 행정적 보좌기능과 정책입안의 보좌기능을 분리한 점이라 할 수 있다. 중장기 정책입안 및 정책결정을 위한 보좌기능을 위해 기능분야별로 세분화된 특별보좌관제가 1970년 12월 9일 신설되었으며, 기존의 각 분야 수석비서관을 중심으로 한 비서관실은 행정적 보좌기능을 담당하였다(박중훈, 1996).

(4) 박정희 대통령(제 4공화국)하의 대통령비서실

1972년 5월의 조직변화 중 눈에 띄는 것은 경제수석실의 세분화이다. 1971년 7월에 경제 1, 2로 분리되었던 것이 관광 진흥을 위해 경제 3수석실이 신설되어 다시 3개의 수석실로 분리되었다. 이 중 주목할 만한 것은 과학기술과 중화학기술비서관을 갖고 있는 경제 2수석실이다. 다음으로 주목할 만한 것은 1972년 폐지되었던 총무수석의 신설(1973년 8월)이다(〈그림 3-5〉 참조). 총무수석은 주로 청와대의 안살림을 담당한다. 따라서 이러한 총무수석의 신설은 대통령비서실 자체의 관리 강화에 초점을 두었다고 보인다.

1973년에는 과학기술비서관과 함께 중화학기술비서관이 경제 2수석실을 구성하게 되었다. 여기서 중화학기술비서관은 이전에는 볼 수 없었던 직제이다. 이러한 중화학기술비서관의 신설은 박정희 대통령의 경제정책 의지와 밀접한 관련을 갖는다. 구체적으로 보면 박정희 대통

〈그림 3-5〉 제 4공화국의 대통령비서실

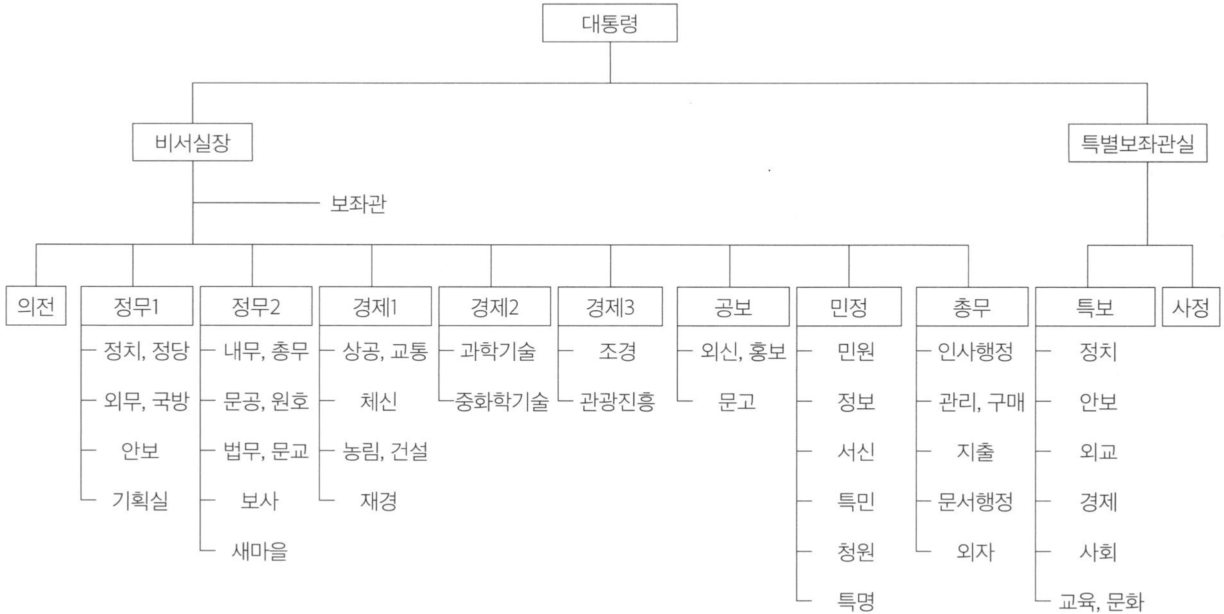

자료: 청와대 총무수석실, 1997: 143~145.

령의 산업화 전략과 밀접한 관계를 갖는다. 박정희 대통령은 1962년 장면 정부의 경제계획에 기초한 제 1차 경제개발 5개년계획을 시작했는데 당시의 산업화 전략은 수입대체산업화 전략이라고 할 수 있다.

이러한 산업화 전략은 당시 한국에 대해 노동집약적 경공업을 요구하던 미국의 압력과 무리한 개발자금 조달계획 및 방만한 투자계획으로 인해 수정이 불가피해졌고, 그 결과 경공업 중심의 수출지향적 산업화 전략이 채택되었다. 그러나 1970년대 초반에는 경공업 위주의 수출지향이 중화학공업화로 전환되었다. 이러한 박정희 대통령의 중화학공업화라는 경제정책 의지는 1973년의 대통령비서실 기구에 반영되어 경제 2수석실에 과학기술과 중화학기술비서관이 신설되었다.

상황요인을 통해 1973년 8월의 과학기술비서관과 중화학기술비서관 설치를 살펴보면 우선 이 두 기구는 국방력 강화의 맥락에서 이루어진 조치라고 볼 수 있다. 박정희 대통령 재임 시 과학기술 발전이 주로 자주국방을 위한 군수산업의 현대화와 관련되었다는 점을 고려할 때 이러한 관점은 상당한 타당성을 갖는다. 특히, 1970년대 초 데탕트의 전개와 Nixon 독트린과 주한미군 철수 등의 새로운 안보상황은 박정희 대통령에게 자주국방 및 방위산업 육성의 필요성을 절감케 하였으며, 이는 국정목표를 '건설'에서 '건설과 국방'으로 바뀌게 만들었다. 결국 '방위산업 육성'과 '산업구조 고도화'란 두 마리의 토끼를 잡기 위해 추진된 중화학공업화는 경제논리보다는 안보논리에 큰 영향을 받았다. 따라서 1960년대 후반의 1 · 21 사태와 푸에블로호 납북사건 처리과정에서 보여준 미국의 태도 그리고 1971년의 주한미군 철수라는 외교안보 상황의 변화가 과학기술비서관과 중화학기술비서관 신설에 간접적인 영향을 미쳤다.

또한 경제 3수석실의 신설은 당시 경제상황과 관련되어 있다고 볼 수 있다. 당시 총투자율은 꾸준히 증가하는 데 비해 국내 저축률은 점차 감소추세를 보여주고 있었고, 외채 잔액과 차관 도입이 계속적으로 증가하였다. 이는 결국 투자할 곳은 많은데 투자할 재원은 부족하고 대신 외채만 늘어 가는 상황이었다. 따라서 당시 부족한 외화의 획득방안으로 대통령비서실에서 직접 관광 진흥을 도모하기 위해 경제 3수석실을 신설한 것이다.

아울러 1972년 5월 이후의 경제 2수석실의 과학기술비서관과 중화학기술비서관 신설은 정부부처 기구의 신설과 상호관계를 갖고 있다. 우선 1973년에는 공업진흥청이 상공부 소속하에 신설되었으며, 박정희 대통령의 커다란 관심하에 중화학공업추진위원회가 1973년 2월 설치되었다는 점을 감안할 때 중화학기술비서관의 신설은 당시의 관련기관들의 신설과 밀접한 관련이 있다.

이후 1974년에는 대통령비서실 기구가 일부 축소되어 경제 3수석비서실과 외채관리비서실이 폐지되었다. 폐지된 경제 3수석비서실의 업무는 경제 1수석실로 이관되었다. 그리고 경제 1수석실이 관장하던 중화학공업 기획업무는 경제 2수석비서관으로 이관, 그 업무의 일부가 조정되었다.

(5) 최규하 대통령하의 대통령비서실

최규하 대통령은 1919년 7월 16일 강원도 원주에서 태어나 경기고등학교(1937), 도쿄고등사범학교(1941), 중국 다퉁학원(1943)을 졸업한 후 제14대 외무부 장관(1967~1971)과 제12대 국무총리(1976~1979)를 역임하였다. 그러던 중 1979년 10월 26일 박정희 대통령이 김재규 중앙정보부장의 저격으로 서거하자, 그 후임자로 최규하 당시 국무총리가 12월 6일 제10대 대통령에 취임하게 되었다. 최규하 대통령은 취임 직후 12월 14일 대통령비서실 조직 개편을 단행했다. 개편의 특징을 살펴보면 다음과 같다.

첫째, 외교관 출신의 최규하 대통령하에서 특이하게도 의전수석실이 강화되고 세분화되어 의전 1, 2, 3비서관이 신설되었다. 둘째, 1974년에 정무 1, 2로 분리되었던 정무수석실이 다시 단일화되었다. 셋째, 이전에는 분리되어 있던 경제 1, 2, 3수석실을 다시 경제수석실로 일원화했다(〈그림 3-6〉 참조). 최규하 대통령의 경우는 10·26 사태에 기인한 과도기적 대통령으로서 그 통치기한이 약 10개월에 불과했다. 따라서 그의 리더십이 비서실 조직변화에 어느 정도 영향을 미쳤는지를 정확히 분석하기는 매우 어렵다. 특히, 과도기적 대통령의 성격으로 인해 그의 리더십이나 기타 국정활동에 대한 연구가 매우 부족한 실정이다. 그럼에도 과도기적 성격의 대통령비서실 특징에 대한 연구는 그 추측성이 높을지라도 나름 상당한 의미를 갖는다.

이 시기의 대통령비서실 기구개편에서 가장 눈에 띄는 것은 경제수석실의 일원화이다. 이러한 기구개편은 대통령의 교체에 따른 결과로 생각된다. 쉽게 말해 신임 최규하 대통령에게 더 이상 박정희 대통령 스타일의 비서실이 필요치 않았기 때문일 것이다. 왜냐하면 1970년대 들어 청와대 경제수석실의 강화를 통해 주요 경제정책을 자신이 직접 관리하였던 박정희 대통령에게는 경제수석실의 분리와 통합은 그때그

〈그림 3-6〉 최규하 대통령의 대통령비서실

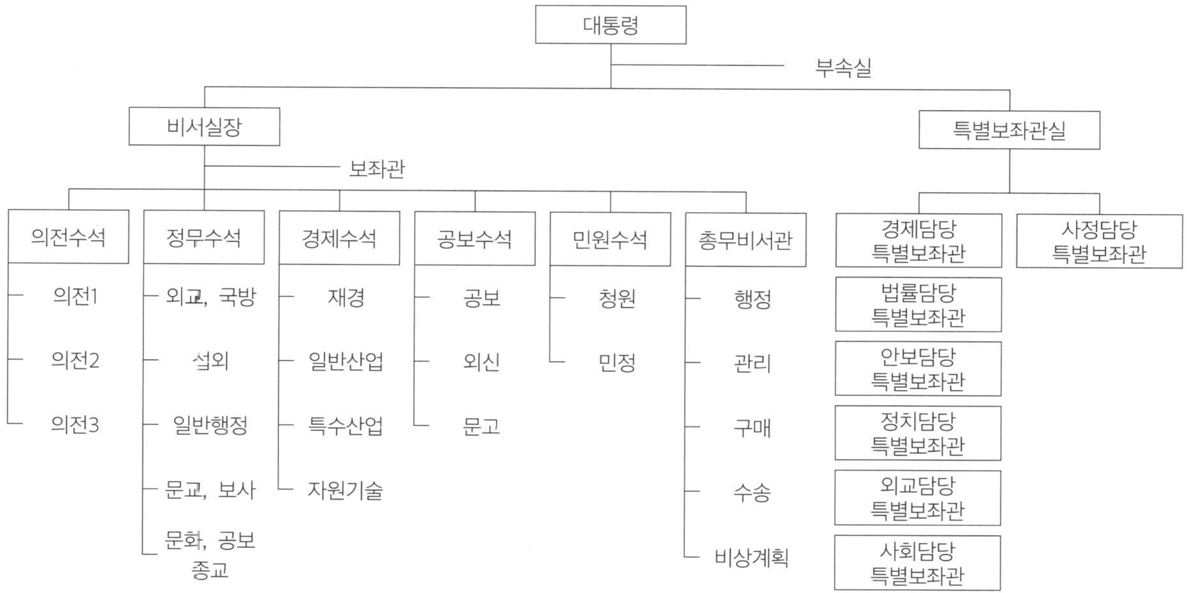

자료: 청와대 총무수석실, 1997: 147.

때 필요에 따라 바뀌는 선택 사항이었다. 특히, 통치기간이 길어지면서 축적된 경제 지식과 관련 경험 덕분에 경제수석비서실 기구의 분리에 기인한 정책기능의 중복이나 혼선 따위는 그에게 커다란 문제는 아니었을 것이다. 따라서 전문화와 분업화의 이점을 얻기 위해 자신의 기호에 맞는 맞춤복처럼 비서실 기구를 조직화했던 것이다.

아울러 정무수석실의 단일화(1980년 9월에는 다시 정무 1, 2수석으로 이원화된다)도 이와 관련해서 생각할 수 있다. 여기서 한 가지 고려해야 할 것은 최규하 대통령이 오랜 공직생활을 통해 대통령비서실에 대한 경험이 있었다는 사실이다. 그는 1970년에 대통령 특별보좌관(외교담당)을 역임한 경력이 있고 비서실 조직에 대해 나름의 견해를 갖고 있었을 가능성이 높다. 그러나 당시의 비서실 개편이 최규하 대통령의 비서실에 대한 평소의 비판적 견해가 반영된 것인지는 확실치 않다. 더구나 당시 대통령비서실 개편에서 신군부가 주요 영향력을 행사한 것이라면 이러한 해석은 그 의미를 잃어버린다.

(6) 전두환 대통령(제 5공화국)하의 대통령비서실

전두환 대통령은 1931년 1월 18일 경상남도 합천에서 태어나 대구공업고등학교(1951)와 육군사관학교(1955)를 졸업한 후 소위로 임관하여 국군보안사령관(1979~1980)과 제 10대 중앙정보부 부장서리(1980) 그리고 국가보위입법회의 상임위원장(1980)을 역임했다. 이후 1980년 8월 16일 최규하 대통령이 하야하자 통일주체국민회의에서 간선으로 1980년 9월 1일 제 11대 대통령에 취임하였고, 개정된 헌법에 따라 1981년 2월 25일 제 12대 대통령으로 취임하여 7년의 임기를 시작했다.

전두환 대통령의 임기 7년 동안 제 5공화국 대통령비서실의 가장 큰 특징은 '대통령비서실 권한의 상대적 축소'이다. 전두환 대통령은 국민의 저항이 컸던 유신체제하의 강권적 이미지를 약화시키려고 했다. 먼저 중앙정보부를 국가안전기획부로 개편하고, 대통령 특별보좌관제를 전면 폐지하는 등 대통령비서실의 기구와 인원을 축소하여 그 영향력을 대폭 감소시키고자 하였다(김충남, 1992). 이러한 권한 축소는 박정희 대통령 시절 대통령비서실의 월권과 내각의 무력화 등에 대한 비난을 다분히 의식한 것이다(여현덕, 1997b).

그럼에도 이 기간 동안 비서실의 기본적인 틀은 박정희 대통령 당시의 대통령비서실과 비교할 때 크게 달라지지 않았다. 그 주된 이유는 첫째, 박정희 대통령하의 비서실 체제가 이미 현대적 대통령비서실로서의 진용을 갖추고 있었기 때문에 커다란 변화 없이 소폭의 개편만이 있었다. 둘째, 전두환 대통령 역시 박정희 대통령과 마찬가지로 당시의 심각한 경제위기와 북한의 남침위협 때문에 경제정책과 국방·안보정책을 국시로 삼았고, 비서실 기구편제 역시 크게 달라지지 않았다.

전두환 대통령하의 대통령비서실이 박정희 대통령 당시 비서실의 기본 틀을 유지했음에도 불구하고 그 영향력과 위상에서는 상당한 변화가 있었다. 이러한 변화의 가장 큰 원인은 전두환 대통령의 리더십 스타일이었다. 전두환 대통령은 권위주의적 리더십이 확고한 인물이었기 때문에 측근이나 부하들의 권한 행사를 싫어했다(김대곤, 1998). 당시의 한 측근에 의하면 전두환 대통령은 제 3공화국의 '비서정치'에 대해 대단한 혐오감을 갖고 있었다고 한다. 그래서인지 그는 "비서는 비서다워야 한다"고 곧잘 말했다. 또 비서들이 자주 바뀐 것도 '오래 있으면 장난을 친다'며 자주 바꾸었던 것으로 그 측근은 해석했다(박재홍, 1988). 따라서 박정희 대통령 시절처럼 대통령비서실장이 정권의 제2인자로 행세하는 것은 용납되지 못했고 그 결과 제5공화국 비서실은 주로 대통령과 내각 사이의 연락관과 같은 비서기능 위주의 대통령비서실로 남게 되었다.

대통령비서실의 영향력 행사의 제한은 정책결정과정에서도 나타난다. 제5공화국의 정책결정과정은 크게 두 가지로 나눌 수가 있다. 하나는 대통령이 직접 정책방향을 구상한 뒤 관계부처와 청와대 비서진에게 지시하는 것이고, 또 하나는 각 부처가 마련한 주요정책이 대통령의 재가를 받아 이뤄지는 형식이다(하원, 1985). 결국 이러한 정책결정 형식에 따라 대통령비서실의 국정 개입에 대한 여지는 크게 줄어들었다. 결과적으로 제5공화국의 대통령비서실은 커다란 변화가 없었던 시기이다.

이를 전두환 정권이 출범한 1980년 9월의 비서실 기구와 중반기 이후였던 1985년 3월의 비서실 기구를 중심으로 조금 더 살펴보면 다음과 같다. 전두환 대통령은 1980년 9월 9일 대통령비서실을 일부 개편하여 교육문화수석비서관을 신설하고 민원수석비서관을 민정수석비서관으로, 사정담당특별보좌관을 사정수석비서관으로, 총무비서관을 총무수석비서관으로 각각 명칭을 변경하고 대통령 특별보좌관제도를 폐지했다. 전두환 대통령은 이에 앞서 1980년 9월 3일 정무수석비서관을 정무 제1, 제2수석비서관으로 분리시켰다(〈그림 3-7〉 참조). 그러나 당시 정무수석 산하에는 정치·정당 비서관이 없었다(이는 1979년 12월부터 폐지되었다).

〈그림 3-7〉 제 5공화국의 대통령비서실

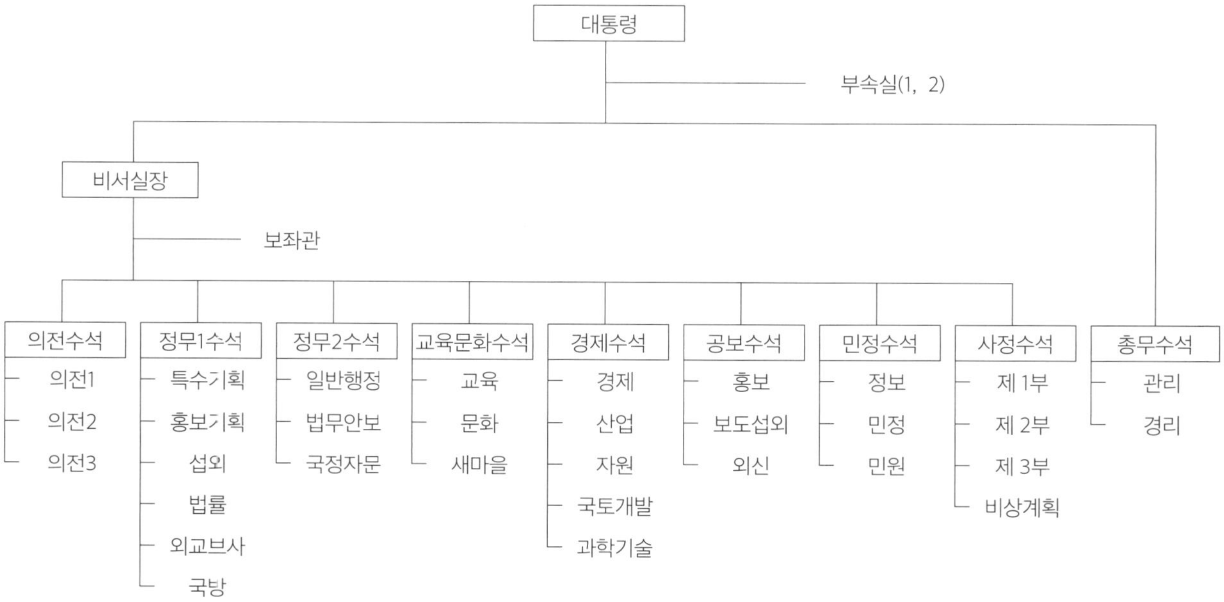

자료: 청와대 총무수석실, 1997: 148~149.

전두환 대통령의 대통령비서실 운영스타일은 비서실이 행정부에 간여하지 못하게 했을 뿐만 아니라 비서실 상호 간에도 서로 보안을 유지케 해 각 수석비서관실 사이는 물론, 같은 비서실 내에서도 각자가 수행하는 역할을 모르도록 했다. 이와 같은 전두환 대통령의 비서실 개편과 관리 스타일의 이유를 당시 비서실장을 역임했던 강경식은 "제 5공화국 대통령비서실의 조직은 박정희 대통령 시절과는 달리 기구의 대폭적 축소와 함께 많은 권한을 행정부처에 위임해 주려고 했다. 비서실 개편은 박정희 대통령 시절 비서실 기능이 강화된 것에서 비롯된 반대작용이었다. 전두환 대통령이 참모보다는 장관을 직접 접촉하는 방식을 선호하는 것도 작용했다"고 언급했다(최평길, 1998).

대통령비서실의 특징을 살펴보면 첫째, 정무수석실의 분리와 기능 강화 및 사정수석비서실의 신설은 대통령의 리더십과 관련이 있다. 정무수석실의 분리와 기능 강화는 대통령의 국정 전반에 대한 장악력을 강화시키기 위한 포석으로 볼 수 있다. 비록 정무수석의 기능이 한정적이기는 해도 경제문제를 제외한 정치 · 외교 · 내무 · 국방 등 그야말로 국정 전반에 걸쳐 대통령을 보필하는 임무를 띠고 있어 당시와 같은 혼란한 시국상황을 고려할 때 정무수석의 강화를 통해 국정을 안정시키려는 전두환 대통령의 의도가 엿보였다(박재홍, 1988). 다음으로 사정수석비서관의 신설은 전두환 대통령이 취임사에서 밝혔던 '정의사회 구현'이라는 국정지표에 따른 결과를 반영한 것이었다. 특히, 사정수석의 신설에는 당시 구(舊)정치인들의 부정부패에 혐오를 느낀 전두환 대통령의 '부정적인 정치관'이 반영되었다.

둘째, 대통령 특별보좌관제의 폐지는 과거 특별보좌관제를 특징으로 하는 박정희 대통령하의 대통령비서실에 의한 권력남용에 대한 국민들의 부정적 인식을 감안한 결과로 생각된다. 즉, 당시 정권획득의 정당성이 부족한 상황에서 국민들의 권력남용에 대한 부정적 인식은 정권 초반기에 상당한 부담으로 작용하였다. 부족한 정당성을 보완하기 위해 과거 박정희 대통령이 경제개발을 내세웠다면 전두환 대통령은 정의사회 구현을 제시한 것이다. 결국 정권의 정당성 부족이라는 정치적 상황요인이 대통령비서실 기구의 변화를 초래했다고 볼 수 있다.

셋째, 정무수석비서실에 '정치·정당'과 관련된 비서관이 없었다는 것은 당시 정치에 대한 비서실 차원의 고려가 별로 없었다는 것을 말한다. 이는 1980년의 헌법 개정에 따라 입법부 및 사법부에 대한 대통령의 절대적 우월성이 보장되어 있었을 뿐만 아니라 비상조치권, 국회해산권, 헌법개정제안권, 국민투표부의권 등 외국의 대통령제에서는 그 예가 드문 일련의 제왕적 권한이 대통령에게 부여되어 있었기 때문이다(권영성, 1995). 결국 대통령의 입법부에 대한 절대적 우월성으로 인해 비서실 내에 의회와 정당과 관련된 정치적 업무를 담당하는 직제가 필요치 않았다고 볼 수 있다.

초기의 비서실 기구는 1985년 초반까지 수석비서관의 개편 없이 일부 비서관의 신설 및 폐지, 기능의 변화를 보이며 유지되었다. 그러나 1985년 3월에 법무수석비서관이 신설되어 대통령비서실은 총 10개 수석비서관으로 구성됐다. 법무수석비서관의 신설은 1983년 말부터 시작된 정치적 유화정책의 실패에 대한 대응조치로 볼 수 있다. 이후 전두환 대통령은 1987년 6월 민주화 항쟁 이전까지 약 3년 동안 학생 및 노동자를 중심의 민주화 투쟁에 대해 강력한 억압정책을 펼쳤다.

(7) 노태우 대통령(제 6공화국)하의 대통령비서실

노태우 대통령은 1932년 12월 4일 대구에서 태어나 경북고등학교(1951)와 육군사관학교(1955)를 졸업한 후 소위로 임관하여 제8대 수도경비사령관(1979~1980)과 국군보안사령관(1980~1981)을 역임했다. 이후 정무 제2장관(1981~1982), 제1대 체육부 장관(1982~1982), 제41대 내무부 장관(1982~1983), 제12대 국회의원(1985~1987)을 거쳐 1987년 12월 제13대 대통령에 당선되었다.

1988년 2월 25일 40년 헌정사상 최초로 평화적 정권이양을 통해 노태우 대통령이 취임함으로써 제6공화국이 탄생하였다. 6·29선언과 여·야 합의 개헌을 바탕으로 국민에 의한 직선제를 통해 당선된 노태우 대통령은 박정희, 전두환 대통령에 비해 그 정권의 정통성이 상대적으로 강했다. 따라서 역대 정권이 경제개발을 최우선 국정과제로 삼았던 것에 반해 노태우 대통령은 민주주의 발전을 주요 과제로 하여 권위주의 청산을 표방하였다. 그러한 노력의 일환으로 대통령비서실을 축소시켰고, 내각이 국정의 중심이 되도록 하는 등 박정희, 전두환 대통령과는 조금은 대조적인 국정운영을 하고자 하였다(김충남, 1998). 따라서 취임과 함께 이전 정권과의 차별화를 통해 새로운 정부의 지지기반을 확장시키려는 정치적 의도에서 대통령비서실을 축소했다.

그러나 노태우 대통령의 취임 직후 있었던 4·26총선에서 사상 처음 여당이 과반수 의석을 획득하는 데 실패하여 여소야대 정국을 맞이하게 되었고 그 결과 새 정부의 정치적 정당성에 대한 홍보를 통해 지지세력 확대에 노력하였다. 이러한 국내 정치상황과 맞물려 대통령비서실의 기능과 기구는 커다란 변화를 보였다. 초기 노태우 대통령은 비서실 규모와 기능을 축소했으나 이후 점진적인 규모 확대가 이루어졌고 그 기능도 다시 강화되었다. 결국 정권 초반기의 축소 노력에도 불구하고 제 6공화국 비서실은 어느 정권 못지않게 강력한 영향력을 행사한 대통령 비서실이었다.

강력한 대통령비서실로서의 위상 확립은 궁극적으로 노태우 대통령의 리더십 스타일에 기인한다. 일반적으로 대통령비서실의 영향력의 근원은 비서실이 대통령 가까이에서 주요정책 결정에 영향력을 행사할 수 있다는 점과 정보의 최종 집결지라는 사실에 있다. 특히, 모든 정보가 비서실을 통하기 때문에 월등한 정보력에서 내각을 압도하게 되는 것이다. 그런데 노태우 대통령처럼 정책결정과정에서 여론의 동향을 면밀히 분석하고 이 결과를 정책결정에 참고하는 통치스타일인 경우, 대통령비서실의 역할은 더욱 커질 수밖에 없었다.

과거 전두환 대통령의 제 5공화국, 박정희 대통령의 제 3, 4공화국의 대통령비서실도 힘이 약한 것은 아니었으나 통치권자의 강력한 리더십, 청와대 경호실 그리고 안전기획부 등에 의해 많은 견제를 받았다. 그러나 제 6공화국에서는 민선에 의한 정치적 정당성의 확보와 당시의 민주화 요구와 같은 국민적 정서 등으로 안전기획부와 경호실의 권한 축소가 불가피해졌다. 특히 노태우 대통령이 전두환 대통령하에서 권력의 기반이 없었던 2인자였기에 그 휘하에 다양한 핵심 권력집단을 형성할 인력이 많지 않았다. 이러한 이유 등으로 인해 제 6공화국의 대통령비서실은 가장 강력한 영향력을 가진 권력기관이 되었다(함성득, 1999a 참조).

제 6공화국의 대통령비서실의 조직 개편은 크게 취임 초인 1988년 2

월의 비서실 개편과 1988년 12월부터 1989년 8월까지의 비서실 조직 개편, 그리고 1992년 2월의 비서실 조직 개편으로 구분할 수 있다. 1988년 2월의 비서실 개편은 당시의 10개 수석비서관실(의전, 정무 1, 정무 2, 교육문화, 경제, 공보, 민정, 사정, 법무, 총무)을 조정, 사정수석비서관과 법무수석비서관, 교육문화비서관을 폐지하고 정책·안보의 2개 보좌관실을 신설했다. 또한 정무수석실을 축소·조정하였고 그 결과 행정수석실이 신설되었다. 결국 7명의 수석비서관과 안보보좌관실 및 정책보좌관실 등 2명의 보좌관을 구비하게 되었다(〈그림 3-8〉 참조). 이러한 대통령비서실의 특징은 다음과 같은 측면에서 생각해 볼 수 있다.

첫째, 1988년 2월의 조직 개편은 주로 노태우 대통령의 리더십과 관련되어 있다. 우선 법무수석실과 사정수석실의 폐지는 대선공약의 이행이었다. 즉, 노태우 대통령은 대통령선거 과정 중 당시 국민들의 원성을 사고 있던 안전기획부 등 이른바 권력기관의 기능 축소와 함께 대통령비서실의 축소를 공약했다. 다음으로 정책보좌관제[3]의 신설은 노태우 대통령의 친인척이자 '노태우 대통령 만들기'의 최대 공신이었던 박철언을 위해 만든 것이다. 결국 이는 엽관제(獵官制)적 성격의 '정치

3) 엘리트 관료들로 충원된 박철언의 정책보좌관실은 안기부가 주관하던 대북한 북방정책의 창구 역할을 인수하였고 그로 인해 안기부의 권력이 축소되었다. 더구나 노태우 대통령이 경호실에 대해 경호업무라는 본래 역할에 충실할 것을 주문했기 때문에 청와대의 독주에 제동을 걸 권력기관이 부재했다. 더욱이 정책보좌관실은 1988년 4·26총선으로 여소야대 국회가 출현함으로써 이에 대처하는 대통령의 통치력 제고 및 향후 정국운영 방안을 마련하는 업무까지 부여받게 되자 더욱 비대한 기구로 발전해 갔다.

〈그림 3-8〉 제 6공화국의 대통령비서실

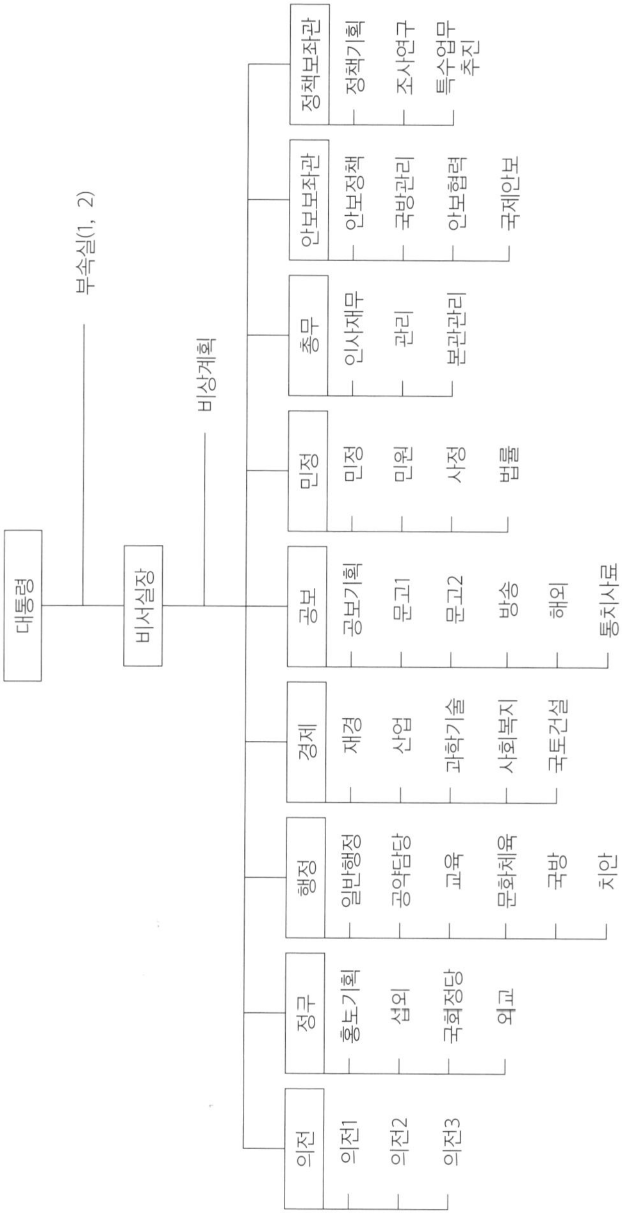

자료: 청와대 총무수석실, 1997: 153.

적 충원'인 동시에 대통령 지지세력의 양성이라는 관점에서 이해된다.

둘째, 또 다른 주목할 만한 변화는 정무수석실의 기능 조정과 그에 따른 행정수석실의 신설을 들 수 있다. 과거의 정무수석실은 정치와 내각의 거의 모든 행정분야를 담당했으나 1989년의 비서실 개편에서는 순수한 당정업무를 담당하는 조직으로 축소 단일화되었고 그에 따라 행정수석실이 신설되었다. 정무수석실의 정무기구만으로서의 기능조정은 정치적 상황요인에 의해 설명된다. 우선 경제발전에 상응하는 정치적 자유를 갈망하던 국민들의 '민주화 요구'가 더욱 거세졌고 이는 1988년 여소야대와 같은 정국상황을 만들어 냈다. 이러한 정치상황에서 군 출신답지 않게 타협을 선호하였던 노태우 대통령의 온건한 리더십 스타일 때문에 정치의 비중이 역대 어느 정권보다 커졌다. 그 결과 정치적 대응능력을 높이고자 정무수석실의 업무영역을 정치 관련 업무에 집중시키게 되었다.

셋째, 노태우 대통령 초기의 비서실 개편에 따라 기존의 교육문화수석비서관이 폐지되고 그 아래 있던 교육비서관이 행정수석실에 이관되었으며, 문화비서관은 문화체육비서관으로 개편되어 행정수석실에 배치되었다. 또 국민정신교육비서관은 권위주의적 이미지가 강하여 폐지되었다. 이러한 비서실 조직변화는 정부부처의 조직변화와 밀접한 관련성을 갖는다. 구체적으로 교육문화수석비서관의 폐지 이후 문화공보부를 문화부와 공보처로 이분화하였다. 즉, 1989년 12월에 기존의 문화공보부에서 공보업무를 제외시킨 문화부를 신설하게 되었다. 또 이와 관련하여 1990년 12월에는 문교부를 교육부로 개칭하여 문화부와의 중복성을 배제시켰다. 다음으로 사정과 법무수석비서관의 폐지는 1989

년 2월에 제 5공화국의 핵심적 정책구호였던 '정의사회 구현'을 위한 정부기구였던 사회정화위원회의 폐지와 관련이 깊었다.

1988년 2월에 개편된 노태우 대통령의 대통령비서실은 커다란 변화 없이 제 6공화국 동안 지속되었다. 다만 몇몇 주목할 만한 변화가 있었다. 첫째, 1988년 12월에 정치특별보좌역이 신설되었다. 둘째, 1989년 8월에는 정책보좌관제가 폐지되었다. 먼저 정치특별보좌역은 정치적 상황요인에 따른 기구 신설로 볼 수 있다. 당시 '5공 청산'이라는 국민적 요구의 압력이 거세져 마침내 11월 3일에는 전두환 정권 아래서 정경유착의 표본이었던 일해재단에 대한 청문회를 비롯해 5·18광주민주화운동에 대한 진상규명을 위한 언론청문회 등이 잇따랐고, 야당의 정치적 압력도 최고조에 달했다. 이러한 상황에서 노태우 대통령은 정치 관련 업무에 대한 보좌기구로서 정치특별보좌역을 설치하였다. 또한 노태우 대통령은 1989년 8월 10일 대통령비서실에서 통일 2·북방정책을 담당하던 정책보좌관실을 폐지했다. 이는 대북(對北) 밀사로 활약하던 박철언 정책보좌관이 정무장관으로 옮겨 감에 따라 취한 조치였다. 박철언이 행정부로 나오자마자 정책보좌관실을 없앴다는 사실은 이 기구가 박철언을 위한 위인설관(爲人設官) 이었음을 의미했다.

1990년 10월부터 1993년 2월까지의 비서실 기구개편 중 가장 두드러진 변화로는 첫째, 1990년 10월의 정책조사보좌관의 신설, 둘째, 1990년 12월의 사정수석실 설치, 셋째, 1992년 2월의 외교안보수석실의 신설, 넷째 1992년 이후의 경제수석실의 확대와 같은 4가지의 변화를 들 수 있다.

구체적으로 1990년 10월에는 정책의 수립과 조정에 관련된 조사 및 지원을 업무로 하는 정책조사보좌관제가 설치된다. 이 기구는 사실 김학준을 위해 만든 부서라고 알려졌다. 김학준은 1989년 4월 22일 사회보좌관제의 신설과 함께 청와대에 들어왔다. 그 후 사회보좌관제가 정책조사보좌관제로 개칭되었다. 이러한 정책조사보좌관의 신설은 김학준의 대통령선거에서의 기여에 대한 보상적 차원과, 여론에 민감하여 자신의 이미지 메이킹에 각별한 관심을 갖고 있던 노태우 대통령의 개인적 특성에 기인하였다. 1992년 2월에는 외교안보수석실이 신설되었는데 이 기구는 과거 외교안보보좌관으로 설치되어 있다가 통일업무를 추가하여 수석실로 개편한 것이다. 이러한 개편은 당시 노태우 대통령의 북방외교 강조에 따른 것이다.

1992년 이후의 경제수석실의 확대 또한 대통령의 리더십 스타일의 변화로 설명될 수 있다. 즉, 노태우 대통령의 직접적인 경제정책 관리에 따른 '통치 스타일'의 변화로 인한 결과이다. 노태우 대통령의 시대적 과업은 민주화의 추진과 제 5공화국까지 경제발전 일변도에 희생된 복지·형평의 정책을 추진하는 데 있었다. 따라서 제 6공화국에서 경제발전 문제는 처음부터 중요 국정지표는 아니었다.

이러한 상황에서 경제발전정책과 관련 노태우 대통령의 리더십은 자신이 중요한 결정을 내리기보다는 아랫사람에게 결정을 맡기는 스타일이었다. 그 과정에서 체계적이고 일관성 있는 경제발전정책의 수립이 이루어지기 힘들었고, 그 결과 경제상황이 매우 악화되었다. 이후 사태의 심각성을 인식한 노태우 대통령은 경제발전정책을 1991년경부터 직접 관리하기 시작했으며, 1992년 초 "이제부터 경제를 직접 관리하겠다"는 의사를 공식적으로 표명했다(정정길, 1994). 그 결과 정권 초기 5

개 비서관으로 구성되어 있던 경제수석실이 정권 후기인 1992년에는 7개 비서관으로 확대되었다.

아울러 정책조사보좌관의 설치는 상황적 맥락에서도 그 설명이 가능하다. 우선 여소야대라는 정국상황에서 정권의 정치적 지지기반을 공고히 하고자 '대국민 홍보기능'을 강화시키려는 의도로 설치하였다. 다음으로 1992년 12월에 있을 대통령선거를 대비한 기구로서 설치하였다는 해석도 있을 수 있다. 이러한 판단의 근거로는 우선 그 기능이 주로 치적 홍보, 이미지 홍보, 일반 홍보, 국정 홍보 등 대국민 홍보 전략을 중심으로 설정되어 있다는 것과 정책조사보좌관으로 선정된 김학준의 과거 경력을 들 수 있다. 김학준은 13대 대통령선거 때 '위대한 보통사람의 시대' 등 각종 선거기획을 도맡다시피 하였다.

1990년 12월의 사정수석실 설치 역시 당시 상황과 밀접한 관계를 갖는 것으로 보인다. 사정수석실의 업무는 기존의 민정수석실에서 담당하고 있었으나 '대통령사정특명반'의 활동 결과로 대통령비서실에 사정수석실 설치의 필요성이 높아졌다. 그러나 크게 보면 당시 공직기강의 해이와 문란을 그 원인으로 들 수 있다. 한 예로 1989년 10월의 노태우 대통령의 국정연설에는 이전과 달리 법질서와 사회기강의 확립을 강조하는 내용이 나타나고 있다. 구체적으로는 사회기강 확립과 국가발전 과제의 추진에서 공직사회의 기강쇄신이 중요하다는 점을 인식하여 공직자의 부조리에 강력하게 대처해 나가겠다는 내용을 담았다. 더군다나 사정수석실의 설치에 앞서 '수서비리사건' 등으로 인해 고위공직자의 비리사실이 사회적 문제로 대두하였고 얼마 뒤인 1991년 2월에는 '수서택지 특혜분양사건'에 대한 일부 문책성 인사가 실시되었다는 정황을 고려할 때 사정수석실은 당시 공직기강의 해이에 대한 적극적 대책이었다.

제6공화국 후반부에 접어들수록 정치·경제 상황은 혼란을 거듭하였다. 특히, 수서사건 및 강경대 사망사건으로 인해 정치적 혼란이 더욱 가중되었다. 이러한 상황에서 민주화정책의 일환으로 지방자치제의 실시가 가시적으로 논의되었고 그 사전준비로서 정무수석실에 지자체비서관이 신설되었다. 다음으로 외교안보수석실의 신설은 기존의 외교안보보좌관이 수석실로 변경된 것으로 이 과정에서 통일비서관이 신설되었다. 통일비서관의 신설은, 1990년 12월 17일 국토통일원이 통일원으로 개칭되면서 장관을 부총리급으로 격상시켰고 이러한 통일정책의 강조와 관련 정부기구의 위상 강화에 따른 결과였다.

(8) 김영삼 대통령(문민정부)하의 대통령비서실

김영삼 대통령은 1927년 12월 20일 경상남도 거제에서 태어나 경남고등학교(1947)와 서울대학교 철학과(1952)를 졸업한 후 총 9차례의 국회의원(제3, 5, 6, 7, 8, 9, 10, 13, 14대)과 신민당과 통일민주당 그리고 민자당 총재를 거쳐 1992년 12월 제14대 대통령에 당선되었다. 김영삼 대통령은 1993년 2월 25일 제14대 대통령에 취임과 동시에 개혁을 위한 3대 당면과제로 부정부패 척결, 경제 살리기, 국가기강 확립을 제시하는데 이러한 정책기조의 틀 안에서 대통령선거 때부터 주장해 오던 '작은 정부'를 위한 구체적 작업에 착수했다. 그 결과 대통령비서실도 조직축소 및 직급조정을 통해 규모가 줄어들게 되었다. 그러나 작은 정부 실현을 위한 초기의 대통령비서실 기구축소 의도는 시간이 지나면서 여타 수석비서관실이 신설돼 실질적으로 그 의미가 희석되었다(박중훈, 1996).

김영삼 대통령은 취임을 전후하여 대통령비서실을 '일하는 청와대'로 운영한다는 방침하에 이전의 비서실이 기구 중심으로 정부부처와의 연락 중심 체제로 운영됐다고 판단하고, 대통령비서실에 지시 · 통제 · 평가 · 연락 등 총괄적인 기능을 부여하여 '기능 중심' 체제로 전환을 시도하였다. 이러한 대통령비서실 운영은 특정 부처와 관련되지 않은 중장기적 정책기획업무를 담당하는 정책기획수석실의 신설로 이어졌다.

이러한 대통령비서실의 특징을 살펴보면 우선 문민정부 출범 시를 기준으로 대통령비서실 기구는 제6공화국에 비해 사정수석, 특별보좌역 및 정책조사보좌관이 폐지되었고, 사회문화수석이 설치되어 결국 정무직 2명이 줄었다. 김영삼 대통령의 1993년 3월 대통령비서실 개편에서 특이한 점은 사회문화수석의 신설이다(사회문화수석은 한 달 뒤인 1993년 4월 3일자로 교육문화수석으로 개명된다). 이러한 사회문화수석비서관의 신설은 이전 군사정권의 대통령과 자신을 차별화하려는 김영삼 대통령의 정치적 의도에 따른 것이었다. 즉, 군인 출신 대통령들과 자신을 차별화하기 위해 문민정부의 상징으로 교육과 사회, 문화체육 등을 담당하는 사회문화수석을 신설한 것이었다(〈그림 3-9〉 참조).

그 밖의 변화로는 사정수석실과 정치특별보좌관제의 폐지를 들 수 있는데 이러한 기구의 폐지는 주로 문민정부의 대(對) 국민 이미지 관리 차원에서 이해된다. 특히, 사정수석실의 폐지는 김영삼 대통령의 개인적인 선호에 따른 결과로 볼 수 있다. 김영삼 대통령은 청와대 안에 있던 사정비서실을 폐쇄하고, 그 기능을 민정비서실에 통합할 만큼 사정

〈그림 3-9〉 문민정부의 대통령비서실

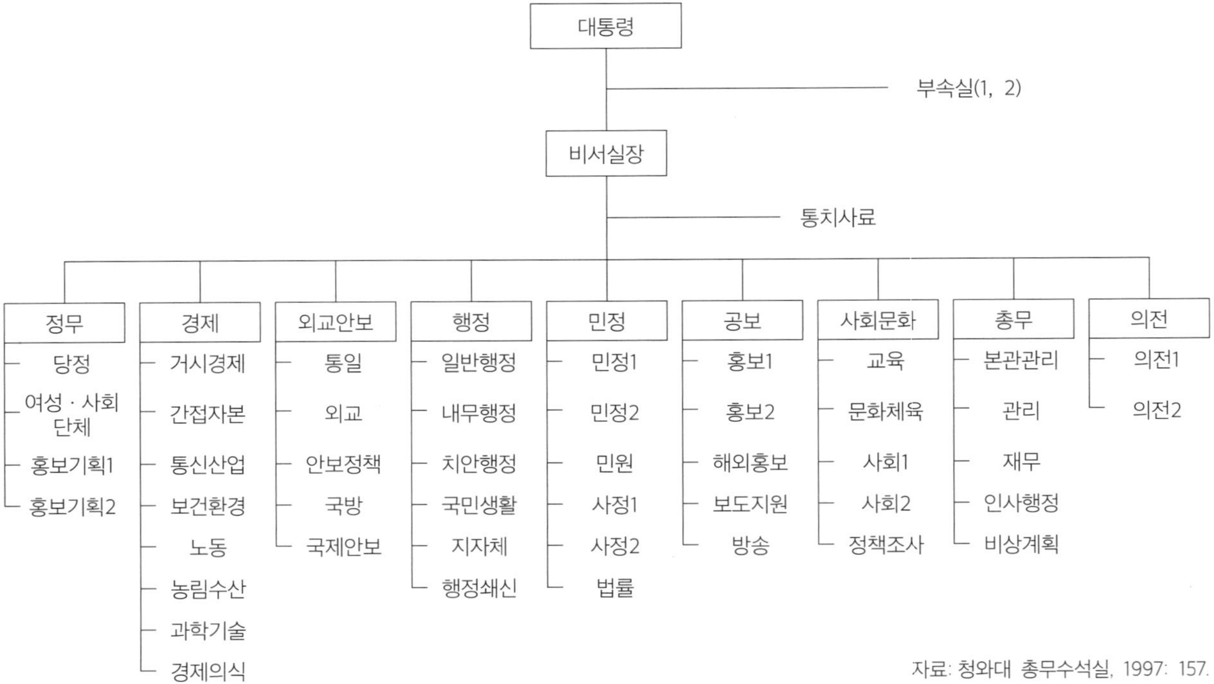

자료: 청와대 총무수석실, 1997: 157.

을 혐오했다. 청와대의 사정업무라는 것이 정치인이나 공직자들의 약점을 잡아 꼼짝 못하게 만들거나, 말을 잘 듣지 않을 경우 협박을 위해 필요한 자료들을 축적하는 것으로만 인식했기 때문에 사정비서실을 폐쇄했다는 것이다(윤창중, 1994).

더군다나 사정수석비서실이 군사정부였던 제5, 6공화국의 산물이기 때문에 문민정부의 간판을 걸고 출범한 김영삼 정부에서는 굳이 존속시킬 이유가 없었다. 그밖에 정치특별보좌관제의 폐지 역시 김영삼 대통령의 개인적인 특성 때문으로 생각된다. 즉, 정치 9단이라고 불리던 김영삼 대통령은 평소에 정치에 관한 한 지나친 자신감을 보여 왔기 때문에 그에 관련한 제도적 조언자의 필요성을 느끼지 못했던 것 같다.

다음으로 김영삼 정부의 출범과 함께 1993년 3월 6일에는 상공부와 동력자원부가 통합되어 상공자원부가 신설된다. 이러한 상공자원부의 신설은 국내산업의 국제경쟁력을 강화하고 산업발전의 기반 확충을 위한 사무를 효율적으로 추진하고자 하는 의도에 따라 이루어진 것이다. 이와 관련해 며칠 뒤 대통령비서실의 경제수석실에는 간접자본비서관이 신설되어 산업발전의 기반 확충을 꾀하고자 하였다.

1994년 1월의 기구개편에서 두드러진 것은 농수산수석실의 신설과 비서실장 휘하의 기획조정비서관의 신설, 그리고 교육문화수석실하의 보건환경비서관의 신설이었다. 첫째, 1994년 1월의 농수산수석실은 농수산정책, 농어촌산업, 농어민복지의 세 부문의 비서관을 갖고 설치되었는데 이는 당시 우루과이라운드 협상에 따른 결과로서 상황요인의 영향으로 볼 수 있다. 한편 농수산수석실이 즉각적으로 설치된 것은 김영삼 대통령의 개인적인 결정에 따른 면도 있다. 김영삼 대통령은 1994

년 1월 6일의 연두 기자회견에서 우루과이라운드 타결 이후 농어촌 구조 개선을 위해 1조 5천억 원 규모의 재원을 마련하여 향후 10년간 이를 농어촌에 집중 투자하겠다고 밝히고, 국정운영방향의 하나로 농어촌의 경쟁력 강화를 제시했다. 이 발표 며칠 후에 대통령비서실에 농수산수석비서관이 신설되었다.

둘째, 교육문화수석실 아래 보건환경비서관이 신설된 것은 산업화의 후유증으로 나타난 심각한 환경오염 현상에 대한 대응이었다. 특히, 1993년 6월과 10월의 일본과 중국과의 환경협력협정 체결 등으로 환경에 대한 정부의 관심이 증대했으며 1994년 1월에는 정부 내 환경라운드 실무대책반이 구성되었다. 얼마 뒤인 1994년 12월에는 환경청이 환경처로 승격되었다. 결국 이러한 환경에 대한 관심이 증대하는 상황에서 대통령비서실의 조직변화가 이루어졌다.

셋째, 비서실장 휘하의 기획조정비서관의 신설은 비서실 내부의 역학관계라는 맥락에서 설명될 수 있다. 기획조정비서관의 신설은 표면적으로는 비서실장의 과중한 업무를 줄이고 비서실장 중심의 청와대 업무조정 능력을 강화시키기 위한 것이었다. 그러나 실제로는 당시 김영삼 대통령의 차남이었던 김현철의 비서실 장악 의도하에 이루어진 조치였다. 4)

---

4) 김현철은 '김영삼 대통령 만들기'의 일등 공신이었고 문민정부 출범과 함께 아버지인 김영삼 대통령의 후광을 입어 막후 실세로서 행세했다. 그리고 자신의 정치적 입지를 공고히 하기 위해 대통령선거 당시 활동했던 자신의 사조직을 청와대에 불러들였고 이를 통해 더욱 강한 영향력을 행사하였다. 그러나 당시 박관용 대통령비서실장이 김현철에게 순종적이지 않았던 관계로 김현철은 박관용 실장

1994년 12월의 직제 변화에서 비중 있는 변화로는 정책기획수석과 정치담당특별보좌관의 신설을 들 수 있다. 우선 정치담당특별보좌관의 신설은 김영삼 대통령의 개인적인 차원에서의 인사 배려로 볼 수 있다. 즉, 박관용 비서실장의 자의에 의한 퇴진과 그에 대한 배려 차원에서 정권 출범 당시에 폐지했던 정치특보제를 다시 설치하였다. 다음으로 정책기획수석은 대통령비서실의 혼선에 대한 대응책과 김영삼 대통령의 세계화 정책의 전담책으로 신설되었다. 당시 비서실은 농안법 파동과 북한 핵사찰 문제, 경기도 분할론 등에 대한 적절한 대응을 하지 못했고 정부부처와의 업무협조에도 이상을 보였다. 결국 김영삼 대통령하에서 안전기획부의 과거 각 정부부처에 대한 정책조정기능이 없어져서 그와 같은 기능을 청와대가 제대로 하지 못했기 때문에 문제해결책으로서 정책기획 전담기구를 만든 것이다. 다시 말하면 정부부처 간의 높아지는 정책갈등과 비서실의 조정능력 저하로 인해 새로운 기구를 창설하게 되었던 것이다.

1995년 8월의 청와대 기구개편은 김영삼 대통령하에서 비중 있는 조직 개편으로는 마지막이라고 할 수 있다. 그 이후의 개편은 기존의 비서실 틀을 유지한 채 이루어진 것들이므로 커다란 의미를 갖지 않았다. 1995년 8월의 개편에서 주목할 만한 변화는 사회복지수석비서관의 설치였다. 사회복지수석비서관은 국민소득 1만 달러 시대에 걸맞은 복지

의 힘을 약화시키기 위한 조치로 비서실장 아래 기획조정비서관을 신설하여 그 자리에 자기 계파의 인사를 앉히려 하였다. 물론 박관용 실장은 이를 적극 반대했으나 그 신설을 막지는 못하였다. 그러나 인선에는 영향력을 행사하여 김현철 계파의 사람이 아닌 정통관료 출신의 인사를 선임했다(우종창, 1997b).

정책의 청사진을 마련하라는 김영삼 대통령의 의지에 따라 신설된 것이다. 특히, 1994년 시드니 구상을 통해 만들어진 '세계화 구상'의 결과로서 21세기 국민복지 비전이 추진되었다. 이러한 정책구상은 3월 23일 세계화추진위원회에서 김영삼 대통령의 '삶의 질의 세계화 구상' 발표로 더욱 구체화되었다. 따라서 김영삼 대통령의 이 분야에 대한 정책관심에 따라 신설된 기구라고 볼 수 있다.

또한 1996년 8월에는 농수산수석실이 '농림해양수석실'로 바뀌었는데 이는 8월 8일 해양수산부의 신설에 따라 그와 관련된 농수산수석실의 명칭과 기능이 변경된 것이다. 다음으로 사회복지수석실의 설치는 국민복지정책기능을 강화하기 위해 1994년 12월에 이루어진 보건사회부의 보건복지부 개칭과도 관련성이 깊었다.

(9) 김대중 대통령(국민의 정부)하의 대통령비서실

김대중 대통령은 1926년 1월 6일 전라남도 신안에서 태어나 목포상업고등학교(1947)를 졸업한 후 총 6차례의 국회의원(제5, 6, 7, 8, 13, 14대)과 평화민주당과 신민당 총재를 거쳐 4번의 대권 도전 끝에 1997년 12월 제15대 대통령에 당선되었다. 평화적인 여야 정권교체를 통해 집권한 김대중 대통령은 이미 취임 전에 금융위기와 이에 따른 심각한 경제위기를 극복하기 위한 첫 조치로 '작고 강한 정부'의 구축을 강조하면서 행정부의 조직축소 개편과 더불어 대통령비서실의 축소개편을 단행했다. 김대중 대통령은 김영삼 대통령하의 대통령비서실 중심의 국정운영 결과 초래된 김현철 사건 등의 폐해를 방지하고자 내각 중심의 국정운영을 강조했다.

청와대 축소개편 작업은 김중권 대통령비서실장을 중심으로 이루어져 그동안 방만하게 확대되었던 기존의 11개 수석비서관실이 정책기획, 정무, 경제, 외교안보, 사회복지, 공보의 6개 수석비서관실로 정리되었고 비서실 전체 인원도 222명에서 172명으로 줄었다. 즉, 김영삼 대통령하의 총무, 의전, 민정, 법무 등의 수석비서관은 비서관급으로 하향 조정되어 대통령비서실장 직속이 되었다. 또한 행정은 비서관급으로 조정하여 정무수석실 소속으로 개편하였다. 아울러 새로이 행사기획과 상황실을 비서관급으로 하여 비서실장 직속으로 설치하였다.

결과적으로 김중권 초대 비서실장 밑에는 총무, 의전, 민정, 법무, 국정상황 등 6개의 비서관이 생기게 되었다. 따라서 김대중 대통령하의 비서실은 매우 강한 비서실장 체제였다. 그야말로 비서실장 아래 또 하나의 '작은 비서실'을 구성하였다. 한편 당시 실세 중의 한 사람이었던 박지원 공보수석하의 공보비서실이 강화된 것도 눈에 띈다. 김영삼 대통령 때는 공보수석 밑에 공보 1, 2, 해외, 영상, 보도지원 등 5명의 비서관이 있었으나 박지원 공보수석 밑에는 국내언론, 해외언론, 일반공보, 보도지원, 통치사료, 연설담당 등 6명의 비서관이 있었다(〈그림 3-10〉 참조).

그러나 김대중 대통령하의 대통령비서실도 역대 대통령의 비서실과 마찬가지로 기구, 인원, 예산 면에서 점차적으로 확대되었다. 이는 경제위기 아래서 대통령의 강력한 리더십이 요구되었고 권한 위임이 약한 김대중 대통령 특유의 국정운영 방식에 기인하여 주요 국가정책에 대한 직접적인 개입이 많았기 때문이다. 따라서 이를 보좌하는 대통령비서실의 권한이 점차적으로 증대되었고 내각 중심의 국정운영이 점점

〈그림 3-10〉 국민의 정부의 대통령비서실

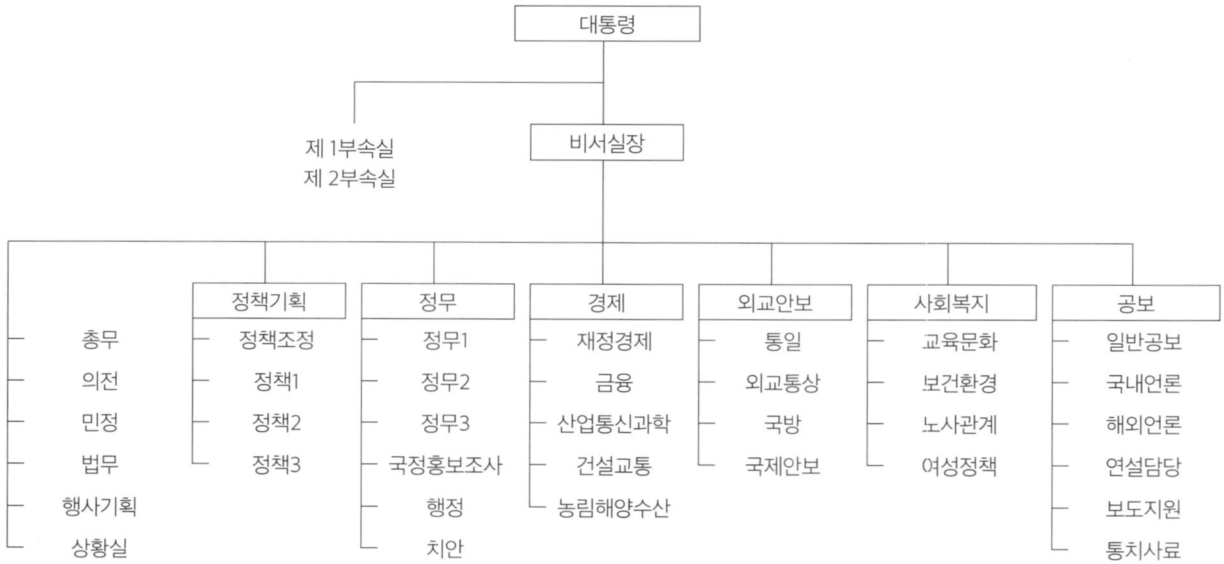

자료: 대통령비서실 직제, 청와대, 1998.

어려워졌다. 결과적으로 청와대 중심의 국정운영 기조 때문에 시간이 흐를수록 대통령비서실의 조직은 자연스럽게 확대되었다.

이러한 업무분장을 통한 대통령비서실의 확대 이유는 김대중 대통령 취임 초기의 대통령비서실이 효율적인 국정운영을 무시한 채 많은 업무량에 비해 지나치게 작은 조직과 적은 인원으로 구성되었기 때문이다. 따라서 청와대 중심의 국정운영 아래서 효율성을 추구하기 위해 업무분장을 통한 대통령비서실의 확대 경향은 지속되었다.

구체적으로 1999년 3월 9일 대통령비서실의 부분 개편은 실업대책과 복지대책에 치중하고 국정홍보와 복지정책 강화를 위한 것으로 요약할 수 있다. 먼저 사회복지수석비서관을 교육문화 및 복지노동수석비서관으로 분리하고 정책조정기능을 강화하였다. 또한 정치개혁 관련 기획업무를 담당할 정무기획비서관을 신설하고 경제수석실의 산업통신과학비서관을 산업통신비서관(경제수석실)과 과학기술비서관(교육문화수석실)으로 분리했다. 복지노동수석실의 보건환경비서관도 보건복지비서관과 환경비서관으로 분리했다. 이와 함께 비서실장 직속이던 행사기획비서관과 정무수석실 소속의 국정홍보조사비서관이 정책기획수석 소속으로 바뀌었으며 상황실은 국정상황실로, 일반공보비서관은 공보기획비서관으로 명칭을 변경했다. 정책기획수석실 산하의 정책3비서관은 폐지됐다. 이에 따라 대통령수석비서관은 6명에서 7명, 비서관(1, 2급)은 35명에서 40명, 행정관(3, 4, 5급)은 137명에서 148명으로 각각 늘었으며 비서실 총 정원은 380명에서 399명으로 증원됐다.

1999년 6월 22일에는 김대중 정부 시작과 함께 폐지했던 민정수석비서관을 부활시켰다. 이는 김대중 대통령을 비롯한 집권세력을 강타했던 '장관부인 고급 옷 로비의혹', '김태정 법무장관의 임명과 경질'사건 등이 직접적 계기로 작용하여 민의수렴 강화를 명분으로 하였다. 다만 사정, 공직기강, 인사를 담당하는 법무비서관은 민정수석실 산하에 소속되지 않고 기존대로 비서실장 직속으로 남았다. 민정수석비서관직의 신설과 비서관의 확대로 비서실 구성 초기 수석 6명에서 8명으로 증가했다. 정책기획수석과 경제수석의 자리바꿈, 정무수석실의 개편과 세 차례에 걸친 인물교체, 복지노동수석에 이어 민정수석 신설 등 지속적인 대통령비서실의 확대지향적 변화는 신축적 대응이라는 면도 있지만 효율적이고 안정적인 비서실 체제가 구축되지 못하였음을 보여준다.

2000년 1월 12일 김대중 대통령은 김성재 정책기획수석과 신광옥 민정수석을 새로이 임명하고 비서실 조직 일부를 개편하였다. 즉, 기존 1급의 법무비서관실은 폐지하고 그 기능을 민정수석실로 옮겼고 사정, 공직기강, 민원비서관을 산하에 두었다는 점에서 그 위상이 강화됐다. 또한 정책기획수석실의 정책1비서관실과 정책2비서관실을 정책비서관실로 통합하고 민정수석실에서 시민단체와 재야를 담당한 민정2비서관을 시민사회비서관으로 명칭을 바꿔 정책기획수석실 산하로 옮겼다. 더불어 중첩된 업무를 한데 묶기 위해 공보수석실 산하의 통치사료비서관을 비서실장 직속으로 변경했다.

이러한 비서실의 조직 개편은 비서실장의 권한을 점점 약화시키는 방향으로 이루어졌다. 즉, 2차 개편에서 비서실장이 담당하던 민정기능이 민정수석실로 분리되고, 다시 3차 개편에서는 비서실장 직속의 법무비서관실이 폐지되고 사정기능도 민정수석실로 넘어가게 되었다. 이러한 조직 개편의 양상은 김중권 비서실장의 집권적 비서실 운영에 대한 반발에서 시작되었다. 따라서 한광옥 비서실장과 이상주 비서실장의 경우 이러한 제도적 권한축소와 함께 실세인 박지원 정책기획수석의 존재 때문에 권한행사에 상당한 제약이 가해졌다.

그러나 2000년 말 김대중 대통령의 민주당 총재직 사퇴와 2001년 11월 8일 대통령의 최측근 실세로서 '왕수석' 노릇을 하던 박지원 정책기획수석의 사퇴는 대통령비서실의 역할과 위상뿐 아니라 비서실장의 역할과 영향력에도 많은 변화를 보이는 계기가 되었다. 즉, 2002년 1월 29일 불과 80여 일 만에 박지원의 '정책특보'로의 복귀는 그에 대한 김대중 대통령의 절대적 신임을 다시 확인할 수 있는 계기가 되었고, 이를 중심으로 하는 전반적 국정운영과 정무분야의 활약으로 청와대의 권력 역학관계는 또 다른 국면을 맞이하게 되었다. 구체적으로 외교, 안보, 대북 관련업무는 임동원 외교안보통일특보가, 정치, 공보 관련업무는 박지원 정책특보가, 경제 관련 조정업무는 전윤철 비서실장이 맡아 특보와 비서실장이 '병렬적'(竝列的) 관계에 놓이는 기형적 대통령비서실로 구조가 변화되었다.

김대중 대통령은 2002년 2월 3일 '검사의 청와대 파견제'를 완전히 폐지하여 김학재 민정수석, 박영수 사정비서관 등 검사 6명 전원을 검찰로 복귀시켰다. 이는 당시 각종 부정부패 스캔들 와중에서 '정치 검찰' 시비를 차단하기 위한 시도로, 검찰의 국민적 신뢰회복을 위해 취해진 조치였다. 따라서 지난 1967년 박정희 대통령 시절부터 검사가 청와대 민정 및 사정수석이나 해당 비서관을 하던 제도는 35년 만에 사라지게 되었다.

실제로 이러한 김대중 대통령의 결단은 '검사는 대통령비서실에 파견되거나 직위를 겸임할 수 없다'라고 규정한 '검찰청법 제 44조 2항'을 현실화한 것이다. 사실 김대중 대통령은 '검사의 청와대 파견제 폐지'를 대선공약으로 약속하였다. 1999년 당시 김성재 민정수석이 민정비서관에 김주원 변호사를 기용하여 대선공약을 지키려 했으나 당시 '옷로비사건'이 발생하여 검사파견제로 다시 환원되었다. 즉, 검사들은 검사 신분이 아니라 민간인 신분인 법무연수원으로 보직을 바꾸어 청와대에 파견하는 편법을 통해 검사의 청와대 파견제를 지속하였다. 이러한 김대중 대통령의 결단이 이루어지는 과정에는 많은 우여곡절이 있었다. 특히, 임기 말 권력누수를 예방하는 차원에서라도 검사파견제를 폐지해서는 안 되고 민정수석실의 검사 일부를 민간인사로 교체하자는 주장이 있었다. 이러한 논란 속에서 결국 김대중 대통령은 과감하게 검사의 청와대 파견제를 폐지했다.

이러한 상황에서 박지원 정책특보의 역할에 주목할 필요가 있다. 그는 경제를 제외한 국정 전반을 두루 챙겼다. 그의 업무영역은 제한이 없었고, 비서실장과 같은 장관급인 정책특보로 임명됨으로써 청와대의 힘은 김대중 대통령의 인간적 신임을 받는 박지원 특보에게 쏠릴 수밖에 없었고 이는 '박지원 독주체제'를 의미했다. 더욱이 김대중 대통령은 2002년 4월 15일 전윤철 비서실장에 이어 박지원 대통령 정책특보를 대통령비서실장으로 기용함에 따라 집권 후반기에 친정체제 강화와 권력누수(레임덕) 현상에 대비했다. 이러한 일련의 과정은 결국 박지원 비서실장을 실세화함으로써 청와대의 국정조정 기능을 강화하는 한편 집권 후반기의 권력누수 현상에 대비하려는 의도였다(함성득, 2002b 참조).

결과적으로 김대중 정부의 대통령비서실은 집권 초기의 인력, 조직

축소 이후 지속적으로 확대되어 인력이 405명에 이르렀다. 물론 이는 김대중 대통령의 '정부조직 축소'라는 집권 초기의 의도에는 어긋나지만 김대중 대통령 자신도 정치적 지지기반이 약화됨에 따라 자신을 적극적으로 보좌해 줄 수 있는 대통령비서실의 확대가 불가피했던 것으로 보인다.

(10) 노무현 대통령(참여정부)하의 대통령비서실

노무현 대통령은 1946년 8월 6일 경상남도 김해에서 태어났다. 부산상업고등학교(1966)를 졸업한 후 1975년 제17대 사법시험에 합격했다. 1977년 대전지방법원 판사로 근무하다 1978년 이후 인권변호사로 활동하였다. 이후 정치계에 입문하여 제13대 국회의원과 제15대 국회의원을 역임하고, 제6대 해양수산부 장관(2000~2001)을 거쳐 2002년 12월 제16대 대통령에 당선되었다. 취임 당시 노무현 대통령의 대통령비서실은 보좌기능을 총괄하는 대통령비서실장과 정책기능을 총괄하는 정책실장 그리고 국가안보보좌관 등 장관급 3개와 수석비서관 5개 및 보좌관 5개 등 차관급 10개, 39비서관 체제로 확대개편되었다(〈그림 3-11〉 참조).[5] 그 결과 청와대 인력규모도 93명이 늘어난 498명으로

---

5) 노무현 정부 출범 당시 청와대 비서관 인원의 경우 《참여정부 국정운영백서 7: 정부혁신》(262쪽)과 〈대통령비서실 직제〉 상의 정원에는 49명으로 표기되어 있다. 한편 〈연합뉴스〉의 2003년 5월 7일자 기사에는 청와대 비서관 인원이 39명으로 표기됐다. 이러한 차이는 국정과제TF의 여러 정책위원회에 배치된 비서관의 포함 여부에 따라 발생하는 것으로 이 책에서는 정책위원회의 비서관을 제외하고 산정하였다(양다승, 2012).

〈그림 3-11〉 참여정부의 대통령비서실

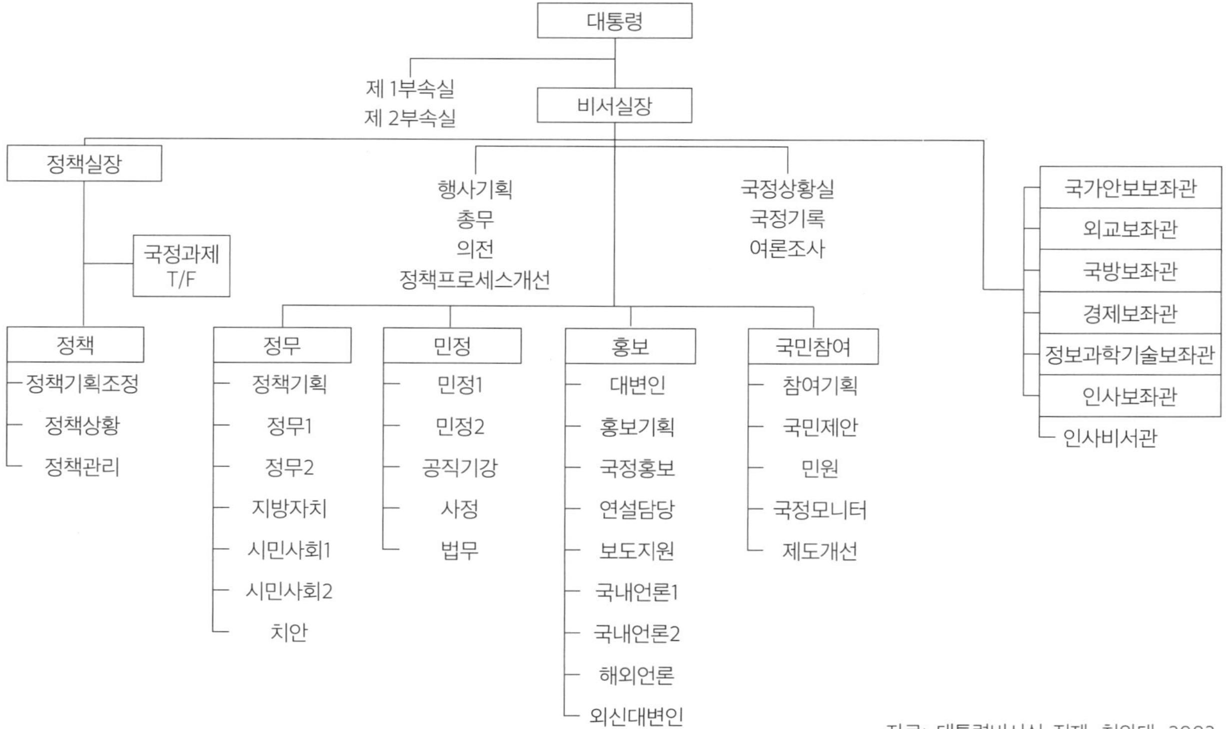

자료: 대통령비서실 직제, 청와대, 2003.

크게 증가하였다.

구체적으로 비서실장은 직제상 정책실장과 국가안보보좌관을 아우르며 총무, 의전, 정책프로세스개선, 국정상황실, 국정기록 등 7개 비서관이 비서실장 직속으로 설치되었다. 이 중에서 정책프로세스개선 비서관의 신설은 '정부혁신'을 강조한 참여정부 국정목표가 반영된 결과였다. 또한 정책을 총괄하는 정책실장은 아래 정책수석비서관을 두고 그 산하에 동북아중심국가 건설, 지방분권화 등 4개 정도의 국정과제를 기획·조정할 4개 추진위원회(장관급)와 3개 추진단(팀장 1급)이 설치되었다. 이는 12대 국정과제를 청와대가 직접 챙기겠다는 의도로, 이들 특별팀은 장기 국정과제가 발생할 때마다 수시로 유연하게 운용되었다(양다승, 2012).

아울러 국가안보보좌관은 차관급인 외교보좌관 및 국방보좌관과 함께 한 팀을 이루고, 이외에 차관급의 경제, 정보과학기술, 인사보좌관이 신설되어 6보좌관 체제가 되었다. 이러한 보좌관제도의 적극적 활용은 수석비서관에 의한 정보흐름의 왜곡과 부처 통제에 비판적이었던 노무현 대통령의 개인적 선호에 따른 것이었다. 수석비서관의 경우 비서실장 산하 정무, 민정, 홍보, 국민참여수석과 정책실장 산하 정책수석 등 5수석체제로 정리되었다. 특히, 국민참여수석의 신설은 참여정부라는 명칭에서 알 수 있듯이 '국민참여'를 국정목표의 하나로 제시한 노무현 대통령의 의지가 적극 반영되었다. 또한 대국민서비스 강화를 위해 역대 최초로 홍보수석과 그 산하에 1급 대변인을 신설하였다.

이후 대통령비서실은 "조직은 탄생과 동시에 개혁의 대상"이며 "3개월 혹은 6개월마다 청와대 보직을 점검하고 필요시 소폭이라도 재조정하겠다"(〈연합뉴스〉, 2003년 3월 28일)는 노무현 대통령의 의지에 따라 총 15차례에 걸쳐 크고 작은 조직정비가 단행되었다. 아래에서는 비서실 조직 개편 중 주목할 만한 변화를 보여준 내용을 중심으로 주요 특징을 살펴볼 것이다. 먼저, 청와대는 2003년 5월 총무팀, 국정상황팀, 행사의전팀, 정무팀, 대변인팀, 제도개선팀 등 6개의 '협업팀제'(*collaborative team*)를 도입하면서 일부 비서관실을 통합·신설하여 2실장 5수석 6보좌관 6팀 38비서관체제로 개편하였다. 결국 이러한 청와대 조직 개편은 업무의 효율성 제고에 초점을 둔 조치였다.[6)]

2003년 12월 단행된 청와대 조직 개편은 최도술 총무비서관의 SK비자금 수수의혹이 불거지면서 '코드인사'의 폐해를 비판하는 여론이 확산되자 재신임을 전제로 내각과 청와대를 개편하겠다는 노무현 대통령의 2003년 10월 13일 국회 새해예산안 시정연설의 결과였다. 사실 '코드인사' 논란은 양길승 제1부속실장의 '청주 나이트 향응파문'사건의 축소은폐를 시작으로 이광재 국정상황실장의 '썬앤문 게이트' 그리고 최도술 총무비서관의 'SK비자금 수수의혹' 등 일련의 측근비리에 대한 '특검법'을 노무현 대통령이 거부하면서 확대되었다(양다승, 2012). 그때마다 노무현 대통령은 청와대 인사기능과 정책 컨트롤타워기능을 강

6) 또한 청와대는 '화물연대 파업'과 '스크린 쿼터제' 그리고 '교육행정정보시스템'(NEIS) 등과 관련하여 정책실이 그 역할을 제대로 수행하지 못하자 정책조정기능의 강화를 위해 2003년 8월 17일 정책기획조정비서관을 정책기획비서관과 정책조정비서관으로 확대분리하였다. 반면 당정분리 원칙을 내세운 노무현 대통령의 의도에 따라 정무1비서관과 정무2비서관의 국회 담당 기능은 축소되었고, 이마저도 노무현 대통령이 2003년 9월 29일 새천년민주당을 탈당하면서 2003년 12월 정무비서관으로 통합되었다(양다승, 2012).

화하는 일련의 조직정비를 단행했지만 '코드인사'에 대한 비판은 참여정부 5년 동안 지속되었다.

이에 청와대는 인사기능 강화를 위해 인사수석실을 신설하고 그 산하에 인사관리비서관과 인사제도비서관 그리고 여성 및 소외계층의 인재 발굴을 위한 균형인사비서관을 신설하였다. 또한 국민참여수석을 참여혁신수석으로 명칭을 변경하여 혁신업무를 일원화하고, 그 산하에 제도개선비서관과 혁신기획비서관 그리고 혁신관리비서관을 배치하였다. 그리고 부처 담당 비서관이 없어 정책현안의 체계적인 점검과 조정 능력이 떨어진다는 비판에서 정책수석 산하 정책조정비서관을 산업정책비서관으로 정책관리비서관을 사회정책비서관으로 개편하여 부처담당 비서관제도를 도입함으로써 정책 컨트롤타워기능이 강화됐다(양다승, 2012). 이로써 대통령비서실은 2실장 6수석 5보좌관 4팀 32비서관 체제로 개편되었다.

2004년 3월 12일 한나라당의 주도로 국회는 헌정사상 최초로 현직 대통령에 대한 탄핵안을 가결하였다. 하지만 역설적으로 노무현 대통령에 대한 탄핵안은 4월 총선에서 열린우리당이 과반이 넘는 152석을 확보하는 데 원동력이 되었다. 나아가 2004년 5월 14일 헌법재판소가 대통령 탄핵안을 기각하면서 노무현 대통령은 국정운영의 주도권을 쥐게 되었다. 이러한 정치 환경의 변화에 따라 대통령비서실은 2004년 5월 정무수석과 참여혁신수석을 폐지한 대신 시민사회수석을 신설하고, 정책실장 산하 단일 정책수석 체제를 정책기획수석과 사회정책수석으로 확대 개편함으로써 2실장 6수석 5보좌관 7팀 42비서관 체제로 정비되었다. 2004년 5월의 청와대 조직 개편은 정책실행력과 사회갈등조정력을 강화한 것이 주요한 특징이다.

구체적으로 노무현 대통령은 '이라크 파병'에 대해 시민사회의 비판여론이 확산되자 그동안 여러 수석실에 분산되어 있던 사회갈등 조정업무를 신설된 시민사회수석실로 일원화하고, 이를 보좌하기 위해 그 산하에 시민사회비서관과 치안비서관 그리고 사회조정팀(사회조정1·2·3비서관)을 배치하였다. 또한 '한·칠레자유무역협정'의 국회비준에 반대하는 농민들의 극심한 시위에 대응하고자 정책기획수석 산하에 농어촌비서관을 신설하였다(양다승, 2012). 그리고 사회정책수석 산하에는 노동비서관과 교육문화비서관을 신설하고, 정책기획수석 산하의 사회정책비서관을 이동 배치하였다. 이외에도 폐지된 수석실의 일부 비서관실이 비서실장 직속으로 이관되자 이들 사이의 효율적인 업무조정을 위해 업무조정비서관을 신설하였다. 특히, 노무현 대통령은 《드골의 리더십과 지도자론》을 읽고 개인적 선호에서 이를 저술한 이주흠 외교부 심의관을 신설된 리더십 비서관에 임명하기도 하였다(양다승, 2012).

노무현 대통령은 2004년 8월 10일 국무회의에서 '분권형 국정운영' 원칙을 밝히면서 그 후속 대책의 일환으로 2004년 12월 대통령비서실 조직 개편을 단행하였다. 구체적으로 대통령비서실은 일상적 현안 점검 및 대응기능을 국무총리실로 이관하고, 정책기획수석과 정책기획비서관의 명칭을 각각 경제정책수석과 경제정책비서관으로 변경했다. 그 결과 경제정책은 경제정책수석이, 이외 사회정책은 사회정책수석이 전담함으로써 그동안 정책기획수석에게 과중되어 왔던 업무를 분산시켰다. 이로써 대통령비서실은 정책기획기능이 강화되었다. 또한 정부혁신의 확산을 위해 정책실장 산하에 혁신관리실을 신설하여 혁신관리비서관이 이를 총괄하도록 하였다. 특히, 혁신관리비서관은 2005년 4월 조직 개편을 통해 혁신관리수석으로 격상되었다.[7] 이외에도 노무현 대통령은 일련의 부동산 대책이 실패하고, 신용카드 대란으로 민간소비가 급격하게 위축되는 등 경제상황이 갈수록 악화되자 2005년 2월 경제보좌관 산하에 경제비서관을 신설하였다(양다승, 2012).

이후 철도공사 러시아 유전투자와 행담도 개발 비리에 대통령비서실 인사들이 연루되었다는 의혹이 제기되면서 2005년 4월 재보선 선거에서 열린우리당이 패배하였다. 이에 여당인 열린우리당은 선거 참패의 원인이 청와대 비서진들의 비리 때문이라 판단하고 노무현 대통령에게 청와대 조직쇄신을 요구하였다(〈국민일보〉, 2005년 6월 7일). 노무현 대통령은 이를 수용해 2005년 7월 국회와 철저히 거리를 두는 방향으로 정무기획비서관과 업무조정비서관을 기획조정비서관으로 통합하고, 정책실장 직속으로 정책조정비서관을 신설하였다. 이는 정치권의 쇄신 요구는 수용하지만 그 방향은 철저히 대통령 자신의 선호에 따른 결과였다(양다승, 2012).

노무현 정부는 2002년 10월 북한의 '우라늄 농축 프로그램'의 시인과

---

7) 노무현 대통령은 2005년 1월 29일 개최된 '2005 정부혁신추진 토론회'에서 "혁신만이 살 길이고 혁신이 아니면 살아남을 방법이 없다"고 강조하면서, "혁신에 성공한 리더, 성공적으로 이끈 리더, 혁신관리를 성공적으로 해낸 실무지도자를 발굴해 데이터베이스를 특별히 따로 관리해 달라"고 정부혁신에 대한 강력한 의지를 강조하였다(〈오마이뉴스〉, 2005년 2월 14일). 이에 일부 언론은 노무현 대통령이 대통령비서실에 "혁신업무가 점차 확대되고 그 중요성이 높아지고 있는 만큼 혁신수석비서관 신설을 검토해 보라"는 취지의 지시를 하달했다고 보도하였다(〈머니투데이〉, 2005년 2월 14일).

2002년 12월 국제원자력기구(IAEA) 사찰관 추방, 2003년 1월 '핵확산금지조약(NPT) 탈퇴' 등 일련의 외교안보적 위기상황에서 출범하였다. 따라서 노무현 대통령은 출범 당시부터 총체적인 위기관리 차원에서 대북정책을 접근하기 위해 헌법기관인 국가안전보장회의(NSC) 사무처의 역할을 확대하였다(양다승, 2012).

하지만 노무현 대통령의 이러한 조직운영에 대해 야당은 "대통령령으로 사무처의 위상을 격상시킨 것은 상위법(국가안전보장회의법)의 위임권한을 벗어난 것"이라 비난하였다(〈내일신문〉, 2005년 8월 11일). 이러한 상황에서 청와대는 국가안전보장회의 사무처의 법적 논란을 종식시키고, 외교·안보 보좌기능의 효율성을 제고하는 차원에서 국가안전보장회의 사무처를 대통령비서실로 편입해 통일외교안보정책실을 설치하는 조직 개편을 단행하였다.[8)]

그 결과 대통령비서실은 장관급의 통일외교안보정책실장과 차관급의 통일외교안보정책수석 그리고 4명의 비서관(통일외교안보전략, 통일외교안보정책, 통일외교안보정보, 위기관리)이 새롭게 마련되어 3실장 8수석 2보좌관 5팀 47비서관 체제로 확대되었다. 이후에도 대통령비서실은 5차례 더 조직정비를 단행하였다. 그러나 이후의 조직 개편은 소

---

8) 사실 열린우리당과 정부는 국회에 NSC 사무처 폐지 및 비서실 조직과 별도의 대통령 소속 '국가안보실' 신설을 골자로 한 〈국가안전보장회의법〉과 〈정부조직법〉 개정안을 의원입법안으로 제출하였다. 그러나 야당이 정부 비대화 등을 이유로 새 기구 신설을 반대하여 '국가안보실' 신설을 포기하는 대신 NSC 사무처를 대통령비서실 내 '안보정책실'로 흡수키로 하였다(〈연합뉴스〉, 2005년 12월 21일).

폭의 조정에 그쳐 2006년 1월 이후 대통령비서실의 조직구조에는 큰 변화가 없었다.

(11) 이명박 대통령하의 대통령비서실

이명박 대통령은 1941년 12월 29일 경상북도 포항에서 태어나 동지상업고등학교(1960)와 고려대학교 경영학과(1965)를 졸업한 후 현대건설에 입사하여 현대건설 사장과 회장을 역임하였다. 이후 정치계에 입문하여 제14대 국회의원과 제15대 국회의원을 역임하고, 민선3기 서울특별시장(2002~2006)을 거쳐 2007년 12월 제17대 대통령에 당선되었다. 이명박 대통령은 인수위 시절 '대통령비서실의 비대화에 따른 부처기능의 위축, 대통령비서실과 국무조정실의 조정기능 중첩, 국정 컨트롤 타워로서 정무기능과 장기전략·기획역량 취약' 등을 이유로 기존 대통령비서실과 대통령경호실을 대통령실로 통합하였다.[9] 이에 이명박 대통령의 대통령비서실은 장관급 실장 1명, 차관급 경호처장 1명과 수석비서관 7명 그리고 대변인 1명, 42비서관 체제로 출범하였다(〈그림 3-12〉 참조).[10] 그 결과 대통령비서실 정원은 75명이 줄어든 456명

9) 이명박 당선인은 2008년 1월 14일 기자회견에서 "새로운 정부는 총리실과 대통령실이 중복되지 않도록 기능을 조정했다. 오히려 더 효과적으로 총리실도 일할 수 있고 청와대도 그렇게 할 수 있을 것이다. 청와대 조직도 많이 축소됐다. 식급노사실은 좀 낮아졌다. 새로운 정부는 내각을 중심으로 일을 해나갈 계획을 갖고 있고, 청와대는 조정기능에 한정지어서 일을 할까 하고 있다"라며 대통령비서실 조직구성과 운영원칙을 피력하였다(〈문화일보〉, 2008년 1월 14일).

10) 사실 이러한 대통령비서실 조직 개편의 결과는 이명박 당선인의 대통령직 인수위원회가 당초 발표한 내용과는 상이하다. 제17대 대통령직 인수위원회는 2008년

이 되었다.

구체적으로 이명박 대통령은 정책실장과 통일외교안보실장을 폐지하고, 대통령비서실과 대통령경호실을 대통령실로 통합하여 기존 4실장 체제를 1실장 1처장 체제로 축소 개편하였다. 또한 대통령실장 산하에 부속실 소관 비서관 2명과 총무·의전·기획조정·인사·연설기록 등 5명의 비서관을 배치하였다. 그리고 수석비서관의 경우 국정기획, 정무, 민정, 외교안보, 경제, 사회정책, 교육과학문화 등 7수석체제로 정리되었다.

이 중 경제수석은 참여정부의 경제정책수석과 경제보좌관이 통합된 것으로 그 산하에 재정경제·금융·지식경제·중소기업·국토해양·농수산식품 등 수석실 중 가장 많은 6명의 비서관이 배속되었다. 그리고 대선과정에서 노정된 친이계와 친박계의 계파 갈등을 봉합하고, 2개월 후 실시될 총선에 대비하기 위해 참여정부에서 폐지된 정무수석이 부활되었다(양다승, 2012). 또한 '일자리 창출과 경제살리기'라는 이명박 정부의 핵심국정과제와 '선진화 개혁'이라는 국정운영 기조를 진두지휘하기 위해 국정기획수석을 신설하고, 미래비전·국책과제1·국책과제2 등의 비서관이 보좌하도록 하였다.

1월 16일 대통령비서실을 1실장 7수석 1처장 1대변인 36비서관 체제로 정비한다고 발표하면서, 정원도 참여정부의 533명(경호실장 및 차장 2인 포함)에서 427명으로 106명을 감축한다고 발표하였다(제17대 대통령직 인수위원회 정부혁신·규제개혁 TF, 2008: 36). 하지만 이명박 정부가 출범할 당시 실제 대통령비서실은 인수위원회의 발표와 달리 인재과학문화수석을 포함한 일부 비서관의 명칭이 변경되고, 비서관 6명을 포함해 정원이 29명 증가하였다(양다승, 2012).

〈그림 3-12〉 이명박 정부의 대통령비서실

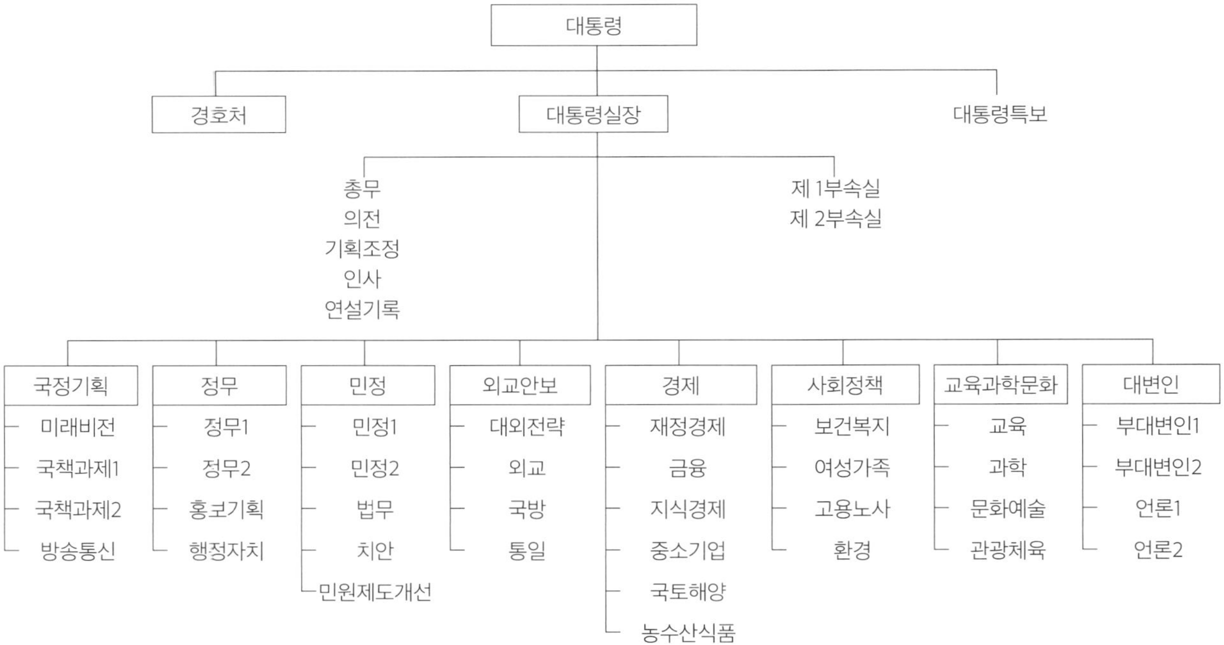

자료: 대통령비서실 직제, 청와대, 2008.

아울러 교육인적자원부와 과학기술부의 통합과 국정홍보처의 폐지 등 정부조직 개편 결과를 반영해 참여정부의 과학기술보좌관을 교육과학문화수석으로 확대 개편하였고, 홍보수석을 폐지하는 대신에 기존 대변인을 수석급으로 격상시켜 2명의 부대변인과 2명의 언론비서관이 보좌하도록 하였다. 특히, 이명박 대통령은 사공일 대통령직 인수위원회 국가경쟁력강화 특별위원회 위원장과 곽승준 대통령직 인수위원회 기획조정분과 위원 그리고 박영준 당선인 비서실 총괄팀장에 대한 개인적인 선호에서 각각 '국가경쟁력강화위원회 위원장', '국정기획수석', '기획조정비서관'에 기용하였다(양다승, 2012).[11]

하지만 이상의 변화에도 불구하고 이명박 정부 대통령비서실이 노무현 정부에 비해 축소된 것이라 판단하기는 어렵다. 왜냐하면 456명의 정원 이외에 참여정부 시절 각 부처에서 대통령비서실로 전입되어 근무하던 월평균 107명 정도의 공무원이 이명박 정부 출범 이후에도 해당부처로 복귀하지 않고 잔류하여 실제 인원이 563명에 달했기 때문이다(국회운영위원회, 2009: 34).

이후 대통령비서실은 총 14차례에 걸쳐 크고 작은 조직정비를 단행하였다. 이러한 조직 개편 중 주목할 만한 변화를 보여준 내용을 중심으로 개편의 주요 특징을 살펴보면 다음과 같다. 먼저, 이명박 대통령은 2008년 6월 홍보기획관을 신설하고 정무수석실을 개편하면서 업무의 효율성 제고를 위해 대통령비서실을 정무팀(정무, 민정, 외교안보,

---

11) 이외에도 이명박 대통령은 2009년 9월 자신의 50년 지기인 김백준 총무비서관을 개인적 선호에서 총무기획관으로 격상시켰다.

홍보기획) 과 정책팀(경제, 국정기획, 사회정책, 교육과학) 으로 양분하여 정무수석과 경제수석이 총괄하도록 1실장 7수석 1대변인 1기획관 42비서관 체제로 정비하였다.

구체적으로 미국산 소고기 수입반대 촛불집회에서 노정된 여론을 감안해 국민과의 소통 강화를 위해 홍보기획관을 신설하고, 홍보1비서관・홍보2비서관・국민소통비서관을 배치하여 국정홍보기획 업무와 정부부처의 홍보조정 업무 그리고 인터넷 및 뉴미디어 업무를 담당하도록 하였다. 또한 정무1비서관과 정무2비서관을 정무비서관으로 통합하고, 홍보기획비서관을 폐지한 대신 정무기획비서관과 시민사회비서관을 신설하여 국회와의 관계개선에 노력하였다. 정무수석실의 개편은 추가경정예산안 편성과 '고소영'(고려대, 소망교회, 영남) 과 '강부자'(강남부자) 라 비판받은 일련의 편중된 인사문제와 관련, 여당인 한나라당의 정치적 요구에 의한 것이었다(양다승, 2012). 결국 이상의 청와대 조직 개편은 홍보기능 강화와 업무 효율성 제고에 초점을 둔 조치였다.

이후 2008년 7월에는 기존 경제특별보좌관 이외에 국민통합・언론문화・과학기술 등 3인의 특별보좌관을 추가로 임명하였고, 2009년 8월에는 정무・IT 등 2인의 특별보좌관을 새로 임명하여 대통령 특별보좌관을 6명으로 확대했다. 이러한 특보 체제의 강화는 이명박 대통령이 인수위원회 시절 특보를 적극적으로 활용하겠다고 언급한 것처럼 대통령의 개인적인 선호의 결과였다(양다승, 2012).

또한 2008년 7월 22일 금강산 관광객 피살사건이 발발하자 위기상황에 신속히 대처하기 위해 기존 '위기정보상황팀'을 '국가위기상황센터'로 격상시켜 외교안보수석이 센터장을 겸직하도록 하였다. 그리고

2009년 1월에는 미국의 투자은행인 리먼브러더스의 파산으로 촉발된 글로벌 금융위기에 대응하고자 대통령이 직접 '비상경제대책회의'를 주재하고, 경제수석실 산하에 '비상경제대책회의'의 사무처인 '비상경제상황실'을 한시적으로 설치하였다.

이명박 정부는 집권 2년차에 접어들면서 '4대강 살리기 · 규제개혁 · 지역발전 · 수도권 정책' 등 핵심국정과제를 추진하기에 앞서 대통령비서실이 이를 총괄할 수 있도록 2009년 1월 국정기획수석 산하 국책과제비서관을 국정과제비서관으로 명칭을 변경하고 지역발전비서관을 신설하는 등 소폭의 조직 개편을 단행하였다. 그러나 노무현 전 대통령의 예기치 못한 죽음으로 이념대립이 심화되고, 4대강 살리기 사업에 대한 반대여론이 확산되는 가운데 천성관 검찰총장 후보자의 스폰서 의혹이 불거지면서 이명박 정부는 정치권과 국민들로부터 강력한 비판을 받았다. 이에 이명박 대통령은 경제수석이 겸직하는 정책실장과 인사와 검증업무를 총괄할 인사기획관을 신설하고, 대변인과 홍보기획관을 홍보수석으로 통합하는 등 대통령비서실을 2실장 8수석 2기획관 1보좌관 46비서관 체제로 개편하였다.

구체적으로 신설된 정책실장 아래에 국제경제보좌관을 배치하여 정책분야의 통합 · 조정기능을 보좌하도록 하였으며, 국정기획 · 사회정책 · 교육과학문화 수석 등이 참여하는 '정책조정위원회'를 상설화했다.[12] 또한 대변인과 홍보기획관을 홍보수석으로 통합하고 2명의 대변

12) 이후 경제수석이 겸임하던 정책실장은 2010년 3월 23일 국무회의에서 경제위기 극복과 일자리 창출에 보다 효율적으로 대응하기 위한 차원에서 분리가 결정되었다.

인과 춘추관장 · 언론비서관 · 국정홍보비서관 · 뉴미디어홍보비서관을 배치하였다. 그리고 대통령실장 아래에 메시지기획관을 신설하여 폐지된 홍보기획관 산하의 연설기록비서관과 메시지기획비서관을 배치하였다. 홍보수석과 메시지기획관의 신설은 2009년 11월에 본격적인 공사가 시작되는 4대강 살리기 사업의 국민여론 전환과 홍보를 위한 조치였다(양다승, 2012).

이후 2010년 3월 26일 '천안함 침몰사건'을 계기로 대통령비서실의 위기대응 능력이 또다시 허점을 드러내자 2010년 5월 9일 안보특별보좌관을 임명하고, 국가위기상황센터를 국가위기관리센터로 확대개편하였다. 그럼에도 불구하고 2010년 11월 23일 '연평도 포격사건'이 발생하자 이명박 대통령은 2010년 12월 21일 국가위기관리센터를 수석급 실장이 총괄하는 국가위기관리실로 격상시키는 조치를 취하였다. 이로써 국가위기관리실장은 외교안보수석 대신 NSC 간사를 맡아 북한의 군사적 도발부터 천재지변과 전염병 등 모든 국가위기상황을 파악 · 분석해 대통령에게 실시간으로 보고하게 되었다(〈연합뉴스〉, 2010년 12월 21일). 결국 이명박 대통령의 이러한 조직 개편 결과는 노무현 정부가 2006년 1월 국가안전보장회의 사무처를 대통령비서실로 흡수 통합해 3실장 체제를 마련한 것과 유사한 형태이다.

이명박 대통령은 2010년 6월 14일 '대국민 연설'을 통해 6 · 2지방선거 패배에서 드러난 민심을 수용하여 국정쇄신을 단행하겠다는 의지를 밝혔다. 이에 대통령비서실은 2010년 7월 7일 국정기획수석과 메시지기획관을 폐지하고, 사회통합수석과 미래전략기획관 그리고 국민소통비서관 등이 신설되어 2실장 8수석 3기획관 1보좌관 1지원관 47비서관

체제로 개편되었다. 구체적으로 6 · 2지방선거에서 나타난 국민들의 복지확대에 대한 요구를 감안해 '친 서민 중도실용'이라는 집권 중반 핵심 국정기조의 강화차원에서 사회정책수석을 사회복지수석으로 명칭을 변경하고, 그 산하에 서민정책비서관을 신설하였다(양다승, 2012).

또한 사회통합수석과 국민소통비서관의 신설은 6 · 2지방선거의 참패와 '세종시 수정법안'이 국회에서 부결되자 그동안 표출된 갈등을 봉합하는 차원에서 국정기획수석과 메시지기획관을 폐지한 대신 신설한 것이다.[13] 나아가 '저탄소 녹색성장'에 대한 이명박 대통령의 개인적 선호에서 미래전략기획관 아래에 녹색성장환경비서관이 신설되었으며, 녹색성장환경비서관은 2011년 9월 녹색성장기획관으로 승격되었다. 이후에도 대통령비서실은 2011년 12월, 2012년 1월, 2012년 8월 등 3차례에 걸쳐 조직정비를 단행하였다. 하지만 이후의 조직 개편은 일부 비서관(대외전략비서관 · 인사비서관)을 기획관으로 격상시키고, 비서관의 명칭과 소속을 일부 변경하거나 인원을 보강하는 등 소폭의 조정에 불과하였다.[14]

---

13) 이후 20 · 30세대의 높은 투표참여의 결과로 2011년 10 · 26 재보궐 선거에서 한나라당이 참패하자 이명박 정부는 젊은 층의 민심을 파악하기 위해 2011년 12월 5일 국민소통비서관실에 '세대공감회의'와 '세대공감팀장'을 설치하였다.

14) 특히, 2012년 1월 15일 외교안보수석 산하의 대외전략비서관을 대외전략기획관으로 격상시킨 것은 2011년 12월 17일 김정일 북한 국방위원장의 갑작스런 사망과 한미 자유무역협정(FTA) 발효를 기점으로 증가된 통상 · 외교분야 업무에 대응하기 위한 조치였다(양다승, 2012).

(12) 박근혜 대통령하의 대통령비서실

박근혜 대통령은 1952년 2월 2일 대구에서 태어나 성심여자고등학교(1970)와 서강대학교 전자공학과(1974)를 졸업하고, 어머니인 육영수 여사를 대신해 1974년부터 1979년까지 퍼스트레이디 역할을 대리하였다. 이후 1998년 정치계에 입문하여 제15, 16, 17, 18, 19대 국회의원을 역임하고, 2012년 12월 제18대 대통령에 당선되었다. 박근혜 대통령의 제18대 대통령직 인수위원회는 2013년 1월 21일 기자회견을 열어 '비서실 조직의 간결화', '대통령 국정 어젠다의 추진 역량 강화', '국가전략기능 강화'라는 원칙을 표명하면서 "불필요한 예산의 낭비를 줄이고 행정부처와 청와대 조직이 본연의 업무를 책임지고 수행할 수 있도록 청와대 조직 체제를 일원화하고 비서실의 기능을 통합"하는 청와대 조직 개편안을 발표하였다.

이에 박근혜 대통령의 대통령비서실은 3실장(대통령실장·정책실장·국가위기관리실장) 8수석 6기획관 체제의 이명박 대통령의 대통령실을 비서실 본연의 기능에 부합하도록 대통령비서실과 경호실 그리고 국가안보실로 분리하였다. 하지만 국가안보실 차장을 외교안보수석이 겸직하는 구조를 감안할 때 대통령비서실과 국가안보실은 독립된 조직이 아니라 하나의 단일 조직으로 보아야 한다. 따라서 박근혜 정부의 대통령비서실은 정책실장 및 기획관제도가 폐지되어 2실장(비서실장·국가안보실장) 9수석(정무·민정·홍보·국정기획·경제·미래전략·교육문화·고용복지·외교안보) 40비서관 체제이다(〈그림 3-13〉 참조).

구체적으로 김용준 대통령직 인수위원회 위원장은 "국가적인 위기상황에 신속하고 책임 있게 대응"하기 위한 일환에서 국가안보실을 신설

〈그림 3-13〉 박근혜 정부의 대통령비서실

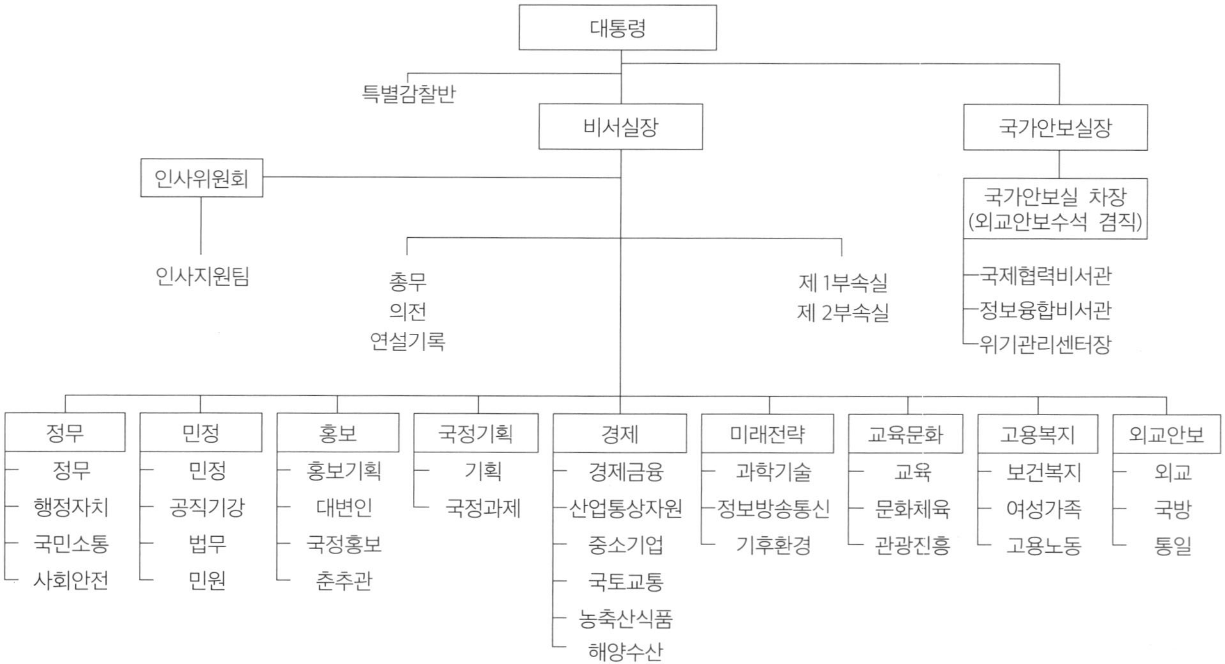

자료: 대통령비서실 직제, 청와대, 2013.

하였으며, "대통령이 임명하는 인사의 공정성을 확보하기 위하여 비서실장을 위원장으로 하는 인사위원회"를 둔다고 밝혔다. 또한 그는 "대통령의 국정 어젠다를 추진하기 위한 역량을 강화하기 위하여 국정기획수석실을 두어 국정 전반을 기획 조정하고 국정 어젠다를 책임 있게 관리하도록 하며, 미래전략수석실을 두어 미래의 성장 동력을 찾고, 기후변화에 선제적으로 대응하는 국가의 미래전략기능을 강화"하기 위한 측면에서 국정기획수석과 미래전략수석을 신설하였다고 발표하였다.

하지만 엄밀히 말해 박근혜 정부의 대통령비서실은 이명박 정부의 대통령실과 매우 유사한 형태이다. 왜냐하면 박근혜 정부가 신설하였다고 발표한 국정기획수석실과 미래전략수석실은 이명박 정부의 기획관리실과 미래전략기획관실을 수석급으로 격상한 것이며, 국가안보실의 경우 이명박 정부의 국가위기관리실을 확대하여 장관급의 실장을 별도로 임명한 것에 불과하기 때문이다. 또한 일부 비서관은 정부조직 개편결과를 반영해 명칭을 변경하거나 통폐합하는 소극적인 개편에 그쳤고, 국가안보실을 포함한 비서실 전체 인원도 이명박 정부의 비서실과 동일하다.

그럼에도 불구하고 박근혜 대통령의 대통령비서실 개편은 그동안 우리 대통령비서실의 문제점으로 지적되어 왔던 수석 중심의 복잡한 보고체계, 지나친 권력의 집중과 이로 인한 일부 보좌진들의 부정부패 등을 해소하려는 노력이 엿보인다. 하지만 박근혜 대통령의 출범 초기 청와대 조직 개편은 크게 세 가지 문제점을 안고 있다. 첫째는 기능과 업무가 중복되거나 상충되는 '한 지붕 두 가족 또는 세 가족'의 문제점이다. 구체적으로 먼저 국정 전반을 기획 · 조정하고 국정 어젠다를 관리하는 국정기획수석실의 기능과 업무가 미래의 성장 동력을 발굴하고 국가의 미래전략을 마련하는 미래전략수석실(나아가 경제수석실)과 일부 중복되거나 상충된다. 둘째는 국가적인 위기상황에 대응하기 위한 국가안보실의 업무와 기능이 외교안보수석실과 일부 중복되는 문제점이 있다. 셋째는 비서실장이 위원장을 맡는 인사위원회의 업무와 기능이 국무총리와 장관에게 인사권을 돌려주겠다는 박근혜 대통령의 의도에 배치되는 문제점이 있다(함성득, 2013a).

이후 박근혜 정부 대통령비서실은 2013년 12월 20일 '북한의 예고 없는 타격' 위협에 대응하고자 국가안전보장회의 산하에 국가안보실장을 위원장으로 하는 상임위원회와 실무조정회의 및 사무처를 신설해 안보 관련 회의체계를 일원화하였다. 또한 국가안전보장회의와 실무조정회의 등의 준비와 운용을 지원하고자 신설한 사무처장은 국가안보실 차장을 1·2차장으로 확대 개편해 1차장은 NSC 사무처장을 겸직하며, 2차장은 대통령비서실 외교안보수석비서관이 겸직하도록 함으로써 국가안보실의 외교안보 컨트롤타워 역할을 강화시켰다. 그리고 국가안보실에 안보전략비서관을 신설하는 대신 기존 국제협력비서관을 정책조정비서관으로 개편하였다. 그 결과 대통령비서실은 2014년 1월 10일 직제개정이 완료되어 2실장(비서실장·국가안보실장) 10수석(정무·민정·홍보·국정기획·경제·미래전략·교육문화·고용복지·외교안보·국가안보실 1차장) 41비서관 체제로 확대되었다.

나아가 박근혜 대통령은 정부출범 초기 장관 후보자들이 줄줄이 낙마한 데 이어 2014년 4월 '세월호 참사'를 계기로 당시 정홍원 국무총리가 책임을 지고 사직서를 제출한 이후 국무총리로 내정한 안대희 전 대법관과 문창극 전 〈중앙일보〉 주필이 연쇄 낙마하는 등 인사 실패가 되풀이되자 2014년 7월 21일 대통령비서실 직제를 정비하여 인사수석실을 신설하였다. 신설된 인사수석은 인사비서관과 인사혁신비서관의 보좌를 받아 공직 후보자 사전검증과 우수한 인재발굴을 전담하게 되었다. 이러한 조직 개편으로 박근혜 정부의 인사시스템은 노무현 정부시절의 인사시스템과 유사한 형태가 되었다. 하지만 참여정부 당시 인사권 분산으로 측근이나 실세가 인사에 깊숙이 개입하면서 결국 '코드인사'를 초래했던 점을 보면 새로운 시스템은 부정적 면을 극복하는 것이 과제였다(〈연합뉴스〉, 2014년 6월 26일).

그리고 '세월호 참사'를 계기로 국가안전처 설치를 골자로 한 정부조직법 개정안이 여야의 극한 대립으로 국회에서 장기표류하자 일단 청와대부터라도 국가적 재난에 효율적으로 대응하기 위해 2014년 9월 5일 재난안전비서관을 신설하였다. 또한 박근혜 대통령은 2015년 1월 23일 국정의 효율적인 추진을 위해 각 수석실의 정책을 조정하고 조율하는 기능을 강화하고자 국정기획수석실을 정책조정수석실로 확대 개편하고, 각 기능별로 특별보좌관(민정, 안보, 홍보, 사회문화, 정무)을 신설하여 소통을 강화하는 방향으로 대통령비서실 조직 개편을 단행하였다. 이와 같은 조직 개편 결과 박근혜 정부 대통령비서실은 2실장(비서실장·국가안보실장) 11수석(정무·민정·홍보·정책조정·경제·미래전략·교육문화·고용복지·외교안보·인사·국가안보실 1차장) 42비서관 체제를 유지하였다.

2) 대통령비서실의 발전 경향

우리 대통령비서실은 초기 이승만 대통령 시절의 정무, 공보, 서무, 문서, 경무대 등 총 5개 기구로 시작했다. 이러한 비서실 기구는 박정희 대통령이 취임하면서 획기적으로 확대되었다. 1963년 박정희 대통령 초기의 대통령비서실은 비서실장과 6개의 수석비서관 그리고 정무비서실하의 22개 비서관과 민원수석실의 민원수집반을 합쳐 총 29개 비서관으로 구비되었다. 이후 꾸준한 증가 추세를 보여 오다가 김영삼 대통령 말에는 비서실장과 정치특보를 포함한 수석비서관급에 12개의 기구가 구비되었으며 비서관급 기구는 50개에 달할 정도로 급격한 규모의 증대가 이루어졌다.

(1) 대통령비서실의 인력 변화

정부 수립 이후 현재까지 대통령비서실의 인력에 관한 자료들이 완벽하게 구비되어 있지 못하므로 대통령비서실의 정확한 인원수를 파악하기가 어려운 1971년도 이전, 즉 제 3, 4공화국에 한해서는 입수 가능한 연도를 중심으로 살펴보고자 한다(자세한 것은 함성득, 1999a 참조).

① 대통령비서실 인원 변화의 추세

〈표 3-1〉에서 볼 수 있는 것처럼 가장 커다란 증가를 보인 것은 제 3공화국에 들어선 이후이다. 1961년 12월의 비서실 인력은 지난 제 2공화국에 비해 거의 3배 가까운 증가율을 보여주고 있다. 당시는 아직 박정희 대통령의 군정기로서 그 규모 면에서 본격적인 현대적 대통령비서실

로서의 위용은 갖추지 못했다. 그러나 1967년의 비서실 인력은 1961년 12월의 인력에 비해 거의 3배에 가까운 증가율을 보였고, 1968년 4월에는 227명으로 1967년 7월에 비해 인력이 90명이나 증원되었다. 결국 박정희 대통령의 집권기간 동안 대통령비서실 인원은 역대 최대 폭의 수적 증가를 보여주었다.

이후로도 인원 면에서 꾸준한 증가 추세를 보여주었는데, 대통령비서실 기능을 약화시킨 제5공화국에서도 1980년 12월에는 10개월 만에 무려 87명의 증가를 기록했다. 또 제6공화국에서도 1989년 11월에는 1988년 3월에 비해 42명이 증가되어 상당한 증가폭을 보였다. 그러나 '작은 정부'의 구호 아래 청와대 축소를 지향한 김영삼 대통령하에서는 인원의 증가가 없었으며, 이러한 기조는 경제위기 아래서 청와대 규모 축소를 지향한 김대중 정부 초기까지 유지되었다.

하지만 김대중 대통령의 집권 1년이 넘는 시점부터 대통령비서실 인원이 소폭 증가하기 시작해 1999년 6월에는 1998년 2월에 비해 25명이 늘어났다. 아울러 노무현 정부가 출범하면서 대통령비서실 인원은 이전 김대중 정부와 비교해 93명이 늘어났고 역대 비서실 사상 최대의 인력보강으로 기록되었다. 또한 2006년 1월에는 국가안전보장회의(NSC) 사무처를 대통령비서실로 통합하면서 32명의 인원이 증가하여 노무현 대통령하에서 대통령비서실 인원은 총 126명이 늘어나는 급격한 증가폭을 보여주었다.

반면 '실용정부'의 구호 아래 청와대 축소개편을 단행한 이명박 대통령하에서는 이전 노무현 정부와 비교해 75명의 인원을 감축하였다. 한편 박근혜 정부는 출범 당시 이명박 정부 시절의 정원(456명)을 그대로

〈표 3-1〉 대통령비서실 인력 변화

(단위: 명)

구분 \ 직급	연월일	비서실장	수석비서관	비서관	행정관	6급 이하	기능직	고용직	계
제 1공화국	-	비서관장	약간 명(정원개념 없이 필요에 따라 임용)						
제 2공화국	1960.08.25	1(실장1급)	10(2갑 또는 3을)			4			15
제 3 · 4공화국	1961.08.26	1	12			2			15
	1961.12.18	1	12			3		32	48
	1967.07.21	1(장관급)	14(차관급 내지 2갑 · 을)		29(3갑 · 을)	13	61	19	137
	1968.04.09	1	8(장관급 내지 1급)	27(2갑 · 을)	63	11	117		227
제 5공화국	1980.02.01	1	8	27	63	11	117	10	237
	1980.02.04	1	9	28	65	11	117	41	272
	1980.10.15	1	11(차관급)	33(1급 내지 2급을)	74(3급)	12	117	58	306
	1980.12.18	1	12	34	78	13	119	67	324
	1981.02.26	1	12	34	78	13	119	85	342
	1983.10.07	1	12(장관급 내지 차관급)	34(1 ~ 3급)	78(4 ~ 5급)	13	119	77	334
	1983.12.31	1	12	37	85	13	119	87	354
제 6공화국	1988.03.15	1	11	36	81	12	119	82	342
	1988.10.10	1	11	36	81	12	114	87	342
	1989.06.17	1	11	36	81	12	201		342
	1989.11.23	1	11	50	90	31	201		384

〈표 3-1〉 계속

(단위: 명)

구분 \ 직급	연월일	비서실장	수석 비서관	비서관	행정관	6급 이하	기능직	고용직	계
문민정부	1993.05.15	1	11	50	90(3 ~ 5급)	31	194		377
	1995.04.12	1	11	50(1 ~ 2급)	90	31	194		377
	1997.03.20	1	11	50	90	31	192		375
국민의 정부	1998.02.25	1	6	35(1 ~ 3급)	137	28	173		380
	1999.03.10	1	7	40	148	28	175		399
	1999.06.25	1	8	41	150	28	177		405
	2002.01.18	3(장관급 특보 2명 포함)	8	39	150	28	177		405
참여정부	2003.02.25	2(정책실장 포함)	11	49	195	63	178		498
	2005.03.02	2	11	49	195	63	178	1 (기록연구사)	499
	2006.01.27	3(정책실장 · 4안보실장 포함)	10	53	213	66	185	1	531
	2006.06.30	3	10	84(비서관 53명/1 · 2급 고위공무원 31명)	182	66	185	1	531
이명박 정부	2008.02.29	1	8	81(비서관 42명/1 · 2급 고위공무원 39명)	196	36	133	1 (기록연구관)	456
	2009.09.11	2(차관급 정책실장 포함)	7	87(비서관 49명/1 · 2급 고위공무원 38명)	190	36	133	1	456

〈표 3-1〉 계속

(단위: 명)

구분 \ 직급	연월일	비서실장	수석비서관	비서관	행정관	6급 이하	기능직	고용직	계
이명박 정부	2009.11.02	2	7	87	190	48	121	1	456
	2010.02.24	2	7	87	190	55	114	1	456
	2010.03.26	2	8	87	189	55	114	1	456
	2010.12.31	2	9(국가위기관리실장 포함)	89(비서관 53명/1 · 2급 고위공무원 36명)	192	58	105	1	456
	2012.06.29	2	9	89	192	61	102	1	456
박근혜 정부 (국가안보실 포함)	2013.03.23	2(국가안보실장 포함)	9	84(비서관 40명/1 · 2급 고위공무원 44명)	202	56	102	1	456
	2013.07.22	2	9	84	202	60	98	1	456
	2014.01.10	2	10(국가안보실 1차장 포함)	86(비서관 41명/1 · 2급 고위공무원 45명)	206	61	99	1	465
	2014.02.17	2	10	86	206	63	97	1	465
	2014.07.21	2	11	85(비서관 41명/1 · 2급 고위공무원 44명)	206	63	97	1	465
	2015.01.16	2	11	85	206	64	96	1	465
	2015.04.03	2	11	85(비서관 42명/1 · 2급 고위공무원 43명)	206	64	96	1	465
	2015.12.30	2	11	85	206	65	95	1	465

자료: 청와대 총무수석실(1997: 70)과 역대 '대통령비서실 직제(이명박 정부는 대통령실과 그 소속기관 직제) 및 국가안보실 직제' 재구성.

유지하였다가 2013년 12월 20일 안보 관련 회의체계의 일원화와 외교 안보 컨트롤타워 역할 강화를 위해 조직 개편을 단행하였고, 2014년 1월 10일 직제를 정비해 정원을 465명으로 9명 증원하였다.

② 대통령비서실 인원 변화의 특성

대통령비서실의 전체 정원 변화는 크게 1967년과 1968년 그리고 1980년과 1989년 및 2003년의 대폭 증가, 1999년과 2006년의 소폭 증가, 1993년과 2008년의 감소 등으로 나눌 수 있다. 따라서 이들 아홉 차례의 변화를 중심으로 정원 변화의 특성을 살펴보기로 한다.

가. 1967년 7월의 변화

1967년 7월의 정원 변화는 대통령령 제3156호에 의거해 대통령비서실 기능을 확대한 데 따른 인력보강 및 직급체계의 조직화 결과로서 비서관 2명, 행정관(3급 갑·을) 29명, 6급 이하 10명, 기능직 61명을 증원하고 고용직 13명을 감원하였다. 주요 충원계급이 행정관과 기능직인 것을 감안할 때 이 기간의 정원 변화는 대통령비서실의 '행정적 기능 강화'로 요약된다.

나. 1968년 4월의 변화

1968년 4월의 변화는 대통령령 제3425호에 따라 비서실 인력충원의 탄력성 확보 및 인력보강의 차원에서 이루어진 것으로 총 90명에 달하는 인원이 늘어났다. 그 구체적인 내용은 기존 1명의 차관급 비서관을 수석비서관과 비서관으로 이원화시켜 장관급 수석비서관을 8명으로 증가시켰으며, 2급 비서관 13명에 14명을 보강하였다. 또 행정관에 34명, 기능직에 56명을 보강하고, 6급 이하 2명과 고용직 19명을 감원하여 비서실 총 정원을 227명으로 증원하였다.

이 시기의 변화는 대통령비서실의 계층화로서 비서관을 복수직급화하여 수석비서관, 비서관, 행정관, 6급 이하 공무원, 기능직 등 현재 비서실이 갖고 있는 계층구조를 처음으로 구조화하였다. 결국 비서실 역시 행정부처와 같이 '관료제적 계층구조'를 갖게 되었다. 또 하나의 특징은 비서실장과 고용직을 제외한 모든 직급에 대한 대대적인 충원이었다는 점이다. 이는 앞서 직제 변화에서 살펴본 것처럼 박정희 대통령이 1967년의 재선과 이후 유신헌법의 개정에 대비해 자신이 직접 모든 국정을 장악하기 위해 대통령비서실을 강화시켰기 때문이다.

다. 1980년 2~12월의 변화

1980년 2월에는 대통령령 제9748호와 제9755호에 의해 두 번이나 정원이 늘어났는데 그 중 41명이 고용직이었다. 이는 대통령비서실 기능과 역할에 커다란 변화를 초래하지는 않았다. 더욱이 당시는 과도기적 대통령이었던 최규하 대통령의 재임기간이었기 때문에 비서실 업무영역에 커다란 변화는 없었다. 그러나 곧이어 전두환 대통령이 취임하여 1980년 10월에는 대통령령 제10042호에 따라 수석비서관이 차관급으로 격하되었고, 수석비서관 2명, 비서관 5명, 행정관 9명, 고용직 17명 등 총 34명이 증원되어 제5공화국 대통령비서실의 기본 틀을 구성하였다. 이러한 변화에 뒤이어 12월에는 대통령령 제1014호에 따라 수석비서관 1명, 비서관 1명, 행정관 4명, 6급 이하 1명, 기능직 2명, 고용직 9명을 포함하여 총 18명의 증원이 뒤따랐다.

하지만 이 18명의 증원 중 절반이 고용직 충원이어서 10월의 비서실 증원에 대한 마무리 작업의 성격이 강했다. 이 시기의 특징으로는 우선 장관급 수석비서관을 모두 차관급 수석비서관으로 직급을 하향조정하였다는 점이다. 이는 박정희 대통령 때 발생했던 비서실의 지나친 영향력 행사를 사전에 방지하고자 하는 전두환 대통령의 판단에 따른 것으로 볼 수 있다.

라. 1989년 6~11월의 변화

1989년 6월에는 대통령령 제 12733호에 의해 고용직 87명을 기능직으로 전환하였다. 이러한 변화는 대통령선거 공약의 이행에 따른 것으로 실질적인 비서실 기능 및 역할의 변화와는 무관하였다. 곧이어 11월에는 대통령령 제 12848호에 따라 비서관 14명, 행정관 9명, 6급 이하 19명 등 총 42명의 정원이 증가하였다. 이러한 비서실 정원의 증가는 제 6공화국에서 대통령비서실이 최고의 권력기관으로 등장하였다는 점에서 이해할 수 있다. 즉, 당시 다른 권력기관의 견제가 미약한 상태에서 권력이 청와대에 집중되었고, 대통령비서실의 기능 확대와 인원 증가는 당연시되었다.

마. 1993년 5월의 변화

1993년 5월에는 대통령령 제 13884호에 의해 기능직 7명을 축소시켜 총 정원을 377명으로 감축하였다. 이러한 축소는 문민정부의 정부인력 감축계획에 따라 이루어졌다는 점을 고려하면 매우 형식적인 정원조정이었다. 더욱이 1995년 4월의 직제 개편에서는 기존의 1~3급까지의 비서관을 1~2급으로 상향조정하고 그에 따라 4~5급에 해당하는 행정관급(90명) 도 3~4급 행정관(15명) 과 4~5급 행정관(75명) 으로 구분되었다. 이런 직급조정은 중앙행정기관의 주요 과장직급을 3급 또는 4급으로 복수직급화한 데 따라 발생하였다. 이렇듯 김영삼 대통령의 비서실 축소 노력은 실제 정원 축소에서는 찾아보기가 어렵다.

바. 1998년 2월~1999년 6월의 변화

김대중 정부에서는 경제위기 극복을 위한 첫 조치로 1998년 2월 대통령령 제15688호에 의해 김영삼 정부에서 증가되었던 청와대의 인력을 축소 개편하였다. 이로 인해 청와대 총인원은 1998년 2월 비서실장과 6명의 수석비서관, 35명의 비서관과 137명의 행정관, 28명의 6급 이하와 173명의 기능직 등 380명이었다. 이러한 정원의 축소는 김영삼 정부의 정원과 비교해 별 차이가 없는 수치이지만 실질적으로는 총인원을 30% 정도 축소한 것이었다.

왜냐하면 김영삼 정부의 경우 각 행정부처에서 파견되어 대통령비서실에서 일하는 공무원은 총인원에 포함시키지 않았다.[15] 반면 김대중 정부의 대통령비서실은 검찰 및 경찰의 파견인원을 제외하고는 파견 공무원도 대통령비서실 직속 근무로 변경되어 이들이 총인원에 포함되었

15) 이와 같이 대통령비서실의 총인원을 정확하게 파악하기는 매우 어렵다. 이는 대통령비서실의 정확한 예산규모를 파악하는 일을 대단히 어렵게 한다. 이러한 현실은 정도의 차이는 있으나 미국도 마찬가지로서, 이를 '비밀스러운 대통령실' (*The Elusive Executive*)이라고 한다(King and Ragsdale, 1988).

다. 그러나 대통령비서실의 총인원은 1999년 3월 대통령령 제 16176호와 6월 대통령령 제 16407호에 따라 대통령비서실 조직의 확대개편과 대통령비서실 중심의 국정운영 강화에 따라 405명으로 소폭 증가하였다. 또한 2002년 1월에는 비서관 2명을 축소해 장관급 특보 2명을 신설하였다.

사. 2003년 2월의 변화

노무현 대통령은 청와대가 개혁 작업을 진두지휘하기 위해 취임 직전 청와대 조직 개편을 단행하여 대통령비서실의 인력을 크게 증가시켰다. 이에 노무현 정부 출범 당시 청와대 정원은 2003년 2월 대통령령 제 17929호에 의해 장관급의 비서실장과 정책실장 2명, 차관급의 수석비서관 5명과 보좌관 6명, 비서관 49명, 행정관 195명, 6급 이하 63명, 기능직 178명 등 총 498명이었다. 이는 김대중 정부의 정원(405명)과 비교해 총인원을 23% 확대한 것이었다.

아. 2006년 1월의 변화

2006년 1월에는 국가안전보장회의(NSC) 사무처의 기능을 대통령비서실로 흡수하는 '대통령비서실 직제' 개정(대통령령 제 19308호)을 통해 장관급의 통일외교안보실장과 차관급의 통일외교안보수석 그리고 4명의 비서관 등 청와대 정원이 32명 증원되었다. 이로써 노무현 정부 청와대 정원은 총 531명으로 늘어나 역대 대통령비서실 중 최대의 정원을 유지하게 되었다.

자. 2008년 2월의 변화

이명박 정부는 내각 중심의 국정운영 방침을 천명하면서 취임 직전 대통령령 제20723호에 의해 대통령비서실과 대통령경호실로 운영되어 왔던 청와대 조직체계를 대통령실로 일원화하는 조직 개편을 통해 대통령비서실의 인력을 75명 감축하였다.[16] 이로 인해 경호처를 제외한 대통령실 총인원은 비서실장 1명, 수석비서관 8명(대변인 포함), 비서관 42명, 행정관 196명, 기록연구관 1명, 6급 이하 36명, 기능직 133명 등 456명이었다. 다만, 이명박 정부는 출범 이후 6차례의 직제개정을 통해 일부 직급별 정원을 재조정하여 정책실장, 기획관, 보좌관 등을 신설하였다.

차. 2014년 1월의 변화

박근혜 정부는 출범 당시 이전 이명박 정부시절의 정원(456명)을 그대로 유지하였다가 2013년 12월 20일 안보 관련 회의체계의 일원화와 외교안보 컨트롤타워 역할 강화를 위해 조직 개편을 단행하였다.[17] 그 후속조치로 2014년 1월 10일 국가안보실 직제를 정비해 국가안보실 정

16) 하지만 이명박 정부 출범 이후 대통령비서실에는 노무현 정부 시절 각 부처에서 대통령비서실로 전입되어 근무하던 월 평균 107명 정도의 정부 공무원이 해당부처로 즉시 복귀하지 못하고 대통령실의 초과현원으로 잔류하였다(국회운영위원회, 2009: 34).

17) 이에 앞서 2012년 12월 11일 〈국가공무원법〉이 개정(법률 제11530호)되어 공무원의 직종구분에서 기능직과 계약직이 폐지되고, 기존 기능직 공무원을 일반직 임기제 공무원으로 임용할 수 있도록 정비되었지만 정원변화의 일관성 유지를 위해 기존과 동일하게 직급을 분류하였다.

원이 13명에서 22명으로 9명 증원되었다. 그 결과 대통령비서실 총 인원은 출범 당시 456명에서 465명으로 늘어났다. 이후 현재까지도 박근혜 정부 대통령비서실의 정원은 변화가 없지만, 몇 차례의 소규모 조직 개편으로 일부 직급에서 1~2명의 인원 조정이 단행되었다.

(2) 대통령비서실의 예산 변화

대통령비서실의 예산이란 곧 물적 규모를 말한다. 물적 규모는 조직에서 사용하는 물적 자원의 규모를 말하며 정부조직에서는 공식적으로 할당된 예산규모가 물적 규모이다(김우식, 1992). 그러나 과거 대통령비서실의 예산이 정확한 물적 자원의 규모를 말해 준다고는 할 수 없다. 대통령비서실은 초법적 기구로서 존재해 왔고 예산의 운용에서도 불투명했기 때문이다. 그럼에도 공식적 예산자료를 통한 비서실 조직 확장의 고찰은 매우 중요한 의미를 갖는다. 그 수치의 정확성에는 문제가 조금 있지만 그럼에도 불구하고 예산 변화의 추세를 통해 많은 것을 알 수 있기 때문이다(자세한 것은 박중훈, 1996; 함성득, 1999a 참조).

① 대통령비서실 예산 변화의 특징

〈표 3-2〉에서 보는 바와 같이 대통령비서실 예산의 특징은 첫째, 비서실 예산이 빠르게 증가되어 왔다는 점이다. 1963년부터 2015년까지의 비서실 예산의 평균 증가율은 약 30.3%로 같은 기간 평균 물가상승률 약 7.9%의 4배에 달한다. 물론 예외적인 예산증가율을 제외한다 해도 매우 높은 평균 예산증가율을 보이고 있다.

둘째, 대통령비서실 예산증가율의 감소 추세이다. 1980년대 초반까

〈표 3-2〉 대통령비서실 예산의 변화

(단위: 천 원, %)

연 도	예산액	증감률	물가상승률	연 도	예산액	증감률	물가상승률	연 도	예산액	증감률	물가상승률
1963	24,502	-	-	1981	5,353,573	81.8	21.4	1999	33,946,162	2.2	0.8
1964	155,318	533.9	-	1982	7,934,020	48.2	7.2	2000	38,659,213	13.9	2.3
1965	81,731	-47.4	13.5	1983	8,786,345	10.7	3.4	2001	42,338,349	9.5	4.1
1966	111,642	36.6	11.3	1984	8,768,756	-0.2	2.3	2002	44,668,349	5.5	2.8
1967	135,946	21.8	10.9	1985	9,678,608	10.4	2.5	2003	46,363,779	3.8	3.5
1968	169,275	24.5	10.8	1986	10,732,159	10.9	2.8	2004	57,038,873	23.0	3.6
1969	625,062	269.2	12.4	1987	11,801,776	10.0	3.0	2005	59,282,430	3.9	2.8
1970	315,801	-49.5	16.0	1988	13,107,423	11.0	7.1	2006	61,240,000	3.3	2.2
1971	366,611	16.0	13.5	1989	40,829,072	211.3	5.7	2007	64,581,000	5.5	2.5
1972	413,701	12.8	11.7	1990	15,161,688	-62.9	8.6	2008	66,939,000	3.7	4.7
1973	432,855	4.6	3.2	1991	21,779,247	43.6	9.3	2009	73,884,000	10.4	2.8
1974	507,336	17.2	24.3	1992	22,493,291	3.3	6.2	2010	79,782,000	8.0	3.0
1975	687,020	35.4	25.3	1993	23,391,836	4.0	4.8	2011	78,968,000	-1.0	4.0
1976	993,315	44.6	15.3	1994	23,782,937	1.7	6.3	2012	81,112,000	2.7	2.2
1977	1,325,301	33.4	10.1	1995	24,845,731	4.5	4.5	2013	83,027,000	2.4	1.3
1978	2,258,148	70.4	14.5	1996	30,764,640	23.82	4.9	2014	84,134,000	1.3	1.3
1979	2,424,949	7.4	18.3	1997	36,362,991	18.19	4.4	2015	88,688,000	5.4	0.7
1980	2,945,846	21.5	28.7	1998	33,208,950	-9.5	7.5	2016	89,023,000	0.4	

자료: 박중훈(1996: 62~63)과 기획재정부 '예산개요' 그리고 국회운영위원회 '대통령비서실 소관 세입세출결산 검토보고'와 통계청 '연도별 소비자물가 등락률(2010=100)'을 재구성.

지 높은 예산증가율을 기록하다가 1980년대 중반 이후로는 점차 소폭의 증가 추세를 보이고 있다. 그만큼 비서실이 기능으로나 구조로나 안정되어 커다란 조직변화가 일어나지 않게 되었고, 그 결과 예산의 변화 또한 커다란 변동 없이 점진적인 증가를 보이는 것으로 생각된다. 다만, 청와대 조직 개편이 이루어진 다음 연도에는 일시적으로 대통령비서실의 높은 예산증가율을 보이고 있다.

셋째, 예외적으로 급격한 예산증가가 있었고 그에 대한 반동으로서의 급격한 예산감소가 있었다. 실제 1964년, 1969년, 1981년, 1989년에 예산이 큰 폭으로 늘어났고, 바로 직후인 1965년, 1970년, 1990년에는 전년도 예산의 급격한 증가에 대한 반동으로서 예산삭감이 이루어졌다. 박중훈(1996)은 이러한 예산의 예외적 증감을 당시의 정치적 분위기와 대통령의 권한행사를 위한 대통령비서실의 역할 및 위상 변화의 결과로 보고 있다.

② 예산의 예외적 증감에 대한 고찰

1964년의 예산은 전년도에 비해 533.9%나 올랐다. 이러한 급격한 예산증가는 첫째, 예산과 정원의 산출에서 대통령 직속 기관 전체를 망라하다가 대통령비서실 직제의 신설에 따른 예산편성의 혼선에 따른 것으로 보인다. 둘째, 1963년에 제3공화국 최초의 대통령비서실 직제가 마련되면서 근대적 비서실을 구비하려는 박정희 대통령의 의도에 따른 대폭적인 예산배정이 이루어졌을 수 있다.

다음으로 1969년도의 예산증가는 269.2%에 달한다. 이러한 예산증가는 당시 '3선 개헌'을 위한 대통령비서실의 정치적 역량 강화 때문으로 생각된다. 왜냐하면 실제 1969년 10월 17일에 3선 개헌안에 대한 국민투표가 실시되었으며, 1969년 예산이 편성되던 시점인 1968년 당시 정치공작에 능숙했던 이후락이 비서실장에 재직하고 있었던 상황을 감안할 때 정치적 측면에서의 예산증가라고 생각된다. 특히, 이후락의 비서실장 퇴진이 10월 20일이었다는 점에서 이후락이 당시 대통령비서실을 중심으로 국민투표에 깊숙이 관여했을 가능성은 더욱 높다.

1981년도의 비서실 예산은 81.8%가 상승했다. 이러한 예산증가는 정권교체에 따른 대통령비서실 기능 강화를 위한 것이다. 특히, 1969년의 예산증가처럼 대폭적인 단발성 예산증가 뒤에 따르는 예산감축 없이 그 다음해인 1982년도에도 계속해서 48.2%의 높은 예산증가율을 보였다는 점이 특이하다. 이러한 점을 감안할 때 1981년과 1982년의 예산증가는 당시 정권교체기의 불안정한 시국상황에서 대통령비서실의 정치적 역량을 증대시켜 궁극적으로 대통령의 정치적 통치력을 강화하려는 조치로 이해된다. 특히, 당시는 1981년 3월의 대통령 취임을 앞둔 전두환 당시 국가보안사령관이 본격적인 정부출범을 앞두고 계엄령 선포로 시작된 군부 중심의 국정질서를 원 상태로 회복하려고 했다는 점에서 대통령비서실의 역량 강화가 더욱 요구되던 시기였다.

1989년의 예산증가 역시 정권교체에 따른 일시적 증가로 볼 수 있다. 대체적으로 1980년대 초반부터 대통령비서실의 인력변화가 크지 않았고 안정적인 추세를 보임으로써 이후의 예산증가율 또한 안정적 추세를 보였다. 김영삼 대통령이 취임한 후에는 그 증가율이 매우 작았고 물가증감률을 고려할 때는 실질적으로 줄어들었다. 이는 김영삼 대통령의 '작은 정부'라는 정책기조에 따른 것으로 판단된다. 이러한 추세는 경제위기하의 김대중 정부에서도 큰 변화 없이 지속되었다.

2004년의 예산증가도 정권교체에 따른 일시적 증가로 볼 수 있다. 즉, 2003년 노무현 정부가 출범하면서 대통령비서실 인원을 93명 보강한 결과 인건비가 대폭 늘어나 2004년 예산이 증가하였다. 반면 2009년의 경우 이명박 정부가 출범 당시 75명의 대통령비서실 인력을 감축하였음에도 불구하고 오히려 예산은 늘어났다. 그 이유는 대통령비서실과 대통령경호실을 대통령실로 통합한 효과가 거의 없었기 때문이다.

(3) 소결론

결론적으로 우리 대통령비서실의 기구, 인원, 예산을 포함한 조직변화는 대통령의 리더십, 정치경제적 상황요인, 제도적 요인의 영향을 받아 이루어져 왔다. 이러한 조직변화의 특징은 첫째, 대통령비서실의 인원과 예산 증가를 포함한 급속한 규모의 증대를 이루었다. 둘째, 대통령비서실 중심의 국정운영이 일반적인 경향으로 자리 잡아 가고 있다. 셋째, 대통령비서실도 정부부처 조직처럼 계층제적 속성을 띠게 되었고 그 결과 '비서실의 관료제화'가 뚜렷한 특징으로 대두하였으며, 이에 따른 관료제적 병폐도 나타나게 되었다. 이를 자세히 살펴보면 다음과 같다.

① 대통령비서실 조직변화의 영향변수

아래에서는 앞에서 밝힌 대통령비서실의 조직변화에 영향을 미치는 주요 변수에 대해 좀더 자세히 분석하고자 한다.

가. 대통령 리더십의 영향력

우리의 대통령비서실 기능과 역할은 주로 대통령 개인의 리더십에 따라 변화해 왔다. 즉, 대통령이 바뀔 때마다 대통령비서실은 함께 바뀌었으나 정확히 같은 방식으로 바뀐 적은 없다. 이는 대통령 리더십의 다양성과 그 리더십과 관련된 상황요인이나 환경변수가 각기 달랐기 때문이다. 크게 보아 리더십의 영향력은 다음과 같이 나타난다.

㉠ 대통령의 의사결정 및 조직관리 스타일

대통령비서실 조직변화와 관련하여 대통령의 의사결정 및 조직관리 스타일은 중요한 영향력을 갖는다. 구체적으로 첫째, 이승만 대통령의 의사결정 스타일은 독선적인 측면이 많아 참모제도의 강화를 필요로 하지 않았다. 이러한 의사결정 스타일과 함께 정부부처의 장·차관에 대한 직접적인 접촉을 통한 관리 스타일은 제1공화국의 비서실 규모 확대를 어렵게 했다. 이러한 조직관리 스타일은 제5공화국의 전두환 대통령에서도 나타나는데, 그 결과 비서실의 내각통제 기능을 제한시키게 되었다. 그러나 비서실의 기본적인 참모기능 약화를 동반하지는 않았기 때문에 그 규모는 지속적으로 증가 추세를 보여주었다.

둘째, 박정희 대통령의 경우에는 직접적인 친정체제(親政體制)를 통한 국정관리 스타일로 인해 비서실의 규모 확대가 뚜렷하게 나타났다. 노태우 대통령의 경우에는 대통령비서실에 대한 다른 권력기관들의 견제가 약했고 그 상황에서 비서실 중심으로 국정운영을 도모했기 때문에 비서실의 규모가 조금은 확대되었다. 다만 대통령의 정책결정이 필요한 상황에서도 직접 정책결정을 하지 않는 수동적 의사결정 스타일 때문에 정부정책의 혼선을 조금은 초래했다.

셋째, 김영삼 대통령은 비서실 규모의 축소를 지향하였으나 그렇다고 내각 중심의 국정관리 스타일을 보여주지도 않아 관리 스타일의 특성이 명확하지 않다. 또한 김영삼 대통령의 경우에는 참모조직의 기능을 강화시켜 비서실을 적극적으로 활용하였다기보다는 사적 통로를 통해 얻은 정보에 근거하여 독단적인 의사결정을 했으며 그에 대한 집행과 관리는 자신이 신뢰하는 인물에게 전담시키는 인상이 짙었다. 따라서 비서실의 규모는 큰 변화가 없었다.

넷째, 김대중 대통령은 대통령비서실의 폐해를 줄이고 경제위기를 극복하려는 과정에서 솔선수범으로 대통령비서실을 축소하였다. 그러나 역설적으로 경제위기상황에서 대통령의 강력한 리더십이 요구되고 그 자신의 직접적 국정운영 챙기기 경향에 따라 점차적으로 대통령비서실 중심의 국정운영 경향이 높아졌고, 이러한 경향은 대통령비서실 규모가 확대되는 방향으로 영향을 미쳤다.

다섯째, 노무현 대통령은 정무기능과 정책기능의 분리를 강조하면서 정책실장을 신설하였고, 조직은 탄생과 동시에 개혁의 대상이라는 조직관리 스타일에 따라 집권 기간 내내 수시로 대통령비서실을 개편하면서 역대 최대 규모의 대통령비서실을 탄생시켰다. 반면 이명박 대통령은 생산성을 중시하는 민간기업 최고경영자 출신답게 그동안 여러 조직이 혼재되어 있던 청와대를 대통령실 단일 조직체계로 축소 통합하였다.

여섯째, 박근혜 대통령은 비서실 중심의 국정운영 경향이 높으나, 자신이 적극적으로 국정운영 비전을 구상하거나 창출하는 스타일이 아니라 참모들이 제안한 국정운영 비전들을 꼼꼼히 검토하고 이를 분석하여 의사결정을 하는 스타일이다(함성득, 2013b). 박근혜 대통령의 이러한 경향이 정부출범 초기 국정 어젠다의 기획·관리를 위해 대통령비서실에 국정기획수석실과 미래전략수석실을 신설하는 데 영향을 미쳤다.

㉡ 대통령의 국정의지

대통령의 의사결정 및 조직관리 스타일은 대통령비서실의 전체적인 규모나 기능에 영향을 미친 반면, 대통령의 국정의지는 구체적인 기구변화 및 인사충원에 많은 영향을 미쳤다.

우선 박정희 대통령의 비서실은 대통령의 경제정책 및 과학기술정책의 강조 그리고 서정쇄신(庶政刷新)과 같은 사정정책의 실시에 따른 비서실 기구의 변화와 인사충원의 변화에 직접적으로 영향을 미쳤다. 또한 전두환 대통령의 비서실은 '정의사회 구현' 및 '사회 안정'이라는 국정목표에 따라 비서실 직제의 변화를 보였다. 노태우 대통령의 비서실은 민주화라는 정책목표에 따라 비서실 외의 권력기구가 축소되었고 그 결과 비서실의 전반적인 규모 확대를 가져왔다. 특히, 1992년부터 경제발전 정책을 강조함에 따라 비서실의 기구변화가 초래되었다.

김영삼 대통령의 비서실은 문민정부의 상징으로서, 사회문화 및 복지정책의 추구로 인하여 비서실 기구의 변화가 나타났다. 그러나 김영삼 대통령이 추구한 주요정책 방향들이 '역사 바로 세우기', '세계화', '국가경쟁력 강화'와 같이 과거청산이나 상당히 애매한 성격의 '구호성 정책목표'와 관련되어, 이로 인한 대통령비서실 기구의 변화가 비서실 보좌기능의 강화로 연결되지 못하였다.

김대중 대통령의 경우 경제위기 극복 과정에서 초기의 약속인 내각 중심의 국정운영이 점차적으로 청와대 중심의 국정운영으로 변화하였다. 이러한 변화와 함께 그가 강력하게 추진한 '제 2건국운동' 등과 같은 정치적 과업들은 대통령비서실의 규모 확대에 조금은 영향을 미쳤다.

노무현 대통령은 '국민참여'와 '정부혁신'을 강조하였다. 이러한 국정의지의 결과로 대통령비서실에 국민참여수석과 정책프로세스개선비서관 등이 신설되었다. 이명박 대통령의 경우에는 '4대강 살리기', '지역발전', '녹색성장' 등 자신의 핵심국정목표를 추진하기 위해 국정과제비서관과 지역발전비서관 그리고 녹색성장환경비서관을 신설하였다. 박근혜 대통령의 경우에는 '창조경제' 등 자신의 핵심국정목표를 추진하기 위해 미래전략수석비서관과 국정과제비서관을 신설하였다.

ⓒ 대통령의 개인적 선호

대통령의 개인적 선호는 구체적으로 특정 인물에 대한 선호와 특정 기구에 대한 선호, 특정 조직구조에 대한 선호 등을 들 수 있다. 이러한 선호는 비서실의 조직변화에서 각 대통령별로 독특한 특징을 만들어 내었다.

구체적으로 박정희 대통령은 경제비서실 조직 개편을 자신의 조직구조에 대한 선호에 따라 결정해 잦은 비서실 기구개편을 낳았으며, 인사충원에서 관료 중심의 충원 성향을 강하게 보였다. 한편 김영삼 대통령은 '작은 정부'라는 자신의 정부조직관을 기초로 비서실 조직의 확대를 제한했으며, '사정'에 대한 부정적 인식으로 사정비서실을 폐지했다. 그리고 전두환 대통령은 특별보좌관제도를 부정적으로 보아 이를 폐지했으며 정치적 정통성 확보 측면에서 군 출신보다는 민간인을 선호하여 인사에서 일반관료를 많이 등용하였다.

특히, 노태우 대통령과 김영삼 대통령은 자신의 측근에 대한 개인적 선호의 결과 정책비서관과 정치특별보좌관을 신설・폐지하였고, 김영삼 대통령의 경우에는 자신의 정치적 후원자들을 비서실에 대거 등용하였다. 따라서 측근의 임용에서 충성심에 기초한 인사결정이 빈번하였고 그 결과 조직의 기능적 고려와는 상관없는 인사충원이 발생하였다. 김대중 대통령의 경우 집권 초기에는 이러한 개인적 선호에 의한 비서실 기구개편과 인사등용 경향은 많이 줄어들었다. 그러나 2000년 국회의원 총선을 전후하여 개인적 선호에 의한 측근 등용으로 인하여 결국은 임기 말에 아들을 포함한 친인척 및 측근들의 부정부패 스캔들이 노정되었다.

노무현 대통령의 경우 청와대를 '개혁의 산실'로 만들기 위해 오랫동안 자신을 지근거리에서 보좌했던 젊은 참모들을 대거 충원하였다. 이들 젊은 참모들은 대통령과의 개혁철학 공유, 이른바 '코드'를 강조하며 효율적 청와대 운영에 노력하였지만 전문성 부족으로 혼란을 야기하였다. 또한 수석비서관에 대해 부정적인 인식을 가지고 있었던 노무현 대통령의 개인적 선호에서 수석비서관이 축소된 반면 미국식 보좌관 제도를 적극 활용하였다(양다승, 2012).

이명박 대통령의 경우에는 자신의 개인적인 선호에서 조직의 기능적 고려와는 상관없이 측근들을 특별보좌관에 임명하거나 그 위치가 애매모호한 기획관으로 승격시키기도 하였다. 박근혜 대통령은 자신을 국회의원 시절부터 오랫동안 보좌해 온 '문고리 권력 3인방'이 국정운영에 광범위하게 개입한다는 의혹, 즉 2014년 '정윤회 문건유출사건'에도 불구하고 이들에 대한 대통령 자신의 개인적 신뢰관계를 강조하며 이들을 청와대에서 퇴진시키지 않고 업무를 조정하는 선에서 매듭짓기도 하였다.

나. 상황요인의 영향력

대통령비서실 개편과 관련된 상황요인의 영향력도 간과할 수 없는 주요한 영향변수로 볼 수 있다. 그 주요 특징들은 다음과 같다.

㉠ 정치적 상황

정치적 상황은 특정 이슈를 중심으로 한 불안정한 정국 형성이 그 특징이다. 우선 권위주의 정부의 집권전략과 그 이후의 장기집권 전략에 의한 정치적 불안정 그리고 북한의 도발위협 및 주한미군의 철수와 같은 안보상황의 불안정으로 구분할 수 있다. 이러한 정치적 불안정은 쿠데타를 통해 정권을 획득한 제 3, 4공화국과 제 5공화국에서 명백하게 나타났고 1987년 민주화 이후에 탄생된 제 6공화국 이후에 와서는 극단적인 정치적 상황이 점차적으로 초래되지 않았다. 크게 보아 5・16 쿠데타, 3선 개헌 및 유신헌법 제정, 부마사태, 10・26 사태와 계엄령 선포, 5・18광주민주화운동, 6월 민주화투쟁과 6・29선언 등과 같은 굵직한 정치적 사건들이 많은 정치적 환경의 변화를 일으켰다.

노무현 대통령의 경우 심각한 북핵문제에 직면하고 미국과 대립적인 자주 외교 그리고 동북아 공동체 구성을 강조하는 과정에서 청와대에 장관급인 국가안보보좌관을 신설하고 차관급으로 외교보좌관과 국방보좌관을 함께 설치하기도 하였다. 이명박 대통령의 경우도 북한과 관련된 일련의 대치정국으로 인해 국가안보 조직이 수시로 확대되는 변화를 겪었고, 미국산 소고기 관련 촛불집회와 세종시 수정안 논란으로 사회통합수석과 시민사회비서관 그리고 국민소통비서관이 신설되는 등 대통령비서실이 확대되는 결과를 가져왔다. 박근혜 대통령의 경우 2013년 12월 '북한의 예고 없는 타격 위협'에 대응해 국가안보실의 조직과 기능을 강화시켰고, 2014년 4월 '세월호 참사'를 계기로 국가를 새롭게 개조하겠다면서 '인사수석실'과 '재난안전비서관'을 신설하였다.

결국 불안정한 정치적 상황은 특정 정책노선을 추구토록 하거나 비서실의 정부통제기능을 강화시켜 대통령 일인에게 국정운영의 모든 책임과 권한을 더욱 집중시켰고, 그에 따라 대통령비서실의 기능과 기구, 예산, 인력 등에 많은 변화를 가져왔다.

ⓛ 경제적 상황

경제적 상황 역시 정치적 상황과 마찬가지로 비서실 조직변화에 많은 영향력을 행사했다. 우선 제 3공화국에서는 절대적 빈곤에 가까웠던 경제상황으로 인해 효율적인 국정운영체제를 위한 현대적 기능의 대통령비서실이 탄생했다. 이후에도 외채 증가와 같은 경제상황에 따라 비서실이 개편되었다. 또한 제 6공화국에서도 경제상황의 악화에 따른 경제수석비서실의 강화가 있었고, 김영삼 정부에서는 선진경제 진입을 위해 경제정책의 주안점을 경쟁력 강화에 두어 '경쟁력강화기획단'과 같은 기구를 신설하였다. 김대중 대통령의 경우도 심각한 IMF 외환위기 상황에서 경제분야의 구조조정을 가속화하기 위하여 '경제대책조정회의'를 설치하였다.

노무현 대통령의 경우에는 부동산 가격의 폭등, 신용카드 대란, 극심한 노사갈등, 한・칠레 FTA 비준 반대 등 경제 환경이 악화되자 국민경제비서관과 노동비서관 그리고 농어촌비서관을 신설하였다. 이명박 대통령의 경우 2008년 9월 미국발 금융위기로 인해 대통령이 직접 비상경제대책회의를 주재하고, 경제수석실 산하에 비상경제상황실을 설치하였다.

다. 제도적 요인의 영향력

제도적 요인이 대통령비서실 조직변화에 미친 영향은 크게 세 가지로 구분할 수 있다.

㉠ 정부부처의 영향력

정부부처의 영향력은 실제 그 검증에 한계가 뒤따른다. 이는 몇몇 경우를 제외하고는 정부부처와 비서실 조직변화 간의 직접적인 관련성을 확인할 수 있는 자료가 거의 없기 때문이다. 그러나 정부부처의 직・간접적인 영향력은 상당하리라고 추측할 수 있다. 우선 가장 확실한 정부부처의 영향력으로는 김영삼 정부에서의 농수산수석비서관 신설과 농림해양수석실의 명칭 변화와 같은 경우를 들 수 있다. 또한 농림수석비서관의 신설 및 폐지 역시 기존 제도들의 영향력 때문인 것으로 생각되며, 정책기획수석실의 신설은 기존 정부부처 간의 정책혼선이나 대통령비서실의 정책조정 기능의 약화에 기인하였다. 나아가 박근혜 정부에서 인사수석비서관, 재난안전비서관, 산업통상자원비서관, 해양수산비서관이 신설된 것도 인사혁신처, 국민안전처, 산업통상자원부, 해양수산부가 신설되면서 이들 부처를 담당할 비서관이 필요해졌기 때문이다. 그 밖에 기존 정부부처의 기능이 담당하지 못하는 영역이 있을 경우 이에 대한 대행기능을 대통령비서실에서 직접 담당했다. 이에 해당하는 경우는 1965년부터 시작된 민정수석실의 조세행정특별감사와 다음해 이루어진 기구 강화 그리고 이명박 정부에서 국정홍보처가 폐지되면서 국정운영의 성과를 홍보하기 위해 수석급의 대변인을 신설한 조치가 있었다.

㉡ 비서실의 영향력

하나의 제도적 기관으로서 대통령비서실의 비서실 자체의 조직변화에 대한 영향력은 상당히 크다. 그러나 이 역시 관련정보가 매우 적기 때문에 대통령비서실의 정확한 영향력을 알아보기는 매우 힘들다. 그러나 대략적으로 살펴보면 다음의 몇 가지를 고려할 수 있다.

첫째, 대통령비서실의 제도적 선례의 영향을 들 수 있다. 이와 관련 앞에서 설명한 바와 같이 '현대적 대통령제'의 중요한 구조를 이룩한 제3공화국 박정희 대통령의 비서실의 제도적 선례는 이후 많은 대통령의 비서실의 기능 및 기구 발전에 영향력을 미쳤다.

둘째, 대통령에 대한 접근가능성이 비서실 조직변화에 많은 영향력을 행사했다. 즉, 대통령의 최측근 보좌기관이라는 비서실 고유의 성격으로 인해 강력한 대통령의 리더십이 요구되는 경우에 비서실의 강화가 두드러졌다고 볼 수 있다. 물론 비서실의 강화가 순수한 정책기능의 강화일 수도 있으나 정치·전략적 기능의 강화일 수도 있다(주로 제3, 4, 5공화국의 경우).

셋째, 대통령비서실장의 대통령비서실 조직에 대한 영향력은 종종 매우 컸다. 이러한 비서실장의 영향력은 제3공화국 김정렴 비서실장의 회고록에서 유추할 수 있다. 당시 김정렴 비서실장은 자신이 비서실의 조직설계에 직접 관여했다고 주장하였다. 그러나 비서실장의 영향력이 구체적으로 어느 정도까지 미쳤는지는 알 수 없다. 김대중 대통령의 경우 취임 전 김중권 비서실장에게 청와대 조직 개편에 관해 상당한 권한을 부여하였기 때문에 비서실장의 영향이 있었다.

넷째, 비서실 내부의 역학관계에 따른 조직의 변화를 들 수 있다. 이러한 경우로는 업무의 효율적인 조정을 위한 김영삼 정부의 기획조정비서관과 노무현 정부의 업무조정비서관, 이명박 정부의 정책실장과 박근혜 정부의 정책조정수석비서관 및 국가안보실 1·2차장 등의 신설을 들 수 있다.

ⓒ 헌법구조 및 법 개정의 난이성

이와 관련해서는 우선 대통령비서실 직제 개정의 난이성을 들 수 있다. 우리의 경우 기본적으로 대통령비서실 기구개편은 대통령령에 의해 이루어지기 때문에 빈번한 조직 개편이 가능했다. 이의 대표적인 사례로 노무현 정부는 2006년 1월 '국가안전보장회의법'과 '정부조직법' 개정이 한나라당의 반대로 어려워지자 상대적으로 개정이 용이한 '대통령비서실 직제' 개정을 통해 국가안전보장회의(NSC) 사무처를 대통령비서실로 흡수 통합하였다. 헌법구조의 영향력은 권력 형태를 대통령제에서 내각제로 바꾼 제2공화국의 경우를 대표적으로 들 수 있다. 그 밖에 1980년 헌법 개정에 따라 대통령의 입법부에 대한 위상이 지나치게 강화되었고 그 결과 정무비서실의 정치 관련 기능이 강화된 것도 이에 해당한다고 볼 수 있다.

② 대통령비서실 조직변화의 특징

지금까지의 대통령비서실 조직변화의 고찰을 통해 다음과 같은 세 가지 주요 특성을 발견할 수 있다.

가. 급속한 규모의 증대

대통령비서실의 조직변화 중 가장 중요한 특성으로 들 수 있는 것은 규모의 증대이다. 대통령비서실은 기구, 예산, 인력의 모든 측면에서 급속한 증가 추세를 보여 왔다. 특히, 박정희 대통령의 1967년과 1968년, 전두환 대통령의 1980년 12월, 노무현 대통령의 2003년 2월에 인력규모의 변화가 가장 크다. 이러한 급격한 비서실 규모 증대는 주로 정치적 맥락에서 파악할 수 있으며, 급격한 인력증가가 있고 난 다음해에는 비서실의 예산증가율이 높게 나타나 인력 증대와 예산 증대의 직접적인 상관관계를 보여준다.

결국 이러한 대통령비서실의 '규모의 증대'는 박정희 대통령 때부터 '현대적 대통령제'의 특성을 띠면서 발전해 왔다. 또한 이러한 대통령비서실의 규모 증대는 내각에 대한 통제기능의 강화에 중점을 두어 이루어졌고, 그 결과 대통령의 정치·행정분야에 대한 통치력을 강화시켰다. 그러나 장기적으로는 정부부처의 국정운영능력을 약화시켜 내각시스템의 약화를 초래하기도 했다. 이러한 경향은 단기적으로는 변화가 있겠지만 장기적으로는 지속될 것이다.

나. 대통령비서실 중심의 국정운영

박정희 대통령하의 대통령비서실 규모 증대는 대통령의 통치력 강화와 함께 내각의 약화를 초래했다. 이로 인해 나타난 두드러진 변화는 '대통령비서실 중심의 국정운영'이다. 박정희 대통령이 집권한 이후 1960년대 중반까지 내각 중심의 국정운영체제가 정착되었다. 그러나 1960년대 후반에 들어서면서 대통령비서실 참모를 중심으로 하는 국정운영체제로 변화하기 시작했다. 이러한 추세는 그 후 지금까지 지속되고 있고 내각은 상대적으로 약화되었다. 이후 대통령비서실로의 지나친 권력집중으로 인해 심각한 부작용이 중대한 문제로 대두되었다. 그에 따라 제5공화국 때는 내각 중심의 국정운영이 일시적으로 강조되기도 했다. 민주화 이후 역대 대통령들도 이러한 문제점을 인식하고 취임 당시 항상 내각 중심의 국정운영을 약속하였다. 하지만 이러한 공약이 무색하게 여전히 대통령비서실이 국정운영 주체로서 보다 적극적인 역할을 수행하고 있는 것처럼 보인다.

다. 대통령비서실의 관료제화

초창기 대통령비서실은 몇몇 참모로 구성된 개인적 보좌기구를 벗어나지 못했으나 박정희 대통령 시절부터 급속한 규모의 증대가 이루어졌다. 이러한 규모의 증대로 인해 대통령비서실은 소규모의 순수 참모기구의 성격을 벗어나 대규모의 정부부처 조직과 같은 계층제적 속성을 띠게 되었다. 그 결과 '비서실의 관료제화'가 뚜렷한 특징으로 나타나고 있다. 이에 따라 대통령비서실의 전문성과 운영 효율성은 높아졌으나 대통령의 신임 획득을 위한 비서관들 간의 비생산적 경쟁, 정책에 대한 단기적 시각의 강조, 수석실 중심의 부처이기주의 등의 관료제적 병폐도 노정되고 있다(자세한 것은 함성득, 1999a 참조).

3) 대통령비서실과 비서실장

우리의 경우 대통령을 가까이에서 보좌하는 대통령비서실의 국가의 주요정책 결정과정에서의 영향력은 매우 크다. 이러한 대통령비서실은 대통령경호실을 포함하여 이승만 대통령 이후 지금까지 그 역할, 예산과 인원을 포함한 규모, 조직체계, 그리고 정책과정에서의 영향력 면에서 많은 변화가 있었다. 여기서는 대통령의 효율적인 국정운영을 위한 대통령비서실의 기능과 역할, 운영원칙, 그 발전방향, 그리고 대통령비서실에서 중요한 역할을 담당하는 대통령비서실장에 관하여 분석하고자 한다. 대통령비서실의 발전방향은 먼저 대통령비서실의 역할에 대한 분석이 필요하다. 그 다음 이 역할에 맞추어 대통령비서실의 규모와 기능을 어떻게 조정할 것인지에 초점을 맞추어야 한다.

(1) 대통령비서실의 기능 및 역할과 운영원칙

제5공화국 이후 역대 대통령들은 대체적으로 임기 초기에 대통령비서실 중심의 국정운영과 이에 따른 대통령비서실 권한 강화의 폐해로 말미암은 부정적 이미지를 씻어 내기 위해 한결같이 '작고 열린 민주적 청와대'를 약속했다. 과거 전임 대통령들이 임기 초 대통령비서실 조직 개편을 통해 비서실장만 장관급으로 하고 나머지 수석비서관들의 직급을 차관급으로 낮추는 일을 즐겨 반복한 것도 비서실이 대통령을 보필하는 참모 및 보좌 역할을 넘어 '소정부'처럼 실질적으로 내각 위에 군림하여 내각업무를 지휘·통제하면서 매사에 권력을 휘두르는 구태를 반복치 않겠다는 의지의 상징적 표현이었다(배정훈, 1997a; 1997b; 함성득, 2002b).

그러나 이러한 '작은 청와대'의 실현은 시간이 흐르면서 유야무야되었고 대통령비서실은 또다시 대통령의 막중한 권한을 등에 업고 정권의 국정목표 달성을 볼모로 삼아 '권부화'(權府化) 되었으며 정치, 경제, 사회의 모든 정보가 청와대로 집중되는 현상이 반복되었다. 대통령비서실 중심의 국정운영은 그것이 지닌 순기능적 역할에도 불구하고 그것이 국민과 국정에 미친 폐단과 역기능 그리고 부정적 이미지는 항상 새로운 대통령이 지양해야 되는 중요한 과제였다. 대통령비서실로의 권력집중은 당정 관리자들의 대통령과 대통령비서실 눈치 보기, 당정의 창의성과 자율성 상실 및 무사안일, 당정의 명령체계 문란, 당정업무에 대한 나태와 무관심 및 복지부동 등의 폐단을 야기했다(배정훈, 1997b).

이러한 상황에서 우리 대통령비서실의 기능과 역할에 관해서 많은 논란이 있어 왔다. 이를 정리하면 첫째, 대통령비서실은 국정운영의 핵심이 되어 철저히 대통령을 보좌해야 한다고 강조하는 입장이다. 즉, 대통령이 급변하는 국내, 국제적 환경에 능동적이면서 신축적으로 대처하고 모든 국가의 주요정책에서 갈등을 조정, 통합하기 위해서는 무엇보다도 대통령을 보좌할 수 있는 강력한 보좌기구인 대통령비서실이 필요하다는 것이다. 이는 대통령비서실이 대통령의 국정운영 비전을 강조하여 구체적 정책으로 표출되도록 하고 이에 맞추어 행정부를 효과적으로 조정 및 통제해야 한다는 것이다. 그러므로 이러한 입장에서는 대통령비서실 중심의 국정운영은 당연시되며 대통령비서실의 기능 및 규모의 축소에 대해서는 부정적이다(최평길, 1998).

둘째, 대통령비서실은 대통령을 행정적으로 보좌하는 기능에 국한해야 한다는 의견이다. 이는 대통령비서실이 대통령과 내각을 연결하는 심부름꾼 내지는 가교 역할에 머물러야 한다는 입장이다(김광웅, 1997a; 김학준, 1998; 배정훈, 1997b; 손학규, 1993). 이러한 입장은 비서실의 역할 확대는 그것이 가져다 준 효율성보다는 그로 인한 폐단이 더 컸고, 그 폐단의 핵은 특권과 독단으로 이어지는 부정부패였다는 것이다. 그리하여 대통령비서실이 대통령의 강력한 힘을 등에 업고 내각이나 정당 위에 군림하여 정책결정은 물론 그 집행까지도 주도 및 관여하면서 과도한 역할과 권한을 행사함으로써 '비서정치', '구중궁궐'(九重宮闕) 또는 '권력의 산실'로 비판받아 왔다는 것이다.

이러한 입장에서는 대통령비서실의 기능과 규모의 축소에 대해 매우 긍정적이다. 구체적으로 우선 그동안 비대해진 대통령비서실의 규모를 축소하고 기능도 본래의 비서 기능에 국한시켜 정치나 정책결정과정에 대한 개입을 방지하고 국정에 대한 보좌기능은 각 부처로 환원해야 한다는 것이다. 따라서 대통령비서실 발전의 기본방향은 비서실은 행정적 보좌역에 충실해야 하며 과거와 같은 직접개입 방식에서 벗어나야 한다는 것이다.

셋째, 현실적 혹은 절충적 입장은 국민생활에 불편을 미치는 일이라면 그 일의 경중을 따짐 없이 모든 책임을 대통령에게 묻는 우리의 정치적 상황에서 결국 대통령의 국정운영 비전과 철학의 의중을 가장 잘 파악할 수 있는 대통령비서실이 주요정책을 수행해야 한다는 것이다(함성득, 1998a; 1998h; 2002b). 지난 역사를 돌아볼 때 우리의 역대 대통령들은 집권 초기에 내각 중심의 국정운영 원칙을 표방하고 청와대를 자주 축소 개편하였다. 그러나 시간이 지남에 따라 대통령비서실 중심의 국가운영으로 변화하였고 이에 따라 대통령비서실의 기능이 확장되었고, 축소되었던 조직과 규모도 다시 확대되어 왔다.

예를 들어 김영삼 정부는 출범 당시의 '작은 청와대 만들기' 약속과는 반대로 5년 동안 대통령비서실을 인원과 직급과 기능 면에서 지속적으로 확대시켰다. 김영삼 정부의 청와대는 정부, 경제, 외교안보, 행정, 민정, 공보, 사회복지, 정책기획, 농림해양, 총무, 의전 등 11개 수석실을 두었다. 김대중 정부도 집권 초기 대폭적인 청와대 기능과 조직의 축소를 통해 기존의 11개 수석실 중 정무, 경제수석, 외교안보수석, 공보수석, 사회문화수석, 정책기획수석 등 6개 수석만 남기고 나머지는 통폐합하였다(김명호, 1997; 성한용, 1997).

그러나 점차적으로 대통령비서실의 기능과 조직이 확대되었다. 이러한 현상은 우리나라만이 아니라 미국의 경우도 마찬가지다. 이는 행정각 부처의 이기주의와 할거주의, 관료의 무사안일주의적 타성과 복지부동, 정당의 비성숙화 및 파당적 투쟁, 지역이기주의 등을 고려할 때 대통령비서실이 모든 핵심현안을 직접 관장하는 것이 대통령의 국정운영 능력을 향상시킨다고 보기 때문이다(배정훈, 1997b; 함성득, 1998a; 1998h).

(2) 대통령비서실의 조직발전 방향

대통령비서실 조직발전의 가장 중요한 관점은 권한이 대통령비서실에 집중될 때 어떻게 하면 힘의 집중으로부터 오는 권력의 남용 및 부정부패(*institutional decay or rent-seeking*)라는 부정적 측면을 줄이고 효율적 국정운영이라는 긍정적 측면을 강화하느냐 하는 것이다. 왜냐하면 조직 원리상 조직이 인원이나 예산 면에서 증가할수록 정보와 의사소통은 그 불확실성과 왜곡가능성이 높아져서 부정부패가 많아지기 때문이다. 따라서 국정의 효율적 운영을 위해서는 국정운영자들 사이의 적정한 역할분담이 필요하다. 물론 대통령 중심제 아래서 국정운영의 궁극적 책임은 대통령에게 있겠지만 그렇다고 해서 모든 국정운영분야에 걸친 크고 작은 판단과 결정을 대통령과 대통령비서실에 전적으로 내맡기는 것은 결코 바람직하지도 않고 가능하지도 않다.

구체적인 예가 김대중 대통령의 경우이다. 당시 그가 처한 'IMF 구제금융'의 경제적 상황은 국난으로 불릴 정도로 긴급한 상황이어서 난국 극복을 위한 대통령의 강력한 리더십과 역할이 필요하였다. 또한 자민련과의 정치적 공조에 기인한 공동정부였기 때문에 각 부처 장관들 중 상당수가 대통령과 정치적 이해가 다르고 대통령의 국정과제를 잘 이해하지 못하는 자민련 출신들이었다. 따라서 대통령비서실 중심의 국정운영 경향이 강화될 수밖에 없었다.

그러나 대통령과 대통령비서실이 국정운영을 독주할 때는 국정운영체제가 경직화되는 경향이 높아졌다. 결과적으로 환란위기 극복과 구조조정, 부실기업 퇴출 등 숱한 국가적 현안이 불거질 때마다 욕을 먹더라도 문제해결의 전면에 나서는 장관이나 집권 여당의 참모들을 찾아볼 수 없었다. 이와 같은 경직화 현상은 김대중 대통령의 국정운영 방향에 관해 장관들이 대통령과 인식을 공유하지 못한 데서 비롯되었다.

이러한 경험을 고려할 때 이제 내각과 집권 여당, 대통령비서실의 관리방식 및 권한분산에 대한 재점검이 필요하다. 이를 위해서는 무엇보다도 청와대와 행정부 간에 국정운영 업무의 분담이 이루어져야 하고 더 나아가서는 국무총리와 각 행정부처의 새로운 기능과 역할이 필요하다. 다만 국정운영 업무의 분담은 대통령의 권력분산이 아닌 더욱 효율적인 대통령의 국정운영을 위해 필요한 것이다.

대통령비서실은 장기적인 시각에서 국가경영의 전략과 기획만 담당하고 집행은 행정부가 담당하는 것이 바람직하다. 또한 대통령비서실은 주요정책에 대한 기획 및 조정 기능과 대통령의 핵심 국정사항 및 프로젝트의 추진에 필요한 보좌를 주 목적으로 해야 한다. 행정업무의 통괄 및 집행을 국무총리를 중심으로 한 내각의 각 부처 장관을 중심으로 이루어지게 하면 대통령비서실의 비대화, 월권화를 방지하면서도 대통령의 국정목표 달성을 효율적으로 이룩할 수 있다(배정훈, 1997b; 함성득, 1998d). 작고 반복적이고 비독창적인 사무는 행정부에 위임하고, 비(非)반복적이고 독창적인 사무는 대통령비서실이 담당하는 것이 좋다는 것이다. 이를 위해서는 국무총리를 중심으로 각 행정부처가 명확한 책임 아래 권한을 행사하고 그 결과에 대하여 다시 책임을 지는 행정체제가 요구된다.

앞으로의 대통령비서실 조직발전 방향을 살펴보면 첫째, 기존의 대통령비서실은 그 규모 면에서 최소한의 정책조정 및 기획기능만 유지한다는 측면에서 접근하고 국무총리실이나 기존 각 행정부처와 업무가 중복되는 것은 모두 관련부처에서 담당하도록 하고 이에 관련된 대통령비서실의 업무와 인력은 모두 감축하는 방향으로 나아가야 한다. 둘째,

대통령비서실은 일상적인 행정집행이나 단기적인 행정부처의 정책업무에서 벗어나 장기적인 국가통치나 국가경영전략 수립에 주력해야 한다. 기존의 대통령비서실이 가지고 있는 일반적인 행정집행 및 조정업무는 국무총리실과 국무회의에 이관되어야 한다.

기능 축소 시 대통령비서실은 크게 첫째, 경제, 통상, 과학기술 및 정보통신과 둘째, 국방, 통일 및 외교 등을 중심으로 각 부처의 정책조정기능을 담당하는 방향으로 가야 한다. 이러한 점에서 미국의 백악관 구조에서 정책조정기능을 강조하는 관련부처 장관과 전문가 중심으로 구성된 '국가안보회의'(National Security Council)와 '국가경제회의'(National Economic Council) 같이 제도적으로 정립된 체제는 현재 제도적으로 잘 정립되지 못한 우리의 '국가안전보장회의'와 '경제정책조정회의' 체제에 중요한 시사점을 제공한다. 이들 각각의 회의체는 북한 및 동북아 안보정세에 능동적으로 대처하고 현재 '저성장, 고령화'로 정체된 경제구조를 조정하여 재도약의 발판을 마련할 수 있는 새로운 경제구조를 모색하는 데 초점을 두어야 한다.

결론적으로 대통령비서실 발전의 기본방향은 대통령의 중요한 정치적 프로젝트를 보좌할 수 있는 대통령비서실의 정책입안과 기획기능이 강화되어야 한다는 것이다. 이를 위해 기존의 수석실을 활용하여 청와대의 정책기능을 보좌하는 것도 좋지만, 국가정책 기획과 조정을 담당하기 위해서는 관련부처 장관들을 중심으로 관련전문가를 자문단으로 하여 구성된 회의체 조직을 활용할 필요가 있음을 제안한다. 우리의 경우 이러한 회의체 또는 위원회 조직의 비효율성에 대해서 많은 비판이 있으나 이러한 회의체 조직의 사무국을 담당 수석이 맡아서 하고 대통령이 자주 이 회의체를 주재하고 관심을 표명하면 그 비효율성을 줄일 수 있다. 이러한 제도의 장점으로는 대통령은 이러한 회의체 조직에서 제시된 의견을 바탕으로 기존 관료조직에서 제시된 정책과의 비교를 통하여 보다 적절한 정책결정의 시기와 방향을 조정할 수 있다는 것이다.

예를 들면 우리가 겪었던 1997년 IMF 경제위기는 기존 관료체제하에서 제시된 정책정보에 대한 검증절차가 미약하여 당시 대통령과 비서실이 이에 대한 적절한 조치를 취하지 않았기 때문이다. 따라서 기존의 관료적 관점에서 벗어나 국가 전체의 시각에서 경제운영에 대한 전반적인 검토를 할 수 있는 제도적 장치가 필요하다. 이러한 회의체 구성에서 중요한 점은 기존의 제도권뿐 아니라 비(非) 제도권의 각 분야별 전문가들의 의견이 수렴되는 과정에서 국가경제나 안보에 대한 문제점을 적시에 찾아낼 수 있는 운영방안을 모색해야 한다는 사실이다.

(3) 대통령비서실장의 역할과 선택

우리의 역대 대통령비서실장은 대통령의 통치이념 설정과 국정운영 능력에 지대한 영향을 미쳤다. 구체적으로 박정희 대통령하에서 이후락 비서실장은 한국정치의 모든 부분, 즉 행정부, 국회, 정당 등에까지 영향력을 행사하였다. 김정렴 비서실장은 급속한 국가경제 발전을 이룩하는 과정에서 선구자적 역할을 했고, 대통령비서실-경호실-중앙정보부와의 관계에서는 상호 고유영역 준수의 규범을 유지했다(함성득, 2002b).

반면 김계원 비서실장 재임 동안에는 경호실과 중앙정보부의 대통령비서실과 행정부에 대한 월권행위가 지속되어 권력의 견제와 균형이 파괴되는 상황 중에서 1979년 10월 대통령의 암살사건이 발생하였다. 성공적인 비서실장의 전형적인 예를 보여준 김정렴과 실패한 비서실장의 예를 보여준 김계원의 사례를 통해 우리의 정치, 경제 및 사회상이 확연히 다른 모습으로 나타났다는 사실을 확인할 수 있다. 그 다른 모습은 비서실장의 대통령에 대한 보좌형태에 의해서도 크게 영향을 받았다(배정훈, 1997a; 1997b). 대통령비서실장에 대한 연구가 중요한 또 하나의 이유이다.

① 대통령비서실장의 역할 및 유형

대통령비서실장은 법령상 "대통령의 명을 받아 실무를 처리하며 소속 공무원을 지휘·감독하는 사람"으로 규정되어 있다. 이렇듯 비서실장의 공식적 업무가 대통령비서실 운영에 제한되어 있지만, 박정희 대통령 이후 비서실장의 실질적 권능은 국무총리, 국가정보원장(이전의 중앙정보부장 또는 국가안전기획부장), 경호실장과 더불어 권력의 핵심에 있었다.

장관급 비서인 비서실장의 힘은 대통령과의 물리적 거리가 권력의 크기와 비례한다는 사실을 잘 보여준다. 왜냐하면 대통령을 가장 가까이에서 모신다는 것 자체가 실세임을 입증하기 때문이다(김현일, 1993). 이것이 제3공화국 이후 지금까지 역대 대통령비서실장들이 단순히 대통령 명의 출납을 담당하는 데 그치지 않고 국가정책의 기획부터 추진, 집행, 평가까지 관여할 수 있게 된 이유이다(배정훈, 1997a; 1997b).

우리의 역대 대통령비서실장의 유형은 대통령의 신임과 선호도 및 권력핵심주체들 간의 상호관계 그리고 시대의 흐름 및 정권의 변천에 따라 변했다. 또한 비서실장의 리더십 스타일과 비서실 관리 및 사고방식은 비서실장과 비서관들 사이의 관계를 결정짓는 주 요인들로 작용했다. 역대 비서실장은 그들 나름대로 비서실 운용방법과 역할 정립에 큰 기여를 했고 이들의 보좌행태가 대통령의 국정운영 결과에 직·간접적으로 영향을 미쳤다(자세한 것은 함성득, 2002b 참조).

비서실장 유형을 배정훈(1997b)은 '강세형', '실세형', '실무형', '약세형'으로 분류하였다. 첫째, 강세형은 비서실장이 비서실 업무의 총괄자로서 모든 비서관들을 자신의 엄격한 감독과 통제하에 두고 비서관들의 대통령에 대한 보고사항과 대통령의 지시사항을 자신을 통해서 하도록 하는 유형이다. 대표적으로 박정희 대통령하에서 이후락 비서실장이 여기에 해당된다.

둘째, 실세형은 강세형과 비슷하지만 핵심적 차이가 있다. 실세형은 비서관들의 대통령 보고사항을 비서실장을 통하도록 하면서도 일부 분야는 소관 수석비서관들에게 대폭 재량권을 주고 대통령 보고사항이나 지시내용에 관해서는 사전상의나 사후보고를 받는 위치를 확보해 간다. 박정희 대통령하의 김정렴 비서실장이 이에 해당된다.

셋째, 실무형은 '개인참모론'을 주장하면서 대통령 보고사항과 지시사항 및 소관업무에 대한 비서실장의 간섭을 배척하는 실세 수석비서관이 존재할 경우 주로 나타나는 유형이다. '개인참모론'이란 실장이든 수석이든 누구나 다 같이 대통령의 비서이며 따라서 비서는 자기 소관업무에 대해 대통령을 보좌하는 것을 말한다. 개인참모론의 시각에서 비서실장은 단지 비서실의 행정업무를 책임지는 사람인 것이다. 실무형 비서실장은 다시 상황적응적 실무형 비서실장과 경쟁적 실무형 비서실장으로 나눌 수 있다.

〈표 3-3〉 역대 대통령비서실장

구분	재직당시 직위	직급	성명	재직 기간
제 1공화국	비서관장		이기붕	1948. 8 ~ 1949. 6
과도정부	〃		고재봉	1949. 6 ~ 1960.10
제 2공화국	비서실장		이재항	1960.10 ~ 1962. 3
군사혁명정부	〃		이동원	1962. 3 ~ 1963.12
제 3공화국	〃	장관급	이후락	1963.12.16 ~ 1969.10.20
	〃	〃	김정렴	1969.10.21 ~ 1978.12. 21
	〃	〃	김계원	1978.12.22 ~ 1979.10.29
과도정부	〃	서리	최광수	1979.11. 5 ~ 1979.12. 13
제 4공화국	〃	장관급	최광수	1979.12.14 ~ 1980. 8.26
과도정부	〃	〃	김경원	1980.8.27 ~ 1981.12.30
제 5공화국	〃	〃	이범석	1982. 1. 4 ~ 1982. 6. 1
	〃	〃	함병춘	1982. 6. 6 ~ 1983.10. 9
	〃	〃	강경식	1983.10.15 ~ 1985. 1.20
	〃	〃	이규호	1985. 1.21 ~ 1985.10.14
	〃	〃	박영수	1985. 10.15 ~ 1987. 7.19
	〃	〃	김윤환	1987. 7.20 ~ 1988. 2.24
제 6공화국	〃	〃	홍성철	1988. 2.25 ~ 1990. 3.18
	〃	〃	노재봉	1990. 3.19 ~ 1990.12.26
	〃	〃	정해창	1990.12.27 ~ 1993. 2.24
문민정부	〃	〃	박관용	1993. 2.25 ~ 1994.12.24
	〃	〃	한승수	1994.12.24 ~ 1995.12.20
	〃	〃	김광일	1995. 12.21 ~ 1997. 2.27
	〃	〃	김용태	1997. 2.28 ~ 1998. 2.25
국민의 정부	〃	〃	김중권	1998. 2.25 ~ 1999. 11.22
	〃	〃	한광옥	1999. 11.23 ~ 2001. 9. 9
	〃	〃	이상주	2001. 9.10 ~ 2002. 1.28
	〃	〃	전윤철	2002. 1.28 ~ 2002. 4.14
	〃	〃	박지원	2002. 4.15 ~ 2003. 2.25
참여정부	〃	〃	문희상	2003.2.25 ~ 2004. 2.13
	〃	〃	김우식	2004.2.14 ~ 2005. 8.25

〈표 3-3〉 계속

구분	재직당시 직위	직급	성명	재직 기간
참여정부	비서실장	장관급	이병완	2005.8.26 ~ 2007. 3. 11
	〃	〃	문재인	2007.3.12 ~ 2008. 2.25
이명박 정부	대통령실장	〃	류우익	2008.2.25 ~ 2008. 6.22
	〃	〃	정정길	2008.6.23 ~ 2010. 7. 7
	〃	〃	임태희	2010.7. 8 ~ 2011. 12.11
	〃	〃	하금열	2011.12.12 ~ 2013. 2.25
박근혜 정부	비서실장	〃	허태열	2013.2.25 ~ 2013. 8. 5
	〃	〃	김기춘	2013.8. 6 ~ 2015. 2.26
	〃	〃	이병기	2015.2.27 ~ 2016. 5.14
	〃	〃	이원종	2016.5. 15 ~

자료: 함성득, 2002b: 68~69를 기초로 보완.

전자는 실세형 수석과의 대결이나 경쟁을 피하고 개인참모론을 인정해 주는 동시에 비서실장의 권한을 최대한 발휘해 가면서 자신의 몫을 극대화하는 형이다. 박철언이 정책보좌관으로 있던 노태우 대통령 당시의 홍성철 비서실장과 이원종 정무수석이 실세수석이었던 김영삼 대통령 당시의 한승수 비서실장이 이에 해당한다. 후자는 실세수석과 파워게임을 벌이면서도 전체 업무를 장악하려는 역할을 계속해 가는 형으로 김영삼 대통령하에서 이원종 정무수석과 함께 일했던 김광일 비서실장이 이에 해당된다.

넷째, 약세형은 비서실장이 강력한 경호실장이나 국가정보원장 등 이른바 외부권력 핵심의 위세에 눌려 자신의 대내외적 권한을 제대로 행사하지 못하는 비서실장형이다. 또한 전두환 대통령과 같이 중간보스의 존재를 인정하지 않으면서 주요 사안에 대해서는 자신이 직접 비서실장의 역할까지 병행하려는 대통령하의 비서실장형이다. 차지철 경호실장의 깊숙한 국정 개입과 비서실에 대한 월권행위를 방치했던 박정희 대통령하의 김계원 비서실장이 전자의 유형에, 그리고 전두환 대통령하에서의 몇몇 실장들이 후자의 유형에 속한다.

또한 함성득(2002b)은 비서실장 유형을 '실세형', '정치형', '실무형', '비서형'으로 분류하였다. 대표적 실세형은 이후락, 김정렴, 김중권, 박지원 비서실장 등이고 대표적 정치형은 김윤환, 한광옥 비서실장 등이다. 대표적 실무형은 정해창, 박관용, 김광일 비서실장 등이고 대표적 비서형은 이규호, 박영수, 홍성철, 한승수, 김용태, 이상주 비서실장 등이다.

② 대통령비서실장의 기능 및 자격요건

이론적으로 대통령비서실장은 대통령에 대한 확고한 개인적 충성심과 대통령실의 운영 및 행정부 전반에 대해 탁월한 식견을 가진 사람이어야 한다(함성득, 1997c; 1998a; 2002b). 최근 미국의 많은 대통령 연구자들이 강한 비서실장과 약한 비서실장 중 어느 것이 대통령의 성공적인 국정운영에 도움이 되는지를 연구하였다(Hart, 1995; Neustadt, 1991; Pfiffner, 1991; 1994). 다수의 미국 대통령 학자들은 최근의 국정운영이 복잡하고 대통령실의 조직과 인원이 상당히 비대해져서 이들을 통제 및 조정, 특히 '관리 및 경영'한다는 면에서 강한 비서실장이 필요하다고 주장한다. 그러나 이렇게 강한 비서실장의 경우라도 독선적이며 독주하는 스타일보다는 모든 일에서 공평성을 강조하는 '중립적 해결사'(*neutral broker*)가 대통령의 성공적인 국정운영에 도움이 된다고 강조한다(Pfiffner, 1991; 1994).

대통령이 정책문제의 한 면만 볼 가능성이 있더라도 강한 비서실장이 일반적이고 통상적인 문제들을 비서실 내의 전문인력을 활용하여 분석·검토·처리하면 대통령은 국정운영에서 극히 중요한 문제에만 자신의 시간을 집중할 수 있기 때문이다(Campbell, 1986; Hart, 1995). 그러나 이들은 강한 비서실장의 독주를 막기 위해 대통령은 국정운영에 필요한 정보를 비서실장뿐 아니라 다른 행정부 각료 및 참모들도 활용해 수집해야 한다는 주장도 피력하고 있다(Neustadt, 1991).

미국 대통령학자들은 경험적으로 Eisenhower 대통령의 Sherman Adams, Nixon 대통령의 H. R. Haldeman, Reagan 대통령의 Donald Regan, 그리고 Bush 대통령의 John Sununu 등을 조직운영 면에서 독주하고 대통령의 국정운영 보좌에 실패한 경우로 든다.[18] 반대로 Ford 대통령의 Donald Rumsfeld와 Richard Cheney, Reagan 대통령의 James Baker 등을 중립적인 해결사로서 성공적인 비서실장으로 분석한다(Hart, 1995; Pfiffner, 1991; 1994). 또한 Clinton 대통령의 Leon Panetta 비서실장을 성공적인 비서실장으로 꼽는다.

이러한 시각에서 Pfiffner(1991)는 미국의 Eisenhower 대통령 이후 역대 대통령비서실장이 수행한 세 가지 주요 역할은 '정책과정의 관리자'

---

18) 또한 백악관에 비서실장직이란 직책이 없었던 시절에도 다른 직책 명을 갖고 대통령을 가장 가까이에서 보좌하던, 즉 실질적으로 비서실장 역할을 하던 인물(*de facto chief of staff*)이 많았다. 그 중 조직운영 면에서 독주하여 실패한 경우로는 Taft 대통령의 Charles Dyer Norton, Harding 대통령의 George Christian, 그리고 Hoover 대통령의 Lawrence Richey 등이 있다.

(*decision process manager*), '대통령의 대리자'(*representative*), '대통령의 보호자'(*protector*)였음을 지적하였다. 또한 현대 대통령제하에서 대통령비서실장이 수행해야 할 바람직한 세 가지 역할을 촉진자(*facilitator*), 조정자(*coordinator*), 공정한 중계자(*neutral broker*)로 규정하면서 각료들을 중재·조정하는 기능, 대통령의 면담 및 접견권을 통제하는 기능, 대통령을 위해 악역을 담당하는 기능 등을 강조했다(배정훈, 1997b).

이러한 관점에서 제3공화국 이후 김대중 정부까지 역대 우리 대통령비서실장들이 수행해 온 임무와 역할을 종합적으로 고려하여 비서실장들의 주요 역할과 기능 및 그에 따른 비서실장의 자격요건을 함성득(2002b)과 배정훈(1997b)의 연구에 기초하여 정리하면 다음과 같다.

첫째, 정책결정을 놓고 부처들 사이나 당정 간에 이견이 있을 경우 직접 조정에 나서 중립적인 해결사의 역할을 수행하는 기능이다. 이를 위해 비서실장은 규칙적이고 조직적이며 위엄을 갖춘 인물로서 국정 전반에 걸친 폭넓은 이해와 파악능력, 감각, 대처능력 및 판단력을 소유한 사람이어야 한다. 비서실장은 총리와 내각, 국가정보원장, 여당대표 및 다른 책임자들과의 화합 및 업무조정을 통해 대통령이 일일이 챙길 수 없는 숱한 국정과제들을 챙겨 밀고 나가는 추진력과 질서유지능력을 소유한 사람이어야 한다는 것이다. 따라서 대통령비서실장은 장차관급 이상의 관직에서 충분한 국정운영 경험을 쌓은 인물로서 공정하고 정직한 중계자 역할을 성실히 수행할 수 있는 사람 중에서 발탁되어야 한다.

둘째, 대통령 보좌진의 관리부담을 최소화하는 기능, 즉 다양한 배경의 비서관들을 조화시키고 통제할 수 있는 조정력과 비서실 내의 화합을 꾀하는 기능이다. 이러한 기능은 과거 대통령비서실 근무경력이 있거나 기타 정치, 행정적 경험을 통해 대통령비서실 운영과 관련된 문제점을 잘 파악하고 있는 사람이 제대로 수행할 수 있다. 정책 결정과 관련 대통령의 신임 획득과정에서 영향력을 행사하려는 비서관들 간의 비생산적 경쟁을 억제하면서 그러한 경쟁을 보다 생산적이고 건설적인 방향으로 유도해 갈 수 있는 능력을 갖춘 인물이 이를 수행하는 데 적임자이다.

셋째, 대통령의 국정목표와 개혁의지 및 업적을 효과적으로 국민에게 전달하고 국민이 원하는 바를 대통령에게 전달하는 기능이다. 이러한 기능은 대통령의 통치목표에 대한 충분한 이해력과 뛰어난 커뮤니케이션 및 정치적 감각을 지닌 인물들 중에서 대통령과 밀접한 인간적 교분을 가진 인물, 즉 일반 여론을 포함하여 대통령에게 하기 힘든 이야기를 굴절 없이 직언할 수 있는 사람이 수행할 수 있다.

넷째, 국정운영과 관련 대통령에게 무슨 일이 중요하다는 것을 추출해 주고 대통령의 초점을 그쪽으로 모아 줄 수 있는 기능과 대통령의 성급한 결정이나 사적 판단에 의한 결정을 제어하는 기능이다. 이 기능은 고도의 분석력과 합리성 및 설득력을 지닌 사람이 제대로 수행할 수 있다.

다섯째, 특정분야에 관한 업무처리 기능이다. 이를 위해 비서실장은 실무적 능력을 갖추고 있는 것이 중요하다. 예를 들어 경제에 충분한 전문지식을 갖추고 있거나 외교문제에 능통하다거나 법률문제에 밝다거나 하면 좋을 것이고, 그 실무처리영역이 여러 분야에 두루 걸쳐 있다면 더욱 좋을 것이다.

여섯째, 대통령을 끝까지 충성심으로 보좌·보필하면서 대통령을 보호하는 기능이다. 이 기능은 대통령과 정치적 운명을 같이한다는 생각으로 스스로 전면에 나섬이 없이 직무에 최선을 다하면서 공은 항상 대통령에게 돌리고 대통령을 향한 비난의 화살은 자신이 과감하게 맞을 수 있으며 경우에 따라서는 대통령을 위한 악역과 대통령이 수행하기 힘든 일들을 무난히 해낼 수 있는 인물이 잘 수행할 수 있다.

3. 대통령의 행정 리더십 II: 국무총리와 행정부

앞에서 살펴본 것처럼 우리 헌정사에서 대통령 중심의 권력집중 현상은 남북분단 상황에 대처하고 경제발전에 필요한 강력한 국가적 리더십을 발휘하는 데에는 긍정적인 측면을 보여주었다. 그러나 청와대로의 과도한 권력집중은 측근정치 혹은 비서정치와 같은 폐단을 자주 초래했고 이는 의사결정과정에서 대통령비서실의 의사소통을 방해하고 국무총리 및 국무회의 그리고 정부 각 부처로 대표되는 행정부의 공식적인 정책참여를 소외시키는 역기능을 초래하였다.

대통령제하에서 청와대 중심의 이른바 '비서정치'는 지금까지도 계속되고 있다. 정부정책 전반의 조정과 운영의 효율성을 높이기 위하여 그동안 대통령과 대통령비서실에 권력이 집중되는 현상에 대한 비판이 실무자나 학자들에 의하여 지속적으로 제기된 것 또한 사실이다.

물론 현행 우리 헌법에 규정된 대통령의 권한은 어느 나라 대통령제보다 작은 편이다. 왜냐하면 헌법상 대통령제에 내각제적 요소를 가미하고 있어 대통령의 권한이 제한되고 있기 때문이다. 그러나 헌법에 규정된 것과는 상관없이 박정희 대통령 이후 당권·대권이 분리된 노무현 대통령까지 대통령이 실질적으로 집권당 총재를 겸임함으로써 본래 대통령제가 지닌 국회와 대통령 간의 엄격한 분립에 의한 상호견제 기능이 유명무실했다(김충남, 1997; 함성득, 1998d; 1998e). 이러한 대통령에 대한 지나친 권력집중은 비서정치와 가신정치의 폐해를 낳으면서, 공식적 정책결정과정에서 대통령의 주요 보좌기관인 국무총리 및 국무회의로 대표되는 행정부의 기능을 위축시켰다.

주요정책이 대통령 주위의 몇몇 소수에 의하여 충분한 논의나 토론 없이 비공식적이고 졸속으로 결정되면서 인한 수많은 정책적 오류도 발생했다. 또한 대통령비서실은 공식적인 정책결정과정에서 각 부처의 의견제시를 제한하는 '인(人)의 장막'이 되었으며, 나아가 정책조정 및 집행에서 대통령과 행정부처 간의 효과적인 의사전달통로를 차단하고 대통령의 올바른 정책결정을 방해함으로써 불필요한 제 2의 '소정부' 기능을 수행해 왔다고 비판받았다.

그동안 우리의 헌정사를 돌이켜 보면 행정부의 국무총리는 대통령의 장식품에 불과했다고 해도 과언이 아니었다. 지금까지 국무총리는 실질적인 권한도 없이 책임만 지는 자리로서 정권의 방패용으로 사용된 측면이 있다. 그동안 국무총리의 실질적 위상은 헌법에 규정된 대통령과 국무총리라는 제도적 측면에서가 아니라 대통령과의 개인적인 신임관계에 따라 달라져 왔으며, 대체로 정책결정과정에서 헌법에 규정된 제 기능을 발휘하지 못했다. 다만 내각제 개헌논의를 기반으로 자민련과의 정치적 공조를 이룩하였던 김대중 정부에서는 김종필을 국무총리

〈표 3-4〉 역대 국무총리 재임기간

순서	국무총리	재임 기간
1대	이범석	1948. 7.31 ~ 1950. 4.21
2대	장면	1950.11.23 ~ 1952. 4.24
3대	장택상	1952. 5. 6 ~ 1952.10. 5
4대	백두진	1953. 4.24 ~ 1954. 6.18
5대	변영태	1954. 6.27 ~ 1954. 11.29
6대	허정	1960. 6.15 ~ 1960. 8.18
7대	장면	1960. 8.19 ~ 1961. 5.18
8대	최두선	1963.12.17 ~ 1964. 5.10
9대	정일권	1964. 5.10 ~ 1970. 12.21
10대	백두진	1970.12.21 ~ 1971. 6. 4
11대	김종필	1971. 6. 4 ~ 1975. 12.19
12대	최규하	1976. 3.13 ~ 1979. 12. 5
13대	신현확	1979.12.13 ~ 1980. 5.22
14대	남덕우	1980. 9.22 ~ 1982. 1. 4
15대	유창순	1982. 1.23 ~ 1982. 6.24
16대	김상협	1982. 9.21 ~ 1983. 10.15
17대	진의종	1983.10.18 ~ 1985. 2.19
18대	노신영	1985. 5.16 ~ 1987. 5.26
19대	김정렬	1987. 8. 7 ~ 1988. 2.28
20대	이현재	1988. 3. 1 ~ 1988. 12.4
21대	강영훈	1988.12. 5 ~ 1990.12.26
22대	노재봉	1991. 12.27 ~ 1991. 5.23
23대	정원식	1991. 5.24 ~ 1992. 10.7
24대	현승종	1992.10. 8 ~ 1993. 2.24
25대	황인성	1993. 2.25 ~ 1993. 12.16
26대	이회창	1993.12.17 ~ 1994. 4.21
27대	이영덕	1994. 4.30 ~ 1994. 12.16
28대	이홍구	1994.12.17 ~ 1995. 12.17
29대	이수성	1995.12.18 ~ 1997. 3. 4
30대	고건	1997. 3. 5 ~ 1998. 3. 2
31대	김종필	1998. 3. 3 ~ 2000. 1.12

〈표 3-4〉 계속

순 서	국무총리	재임 기간
32대	박태준	2000. 1.13 ~ 2000. 5.18
33대	이한동	2000. 5.23 ~ 2002. 7.10
서리	장상	2002. 7.11 ~ 2002. 7.31
서리	장대환	2002. 8. 9 ~ 2002. 8.28
34대	김석수	2002. 9.10 ~ 2003. 2.24
35대	고건	2003. 2.27 ~ 2004. 5.24
36대	이해찬	2004.6.30 ~ 2006. 3.15
37대	한명숙	2006.4.20 ~ 2007. 3. 6
38대	한덕수	2007. 4. 3 ~ 2008. 2.28
39대	한승수	2008.2.29 ~ 2009. 9.28
40대	정운찬	2009.9.29 ~ 2010. 8.11
41대	김황식	2010.10. 1 ~ 2013. 2.25
42대	정홍원	2013. 2.26 ~ 2015. 2.16
43대	이완구	2015. 2.17 ~ 2015. 4.27
44대	황교안	2015. 5.21 ~

자료: 국무총리실 홈페이지

로 등용하면서 국무총리의 역할과 이에 따른 국무회의와 행정부의 새로운 기능에 대해 관심이 증대되기도 하였다.

이 절에서는 그간의 대통령비서실 중심의 정책결정과정에서 나타난 문제점들을 분석하고 이에 대한 개선책을 제시한다. 특히, 내각제 개헌과 관련하여 지금까지 소외된 행정부의 국무총리 및 국무회의의 헌법상 기능을 부활시키고 제도적 방안을 정비하여 '대통령의 행정 리더십'(*administrative leadership*) 강화를 강조하고자 한다.

이를 위하여 먼저 그동안 청와대 독주에 따른 대통령제와 대통령비서실에 대한 비판이 제기된 배경을 정책조정에 대한 대통령비서실과 국무총리실 간의 업무경계의 불명확과 이에 따른 비효율성 등을 중심으로 살펴보고자 한다. 다음으로 권력구조 개편, 특히 내각제 개헌 논의와 관련하여 대통령비서실과 비교하여 보았을 때 국무총리실의 위상이 어떻게 변화하여 왔고 또한 어떻게 변화할 것인가를 보고자 한다. 마지막으로 현행 대통령제하에서 새로운 국무총리의 역할과 국무회의 기능의 개선방향에 초점을 두고자 한다.

1) 현행 대통령제의 문제점

(1) 제도적 부조화: 대통령제와 국무총리

지난 노무현 대통령 아래서 국무총리의 실질적 권한 행사와 이에 따른 책임의 명확화를 강조하는 행정부의 '총리기능 강화론' 또는 '책임총리제'의 문제가 공론화되었다. 이는 부분적으로 대통령 중심의 대통령제 국가에서 국무총리를 두고 있는 현행 우리 대통령제의 본질에서 유래하는 측면이 있다. 현행 우리 헌법구조는 대통령제를 기본으로 하나 내각제적 요소도 포함하고 있다. 대통령제에 기초한 정부형태에서 국무총리는 존재하지 않는 헌법기관이기 때문에 이를 대통령제에 설치할 경우 그 기관의 위상은 모호해질 수밖에 없다. 왜냐하면 국무총리는 대통령제가 아닌 내각제에서 기본 축이 되는 권력의 발원지이기 때문이다. 내각제에 필수적인 국무총리직을 대통령제에 도입하였기 때문에 국무총리의 바람직한 역할이 무엇인지 모호한 것이다.

우리 헌법은 대통령 중심의 권력구조를 전제로 하고 있지만 국무총리에게도 장관의 임명제청권 및 해임건의권 등 상당한 권한이 부여되어 있다. 그러나 대통령제하에서 권력의 중심은 어디까지나 대통령이다. 권력이 이원화되고 국정운영의 중심이 나누어지면 국정운영의 비능률이 초래될 수 있다. 특히, 행정조직의 운영상 두 개의 비슷한 권력구조가 작동할 경우 양자 간의 업무조정이나 역할분담에 대한 합의나 선례가 잘 정립되지 않다면 상대적으로 우월한 권력구조를 중심으로 조직운영이 이루어진다. 그렇지 않을 경우 행정운영의 의사소통, 업무보고, 그리고 최종 의사결정과정에 이르기까지 곳곳에서 발생하는 권력 간의 갈등으로 인하여 혼란이 빚어질 수밖에 없다.

우리의 경우 그간 대통령의 권한이 너무나 강력하여 헌법이 가지고 있는 내각제적 요소의 기능이 제대로 발휘되지 못하였다. 현행 헌법구조하에서 대통령은 국무총리보다 상위기관이다. 즉, 제도적으로 양자의 관계는 상호보완적이라기보다는 상하종속관계로 보아야 할 것이다. 기본적으로 행정운영에서 대통령을 국정의 중심에 두고 있기 때문에 국무총리의 역할은 대통령을 보좌하는 것으로 한정될 수밖에 없다. 현행 헌법 아래서 국무총리의 장관 임명제청권 및 해임건의권과 같은 내각제적 요소가 있다고 하더라도 실제로 이러한 권한의 행사는 국무총리 권한의 자율성을 확보하는 데 기여하지 못하였다. 따라서 국무총리의 제도적 권한은 대통령의 국무총리에 대한 개인적인 신뢰감에 의존한 측면이 강하며, 국무총리의 보좌역할은 그동안 정권의 '얼굴마담'이니 대통령의 책임회피를 위한 '방패용'이니 하는 부정적인 용어를 낳았다.

대통령제에서는 대통령 중심의 국정운영이 제도의 속성상 필연적인 것으로 보인다. 미국의 경우를 보더라도 우리의 국무총리와 달리 직접 선거로 선출되는 부통령이 개인적 정치기반도 있고 대통령 당선에도 기여한 공로가 있지만 부통령직은 권력의 중심에서 멀리 떨어져 있다. 즉, 모든 권한은 대통령에게 집중되어 있으며 부통령의 권한은 거의 없다. 이는 행정운영의 효율성을 위해서 불가피한 것으로 보인다. 다만 예외적으로 대통령과 부통령 간의 합의나 개인적인 관계에 의해서 부통령이 상당한 권한을 행사하는 경우가 있었다. 예를 들어 Gore 부통령의 경우 Clinton 대통령의 신임하에 그를 대신하여 행정개혁, 정보화 및 환경정책을 전적으로 통괄하기도 하였다.

결국 그동안 간간이 제기되어 온 '총리기능 강화론' 또는 '책임총리제'가 실현되지 못했던 것은 부분적으로 대통령제 자체의 제도적 속성에 기인한다고 보아야 한다. 대통령제에서 권력의 중심은 대통령이지 국무총리가 아니다. 총리의 기능 강화에 따라 대통령과 국무총리 간에 권력분산이 이루어질 경우 양대 권력 축 간의 견제와 대립에 의한 마찰이 발생할 수 있으며 이는 국정운영의 효율성을 저해할 수 있다.

특히, 헌법에 부여된 것과 같은 권한을 지니게 된 국무총리가 만약 차기 혹은 차차기에 대통령직이라도 넘본다면 권력속성상 그 국무총리는 임명권자인 대통령과 중요 현안 처리에서 사사건건 대립을 보임으로써 심각한 국정의 혼란이 발생할 수 있다(배정훈, 1997b). 그리고 이러한 권력 간의 갈등이 일어나는 과정에서 당정의 고위 관련자 및 국무총리실 관계자들은 대통령이 아닌 총리의 눈치를 보는 데 더 많은 에너지를 쏟을 수도 있다(배정훈, 1997b). 김영삼 정부하에서 실질적인 권한은 행사하지도 못했던 국무총리 출신 3명이 신한국당 대통령 후보직을 시도한 점을 감안할 때 이러한 가능성을 배제할 수는 없다.

(2) 대통령비서실 우위의 조직계층

제도상으로는 주요 국가정책의 공식적 심의기관 중 하나로서 국무회의가 있었지만 행정의 운영이나 관행상 청와대가 주요정책을 결정해 왔다. 대통령비서실이 주요정책을 독점하고, 제도상 공식적인 내각인 국무총리나 국무회의는 유명무실해지는 결과를 낳았다. 또한 대통령비서실에 정책기획기능이 부여됨으로써 정책결정과정에 대한 대통령비서실의 권한은 전반적으로 커진 반면, 정책결정에 대한 책임은 국무총리나 해당 장관이 주로 지는 관행이 팽배해 왔다.

대통령비서실의 조직은 내각의 업무영역을 그대로 축소 복사해 놓은 소내각처럼 구성되었다. 각 해당 부처의 관련업무별로 청와대 수석실이 구성됨에 따라 청와대 수석비서실이 관련부처 위에 군림하면서 이들 부처의 이익을 대변하는 구조를 형성한 것이다. 정책과정에서 실질적인 권한도 없이 주로 책임만 지면서 각 행정부처의 사기 진작과 동기 부여가 제대로 이루어질 수는 없다.

대통령비서실의 조직과 구성이 지닌 문제점 중 가장 중요한 것이 '청와대 우위의 조직계층제'가 낳은 문제점이다. 대통령비서실은 업무진행방식이 협의체형이 아니라 행정부처에 지시하는 위치에 있고 조정보다는 수석비서관의 할거주의로 흐르고 있다. 부처 간 이견과 갈등이 청와대 내부에서 관련 정부부처의 수석들 간에 그대로 재현될 가능성이 모든 정부에서 상존하고 있다. 즉, 대통령의 수석비서관 체제가 해당 부처 업무와 중복됨으로써 부처 할거주의가 수석비서실 할거주의로 확대 및 재생산되는 부작용이 발생하고 있는 것이다. 이로 인하여 제도적 측면에서 국가전략 수립 및 기획기능이 효율적으로 발휘되지 못하고 있다. 청와대 내의 할거주의는 정책 전반의 기획과 집행 그리고 평가에서 각 부처의 이익을 벗어나 국가 전체의 거시적 시각에서 정책을 조율할 수 있는 능력을 제한하고 있다.

이러한 대통령비서실 체제는 국가 주요사업의 장기적인 계획을 각 부처나 이익집단의 시각에서 탈피해 국가 전체의 시각에서 조망하고 입안하는 데 제약점을 가지고 있다. 김영삼 정부에서는 이러한 청와대 수석실 간의 정책할거주의를 피하고 정책의 조정력을 확보하기 위하여 '정책기획수석실'을 신설하였으나 기존 수석들의 견제나 반발에 직면하여 제 기능을 원활하게 수행하지 못하였다. 김대중 정부에서도 이 기능은 중요시되어 수석비서관으로 지속되었으나 실제 기능 면에서 '경제수석실'과 업무분장 면에서 혼선을 초래하였고(김기훈, 1998; 성한용, 1998; 임채청, 1998; 허용범, 1998) 결국에는 두 수석비서관의 자리를 맞바꾸기도 했다.

결과적으로 그동안 대통령비서실이 대통령과 부처 간의 의사소통을 가로막는 장애요소로 작용하여 왔다. 즉, 대통령의 참모조직이 커지면 점점 관료화가 진행되고 의사소통 과정에서 정보가 여과되면서 여러 가지 관료제의 역기능이 발생하게 되는 것이다(함성득, 1998d; 1998e). 대통령비서실은 업무분장 및 정책방향을 조율하기에 본질적으로 취약한 구조를 가지고 있다. 대통령비서실 조직 간에도 상호 유기적 관련성보다는 배타성을 조성하는 조직문화가 형성되면서 청와대 수석비서관실이 본래 의도했던 국가 전체의 국정기획 및 조정능력의 제고라는 목표는 실현되지 못하고 있다. 무엇보다도 대통령비서실 내의 조직구조는 정책 전반을 바라보는 거시적인 측면에서 협의나 조정을 이끌어 내기보다는 각 수석비서관실의 입장에서만 정책에 접근하도록 되어 있다.

청와대 수석비서관실이 정책 간의 할거주의를 극복하지 못하고 청와대의 비서실 간의 할거주의를 오히려 심화시킨 이유를 보면 비서실 조직 간의 영토싸움(*turf wars*)이라는 관료제적 병폐가 이미 조직구조상으로 존재하고 있음을 간파하지 못한 데 있다. 예를 들어 김영삼 정부는 출범과 동시에 국가 주요정책에 대한 조정을 위하여 정책기획수석실을 설치하려고 하였다. 그러나 정권이 출범한 지 2년이 지난 시점에 가서야 정책기획수석실이 설치되었기 때문에 이미 다른 수석실이 제각기 고유 업무영역을 가지고 있었을 뿐만 아니라 직위상으로도 정책기획수석은 서로 같은 직급인 차관급 수석이었으므로 청와대 조직구조상 기존 수석실 간의 정책이나 의견을 조정할 수가 없었다(김석준, 1997). 이러한 경향은 정권이 출범하고 1~2년 지나 정책실장 또는 정책조정수석실을 설치한 이명박 정부와 박근혜 정부에서도 그대로 노정되었다.

김대중 정부에서도 토론 중심의 공식 논의를 통한 정책개발을 강조하였으나 취임 초에는 수석비서관실의 업무중복에 따른, 즉 경제문제에서는 정책기획수석실과 경제수석실, 언론과의 관계에서는 정무수석실과 공보수석실 그리고 정책기획실과의 내부갈등설과 효율적인 정책조정과 통제의 결여를 낳았다(김기훈, 1998; 임채청, 1998; 허용범, 1998). 이는 비서실의 조직체계가 일반행정 집행체제와 같이 계층제로 되어 있어서 활발한 정책토론이나 합의를 통한 조정에는 한계를 노정할 수밖에 없었기 때문이다.

그럼에도 불구하고 김영삼 정부의 주요정책들인 교육개혁, 노동개혁, 사법개혁 등이 다른 관련 수석실과 해당 부처들의 반대에도 불구하고 정책기획수석실에 의하여 추진되었고, 또한 초기 김대중 정부에서도 경제위기 극복을 위하여 가장 중요한 정책인 '실업대책'과 '경제대책조정회의' 등을 정책기획수석실에서 맡았던 것은 제도적으로 대통령비서실의 정책기획기능 및 조정통합기능의 강화가 필요함을 시사하고 있다.

청와대 우위의 조직구조하에서 새로운 국무총리 역할과 관련하여 나타난 문제점은 대통령비서실과 국무총리실의 중복 기능이다. 대통령과 국무총리 간의 불명확한 역할관계 때문에 대통령비서실과 국무총리 국무조정실(과거의 행정조정실) 간에 업무중복이 발생하고 이에 따른 정책의 혼선, 행정자원의 낭비, 그리고 책임소재의 불명확 등 제반 조직적 병리현상은 주요 국가정책에 혼선을 초래하고 있다. 무엇보다도 청와대 우위의 불균형적 중복구조는 행정조정과정에서 중복이 가지는 상호견제나 통제의 장점을 살리지 못하도록 하고 있다. 왜냐하면 대통령비서실에 대한 지나친 권력집중으로 행정 각 부처들 간의 조정이 둔화되었으며 대통령 개인의 독단적인 의사결정이 주로 관철되는 한편 국무총리나 국무회의는 유명무실해졌기 때문이다.

(3) 국무총리: 정권의 얼굴마담

대통령에게 권력이 집중된 것은 헌법이나 제도 자체의 잘못이라기보다는 제도의 운영과 관행에 더 심각한 문제가 있었다. 국회의 동의를 받아 임명된 국무총리에게는 상당한 권한이 부여되어 있다. 국무총리는 장관의 임명제청과 해임을 대통령에게 건의할 수 있고 또한 장관이나 청장 등 중앙행정기관장의 명령이나 처분이 위법이거나 부당하다고 판단될 때는 대통령의 승인을 얻어 중지 또는 취소할 수 있다. 또한 대통령의 국법상 행위에 대하여 국무총리와 관계 장관은 부서(副署) 하도록 되어 있다. 아울러 국무총리는 국무회의 부의장으로서 대통령을 대리하여 국무회의를 주재하며 국정운영 전반을 통괄하고 국회에 나가서 시정연설도 하고 예산안 제안연설도 한다. 나아가 주요 행사에 대통령을 대리해서 참석도 하고 대통령 유고 시에는 대통령직을 대행한다.

그럼에도 대부분의 국무총리는 주요 국가정책의 결정이나 조정과정에서 그 본래의 위상만큼 역할을 발휘하지 못했다. 주요 국가정책의 결정은 해당 분야의 청와대 비서진을 중심으로 이루어지고 총리와 각 부처의 장관은 여기에 단순히 참가하는 실정이었다. 외형상으로는 국무총리가 국무회의를 주재하고 국정운영을 주관한다고는 하지만 국무총리에게는 실질적인 정책조정력이 부여되지 않았다. 이와 같이 대통령비서실의 권한 확대가 정책결정체계의 왜곡을 가져온 것은 제도상으로 책임이 없으면서도 정책과정에 주도적으로 참여한 데 그 원인이 있었다.

현행 대통령제 구조하에서 대통령을 직접 보좌하도록 되어 있는 국무총리나 장관은 대통령비서실이라는 또 하나의 조직체 앞에서 제대로 그 기능을 발휘하지 못하고 있다. 주요정책 결정과정에서 국무총리와 관계부처는 항상 소외되는 반면에 대통령을 곁에서 보좌하는 측근이나 가신이 더 큰 영향력을 행사해 온 것이다. 예를 들어 김영삼 정부에서는 이른바 가신 출신들이 청와대 요직을 독차지하였으며 한보사태의 이면에는 해당 업무와 직접 관련도 없는 총무수석이 은행대출에 개입한 사실이 있었다. 또한 김대중 정부에서는 이른바 가신 출신들이 청와대 요직을 독차지하였으며 임기 말의 각종 부정부패 스캔들의 이면에도 이들이 개입되었다. 박근혜 정부에서도 2014년 말 그녀를 오랫동안 보좌해 온 최측근 '문고리 권력 3인방'이 국정운영에 광범위하게 개입한다는 의혹이 제기되기도 하였다.

노무현 정부 시절 제기된 '총리기능 강화론' 또는 '책임총리제'의 요체는 '헌법대로 총리에게 각료제청권을 주고 총리의 헌법상 기능을 보장해서 국정재량권을 주라'는 것이다. 그러나 국민생활에 불편을 미치는 일이라면 그 일의 경중을 따짐이 없이 모든 책임을 대통령에게 전가하는 한국적 정치상황에서 중요 현안은 대통령의 국정운영 및 통치 우선 목표와 그 의중을 가장 잘 파악할 수 있는 대통령비서실에 의해 수행될 수밖에 없다. 더욱이 비록 국회 인사청문회의 검증을 거쳤다 해도 전체적인 국가기획업무 같은 것을 국민이나 국회에 의해 선출된 사람도 아닌 국무총리에게 맡긴다는 것은 매우 어려운 일이다. 그러므로 현실적으로 대통령을 대신하는 국무총리의 실질적 국정운영은 어렵게 보인다.

또한 그동안 국무회의가 국가의 주요정책을 실질적으로 심의하는 회의가 아니라 단순히 정책통과를 위한 의례적 모임으로 정착되었기 때문에 국무회의에서 주요정책에 대해 수정이나 조정이 가해지는 경우는 드물었다. 특히, 민주화 이후 역대 우리 정부의 주요정책들의 결정유형을 보면 대체적으로 그 목적이 타당하더라도 중요한 정책이 소수에 의해 비밀리에 이루어지고 전격적으로 발표되는 경우도 많았다(Hahm and Kim, 1999; Hahm, 2001). 이렇게 대통령이 먼저 결단을 내려 주요정책을 결정하면 국무회의는 찬반토론 없이 추인하였다. 결과적으로 국무총리와 국무위원들은 이러한 정책들이 언제 어떻게 입안되었는지 알지도 못하는 상황에서 정책결정에 구색을 맞추는 하나의 통과의례 절차에 불과했다.

2) 새로운 국무총리실

(1) 기존 대통령제의 변경 여부

지난 2003년 노무현 대통령은 제왕적 대통령제의 폐단을 극복하기 위해 2006년까지 개헌을 완료하겠다고 약속했고, 지역구도 타파를 위해 선거구 개정을 조건으로 2004년 총선 후 제 1당에게 국무총리 자리를 주겠다고 약속했다(〈중앙일보〉, 2003년 3월 12일). 한편 학계에서도 승자독식의 현행 대통령제의 폐단을 극복하기 위해서 국무총리의 권한을 강화하고 대통령의 권한을 축소하는 방향으로 권력구조를 변경해야 한다는 의견들이 다수이다. 이러한 '분권형 대통령제'는 외치와 내치를 대통령과 국무총리가 나누는 권력분산제 개헌안이다. 따라서 현재 한국의 정치상황에서 가장 중요한 변수는 '내각제의 실현 여부'와 '이원집정부제의 도입' 그리고 '대통령 4년 중임제와 부통령제의 도입' 등이다. 내각제와 관련하여 김대중 대통령은 국민회의와 자민련의 양당 공조를 통해 1997년 대통령선거에서 승리하였으나 원래의 양당 약속이었던 내각제 실현을 성공시키지 못했다.

결국 향후 정치일정이 어떻게 바뀌느냐에 따라 대통령비서실과 국무총리실의 성격은 크게 달라질 것이다. 기존의 대통령제가 유지될 경우와 그렇지 않을 경우에 따라서 국무총리의 역할이 우선 달라지고 이에 따라 대통령의 역할 및 국무회의의 기능도 크게 변하기 때문이다. 우선 정부형태가 내각제로 변할 경우 국무총리가 실질적인 권한을 행사하면서 국무회의도 기존의 형식적 심의기관에서 탈피해 의결기관으로 그 성격이 변할 것이다. 한편 프랑스 제 5공화국처럼 이원집정부제의 정부구조를 취할 경우 행정부의 운영은 대통령과 국무총리로 크게 양분될 것이다. 이 경우 대통령은 국민투표에 의해서 국무총리는 국회를 통해서 임명되어 양자의 권력균형이 이루어질 수 있으나, 정치세력이 대통령파와 총리 중심의 의회파로 나누어져 타협이 부족한 정치문화 속에서는 정치적 갈등이 한층 심화될 수도 있다.

현재로서는 어떠한 형태의 정부권력구조가 출현할 것인지 불확실하다. 그리고 학문적으로도 정부형태에 따른 국정운영 효율성의 관점에서 그 장·단점을 분석하는 것은 매우 어려운 문제이다. 따라서 민주주의 실현과 국정운영의 효율성을 위하여 적절한 정부형태에 대한 합의된 결론을 찾기는 어렵다. 이러한 상황에서는 향후 정부권력구조 개편을 둘러싸고 전개될 정치실험을 지켜볼 수밖에 없다. 이론적으로 보면 '대의민주주의 실현'과 '국정운영의 효율성'은 정부형태라는 제도적 측면과 정치문화 및 행태 측면 간의 상호작용에 의해서 결정될 것이다.

권력의 분산과 조화는 항상 갈등의 소지를 안고 있다. 문제가 발생하는 경우에 이를 조화롭게 극복할 수 있는 방안이 필요하다. 실제로 현행 헌법 아래서도 여·야 정당들은 적절한 권력의 연합을 통하여 상호공조가 가능하다. 이와 같은 정치적 타협은 각 정당들의 이해와 협력에 크게 의존할 것으로 예상된다. 첨언할 사실이 하나 있다. 2012년 9월 국무총리실의 세종시 이전을 필두로 36개 중앙행정기관의 세종시 이전이 완료되었다. 세종시의 국무총리가 서울에 남아 있는 대통령을 대신해 내각을 실질적으로 운영해야 하기 때문에 향후 국무총리의 책임과 권한이 강화될 가능성이 매우 커졌다. 국무총리의 새로운 역할과 위상 정립을 위해 염두에 두어야 할 사실이다.

(2) 새로운 국무총리의 역할과 국무회의의 기능

앞으로 새로운 국무총리의 역할과 국무회의의 기능을 위해서는 무엇보다 먼저 대통령비서실의 역할과 기능이 변화하여야 한다. 거시적으로 대통령비서실의 바람직한 방향은 그동안 대통령에게 과도하게 집중된 권한을 분산시켜 우리 헌법구조가 가지고 있는 삼권분립의 균형과 견제기능을 회복하는 데 있다. 물론 노무현 대통령 이전까지 국회가 행정부 견제기능을 충실하게 수행하지 못한 것은 우리 대통령들이 실질적인 집권 여당의 총재로서 국회를 사실상 관할하는 위치에 있었기 때문이다(함성득, 1998e). 그 결과 야당이 국회의 다수당을 차지하지 않은 경우에는 국회의 행정부에 대한 견제기능이 유명무실해지는 결과를 초래했다. 하지만 지난 2002년 대선과정에서 노무현 대통령이 당권과 대권의 분리를 선언한 이후 대통령의 집권당에 대한 장악력은 이전 대통령에 비해 확연하게 미약해졌다.

따라서 이제 우리 대통령이 과거와 같이 대통령비서실을 통해 집권 여당에 명령 · 통제하는 방식으로는 더 이상 효율적인 국정운영을 기대할 수 없게 되었다. 이제 정책의 빠른 입법화와 충분한 예산의 확보를 위해서는 사전에 국회와 관련부처와의 충분한 검토와 의견조율이 필요하다. 이러한 전제 아래서 앞으로 대통령비서실의 바람직한 운영방향을 제시해 보면, 역설적이지만 우선 대통령과 국무총리의 조화로운 역할분담과 국무회의의 활성화 등으로 요약될 수 있다. 이는 무엇보다도 지난 김대중 정부에서 국민회의와 자민련 간의 정치적 공조를 통해 국무총리의 기능 강화가 조금은 이루어졌고, 이후 노무현 대통령도 국무총리에게 실질적 국정운영의 권한을 부여하겠다는 '책임총리제'를 강조하며 국정운영의 권한을 많은 부분 국무총리에게 부여하였기 때문이다. 아울러 박근혜 대통령도 '책임총리제'를 정치적으로 약속하였기 때문이다.

대통령은 구조적으로 대통령비서실의 보좌를 받지만 국무총리 및 국무회의와 유기적으로 연결되어 국가의 주요정책을 결정한다. 따라서 대통령과 대통령비서실이 국무총리 및 내각과 하나가 되어 국정을 운영하는 것이 중요하다. 이러한 전제 아래서 여기서는 대통령비서실과 국무총리실이 국정운영의 효율성이라는 측면에서 어떻게 발전되는 것이 바람직한가에 초점을 두고자 한다. 특히, 주요정책의 조정력과 전문성 그리고 집행의 효율성을 기초로 대통령의 국가경영능력과 행정 리더십을 강화하기 위하여 대통령비서실, 국무총리실 및 국무회의의 기능을 재조정할 필요가 있다. 새로운 대통령비서실 체제의 필요성은 경호실을 포함한 대통령비서실의 효율적 운영 및 이른바 '측근정치'에 따른 국정운영의 폐단을 줄이고 대통령의 리더십을 제도화하면서 정부의 주요정책들에 대한 기획관리 능력을 제고해야 한다는 데서 찾아볼 수 있다. 이러한 요소들을 고려하여 아래에서는 대통령비서실과 비교하여 국무총리실 운영의 구체적인 발전방안을 살펴보고자 한다.

① 대통령비서실과 국무총리실의 기능 재조정

정부형태를 대통령제나 내각제 어느 것을 취하느냐에 따라 최고정책결정기구의 성격이 달라질 것이나, 무엇보다도 국가정책의 중추기구로서 대통령비서실과 국무총리실(또는 수상실)의 위상 정립이 필요하다. 우선 현행 대통령제하에서 대통령비서실, 국무총리실, 그리고 국무회의를 유기적으로 결합시켜 상호연관성을 높이도록 해야 한다. 이러한 기본적 틀 아래서는 책임총리제의 수용이 가능해진다. 한편 내각책임제 도입 시에는 대통령비서실, 수상실, 각료회의, 나아가 국회나 정당들과의 연계체제의 종합적인 통합이 필요하다. 물론 순수내각제냐 또는 권력분산을 강조하는 이원집정부제냐에 따라 구체적인 내용이 달라진다.

대통령과 국무총리 간의 관계는 우선 두 가지 변수를 고려해서 설정해야 한다. 하나는 내각제 도입을 위한 개헌 여부와 관련된 것이고, 다른 하나는 현행 헌법 아래서 양자의 관계를 실질적으로 변화시키는 것이다. 개헌을 할 경우는 내각제나 이원집정부제 등 정치적 합의에 따라 양자의 관계가 다양하게 설정될 수 있다. 한편 현행 헌법 아래서 국무총리의 역할을 강화하는 것을 고려할 수 있는데, 이러한 권력 재조정의 방향은 대통령 중심제에서 대통령과 국무총리는 엄격한 상하관계에 있다는 사실을 전제로 해서 이루어져야 한다. 즉, 대통령과 국무총리의 관계 재정립은 대통령의 권한에 대한 견제 차원이 아니라 '국정운영의 효율성 증진'과 내각운영이 국가정책에 도움이 되는 방향으로 이루어져야 한다.

대통령에 대한 견제는 국회나 사법부를 통하여 이루어져야 한다. 만약 총리의 권한 강화를 통하여 대통령에 대한 견제가 이루어진다면 정책결정의 효율성을 기할 수 없을 뿐만 아니라 행정부는 양자의 권력투쟁 과정에서 심각한 조직적, 정책적 혼란을 겪을 수 있다. 대통령의 권한남용을 견제하는 것은 입법부와 사법부의 고유기능이기 때문에 국무총리의 권한 강화는 대통령직이 적절히 효율적으로 운영될 수 있도록 보좌하는 측면에서 접근되어야 한다.

대통령과 국무총리의 역할 분담은 국무총리가 어떻게 대통령을 보좌하는 것이 전체 대통령실의 효율성을 높일 수 있는지를 고려해 설정해야 한다. 현행 헌법 아래서 대통령은 정치적 지도력을 발휘하여 통치행위에 주력하고 국무총리는 국정관리를 담당하는 행정전문가로서 행정의 집행자 역할에 전념하는 방안이 제시될 수 있다. 구체적으로 대통령의 역할은 국가정책 중·장기 발전전략과 외교, 국방, 통상 등 주요 국가정책과 국민통합과 같은 거시적 차원에 중점을 두며, 국무총리의 역할은 나머지 국가 주요정책의 조정과 합의를 이끌어 냄으로써 대통령을 보좌한다는 측면에서 이루어지는 것이 바람직하다(이달곤, 1997; 이종률, 1997).

이러한 양자의 역할 분담을 통한 국무총리의 역할 강화는 어디까지나 대통령비서실 기능의 효율화를 위한 측면에서 접근되어야 한다. 왜냐하면 양자의 관계가 권력분산 또는 권력균형을 통한 대통령의 견제 차원에서 이루어질 경우 행정부 내의 두 개의 거대한 권력 축 간의 갈등이 발생할 여지가 있고 이로 인하여 엄청난 행정혼란이 초래될 가능성이 있기 때문이다.

② 국무총리실의 역할 강화

지금까지 수차례의 정부조직 개편을 통해 제도적 측면에서 대통령을 효율적으로 보좌하기 위한 국무총리의 행정조정기능 강화가 조금은 이루어졌다. 이제는 실질적 국정운영 차원에서도 국무총리의 행정조정기능이 강화되어야 한다. 이를 위해 '책임총리제' 외에 제시되고 있는 방안을 보면 첫째, 현행 '국무총리 인사청문회'의 제도적 강화이다(함성득,

1998d). 대통령의 국무총리 임명 시 국회의 동의를 얻는 과정에서 '인사청문회'를 열어 국무총리 내정자의 국정비전을 국회가 심사하고 난 후에 동의를 하면 국무총리는 상당한 절차상의 정당성과 독립성 그리고 실질적인 권한을 보장받을 수 있기 때문이다. 또한 이러한 제도적 절차를 거칠 경우 대통령 자신도 자주 쉽게 국무총리를 바꾸지 못하여 국무총리의 임기가 길어질 수 있다는 이점이 있다. 이를 통해 국무총리의 조정기능이 강화되고 국무회의 또한 실질적인 의결기관이 될 수 있는 것이다.

이러한 주장에 따라 지난 김대중 대통령 아래서 이한동 국무총리 지명자부터 국회 인사청문회를 시작했다. 심지어 김대중 대통령 임기 말 국무총리에 지명된 장상, 장대환 등은 인사청문회 과정에서 국회의 동의를 받지 못하여 사퇴했다. 이후 다수의 국무총리 지명자들이 국회의 동의를 받지 못하고 사퇴했다. 박근혜 정부에서는 2014년 4월 '세월호 참사' 이후 당시 정홍원 국무총리가 책임을 지고 사직서를 제출하였으나 안대희, 문창극 등 총리 지명자들이 많은 논란 속에 자진사퇴하여 정홍원 국무총리의 사직서를 반려시키고 유임시키기도 하였다.

둘째, 실질적으로 국무총리에게 어떤 전문분야의 국책사업을 맡겨 그 사업의 형성, 집행 및 조정 통제를 담당하게 하는 '전담총리제' 방안이다. 미국의 Clinton 대통령의 경우 Gore 부통령에게 전 부처가 관련되는 국가의 주요 사업인 정부개혁과 정보화, 그리고 환경문제를 전문적으로 맡기고 실질적인 권한을 주었다. 실례로 우리의 경우도 현행 헌법구조가 허용하는 한도 내에서 노무현 대통령 당시 이해찬 국무총리가 상당한 권한을 행사한 경험이 있다. 이러한 경향은 앞으로도 계속될 것으로 보인다.

한편 국무총리의 기능 강화를 위하여 제기되고 있는 국무총리실의 발전방향을 구체적으로 살펴보면, 현재 학계에서 제시되고 있는 유력한 방안은 책임총리제와 유사한 형태의 권한과 기능을 강화하는 것으로, 이는 각 부처에 대한 총리의 조정기능을 강화하여 국정운영의 책임을 국무총리로 하여금 실질적으로 지게 하는 것이다. 즉, 국무총리가 실질적으로 각 부처의 정책과 행정을 조정할 수 있으려면 예산(이한구, 1997), 인사, 그리고 조직(김석준, 1997)에 관한 권한을 총리실 산하에 둘 필요가 있다는 것이다. 이를 위해 기획재정부의 예산기능을 총리실로 이관하는 방안도 제시되고 있다. 아울러 지방자치제의 전면실시에 따른 광역자치단체들 간의 갈등과 자치단체와 중앙정부의 갈등 해소와 통합을 위한 조정장치가 국무총리실에 마련될 필요가 있다는 점이 강조되고 있다. 또한 국무총리의 행정관리에 대한 조정력을 제고하기 위하여 행정성과에 대한 심사분석과 평가 및 시정조치에 대한 효력을 담보할 수 있는 방안이 요구되고 있다.

③ 국무회의의 기능 강화

조직의 원리상 권한을 주지 않고서는 반응성과 책임성을 제고할 수 없다. 각부 장관이 헌법에 보장된 권한을 실질적으로 행사하지 못하는 구조에서 그들에게 책임감을 가지고 일하도록 요구하는 것은 조직이론상 모순이다. 특히, 장관의 임기가 1년이 채 못 되는 상황에서 각 행정부처가 정책의 일관성을 유지한다는 것은 어려울 수밖에 없다. 또한 국무위원이 몇 달씩 주요정책 결정과 관련 대통령을 만나지 못하는 상황에서 대통령과 내각과의 의사소통이 안 되어 효과적인 정책의 입안과 집행이 제대로 이루어지지 못했다(김명호, 1997; 성한용, 1997). 이 한계는 지금도 극복되지 못하고 있다.

국무회의의 활성화는 국정운영의 중심축이 내각으로 환원됨을 의미한다. 각 부처 장관은 자기 부처의 소관업무를 책임지고 정책안을 국무회의에 제출하도록 하며 나아가 해당 장관으로 하여금 제출된 정책안에 대해서는 끝까지 책임지게 해야 한다. 현행 헌법 아래서 국무회의는 최고의 정책심의기관이지만 이제는 최고의 의결기관에 가까이 가도록 대통령이 국무회의를 운영할 필요가 있다. 국무회의의 기능 강화를 위하여 주요 현안에 대해서 국무회의가 단순히 이를 심사하거나 통과하는 제도적 절차수준을 벗어나 이 기관을 통하여 주요정책현안을 심의하고 결론을 내리는 변모된 방식이 요구된다.

참여정부 시절 노무현 대통령이 직접 국무회의를 주재하여 각 국무위원들의 활발한 정책토론을 이끌어 낸 것은 바람직한 방향이었다. 박근혜 대통령도 과거 특별한 경우를 제외하고는 국무총리가 주재하던 국무회의를 자신이 직접 주재하고 있다. 다만 이 경우 박근혜 대통령이 모든 것에 너무 많이 관여하거나 그것들을 통제하게 되면 국무총리를 비롯한 국무위원들의 자율성과 창의성을 저해하는 경우가 발생할 수 있다. 이러한 경우 국무총리는 한낱 '배석총리'로 전락하게 되어 과거의 형태로 돌아갈 수 있다. 따라서 박근혜 대통령은 매주 열리는 국무회의를 2주에 한 번만 주재하고 다른 한 번은 국무총리에게 맡기는 방안도 고려해 볼 필요가 있다.

3) 행정부

대통령의 행정 리더십(*administrative leadership*)에서 가장 중요한 것이 대통령과 행정부, 즉 행정부와 대통령비서실의 관계이다. 국정운영과정에서 대통령이 행정 리더십을 발휘하는 방식은 크게 두 가지가 있다. 첫째는 '대통령비서실 중심'의 국정운영 방식이다. 즉, 대통령비서실이 대통령의 국정목표를 강조하면서 이것이 각 행정부처의 주요정책으로 표출되도록 하고 이에 맞추어 행정부를 효과적으로 조정하며 통제해야 한다는 것이다.

둘째는 '내각 중심'의 국정운영 방식이다. 내각 중심의 국정운영 방식은 정부의 주요정책들에 대한 결정 및 집행과 관련 대통령비서실의 주도보다는 관련 행정부처의 권한과 책임을 강조하는 것이다. 특히, 시민의식과 국회의 자율성이 권위주의 시대에 비해 향상된 지금의 한국사회에서는 해당 부처에 대한 과감한 권한 위임과 부처의 정책 참여도 더욱 확대되어야 한다. 이는 행정부의 자율성과 책임성을 강조하여 행정의 독창성과 반응성을 높일 수 있어 결과적으로 대통령의 국정운영에 긍정적으로 작용한다.

또한 내각 중심의 국정운영은 앞에서 지적된 지금까지 대통령비서실 중심의 국정운영이 노정한 부정적 문제점들을 막을 수 있다. 실제로 지금까지 행정부에 대한 대통령비서실의 역할 및 기능 확대는 그것이 가져다준 효율성보다는 그로 인한 폐단이 더 컸다. 다시 말하여 그동안 대통령비서실(경호실과 함께)이 대통령의 강력한 영향력을 등에 업고 행정부처 위에 군림하여 정책결정은 물론 그 집행까지도 과도하게 관여하여 왔다. 따라서 대통령의 행정 리더십을 더욱 향상시키기 위해서는 비대해진 대통령비서실의 규모를 축소하고 그 기능도 본래의 비서 기능에 국한시켜 정부의 주요정책 결정에 대한 개입을 최소화하면서 대통령의 국정집행에 대한 중요한 보좌기능은 각 행정부처로 환원해야 한다는 것이다.

그러나 앞에서 보았듯이 박정희 대통령 집권 중반기 이후부터 시작된 대통령비서실 중심의 국정운영 방식이 전두환 대통령 때 내각 중심으로 약간의 변화는 있었지만 대체적으로 지금까지 지속되어 왔다(자세한 것은 함성득, 2002b 참조). 박근혜 대통령도 집권 초기에는 장관에게 권한과 책임을 확실히 위임하고 장관의 임기를 최소한 어느 정도 보장하는 이른바 '책임장관제'를 도입하여 내각 중심으로 국정운영을 하겠다고 약속하였으나 아직까지 대통령비서실 중심의 국정운영 방식의 경향이 매우 높다.

한편 짧은 5년 단임제 아래서 대통령의 행정 리더십과 관련한 주요 정책 이슈들은 첫째, 대통령이 각부 장관을 임명하는 데 있어 전문성과 충성심의 관계이다. 즉, 사회가 점차적으로 민주화되면서 장관 임명과 관련 '상징적 대표성'도 강조되고 있다. 다시 말하면 장관의 임명과 관련 전문성도 중요하지만 현실적으로 지역안배, 출신학교, 성별, 나이 등 고려할 요소가 많아지면서 대통령의 국정비전에 대한 이해와 열정 그리고 대표성도 중요하다는 것이다(박동서 · 함성득 · 정광호, 2003; Hahm, Jung, and Lee, 2013 참조).

둘째, 지난 2005년부터 시작된 국회의 장관 인사청문회에서 개인의 사생활과 관련된 사항들이 많이 노출되면서 뛰어난 전문성과 대통령에 대한 개인적 충성심이 높은 인사들이 공직을 기피하는 부작용이 노정되었다. 다른 한편으로는 장관에 대한 국회 인사청문회 절차는 공직에 대한 도덕성과 준비성을 높이고 그 과정에서 겪는 정치적 어려움으로 인해 대통령으로 하여금 장관의 임면에 더욱 신중을 기하게 만들어 장관들의 임기가 조금 길어지는 긍정적인 측면도 보여주고 있다(Hahm, Jung, and Lee, 2014 참조).

셋째, 최근 정부의 주요정책들은 그 정책문제의 복잡성이 증가하여 하나의 특정 행정부처 안에서 다루어지기보다는 여러 행정부처가 관련된다. 이러한 상황에서 각 부처 간의 갈등이 커져 왔고 결과적으로 각 행정부처의 이기주의와 할거주의, 관료들의 무사안일 타성과 복지부동 등 관료체제의 부정적인 측면이 증가되어 왔다. 그 결과 대통령의 주요 정책들에 대한 조정과 행정부처에 대한 통제 기능의 필요성이 증대되어 왔다. 따라서 관료제의 부정적인 측면들을 줄이면서 성공적인 대통령의 국정운영을 위해 관료제의 긍정적인 측면, 즉 정책 집행의 효율성 등을 이끌어 내는 대통령의 행정 리더십이 더욱 중요해지고 있다.

4) 소결론

그동안 대통령비서실 중심의 국정운영과정에서 대통령비서실의 비대화와 이른바 '가신정치'나 '측근정치'에 따른 의사결정과정의 파행성은 국가의 주요정책 결정과정에서 국무총리와 행정 각 부처를 유명무실하게 만들었다. 그러므로 다양성이 추구되는 새로운 민주화 시대에 국가 주요정책의 효율적 입안과 집행을 위해서는 대통령이 행정부의 적극적인 역할 강화를 기초로 주요정책의 효율적인 집행에 대한 자발적 열정과 헌신을 획득할 수 있어야 한다. 이것이 대통령의 행정 리더십의 핵심이다.

한편 최근의 북핵문제와 관련 국제관계의 긴장과 세계경제의 위축에 따른 국내경제의 불황은 주요 현안에 대한 진단을 효율적으로 내릴 수 있는 정부기능의 약화를 초래하였다. 이러한 기저에는 대통령비서실과 행정 각부의 유기적 협조체제의 약화가 어느 정도 내재되어 있다고 볼 수 있다. 따라서 국가의 장래에 지대한 영향을 줄 수 있는 중요한 정책들이 해당 부처의 조직이익을 벗어나 국가 전체의 입장에서 대통령비서실이 아닌 행정부처 장관들의 모임인 국무회의를 통하여 항상 제안되고 논의될 수 있는 제도를 마련해야 한다. 아울러 무엇보다 박근혜 대통령이 취임 전 약속하였던 총리의 역할 강화나 내각기능의 활성화와 같은 정부운용의 발전방향은 민주주의 발전과 국정운영의 효율성 제고 측면에서 계속적으로 논의가 이루어지는 것이 바람직하다.

앞으로의 정부형태를 전망할 때 — 앞으로 권력구조 개편 논의와 맞물려 대통령비서실 혹은 국무총리실(수상실)의 역할이 결정될 가능성이 크기 때문에 — 대통령과 국무총리 그리고 국무회의의 상호역할이나 관계의 변화방향을 예측하는 것은 아직 불확실성이 매우 높다. 그러나 향후 전개될 권력구조 개편 논의에 앞서 현행 대통령제 아래서 국무총리 및 국무회의의 실질적 기능을 강화시켜 내각 중심의 국정운영 방안을 모색해야 한다. 그러한 해결책은 현재 우리 헌법이 취하고 있는 대통령제와 내각제적 요소를 잘 살리는 것만으로도 충분히 가능할 것이다(김광웅, 1997b; 이종률, 1997; 함성득, 2009).

〈그림 3-14〉 정부조직도

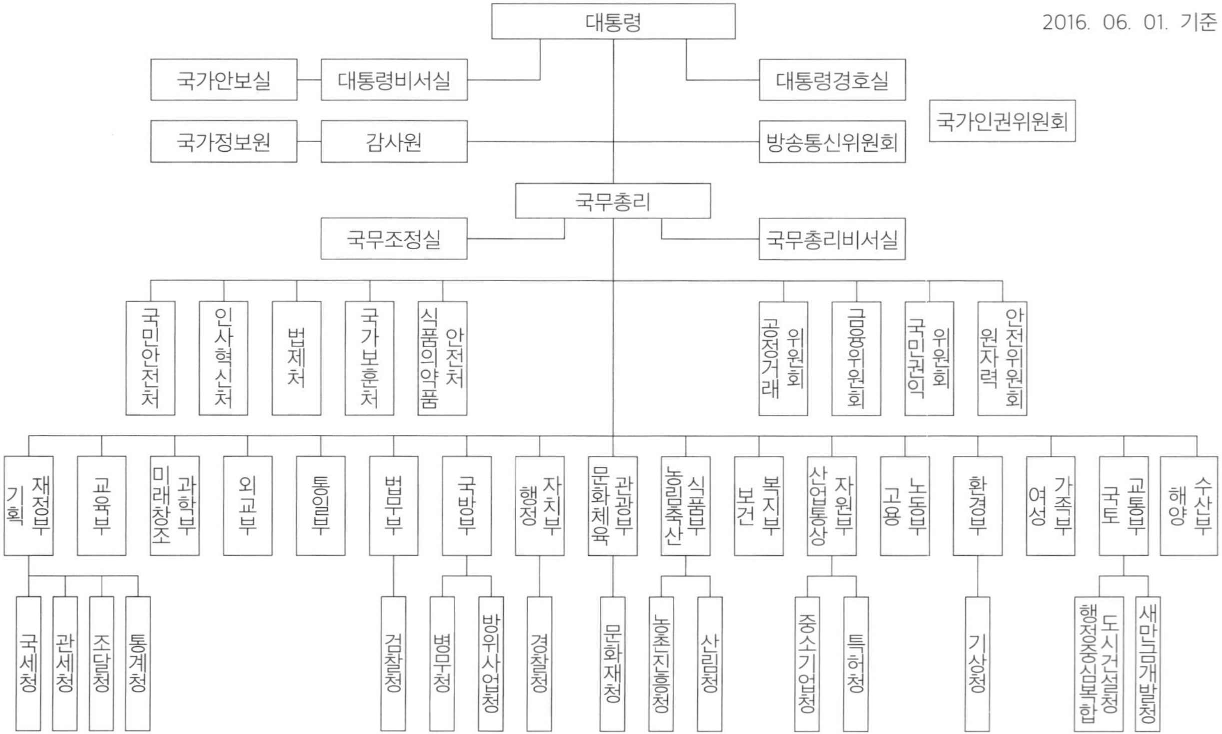
2016. 06. 01. 기준
대통령
국가안보실
대통령비서실
대통령경호실
국가인권위원회
국가정보원
감사원
방송통신위원회
국무총리
국무조정실
국무총리비서실
국민안전처
인사혁신처
법제처
국가보훈처
식품의약품 안전처
공정거래 위원회
금융위원회
국민권익 위원회
원자력 안전위원회
기획 재정부
교육부
미래창조 과학부
외교부
통일부
법무부
국방부
행정 자치부
문화체육 관광부
농림축산 식품부
보건 복지부
산업통상 자원부
고용 노동부
환경부
여성 가족부
국토 교통부
해양 수산부
국세청
관세청
조달청
통계청
검찰청
병무청
방위사업청
경찰청
문화재청
농촌진흥청
산림청
중소기업청
특허청
기상청
행정중심복합 도시건설청
새만금개발청

이와 관련 필자는 현행 헌법 아래서 우선 국무총리의 역할을 강화하는 방향으로 정국을 운영하는 데 초점을 둘 필요가 있음을 강조하고자 한다. 왜냐하면 정치인, 기업, 노동자, 학자, 시민사회 등 각계각층의 이해관계를 떠나서 포괄적인 협력이 필요한 현 상황을 고려하지 않고 무리하게 권력구조 개편으로 갈 경우 국정운영의 효율성이 저해될 수도 있기 때문이다. 향후 정치상황이 유동적이고 권력구조 개편이 불확실한 상황이지만 현행 헌법 아래서 내각제적 요소를 최대한 존중하여 국무총리의 위상을 제고할 수 있는 여지가 많이 있고, 나아가 대통령과 국무총리 그리고 대통령과 각 부처 장관들 간의 역할분담이 내각제적 요소와 유사하도록 운영의 묘를 살리면 그동안 5년 단임 대통령제가 노정했던 문제점들을 극복할 수 있을 것으로 보인다.

따라서 우리 대통령제가 가졌던 문제점들이 기존의 제도 아래서 상당 부분 극복될 수 있다면 굳이 권력구조 개편, 특히 내각제로 갈 필요성이 있는가에 대한 '문제제기' 역시 필요하다고 본다. 다시 말해서 정부권력구조에 대한 논의의 기본적 출발점은 각 정치세력들 간의 정치적 이해관계보다는 국정운영의 효율성 제고에 더 비중을 두어야 한다. 즉, 정치세력들 간의 정치적 이해관계와 행정 각 부처의 부처이기주의를 떠나서 그동안 제기된 대통령의 독재정치나 권력독점의 구조적 폐해를 줄이고 국정운영의 효율성을 제고한다는 방향에서 현재 제기되고 있는 국무총리 기능강화론과 책임총리제, 국무회의의 활성화, 그리고 내각 중심의 국정운영 등에 관한 논의를 바라보아야 할 것이다.

4. 대통령의 입법 리더십: 대통령, 국회, 정당과의 관계

박정희 대통령 이후 김대중 대통령까지 역대 대통령은 실질적인 집권여당의 총재로 정당을 장악함으로써 국정현안에 대하여 국회를 압도하고 거의 모든 정책결정을 독점할 수 있었다. 우리의 정치구조는 여소야대를 제외하고는 국회의 대통령에 대한 견제기능이 유명무실했다. 그 결과 대통령을 중심으로 한 대통령비서실이나 그의 측근들이 행정부 및 국회를 좌지우지하는 현상이 나타났다. 이렇게 국회가 대통령의 결정에 종속될 수밖에 없었던 것은 대통령이 집권당의 실질적인 총재로서 공천권을 행사하면서 정당의 운영을 장악하고 있었기 때문이다.

그러나 노무현 대통령 시절인 지난 2004년 4월에 실시된 제17대 국회의원선거는 이러한 경향에 새로운 전환점이 되었다. 이는 앞에서 언급한 것처럼 노무현 대통령이 2002년 대선과정에서 이미 당권·대권 분리와 상향식 공천을 약속하면서 공천권 행사를 포기하였기 때문이다. 이것은 정치적으로 대단히 중요한 의미를 가지는 반면 노무현 대통령의 집권여당에 대한 정치적 리더십을 약화시키기도 하였다(자세한 것은 함성득, 2005 참조). 다시 말하면 대통령의 집권 여당 국회의원에 대한 통제력은 약화되었지만 동시에 국회의원과 정당의 대통령에 대한 정치적 자율성은 매우 높아졌다는 것이다.

이러한 상황이 권력구조 개편논의와 맞물리면서 국회의원의 자율성은 더욱 높아질 가능성이 있다. 특히, 2016년 4월 제20대 국회의원선거에서 여당이 패배하여 실질적 여소야대 상황에 직면한 박근혜 대통령과 새누리당은 '정계개편'에 깊은 관심을 갖게 될 것이다. 즉, 새로운 정치적 상황이 정계개편을 촉발할 수 있고 또한 정계개편 과정 및 결과가 권력구조 개편에 영향을 미칠 수도 있다.

이렇게 복잡한 상황에서 대통령의 성공적인 국정운영을 위해서는 대통령, 국회, 정당 간의 새로운 관계 정립이 필요하다. 요컨대 대통령의 대(對) 국회 관계와 정당 관계에서 새로운 '입법 리더십'(*legislative leadership*) 이 더욱 필요하다(함성득, 2002a; 2003b). 왜냐하면 이러한 새로운 정치상황 아래서 대통령의 성공적인 국정운영은 행정부가 수립한 정책이 국회에서 법률로 입법화되어 적시에 실행될 수 있는 '정책의 입법적 성공'에 달려 있기 때문이다.

1) 대통령, 국회, 정당 관계 정립의 중요성

지난 1997년 말의 외환위기에서 비롯된 금융위기는 금융공황, 기업도산, 실업증가 등을 초래하면서 우리의 경제적 위기를 가속화시켰다. 경제적 시각에서 볼 때 이러한 위기의 원인은 기업과 노동 경쟁력의 저하, 경상수지 적자의 누적, 단기외채에 대한 과도한 의존, 그리고 산업구조 조정의 실패 등으로 인한 기업의 경쟁력 약화에 있었다. 그러나 이러한 총체적인 경쟁력 약화와 혁신적 산업구조 조정을 저지한 근본적 원인은 고비용의 정경유착과 과도한 규제를 수단으로 민간기업이나 시민들을 통제하면서 형성된 대통령, 국회, 정당, 그리고 행정부 간의 비생산적이고도 비민주적인 관계이다(함성득, 1998g; 1998j; 2003b).

물론 역대 우리 대통령들이 고비용 저효율의 정치구조를 개혁하기 위해 무수히 많은 노력을 경주해 왔지만 아직도 그러한 폐단이 사라지지 않고 있다. 박근혜 대통령 역시 정치세력들 간의 복잡한 이해관계 때문에 정치개혁의 우선순위를 제대로 설정하지 못했다. 그 때문에 개혁의 진행속도와 방향에 대한 의문이 제기되었다. 또한 우리 국회와 정당은 경제활성화 및 민생과 관련하여 시급히 처리해야 할 법안과 정책이 산적해 있는데도 '지역주의'에 기초한 당리당략과 정치권의 이해관계 때문에 전반적인 개혁과정이 진척되지 못하였다.

이러한 상황에서 대통령, 국회, 그리고 정당의 관계로 대표되는 정치부문은 국가 전체적인 개혁의 방향을 제시하고, 국민들로부터 정치적 합의를 이끌어 내어 이를 실천해야 할 위치이기 때문에 '정치개혁'이 무엇보다 우선되어야 한다. 즉, 우리 정치체제가 제대로 운영되면 국회는 정부정책들이 혼선을 보이고 방황하는 과정에서 그 원인을 규명하고 대안을 제시해 줄 수 있으며, 각 정당들도 정책결정과정에서 서로 얽힌 이해관계와 여론을 수렴하여 타협의 실마리를 제공하는 기능을 수행할 수 있다.

앞으로 추구해야 할 정치개혁의 핵심은 효율성과 민주성을 기초로 한 대통령, 국회, 그리고 정당 간의 새로운 발전적인 관계의 정립이다. 역대 우리 대통령은 그 권력적 정당성이 취약했으며, 특히 군사 쿠데타로 정권을 장악한 박정희 대통령과 전두환 대통령의 경우에는 더욱 그러했다. 그뿐만 아니라 노태우 대통령과 김영삼 대통령, 그리고 김대중 대통령도 대통령선거라는 절차적 정당성은 획득했을지 모르지만 군사적 쿠데타의 참여세력 또는 과거 군사정권과의 야합이라는 비판에서는 자유롭지 못했다. 결국 취약한 권력적 정당성을 역대 대통령들은 형식적인 민주주의 제도의 시행을 통해 보상받으려 했다. 즉, 대통령 중심의 국회 및 정당제도의 운영을 통해 자신들의 취약한 정당성을 민주정치체제의 운영이라는 허울로 덮으려고 한 것이다. 그렇기 때문에 우리의 국회 및 정당체제는 지금까지 대통령의 권력정당성 강화를 위한 수단으로 이용되어 왔다.

그러나 노무현 대통령 이후 우리 대통령들은 이전의 대통령들과 달리 확고한 권력의 정당성을 가지고 있다. 따라서 박근혜 대통령을 포함해 미래의 우리 대통령들은 국정운영의 효율성과 민주성 향상을 위해 대통령, 국회, 그리고 정당 간의 새로운 발전적 관계를 정립하는 데 노력해야 한다. 이러한 새로운 관계의 정립은 안정적인 정치체제의 확립을 통해 우리 '민주주의의 공고화'(*democratic consolidation*) 및 국가 발전에 크게 기여할 것이다.

이러한 관점에서 여기서는 박근혜 대통령이 어떻게 하면 저성장과 고령화라는 새로운 사회·경제적 상황 아래서 북핵문제와 심각한 경제불황 등의 국가 위기를 극복하고, 대의민주주의 정신을 존중하면서 국정운영의 효율성을 높일 수 있는가에 논의의 초점을 맞추고 있다. 이를 위해 우선 미국을 중심으로 '통합된 정부'(*unified government*) 또는 '여대야소'와 '분할된 정부'(*divided government*) 또는 '여소야대'가 등장하는 원인을 대통령, 국회, 그리고 정당이라는 주요 정치행위자들의 관계를 중심으로 다양한 이론적 시각에서 조망해 보고 여기서 나타나는 국정운영의 문제점과 그 극복방안들을 살펴본다. 다음으로 박근혜 정부가 직면한 정국구도가 미국과 달리 어떻게 형성되었고 여기서 나타나는 문제점들이 무엇인지를 분석한다. 마지막으로 우리가 현재 직면한 국정운영의 문제점을 대의민주주의 정신을 존중하면서도 어떻게 극복할 수 있는

가에 중점을 두면서 실천가능한 개선방안들을 제안한다.

2) 대통령, 국회, 정당 간 관계에 대한 이론

(1) 대통령, 국회, 정당의 관계에 대한 이론적 논의

박정희 대통령부터 당권 · 대권이 분리된 노무현 대통령 이전인 김대중 대통령까지 대통령이 국정현안에 대하여 국회를 압도하고 거의 모든 정책결정을 독점할 수 있었던 것은 여당의 실질적인 총재로 정당을 장악할 수 있었기 때문이다. 결국 여소야대 상황을 제외하고는 국회의 대통령에 대한 견제기능이 유명무실해지는 정치구조였기 때문에 대통령을 중심으로 한 대통령비서실이나 그의 측근들이 행정부 및 국회를 좌지우지하는 현상이 나타났던 것이다.

현행 헌법상 국회는 대통령의 권한 행사를 견제할 수 있는 여러 가지 제도적 장치를 갖는다. 국회는 대통령이 지명한 국무총리와 장관의 적격 여부를 심사하고 국무총리와 장관의 해임건의안도 채택할 수 있다. 이에 비하여 대통령은 국회를 견제할 국회해산권도 없다. 그럼에도 불구하고 국회가 대통령의 결정에 종속될 수밖에 없던 이유는 앞에서 설명한 바와 같이 대통령이 집권당의 실질적인 총재로서 공천권을 행사하면서 정당의 운영을 장악하고 있었기 때문이다(함성득, 2002a). 그리하여 대통령을 견제해야 할 국회가 대통령의 의사를 그대로 따르는 거수기 역할을 한 것이다. 대통령은 집권당 총재로서 국회의원 공천권을 행사하면서 국회의원을 통제했고, 따라서 국회의 견제기능을 규정하고 있는 현행 헌법의 구조는 유명무실해질 수밖에 없었으며, 그 결과 국회는 대통령을 견제하지 못하고 끌려다니는 형국이 지속되었다.

오늘날 미국의 정당은 선거를 위한 간판 역할을 할 뿐 총재나 사무총장 또는 정책의장 같은 직위구조는 없다. 그래서 미국의 대통령은 자기가 속한 당을 장악하거나 영향력을 행사할 수 없다. 따라서 미국의 대통령은 의회를 존중하고 의회와 타협하는 협조적 관계를 유지하려고 노력한다. 이에 비하여 한국은 보스 중심의 강력한 중앙집권식 정당구조를 가지고 있어 실질적인 당 총재인 대통령의 뜻에 따라 일사불란하게 움직이는 군조직과 같은 성격을 띠었다. 대통령은 실질적인 여당 총재로서 공천권 행사, 당직 임명, 운영방침의 결정 등 막강한 권한을 가지고 있었다. 이 과정에서 대통령비서실이나 측근을 중심으로 한 비서정치 또는 측근정치가 이루어져 왔다.

대통령비서실을 중심으로 한 몇몇 권력의 소수 핵심그룹이 정당의 운영이나 국가 전체의 의사결정과정을 좌지우지할 수 있는 권력의 원천이 여기서 나왔던 것이다. 대통령이 소속된 정당이 여당이 될 경우 대통령의 권한을 견제할 수 있는 제도적 장치는 사실상 유명무실해지는 것이다. 여당 국회의원은 각기 지역을 대표하는 독립된 기관이지만 국회에 나가기만 하면 당의 방침대로 행동하고 투표하는 등 거의 자율성이 없었다. 그렇지 않을 경우 당과 총재의 뜻에 거슬려 정치생명이 위태롭게 되기 때문이다.

결국 그동안 우리의 대통령이 국정현안에 대하여 국회를 압도하고 거의 모든 정책결정을 독점할 수 있었던 것은 여당의 총재로 정당을 장악할 수 있었기 때문이고, 그 결과 국회가 대통령을 견제한다는 것은 허구에 불과했다. 그러나 2002년 노무현 대통령의 당권과 대권의 분리

선언으로 이제는 더 이상 대통령이 집권당의 총재직을 겸임할 수 없다. 결과적으로 이명박 대통령과 박근혜 대통령을 거치면서 조금은 시행착오도 있었지만 대통령에 대한 국회와 정당의 자율성이 상대적으로 높아졌다.

따라서 대통령, 국회, 그리고 정당 간의 새로운 발전적 관계의 정립이 절실히 필요한 것이다. 이 관계를 이론적으로 살펴보면, 대통령제 아래서 '대통령과 국회의 관계'는 엄격한 권력분립을 통한 상호 독립과 견제를 원칙으로 하지만, 대통령 개인의 정치적 역량이라든지 국회가 어느 정도 행정부를 견제할 수 있는가에 따라서 세 가지 관계유형이 도출될 수 있다(자세한 것은 권영성, 1998 참조).

첫째, 'Hamilton' 모델은 행정부가 입법과정을 포괄적으로 지배하며 대외정책과 재정 및 경제정책을 독점적으로 결정함으로써 행정부에 대한 국회의 통제가 형식화된다는 것이다. 흔히 국가비상사태의 극복이나 국가건설 등 행정의 능률성이 민주적 절차보다 우선시될 때 선호되는 권력형태이다.

둘째, 'Madison' 모델은 행정부에 대한 국회 우위의 권력형태로서 행정의 능률성을 확보하는 것보다 행정의 권력남용을 견제하고 통제하는 데 중점을 둔다.

셋째, 'Jefferson' 모델은 행정부와 국회가 상호 대등한 관계에서 원내 다수당의 지지를 바탕으로 안정된 정치를 추구한다. 우리의 경우 현행 헌법의 정부형태는 기본적으로 대통령제를 유지하지만 의원내각제적 요소를 가미하고 있고 정당국가적 경향과 위기정부적 권력구조로 말미암아 국회에 대한 대통령의 상대적 우위를 그 내용으로 한다.[19]

19) 또한 '국회와 정당 간의 관계'에 대해서는 세 가지 큰 이론적 흐름이 있다. 구체적으로 대의민주주의 과정에서 정당의 당파적 영향을 배제하는 'Madison' 모델, 시민사회 성숙에 따른 정당의 성립을 강조하는 '제도(*institutional*) 또는 근대화(*modernization*) 이론', 그리고 정당을 통한 대의민주주의의 완성을 강조하는 '책임정당제'(*responsible party system*) 모델이다(자세한 것은 안희수, 1995; 함성득, 1998e 참조).

첫째, Madison 모델에서는 이상적인 민주주의 완성의 기본전제를 시민들과 국회의원들 간의 직접적인 연계를 통한 왜곡 없는 시민의사 반영으로 보고 있다. 이러한 직접적인 연계는 두 가지 대의제적 원칙으로 나타난다. 하나는 국회의원이 자신의 신념에 따라 시민을 위한 정치활동을 한다는 '수탁자의 원리'(*doctrine of independent trustee*)이며, 다른 하나는 국회의원들이 자신을 선출해 준 유권자들의 의사를 그대로 반영해야 한다는 '위임자의 원리'(*doctrine of instructed delegate*)이다. 이러한 원리들은 기본적으로 정당에 의한 유권자와 국회의원 사이의 중간개입이 대의민주주의를 저해하는 부정적인 결과를 초래한다고 보면서 정당의 무용론을 주장한다. 즉, 국회의원과 유권자들의 연계 사이에 정당 또는 정파의 개입은 대의민주주의의 이상을 실현하는 데 하나의 제약요소로 간주된다.

둘째, 제도이론 또는 근대화이론은 Madison 모델의 현실정치에 대한 낮은 적실성을 비판하면서 정당은 근대 대의민주주의의 탄생과 함께 시작되었음을 강조하며 현대 대의민주주의 과정에서 국회와 정당이 서로 불가분의 관계에 있음을 주장한다. 특히, 제도이론은 정당을 선거나 의회주의 정치에 필요한 제도적 장치로서 의회민주주의 탄생과 동시에 생겨난 조직으로 인식한다. 즉, 서구에서 정당은 의회제도의 도입과 참정권의 확대와 더불어 시작되었다는 것이다. 근대화이론은 정당 생성의 기원을 산업화나 도시화 등 근대화에서 찾는 이론으로, 시민사회 형성과 더불어 시민들의 정치적 이익을 정부정책에 연계시키기 위한 조직으로서 정당의 기능을 필수적인 것으로 보는 시각이다. 즉, 근대화에 따른 대중매체의 발달, 교육의 확대, 도시화의 진행 등은 다양한 정치세력을 만들어 내면서 이들의 정치적 요구를 수렴할 수 있는 정치제도, 즉 정당을 탄생시켰다는 것이다. 그러므로 정당은 시민사회와 국회를 연결하는 중간조직체로서 인식된다.

셋째, 책임정당제 모델은 국회의 운영이 정당제도에 입각하고 정당의 노선이나 강령을 기준으로 국회의원의 활동이 이루어지는 것을 말한다. 즉, 정당이 의회정치의 기본단위로서 정부정책의 성과를 책임지는 것을 의미한다. Madison적

(2) 통합된 정부와 분할된 정부

대통령제하에서 정당을 중심으로 국회와 대통령 간의 세 가지 유형의 정부형태가 가능하다. 첫째, 대통령이 속한 정당과 국회의 과반수 의석을 차지한 정당(*a majority party*)이 동일한 경우이다. 이는 흔히 통합된 정부 또는 여대야소로 불린다. 미국의 경우 Carter 대통령과 Clinton 대통령 집권 1기 초기의 정부가 여기에 속한다.

둘째, 양당제와 다당제하의 대통령제 정부형태에서 분할된 정부 또는 여소야대는 대통령이 속한 정당과 의회의 과반수 정당이 서로 다른 것을 의미한다. 이러한 분할된 정부는 1950년대 이후 미국의 연방과 주정부 단위에서 흔히 경험하고 있는 현상이다. 이러한 통합된 정부 혹은 분할된 정부는 양당제를 취하고 있는 대통령 정부형태에서 자연스럽게

시각과는 반대로 의회정치에서 정당의 긍정적이고 적극적인 역할을 강조한다. 또한 국회의원들과 시민들 간의 연계가 정당을 통하여 이루어진다는 측면에서 위에서 언급된 제도이론이나 근대화이론과 그 맥락은 같지만 책임정당체제 아래서는 정당의 주도적인 역할이 더욱 강조된다. 이러한 책임정당제 아래서는 다수당의 의견이 의회정치를 주도하므로 소수당의 의견이 침해될 가능성이 존재한다. 그러나 의회정치 과정에서의 효율성, 일관성, 책임성을 실현할 수 있다는 장점을 지닌다. 즉, 정당이 사회의 다양한 정치적 이익을 제대로 집약하고 정책으로 구체화하는 것이 국회의원들이 개별적으로 유권자들과 연계하여 정치적 이익을 취합하는 것보다 사회 전체의 이익을 반영하는 데 좀더 효율적이라는 것이다. 그러나 현실적으로 정당이 다른 어떤 정치조직보다도 사회 전체의 이익을 더 효과적으로 반영한다는 보장은 없다. 즉, 현실정치에서 책임정당제의 실현 여부는 사실상 불분명하다. 미국의 경우 예비선거제도 도입과 정치자금법 개정 등으로 정당에 대한 의원들의 소속감과 중앙정당의 통제기능이 약화되었다. 이와 같이 정당에 대한 일체감이 약화되면서 책임정당으로서의 이익결집기능이 저하되고 나아가 의원들의 정당에 대한 소속감이 약화되면서 정당의 일관성 있는 정책 추진과 이에 대하여 책임을 지는 것이 현실적으로 어렵게 되었다.

나타나는 현상이다. 이론적으로 양당이 동일한 의석을 획득하지 않는 한 분할된 정부 혹은 통합된 정부 둘 중 어느 하나의 형태로 귀결될 수밖에 없기 때문이다. 양당제를 취하는 미국에서 분할된 정부는 대통령이 속한 정당과 다른 한 정당이 의회의 양원 중 하나 혹은 양원 모두에서 과반수를 취하는 형태를 의미한다.

셋째, 분할된 정부 또는 여소야대의 또 다른 형태는 다당제하의 대통령제 정부형태에서 어느 정당도 과반수를 획득하지 못하는 경우이다(*no majority situation*). 미국과 달리 다당제 대통령제를 취한 나라들에서 흔히 나타나는 현상이다. 우리의 경우 과거 민자당으로 합당되기 전의 노태우 대통령 아래서 이러한 현상을 경험했고, 박근혜 대통령도 집권 후반기에 이러한 상황에 직면했다.

이러한 분할된 정부형태의 출현의 원인을 크게 세 가지로 파악할 수 있다. 첫째, '권력형성의 이중적 정당성' (*dual democratic legitimacies*) 에 기인하며, 대통령제는 행정부와 입법부가 권력의 이중적 정당성을 갖게 된다는 분석이다(Linz, 1990). 즉, 대통령과 입법부가 유권자들로부터 각각 따로 정당성을 부여받는다는 것이다. 내각제 아래서는 국회의 다수파가 국회뿐만 아니라 행정부까지 장악한다. 반면 대통령제 아래서는 대통령과 입법부에 대한 선거가 분리되어 이루어지기 때문에 의회선거에서 다수를 획득한 정당과 대통령선거에서 다수를 획득하여 행정부를 책임지는 정당이 다를 수 있다. 이 경우 분할된 정부가 출현하는 것이다.

둘째, 분할된 정부는 '선거주기'(*electoral cycle*) 와 밀접한 관련이 있다는 해석이다. 특히, 미국의 경우 선거주기는 분할된 정부와 밀접한 상관관계가 있음을 보여주고 있다(Erickson, 1988; Shugart, 1995; Tufte, 1975). 대통령선거와 의회 선거가 동시에 실시될 때(*concurrent election*)는 대통령의 소속 정당이 의회에서도 과반수를 획득하는 경우가 많아 분할된 정부형태가 드물게 나타나지만, 대통령 취임 이후 실시된 중간선거에서는 상대적으로 야당이 과반수를 획득하는 경우가 보다 많이 나타난다. 이렇게 중간선거에서 대통령의 소속 정당이 패배하는 원인을 살펴보면 초기에 가졌던 여당에 대한 환상에서의 탈피(Kernell, 1977), 야당에 대한 지지를 통한 여당주도 정책의 재조정, 대통령에 대한 업적을 평가하려는 경향 등을 들 수 있다(Kernell, 1977; Tufte, 1975).

셋째, 유권자가 대통령과 의회에 대하여 요구하는 사항이 다르기 때문에 의회의 다수당과 대통령이 속한 정당이 다르게 나타날 수밖에 없다는 이론이다(Jacobson, 1990). 즉, 민주당은 유권자들이 선호하는 정책을 많이 내놓기 때문에 의회선거에서 공화당보다 상대적으로 많은 승리를 거두는 반면에 국가의 안전이나 번영을 위해서는 공화당 후보가 더 적합하다는 유권자의 인식 때문에 공화당 대통령 후보가 대통령선거에서 상대적으로 승리할 가능성이 높다고 주장한다.

이러한 분할된 정부의 국정운영의 효율성에 대한 영향력 분석에서는 이론적으로 상반된 시각이 존재한다. 먼저, 분할된 정부는 전후 미국의 전형적인 정부형태로서 관련 선행연구들에 의하면 분할된 정부가 대체로 정부운영의 비효율성을 초래한다고 한다(자세한 것은 Hahm, Kamlet, and Mowery, 1995a 참조). 즉, 분할된 정부형태가 정책결정에 관련된 기구들 간의 교착상태를 초래하여 예산적자의 초래 등 바람직하지 못한 정책 산출로 연결됨을 보여주고 있다(Cutler, 1980; 1988; Kiewiet and

McCubbins, 1991; McCubbins, 1991; Sundquist, 1986).

분할된 정부형태 아래서는 대통령과 의회 사이에서 누가 더 정당성을 인정받느냐, 혹은 누가 정국을 주도할 것인가에 대해 늘 긴장과 견제가 존재한다. 미국 이외의 대통령제를 채택하고 있는 나라들에 대한 연구에서도 대통령이 정책결정과정에서 의회로부터 다수를 획득하지 못할 때 정부의 안정성이 위협받을 수 있음을 보여준다(Linz, 1990; Mainwarning, 1993; Valenzuela, 1994).

분할된 정부형태하에서는 정치적 책임소재가 불분명하다는 약점도 있다. 분할된 정부구도 아래서는 일종의 연합정부가 형성되는 경향이 있는데(Sundquist, 1988), 이는 여당과 야당 사이의 구분을 모호하게 만들고 특정 정책에 대하여 어느 정당도 직접적인 책임을 지지 않으려는 현상을 낳게 된다. 즉, 어느 정당도 혹은 의회나 대통령도 특정 정책에 대한 전적인 책임을 지지 않으려 한다는 것이다(Sundquist, 1988).

분할된 정부가 반드시 부정적 결과를 초래하지 않음을 보여주는 연구도 있다(자세한 것은 Hahm, Kamlet, and Mowery, 1995a 참조). Mayhew(1991)와 Davidson(1991), 그리고 Hahm, Kamlet, and Mowery(1997)의 연구가 대표적으로 이 관점을 지지한다. 역사적으로 볼 때 분할된 정부 아래서 중대한 입법과정상의 차질이 일어났다는 증거가 희박하다는 것이다. 예컨대 공화당 대통령이었던 Nixon, Reagan, 그리고 Bush 정부 아래서 야당인 민주당이 의회의 하원이나 상원 혹은 양원 모두에서 다수파였지만 주요 안건들이 별 어려움 없이 통과되었다는 것이다.

반면 Carter 대통령의 경우 자신이 소속된 민주당이 다수당이었지만 분할된 정부의 대통령만큼이나 입법과정에서 의회와 충돌을 경험하였다. 물론 이 경우는 Carter 대통령이 대통령에 출마할 때부터 민주당과 거리를 두고 선거활동을 했으며 당선 후에도 민주당의 주요 지도자보다는 자신의 측근들에게 정치적으로 의존했던 것도 한 원인으로 간주될 수 있다. 또한 민주당 소속의 Clinton 정부 집권 1기 초기에도 민주당이 양원 모두에서 다수파를 형성하여 Clinton 대통령이 의료개혁을 시도하였으나 의회의 반대로 무산된 전례가 있다.

(3) 분할된 정부와 대통령의 리더십

위에서 살펴본 바와 같이 미국의 경우 정당기능의 약화, 유대감, 소속의식, 그리고 일체감 상실에 따른 책임정당제의 약화는 분할된 정부형태를 초래했다. 미국의 경우 책임정당제의 약화는 예비선거제도의 도입에 따라 정당의 소속감이 약화된 데 기인한다. 미국도 20세기 초까지는 우리처럼 정당 공천제를 실시하고 있었다. 그러나 공천제도가 그 특유의 비민주성 때문에 부정부패의 온상이 됨에 따라 진보주의자들에 의하여 예비선거제도가 도입되어 후보가 당내 경선을 통하여 선출되었다(김동영, 1997).

이러한 과정을 거쳐서 당선된 후보는 정당의 정강을 그의 정책노선에 그대로 반영할 필요가 없다. 따라서 대통령의 정당이 의회의 다수당이더라도 의회의 협조를 보장받을 수 없는 경우를 상정해 볼 수 있다. 실제로 민주당의 Carter 대통령 정부 아래서 대통령의 입법 프로그램들이 민주당이 다수인 의회에서 자주 저지당한 사례가 있다(김동영, 1997). 한편 이러한 분할된 정부는 정국운영에서 대통령과 의회간의 긴장관계, 정책과정의 비효율성, 그리고 정치적 책임소재의 불분명 등 부정적인 결과들을 초래할 가능성을 가지고 있다. 분할된 정부가 갖는 단점들에도 불구하고 상대적으로 미국이 안정적인 정국운영을 해올 수 있었던 가장 큰 이유는 대통령의 정치적 리더십에서 찾아볼 수 있다(Campbell, 1998).

책임정당정부(*responsible party government*)의 실현을 위한 모델 중 우리와 같은 대통령제 아래서 흥미로운 것은 '대통령의 지도력' (*presidential leadership*) 이론이다(Campbell, 1998; 함성득, 1998f; 2002a). 특히, 1950년대에 접어들면서 분할된 정부의 출현으로 책임정당이론이 그 효력을 잃게 되면서(김동영, 1997), 대통령의 역할에 대한 기대가 커지기 시작했다. 대통령이 속한 정당과 의회 다수파의 정당이 서로 일치하지 않는 분할된 정부형태에서는 의회 내 정당 결속의 약화로 대통령과 같은 정당에 소속된 의원들의 대통령에 대한 정치적 지지 또한 약화되기 시작했다. 대통령과 그가 속한 정당 간의 유대 역시 약해졌다. 책임정당제의 약화와 분할된 정부의 출현은 대통령의 지도력 모델에 대한 이론적 논의의 필요성을 제공하고 있다.

대통령의 지도력 모델은 분할된 정부권력 구도 아래서도 대통령이 자신의 협상능력이나 설득력을 이용해 의회의 다수당 의원들의 지지를 유도할 수 있음을 보여준다. 즉, 대통령의 지도력에 따라서 혹은 대통령이 제시한 정책이 대다수 대중의 지지를 받는 합리성을 가지고 있을 경우에는 분할된 정부형태 아래서도 다수의 결속이 가능하고 정국 또한 안정될 수 있다는 것이다. 이러한 맥락에서 정당의 유대감과 정체성의 약화로 인한 책임정당제의 문제는 대통령의 지도력과 협상능력으로 보완될 수 있음을 알 수 있다(Campbell, 1998; 함성득, 1998e; 1998f). 다시 말해 미국의 정치구조상 대통령의 지도력에 따라서는 정당 결속이 강화될 수 있고 국정운영의 효율성도 기할 수 있다는 주장이다.

Neustadt(1990)는 대통령의 권력은 헌법적이거나 제도적인 권한이 아닌 '설득력'에서 나온다고 주장한다. 여기서 대통령의 권력이란 설득력을 의미하는데 이것은 대통령이 헌법상의 특권, 정책결정자들의 호의적인 평판, 대중의 지지 등 세 가지 권력적 자원을 어떻게 획득하고 이용하느냐에 달려 있다고 한다. 실제로 오늘날 미국 대통령의 권력의 근원은 설득을 통한 의회와의 협상능력, 정책우선순위의 결정과 대중매체를 이용한 여론의 지지로부터 나온다. 이의 대표적인 사례로는 1930년대 Franklin Roosevelt 대통령의 뉴딜정책 수행과정과 여소야대 상황에서도 원활하게 국정운영을 수행한 1980년대의 Reagan 대통령과 1990년대의 Clinton 대통령의 경우를 들 수 있다.

3) 대통령, 국회, 정당 간의 관계의 현실

(1) 대통령 주도의 의회 및 정당정치

우리 국회가 그동안 의회민주주의 기능을 제대로 수행했는지에 대해서는 부정적인 평가가 지배적이다. 한국의 정치체제에서 국회는 국민의 의사를 전달하고 실현하는 데 민주적이지도 생산적이지도 못하였다. 이와 같이 국회에 대해 낮은 평가가 나오고 있는 원인들을 살펴보면 대통령 우위의 권위주의체제라는 정치환경과 정치인들의 낮은 전문성, 정경유착에 따른 정치인들의 부정부패, 대의민주주의에 대한 국민들의 그릇된 인식과 기대, 국회운영제도의 문제점 등을 들 수 있다.

우리 국회의 행정부 또는 대통령에 대한 견제기능이 약화된 것은 대통령의 권력 집중에서 가장 큰 원인을 찾을 수 있다(윤영오, 1993). 강력한 대통령의 존재는 국회의 고유한 입법기능을 저하시키는 부작용을 낳았다. 입법부의 고유 기능이 법을 만드는 것인데도 불구하고 상정된 법안의 절반은 정부 발의라는 점에서 입법능력의 반을 정부에서 '차입'하여 왔고, 원내 다수당인 여당은 '당정협의'라는 이름 아래 그 정책능력을 정부에 의존해 왔다(윤영오, 1995). 이는 국회까지 좌우하는 대통령의 막강한 권력에서 비롯됐지만 국회도 이런 관행에 길들여져 입법부와 행정부 간의 견제와 균형의 원칙을 스스로 포기해 왔던 것이다. 따라서 정부정책이 잘못 설계되어 정책 실패를 초래하면 국회도 자연히 함께 실패하게 되는 것이다.

한편 그동안 우리 정당역사는 권력자의 의사에 전적으로 의지해 왔다. 즉, 정당의 생성과 소멸이 권력자의 의지에 달려 있다는 것이다. 이는 곧 정당정치 그리고 정당을 기반으로 한 의회정치가 권력자의 뜻에 따라 좌우되어 왔음을 의미한다. 박정희 대통령과 전두환 대통령은 집권과 동시에 기존의 정당을 없애 버렸다. 그리고 그들의 정권을 유지하는 데 필요한 새로운 정당을 창설하였다. 야당의 경우도 지도자의 의사에 따라 없어지기도 하고 합쳐지기도 하며 새로운 정당이 탄생되기도 하였다. 즉, 정당이 집권자와 운명을 같이하는 것이다.

실례로 자유당은 이승만 대통령, 공화당은 박정희 대통령, 민정당은 전두환 대통령 및 노태우 대통령, 열린우리당은 노무현 대통령과 운명을 같이했다. 집권자의 집권기간을 넘기기 어려운 정당은 엄밀한 의미에서 정당이라고 보기 어렵다. 이러한 정당은 정권유지를 위한 제 2의 보조적 장치에 불과하며 이 경우 모든 정치적 결정이 대통령 일인에 의해서만 이루어지고 대통령의 말이 곧 정당의 지표가 된다. 따라서 정당은 정당정치를 위하여 존재하기보다는 대통령의 결정을 정당화하고 홍보하기 위하여 존재하는 경향을 보여준다. 결국 대통령의 의지에 따라 정당의 모습이 바뀌는 대통령 일인 정치인 것이다.

정당의 하위체제가 잘 발달해 있고 주민들의 의사를 잘 반영하여 정부에 전달하는 정당체제를 '정당 다원주의 체제'라 부른다. 그러나 정당과 행정부가 일체화된 '정당 국가화'(*state party*) 현상이 나타날 경우 정당은 오히려 행정부나 집권자의 의지를 홍보하는 정당국가체제로 기능한다. 우리의 경우 제도상으로는 정당 다원주의 국가이면서도 시민사회와 국가의 연계기능이 제대로 수행되지 못하고 행정부와 여당은 동일한 정치집단으로 인식되고 있다. 따라서 여당이 다수당일 경우 국회와 대통령 혹은 국회와 행정부는 상호 견제하기보다는 대통령 중심의 단일 정치체제로 운영되었다.

(2) 정당에 의한 국회의 예속화

지난 2002년 노무현 대통령이 대선과정에서 당권 · 대권 분리를 약속한 이후 이명박 대통령과 박근혜 대통령을 거치면서 시행착오도 있었지만 대통령에 대한 우리 국회의원들의 상대적 자율성이 높아졌다. 이제는 우리 국회가 민주 국회를 향한 긴 여정에서 태동기를 거쳐 성숙기로 진입하는 과정에 있다. 과거에는 엄격한 규율을 바탕으로 당 총재에 의하여 일사불란하게 운영되는 체제를 가지고 있었다. 이렇게 강한 정당체제가 가능한 이유는 당 총재가 공천권을 통하여 의원들을 강력하게 통제할 수 있기 때문이다. 따라서 우리의 경우 교차투표와 같은 현상이 일어나기 어려웠다. 이러한 강력한 정당의 존재는 국민의 대표로서 국회가 그 기능을 발휘하지 못하게 만드는 측면이 있다. 왜냐하면 국회의원들에 대한 정당의 강력한 통제로 인하여 정당의 정책노선이나 운영방식이 그대로 국회의 운영에 투영되기 때문이다.

정당의 정책연계 기능이 약할 경우 국회의 연계기능도 약할 수밖에 없다. 또한 정당이 총재 일인 체제 아래서 민주적으로 운영되지 못할 때 국회 역시 민주적으로 운영되기는 어렵다. 이와 같이 민주성이 결여된 정당은 국민의 신뢰를 얻기 어렵고 정당에 대한 국민신뢰도의 저하는 자연히 국회에 대한 신뢰도 저하로 연결된다. 즉, 정당의 문제점들이 그대로 국회의 문제점으로 나타나는 것이다. 그동안 우리 정당들은 일체감의 약화와 비민주적인 운영방식에 기인한 정책기능의 미약과 국민의 불신 등 여러 가지 문제점들을 노정해 왔다.

이들 문제점을 간단히 살펴보면, 첫째, '정당의 일체감 결여'이다. 정당의 일체감 결여는 유권자들의 정치적 무관심의 증대, 투표율의 저조, 정당 소속당원들의 감소 등을 중심으로 논의되어 왔다(Burnham, 1982). 우리 정당의 일체감을 감소시키는 요인들을 정당의 행태적 측면과 구조적 측면으로 나누어 볼 수 있다. 정당의 행태와 관련된 것으로 우리 정당은 정당의 이념성보다는 정권교체 혹은 정치지도자들의 개인적 의지에 의해서 갑자기 탄생하는 경우가 많았다. 또한 우리의 경우 정당의 소속 여부를 고려할 때 정당의 강령이나 정책보다 개인적인 친분관계나 정치지도자에 대한 열성이 더욱 중요한 요인이 된다. 이러한 정당의 시혜 가능성 혹은 개인적 친분에 기초한 정당의 소속현상은 정당의 미래를 유동적이고 불확실하게 만드는 요인이 된다.

한편 정당의 일체감을 저해하는 구조적인 요인은 우리 정당들이 잦은 정계개편과 더불어 정당의 생성과 소멸이 단기간에 반복되어 정책정당으로서의 정책개발기능을 제대로 수행하지 못한 데 있다. 즉, 정책의 개발과 이의 실현능력이 부족하여 국가와 시민사회를 연결하는 정당의 정책기능이 미약하였다. 예외적으로 지난 IMF 외환위기상황의 김대중 정부에서 그동안 지속적으로 정치에서 배제되었던 노동자계급이 '노사정(勞使政) 위원회'라는 공식기구를 통해 정치 파트너로 등장하게 되었다. 그들은 정리해고(노동시장의 구조조정)를 대가로 정치활동을 보장받고 이러한 구조조정과정에서 기업과 정부에 대응하는 정치세력을 형성하였다. 이후 이러한 노동계급의 국회진입은 한국의 정치발전을 위해 환영할 만한 일이었다. 의회정치의 대표성이 그만큼 높아지기 때문이다.

둘째, '정당운영의 비민주성'이다. 정당의 민주화 없이는 민주적 의회정치를 기대할 수 없다. 그러나 그동안 우리나라 정당들은 민주주의 정당이라 보기 어려운 붕당정치·가신정치·사당정치·일인정치·부패정치라는 특성을 보여주었다. 정당 내의 의사결정과정이 일인 보스와 몇몇 가신 중심으로 이루어져 왔으며, 당명(黨命)에 따르지 않는 의사표현은 언제나 항명으로 받아들여지는 정당문화가 존속되어 왔다. 이런 점에서 '공론 형성의 자유공간'이 마련되지 못하였다.

중앙당의 경우 여야 구분 없이 총재 일인에게 권력이 집중됨으로써 당헌·당규에 따른 민주성의 원칙이 무시되었다. 대표위원·사무총장 등 주요 당직자 대부분의 임명이 총재의 입김에 좌우되는 것이 대표적 사례이다. 정당의 총재가 후보 공천권을 사실상 독점하고 지역구도로 선거가 치러지는 현상 때문에 '낙하산 후보'가 남발되고 당원들의 의사는 철저히 배제되었다. 이렇듯 당원들에게 공직 후보자 선거권과 지구당 자율운영권이 없는 상태에서 우리 정당은 '민주주의를 배양하는 학교'가 아니라 '비민주주의 학교'로 정치사회화 기능을 수행해 온 것이다. 결국 우리의 정당은 사회구성원의 이해갈등을 조정하고 이념을 구현하기 위한 정치집단이 되지 못했던 것이다.

셋째, '정당에 대한 낮은 신뢰도'이다. 우리 정당에 대한 불신은 여러 가지 요인에 의하여 설명될 수 있다. 우선 위에서 언급된 정당제도의 문제점들(정당의 일체감 결여와 정당운영의 비민주성에 기인한 정책연계기능의 약화 등)은 정당에 대한 불신과 밀접한 관련을 맺고 있다. 그 외에도 정당에 대한 불신감은 정당의 탄생배경과도 관련이 있다. 우리 정당의 기원은 시민들의 정치적 욕구를 충족시키기보다는 새로운 정권이 등장할 때마다 이를 위한 정치적 도구로서 탄생되는 측면이 강했다. 예를 들어 박정희 대통령 아래서 공화당, 전두환 대통령 아래서 민정당은 기존의 정당을 모두 해산하고 새로 출범하는 권위주의 정권을 합리화하기 위하여 설립된 정당들이다. 따라서 국민들은 이러한 정당들이 국민보다는 정권의 담당자들을 위해서 존재하는 것으로 볼 수밖에 없었다. 물론 이 당시 야당의 경우 민주화를 위해서 투쟁한 긍정적인 측면도 있다.

아울러 우리 정당은 여전히 이합집산이나 정치인의 잦은 당적(黨籍) 이동 현상을 보여주고 있다. 이러한 현상은 정치인들 자신의 정치적 신조나 자질과 관련해서도 설명이 되겠지만 근본적으로는 인위적인 정계개편을 해온 우리 정치구조에도 그 원인이 있다고 볼 수 있다. 흔한 예로서 다른 정당 소속 의원의 흡수를 통하여 이루어지는 집권 여당의 인위적인 정계개편 시도는 국민들의 정당에 대한 불신감을 증폭시킨 한 요인이 되었다. 즉, 정계개편과 관련하여 정당의 일체감이 손상되고 개편과정 또한 여당이 야당의원들의 정치적 비리를 무기로 협박하거나 혹은 공천권이나 정치자금을 제공하는 등 비도덕적인 방법으로 진행되면서 정당에 대한 불신감이 높아졌다고 볼 수 있다.

(3) 지역주의

일반적으로 어떠한 것이 권력의 자원으로 동원되느냐 하는 것은 정치문화나 구조, 정치체제의 특성, 그리고 역사적 · 상황적 맥락에 따라서 결정된다. 제 3세계의 정치참여와 권력현상에 대한 연구에 따르면 지역 연고, 가족주의, 학연 등 전통적인 정체감이 고용기회나 사회적 신분 상승 과정에 밀접한 관련을 맺고 있음을 발견할 수 있다(Nelson, 1987). 우리의 경우 정당 간의 경쟁전략 및 정치선거 전략은 지역주의라는 권력자원을 중심으로 진행되어 왔다(김만흠, 1995). 이러한 정당 및 정치세력의 지역 연고주의 현상은 1970년대 초 대통령선거를 기점으로 2012년 대통령선거를 포함하여 지금까지도 지속된다. 이러한 정당의 지역화 현상은 그동안 가장 오랫동안 집권세력의 연고지였던 영남과 이의 강한 경쟁세력이었던 호남에서 가장 두드러지게 나타났다. 최근에는 충청지역이 이에 가세했다.

여기서 주목할 것은 이러한 지역적 정서에 기초한 투표행태가 종종 어느 정당도 국회에서 안정된 과반수 의석을 획득하기 어려운 상황을 초래하기도 한다는 것이다. 국회와 대통령에 대한 유권자의 다른 선호 때문이라기보다는 지역이라는 변수 때문에 이른바 분할된 정부권력구도가 형성될 가능성이 크다. 이처럼 우리 정당정치가 지역주의에 기초하기 때문에 김대중 정부와 노무현 정부 초기와 같이 여소야대의 분할정부 상황에서 지역 간의 연합이 어떻게 진행되느냐에 따라 분할된 정부가 나타날 수도 혹은 통합된 정부가 나타날 수도 있었다.

4) 정국의 운영방향과 주요 정치적 변수들

박근혜 대통령의 집권 초기 정치적 상황은 여대야소의 정치구도였다. 이는 지난 2003년 노무현 대통령 집권 초기, 1998년 김대중 대통령 초기, 1988년 노태우 대통령 초기의 여소야대라는 정치구도와는 정반대이다. 실제로 김대중 대통령 아래서 여당이었던 국민회의는 과반수를 확보하지 못했기 때문에 국무총리 임명동의안조차 처리하지 못했다. 또한 노태우 대통령 아래서 민정당은 과반수를 확보하지 못했기 때문에 대법관 임명동의안조차 처리하지 못하는 등 국회와의 관계에서 항상 야당과 협상을 해야 하는 상황이었다. 이러한 정국의 대치상황은 결국 '의원 빼내오기'와 '3당 통합'이라는 인위적 정계개편을 가져왔다.

지난 1998년 김대중 대통령 아래의 정치구도는 노태우 대통령 출범 때보다 권력의 분산이 더욱 심화된 상황이었다(〈표 3-5〉 참조). 왜냐하면 행정부의 권력구성이 국민회의와 자민련 양당 간의 연합으로 분점되었고, 국회에서는 야당인 한나라당이 과반수 의석을 차지한 여소야대의 정치구도를 형성하였기 때문이다. 더구나 경제위기 아래서 경제의 구조조정을 위하여 노사정위원회가 구성되어 노동자 집단의 정치적 이

〈표 3-5〉 우리 정치구도의 유형

	여대야소	여소야대
행정권의 독점	유신, 전두환 정부/ 김영삼 정부/ 후기 노무현 정부(2004년 총선 이후)/ 이명박 정부와 초중반기 박근혜 정부	3당 합당 이전의 노태우 정부/ 후기 김대중 정부(2000년 총선 이후)/ 초기 노무현 정부/ 후기 박근혜 정부(2016년 총선 이후)
행정권의 분점	3당 합당 이후의 노태우 정부/ 중반기 김대중 정부	초기 김대중 정부(2000년 총선 이전)

해까지도 고려해야 하는 상황이었다.

김대중 정부 초기는 국가가 위기에 처할수록 모든 정책이 신속히 결정되고 빠르게 집행되어야 하는데 원내에서는 여당인 행정부와 다수당인 야당의 국회가 대립하고 원외에서는 노사정이 대립하는 상황에 놓여 있었기 때문에 정치세력들 간의 합의와 타협이 그 어느 때보다 중요한 시기였다. 당시 인위적인 정계개편을 통하여 국민회의와 자민련이 합쳐서 공동여당을 형성했으나 내각제 개헌과 관련하여 집권공동 여당 간에 불협화음이 종종 일어났고 결국은 2001년 임동원 통일부 장관 해임안을 놓고 의견을 보이면서 공조가 파기되었다.

헌법상 규정된 우리의 현행 정부형태는 다수제(*majoritarianism*) 민주주의의 구조를 지녔다. 즉, 과반수 원칙에 의하여 정국이 운영된다(자세한 것은 진영재, 1997 참조). 따라서 우리의 정치권력구조는 선거결과 국회의 다수당이 여당과 다른, 즉 분할된 정부 또는 여소야대일 경우 국정운영에 갈등이 일어날 가능성이 크다. 그렇지만 실제 우리 국회의 운영행태를 보면 단순 과반수의 여당이 장외투쟁과 같은 소수당의 실력저지에 의하여 다수제 국가들처럼 의회권력을 독점하지 못하는 측면이 많다.

또한 상임위원회 구성에서도 과반수 정당이 위원장을 독점하지 못하고 있다. 즉, 통합된 정부형태 아래서도 여전히 대통령과 여당의 정국운영 방식에 따라서 정국운영이 효율적이지 못한 경우가 많았던 것이다.

나아가 우리 국회는 지난 2012년 5월 25일 다수당이 단순히 다수의 힘에만 의지하여 소수당에 대한 설득이나 합의 없이 의안을 처리하지 못하도록 제도적 장치를 마련하고, 소수당은 회의장 점거나 폭력 행사를 통하여 회의진행을 저지하지 않도록 하자는 취지에서 국회법 개정을 통해 이른바 '국회선진화법'을 마련하였다(홍완식, 2012). 이에 개정된 국회법에서는 과거 '날치기 통과'의 주요한 수단으로 사용되었던 국회의장 직권상정제도를 '천재지변의 경우, 전시·사변 또는 이에 준하는 국가비상사태의 경우, 의장이 각 교섭단체대표의원과 합의하는 경우'로 그 요건을 엄격하게 제한하였다(국회법 제85조 제1항 및 제86조 제2항).

아울러 개정 국회법은 여당과 야당의 타협을 촉진하는 '의안 자동상정제도 도입(숙려기간 경과 후 30일이 경과한 날 이후 처음으로 개회하는 위원회에 자동상정)', '신속처리제도 도입(재적의원 5분의 3 이상 또는 소관위원회 재적위원 5분의 3 이상이 찬성하였을 때 신속처리안건으로 지정)', '상임위 내 의안조정위원회 설치(재적 조정위원 3분의 2 이상의 찬성으로 의결)', '의사진행방해(Filibuster) 제도 허용(재적의원 5분의 3 이상의 찬성으로 토론종결)', '국회 폭력 시 처벌 강화(공개회의에서의 경고 또는 사과의 경우 2개월 동안 수당 월액의 2분의 1을 감액, 30일 이내의 출석정지의 경우 3개월 동안 수당 월액 전액을 감액)', '예산안 자동부의제도 명시(매년 11월 30일까지 심사완료)' 등의 제도적 보완이 이루어졌다.

이로써 과반 이상의 의석수를 획득한 정당이라도 이제는 더 이상 독자적인 입법이 불가능하게 되었다. 왜냐하면 국회법 개정으로 국회의장의 직권상정이 유명무실해진 상황에서 법안이 본회의에 상정되더라도 의원 100명의 요구로 무제한토론이 실시될 경우 의원 180명 이상의 요구로 토론이 종결되지 않고서는 표결절차에 돌입할 수 없기 때문이다(국회법 제106조의 2). 지역주의에 기초한 우리 정당정치의 현실을 감안할 때 앞으로 특정 정당이 재적의원 5분의 3 이상, 즉 180석 이상의 의석을 확보하기는 매우 어려울 것이다. 앞으로 여당이 180석 이상의 의석을 점유하지 못한 경우 본회의에서 야당이 반대하는 법안이나 예산안을 의결하기 위해서는 야당과 대화와 타협을 통해 조율이 필수적이다(함성득, 2013b).

이러한 이유에서 2016년 총선 이전까지 여당인 새누리당이 과반이 넘는 의석수를 점유하고 있음에도 불구하고 박근혜 정부가 경제불황과 북핵문제 등을 어떻게 효율적으로 극복할 것인가에 대한 의문이 끊임없이 제기되었다. 더욱이 2016년 총선에서 여당이 패배하여 실질적 여소야대 상황에 직면하면서 박근혜 정부는 이전에 비해 보다 어려운 정치적 환경에 처해 있다. 이와 관련 대통령이 강력한 리더십을 발휘하여 국정을 운영하도록 해야 한다는 주장, 국민 참여를 기초로 대통령이 국민에게 직접 호소하여 정국을 주도해야 한다는 주장, 정계개편을 통해 여당 중심의 정국구도를 확실히 창출하여 정국운영의 효율성을 높여야 한다는 주장, 대화와 협상을 통해 정당과 국회의 정치적 생산성을 높여서 대처하자는 주장 등 여러 가지가 제시되고 있다. 우리가 직면한 여러 가지 위기를 고려할 때 정파와 계급 간 갈등을 초월하여 국익 위주의 실용주의로 나아갈 수 있도록 정치제도나 여건을 조성하는 것이 무엇보다 중요하다. 또한 이를 위해서 대통령과 각 정당 지도자들이 지도력을 발휘해야 하며, 정치세력들 간의 대화와 협상을 가능하게 만드는 대통령의 입법 리더십이 요구된다.

5) 대통령과 국회의 바람직한 관계

(1) 대통령의 입법 리더십

그동안 한국정치가 직면했던 많은 문제점들은 결국 대통령의 독단적인 국정운영의 부작용으로 집약될 수 있다. 이러한 독단적인 국정운영은 국가 전체 차원에서는 '대통령의 독주'로 그리고 정치의 기본단위인 정당의 수준에서는 '총재의 전횡'으로 나타났다. 한국에서 대통령은 대통령비서실, 경호실, 그리고 정보기관을 거느리고 있을 뿐 아니라 대개의 경우 국회에서 다수를 점한 집권당의 총수로서 국가권력의 핵이었다. 이와 같이 대통령이 집권당의 총재로서 공천권을 행사할 경우 국회와 대통령의 관계는 대통령제 본래 취지인 상호독립과 견제의 기능을 다할 수 없게 된다.

노무현 대통령 이전까지 우리 대통령은 공천권을 통하여 거의 언제나 다수당을 차지하는 여당을 통제했기 때문에 여당 국회의원은 소속정당의 총재인 대통령에게 반하는 정치적 행동을 하기가 어려웠다. 그러나 이러한 대통령의 절대적인 영향력 아래서도 노태우 대통령 집권 초기인 1988년 총선 이래 여소야대 정국이 자주 출현하였다. 이러한 여소야대 정국 아래 국회에 대한 대통령의 정치적 영향력이 감소하면서 정부의 주요정책들을 둘러싸고 여야의 정치적 갈등이 높아졌으나 그 해결책으로서 정치적 타협은 나타나지 않았다.

정치적 상황이 어려울수록 이의 해결을 위한 대통령의 입법 리더십의 중요성은 높아졌다. 미국의 사례를 살펴보아도 여소야대 아래서 나타나는 주요 정치적 갈등을 교차투표와 초당파적 협조(*bipartisan*) 정치나 대통령의 입법 리더십을 통해 해결하고 있다. 또한 프랑스의 경우에도 정책사안에 따라서 국익 우선의 실용주의적 정치문화를 취하면서 중요 현안에 대해서는 정파를 초월하여 상호협력하고 있다.

우리의 경우 지난 1998년 김대중 정부 초기 여권은 여소야대 정국 아래서 경제난국 돌파의 어려움을 호소하며, 2000년 총선에서 대통령과 집권 여당에게 정치적 힘을 모아줄 것을 강조했으나 결과는 여소야대 정국이 유지되었다. 이론적으로는 대통령이 당시의 여소야대 정국구도를 유지하면서도 타협과 협상을 기초로 하는 리더십을 발휘하여 대통령, 국회, 그리고 정당이 협조하여 정국을 효율적으로 운영하는 방식으로 나아가는 것이 가장 바람직하였다. 그것이 당시의 분할된 여소야대를 탄생시킨 유권자들의 대의민주주의 정치정신을 존중하는 것이었다. 왜냐하면 인위적인 정계개편을 통하여 대의민주주의 기본정신이 훼손될 때 우리의 정치발전은 오히려 늦어질 수밖에 없기 때문이다.

그러나 당시 김대중 대통령은 의원 빼내오기 등 인위적 정계개편을 통해 여소야대 정국을 여대야소 정국으로 개편하면서 정국운영을 위하여 강한 리더십을 발휘하고자 하였다. 이러한 상황에서 국회는 대통령에게 종속되었고 국가권력체제 간의 상호견제능력은 떨어졌으며 대통령 중심의 독단적인 정치가 나타났다. 김대중 대통령이 당시 정치구도에도 불구하고 국회와 정당의 협조를 바탕으로 정치적 갈등을 해소하는 리더십을 발휘했더라면 대의민주주의하 진정한 대통령의 정치력이라 평가받았을 것이다. 그것은 대통령의 독단이 아니라 상호타협을 바탕으로 한 것이기 때문이다. 2016년 총선 이후 실질적 여소야대 상황에 직면한 박근혜 대통령과 미래의 우리 정치 지도자들에게도 타협과 협상에 기초한 입법 리더십과 문화가 절실히 요구된다.

(2) 지역주의와 분할정부

우리의 경우 지역주의는 여소야대를 초래하는 근본적인 원인이다. 대의민주주의의 절차상 이것은 유권자들의 선택이기 때문에 그 자체로서는 형식상 아무런 하자가 없다. 또한 이러한 지역주의가 정치권력을 획득하는 데 가장 중요한 자원이라는 측면에서 이를 잘 이용한 정당들의 행태는 권력의 획득이라는 목표 달성에 적절한 전략이었으므로 합리적이었다고 평가되기도 한다(조기숙, 1993).

이러한 방식의 권력추구는 국가 전체 차원에서 볼 때 비합리적으로 귀결되고 있다. 무엇보다도 지역주의가 한국의 정당정치에 남긴 병폐는 정당 간의 경쟁과 정당조직의 민주화를 어렵게 한다는 데 있다. 즉, 지역에 근거한 선거 승패가 선거 이전에 어느 정도 예측 가능할 때 정당 간의 경쟁이 활성화될 수 없다. 지난 2014년 지방자치단체장선거에서 여당인 새누리당은 호남지역에 그리고 야당은 영남지역에 후보를 거의 출마시키지 않은 것은 이를 잘 반영한다. 또한 이러한 강력한 지역주의 정서는 정치엘리트나 정당으로 하여금 지역대중의 요구에 관심을 기울이기보다는 지역이라는 그 자체의 변수를 가장 강력한 선거전략으로 이용하도록 만들고 있다. 이는 정당의 정책개발 기능과 정당 간의 정책

경쟁체제를 약화시켜 이른바 '책임정당제'의 형성을 저해하는 요인이 되고 있다.

(3) 인위적 정계개편

지난 1998년 김대중 대통령 집권 초기 여소야대 정국의 근본적인 변화를 모색하는 여권의 인위적인 정계개편 움직임이 있었다. 당시 정계개편이 필요한 이유로는 안정적 국정운영, 정당의 지역 간 편차 해소, 이념과 성향 등에서 이질적 요소들이 혼재해 있는 각 정당의 정체성 회복 등이 꼽혔다. 반면에 그 부작용으로는 인위적 정계개편에 대한 국민의 거부감, 한나라당과 자민련을 자극하여 갈등을 유발할 수 있다는 우려, 철새 정치인들의 대이동 가능성 등이 지적되었다. 이렇듯 당시 인위적 정계개편은 그 당위성과 필요성에도 불구하고 현실적 부작용이 너무 컸기 때문에 그 옳고 그름을 판단하기가 힘들었다. 당시 여권은 과거와 같은 정계개편의 가능성을 부인하면서도 현실적인 국정운영의 어려움을 강조하면서 야당 의원 영입에 노력하였던 것이다.

이러한 실례들을 고려하면 언제 또 발생할지 모르는 여소야대 정국 아래서 정치적 갈등을 해소하는 처방책을 모색하기 위해 당시의 정계개편을 둘러싼 상반된 논쟁들을 살펴보자. 당시 여소야대 정국 아래서 어떻게 효율적인 정국을 운영할 수 있을 것인지에 대해서는 두 가지 다른 시각이 존재하였다. 하나는 다수제 원리에 충실하여 당시의 여소야대 정국을 여대야소로 바꾸어 정국운영의 안정을 도모하겠다는 시각이었다. 다른 하나는 당시의 여소야대를 존중하면서 합의제 모델에 따라 서로 타협과 양보로 정국안정을 도모할 수 있었다는 시각이었다. 이를 구체적으로 살펴보면 다음과 같다.

첫째, 정치적 상황론에 근거하여 당시 1998년 외환위기를 극복하기 위한 인위적인 정계개편이 불가피하다는 입장이었다. 여야를 불문하고 국익에 대해서는 서로 협조해야 한다는 시각에도 불구하고 당시 야당인 한나라당은 국회 다수당이라는 점을 최대로 활용하여 여당의 발목을 잡고 있는 상황에서 정계개편의 필요성은 불가피하게 보였다. 불가피론은 여당이 국회에서 과반수를 확보하여 다수제 모델을 복원시키겠다는 것이었다. 즉, 정치와 경제의 구조개혁과 정국의 안정을 효율적으로 도모하기 위해서는 당시의 여소야대를 여대야소로 개편할 필요가 있다고 본 것이다.[20] 그러나 당시 정계개편을 위한 상황논리도 이론적으로는 다음의 조건을 충족할 때만 정당성을 인정받을 수 있었다. 그 조건은 야당 정치인에 대한 이권 제공, 또는 약점 해결과 같은 대가성 결과가 아닌 정치적 소신과 신념에 따른 행동에서 비롯된 것이어야 한다는 것이었다.

둘째, 여소야대를 극복하기 위한 인위적인 정계개편을 반대하고 기존의 정치구도를 존중하면서 서로 합의와 대화로 정국운영을 도모해야

20) 1988년 제13대 총선 이래 박근혜 대통령까지 모두 8차례 총선이 실시되었다. 여소야대에 시달려 온 노태우 대통령은 1990년 초 3당 합당으로, 1992년 제14대 총선 후에는 무소속 영입으로 여소야대를 극복했다. 김영삼 대통령은 1996년 제15대 총선 후 무소속 영입으로 '여소'를 타개했다. 2000년 제16대 총선 후 김대중 대통령 역시 이른바 DJP 정당연합과 의원 영입으로 여소야대 정국을 타개했다. 그러나 노무현 대통령과 이명박 대통령의 경우 2004년, 2008년, 2012년 총선에서 대통령의 소속 정당이 다수당이 되었다. 한편 박근혜 대통령은 2016년 총선에서 여당인 새누리당이 패배하여 여소야대 상황에 직면하였다.

한다는 시각이 있었다(함성득, 1998i). 정계개편의 이름으로 야당의원을 데려다가 국회의 주도권을 인위적으로 확보하겠다는 것은 선거의 의미를 부정하고 국회의 권능을 통제하는 것이었다. 더구나 그것이 특정 지역 의원들을 중심으로 이루어진다면 지역당 현상과 지역주의를 더욱 심화시키고 정당정치의 안정을 손상시킬 가능성이 있다는 것이었다. 따라서 이러한 합의제에 입각한 시각에서는 인위적 정계개편보다는 대화를 바탕으로 한 타협을 통해 정국을 풀어나가는 것이 최선의 방책이라고 보았다. 당시 여권의 정계개편 추진이 불가피하게 이행되었더라도 정당한 정치적 과제를 제시하고 공론 속에서 떳떳하게 진행되었어야 했다는 것이다.

6) 소결론

대통령제 정부 아래서 대통령, 국회, 그리고 정당은 정치과정의 주요 행위자들이다. 정당은 대의민주주의의 탄생과 더불어 의회정치의 핵심적인 기능을 수행하는 가장 기본적인 정치적 단위로서 국회의원과 대통령 등 정치지도자들을 배출하는 기능을 담당하고 있다. 따라서 정당제도나 선거제도가 어떻게 구성되어 있고 유권자들이 어떤 정당을 얼마나 지지해 주느냐에 따라 대통령과 국회 간의 정치적 관계가 달라진다.

일반적으로 다당제를 취하는 대통령제 아래서는 세 가지 가능한 정치권력구도가 형성될 수 있다. 첫째, 국회에서 과반수를 획득한 정당과 대통령이 속한 정당이 일치하는 통합정부(*unified government*: 김영삼 정부, 전두환 정부, 후기 노무현 정부, 이명박 정부, 초기와 중기 박근혜 정부), 둘째, 양당제 또는 다당제하 대통령이 속한 정당과 국회에서 과반수를 획득한 정당이 다른 분할정부(*divided government*: 김대중 정부, 초기 노무현 정부), 셋째, 다당제하 국회의 어느 정당도 과반수를 획득하지 못하는 정부권력형태(*no majority government*: 초기 노태우 정부, 후기 박근혜 정부) 등으로 나눌 수 있다. 이러한 정치권력구도에 따라서 대통령과 국회의 정치적 관계가 달라지며 전반적인 국정운영에서 상당한 변화가 있다는 것이다.

대통령제 아래서 학문적으로나 실제 정치에서 가장 쟁점이 되는 권력형태는 분할정부이다. 일반적으로 분할정부에 대한 평가는 부정적인 측면이 많다. 미국에서도 이러한 권력형태는 생산성이 낮고 비효율적인 것으로 간주된다. 반면 분할정부와 통합정부 사이에 일반화된 뚜렷한 차이가 없다는 주장도 있다. 분할정부를 초래하는 원인으로서는 여러 가지가 지적되고 있다. 미국의 경우 우선 대통령과 의회에 대한 유권자의 다른 선호경향과 동시선거보다는 중간선거에서 분할정부가 많이 나타난다는 선거주기이론 등이 제시되었다.

분할정부는 일반적으로 대통령의 권한을 축소시키는 경향이 있다. 그러나 정국운영 방식이나 실제 대통령과 의회의 상호공조는 대통령의 지도력에 의해서도 크게 좌우되는 경향이 높다. 미국의 경우 책임정당제의 약화에 따른 느슨한 정당형태 때문에 나타나는 교차투표나 초당파적 협조정치의 존재는 대통령이나 정당 지도자들의 역할을 중요하게 부각시키고 있다. 또한 이것이 특정 정책분야에서는 의회와 대통령이 서로 협조하게끔 한다. 특히, 외교나 안보에서는 의회가 대통령에게 협력하는 경향이 높기 때문에 분할된 정부형태가 효율적인 국정운영에 큰 장애로 작용하지 않는다.

미국과 달리 우리의 경우 분할정부를 초래하는 가장 큰 요인은 지역할거구도에 있다. 영남, 호남, 충청 등 각 지역을 대표하는 정당들이 존재하기 때문에 어느 지역끼리 연합하느냐에 따라서 정부권력형태가 다르게 나타날 수 있다. 즉, 노무현 대통령이나 김대중 대통령이 취임 초기에 직면한 여소야대는 호남과 충청에서의 적극적 또는 소극적 지지로 인해 대통령선거에서 승리함으로써 탄생한 분할정부라고 할 수 있다. 만약에 지난 1997년과 2002년 대통령선거에서 영남과 충청이 연합하여 대통령선거에서 승리했더라면 여소야대가 아닌 통합정부가 탄생했을 것이다.

우리의 경우 그동안 분할정부가 드물게 나타났기 때문에 이를 일반화하기는 어렵다 하더라도 이러한 분할정부의 운영방식에서 미국과는 다른 몇 가지 점이 발견된다. 무엇보다도 우리 정당은 미국과 달리 강한 중앙집권적 통제가 이루어져 국회의원들이 정당의 노선을 벗어나기 어려운 상황이기 때문에 교차투표나 초당파적 협조와 같은 현상이 일어나기 어려운 구조를 가지고 있다. 또한 국정운영의 효율성도 대통령의 지도력에 따라 달라질 수 있는데, 상호 설득과 타협의 문화가 정착되어 있지 않아 대통령이 정치적 능력을 발휘하는 데 한계가 있다.

실제로 우리의 경우 여야 간의 정책심의 과정에서 국가이익이 좌우되는 중요 안건을 놓고 서로 타협하는 정치문화가 형성되기보다는 극한 대립으로 치닫는 경우가 많았다. 실제로 초기 노태우 정부의 대법원장 임명동의권이나 초기 김대중 정부의 국무총리 임명동의권 등에서 그 예를 살펴볼 수 있다. 이러한 갈등은 우리의 정당정치에서 주요 정치문제를 협상과 타협을 통하여 합리적으로 해결하지 못하는 정치문화에 기인한다. 우리 정당은 총재 중심의 비민주적인 통제방식에 의하여 운영되는 집단이며 정책연계기능 또한 낮은 편이다. 이로 인하여 분할정부가 탄생할 경우 요구되는 상호협력이나 협상을 통한 타협을 기대하기 어렵고 이는 국정운영의 효율성을 떨어뜨리는 주요 원인이 되고 있다.

지난 1998년 김대중 정부나 2003년 초기 노무현 정부의 여소야대 상황에서 어떻게 했으면 구조조정을 효과적으로 진행하고 정국안정을 도모하여 정치의 생산성을 높일 수 있었을까? 무엇보다도 우선 정당정치의 민주화와 생산성이 높아져서 국회의 정치력을 높이는 방향으로 나아갔어야만 했다. 또한 국회와 대통령 간의 견제와 협력이 필요했다. 이를 위하여 분할정부 아래서도 정책사안을 중심으로 협력이 이루어지고, 대통령이나 정당지도자들 간의 정치적 리더십이 발휘되어 정국이 효율적으로 운영될 수 있도록 우리 정치의 조율과 협상능력을 배양하는 것이 중요하였다. 실례로 1981년 Reagan 대통령은 취임 초 여소야대의 상황에서 100일 동안 49차례에 걸쳐 여야 의원 467명을 직접 만나서 소통을 통한 정치적 협상에 나섰다.

이러한 관점에서 이제 우리는 첨예한 여야갈등 구도 아래서도 효율적인 정국운영 능력을 키워야 할 시점이 된 것 같다. 특히, 경제불황과 북핵위기상황 아래서 2016년 4월 총선 결과 여당인 새누리당이 패배하여 여소야대 상황에 직면한 박근혜 대통령이 타협과 협상에 기초한 '입법 리더십'을 발휘하여 우리 정치권이 여야 갈등을 극복하고 국정을 효율적으로 이끌어 간다면 민주주의와 국정운영의 효율성 모두를 보장하는 정치발전을 기대할 수 있을 것이다.

제 4 장

대통령학의 시간적 차원

'성공한 대통령'은 '준비된 대통령'을 필요로 하고
'준비된 대통령'은 '준비된 참모'를 필요로 한다.
-함성득, 1999

앞에서 주장한 것처럼 대통령 연구의 시간적 차원은 대통령 후보자, 대통령 당선인, 재임 대통령, 전직 대통령 등의 관점에서 분석할 수 있다. 대통령의 성공적인 국정운영을 위해서는 시간적인 차원과 상황적 필요성에 따라 대통령 리더십의 강조점이 달라야 한다. 일반적으로 '국정운영 또는 통치'(*governing*)를 강조할 때는 대통령의 정책(*policy*), 입법(*legislative*), 행정(*administration*) 리더십 등이 강조되고 '선거운동'(*campaigning*)을 강조할 때는 대통령의 개인(*personal*) 내지 대중(*public*) 리더십 등이 강조된다. 이와 관련 우리 대통령의 국정운영을 시간적 차원에서 분석할 때 지금까지 통치와 선거운동의 강조가 시간적으로 그 상황적 필요성과 조화롭지 못하여 효율적인 국정운영이 어려웠다(함성득, 1997b; 1997c). 즉, 우리의 대통령은 통치를 강조해야 할 때는 선거운동을 강조하고 선거운동이 필요할 때는 통치를 강조하는 경우가 많았다.

따라서 대통령의 효율적이고 성공적인 국정운영을 위해서는 시간적인 차원과 상황적 필요성에 따라 대통령 리더십의 강조점이 달라야 한다. 구체적으로 첫째, 대통령 후보자는 국정운영의 기회를 갖기 위해 선거운동을 한다(*campaigning for governing*). 둘째, 대통령 당선인과 임기 초의 대통령은 보다 성공적인 국정운영을 위해 선거운동체제로부터 통치, 즉 국정운영체제로의 빠른 전환이 필요하다(*from campaigning to governing*). 셋째, 대통령은 성공적인 국정운영을 위해서 통치과정에서도 국민의 지지를 이끌어 내는 선거운동(*governing by campaigning or campaigning to govern*)이 필요하다. 넷째, 대통령은 그의 임기를 잘 마무리 짓고 동일 정당 소속 후보 또는 자신이 지지하는 후보를 당선시키기 위해서 훌륭한 통치업적(*campaigning by governing*)이 필요하다.

이제 이러한 대통령 연구의 시간적 차원을 대통령 후보자, 대통령 당선인, 재임 대통령, 전직 대통령 등의 시각에서 자세히 살펴보자.

1. 대통령 후보자: 아무나 대통령이 될 수 있을까

지금까지 우리는 이승만 대통령부터 박근혜 대통령까지 많은 기대를 가지고 역대 대통령의 시작을 바라보았다. 그러나 그들의 부정적인 국정운영의 결과 때문에 우리는 많이 실망했다. 그러면서도 전임 대통령들에 대한 실망이 크면 클수록 우리 국민은 더 나은 자질의 대통령을 기대하고 희망했다. 이러한 상황에서 대통령 연구는 대통령의 성공적인 국정운영을 위하여 보다 훌륭한 자질을 가진 대통령을 선출하려는 데 중점을 두어 왔다(김호진, 1997; 구광모, 1984; 이남영, 1996; 함성득, 2007 참조).

우리는 대통령의 역사성 속에서 '좋은 대통령', '바른 리더십'을 강조하여 왔고 또한 추구하였다. 이러한 강조는 지난날 우리 대통령들의 실패 또는 실정(失政), 즉 장기집권, 인권탄압, 5·18광주민주화운동 무력진압, 부정부패 등과 밀접한 연관성이 있다.

송진혁(1997)은 "〔한국에는〕 온전한 전(前) 대통령이 하나도 없다. 객사하고, 총 맞아 죽고, 감옥에 가 있고, 칩거하고 있다"라고 지적하였다. 대통령의 실패는 대통령 개인의 비극인 동시에 우리 모두의 비극이다. 이러한 실패 때문에 이론적으로 우리의 대통령 연구, 특히 '좋은 대통령'의 관점은 좋은 자질을 갖춘 사람을 대통령에 선출하려는 '자질론'적 연구와 많은 대통령 후보자 중에서 좋은 자질의 대통령을 선출하는 '선출과정'에만 초점을 맞춘 연구가 주류를 이루었다.

대통령직을 꿈꾸는 우리의 대통령 후보자들은 저마다 자신이 보다 나은 자질의 소유자임을 강조하였다. 실례로 1998년 8월 13일 〈동아일보〉가 실시한 여론조사를 살펴보면 우리 국민 대다수는 보다 나은 자질의 요소로 청렴 및 도덕성(24.6%), 미래에 대한 비전(20.4%), 국정운영 능력(19.5%), 개혁성(16.7%), 참신한 이미지(15.2%), 강인한 지도력(0.7%) 등을 들었다. 그러나 이러한 대통령 후보자의 자질분석은 그 자질의 요소가 너무나 추상적이어서 구체적으로 밝히지 못한다.

1) 미국 대통령의 자질연구

미국의 경우 대통령 연구에서 대통령의 자질과 대통령의 선출과정 및 국정운영 결과의 관계는 매우 흥미로운 연구대상이 되어 왔다. 자질의 중요한 요소로서 첫째, 신체적인 조건으로 '신장'을 살펴보았다. 연구 결과 대통령 선출 과정과 신장은 무관했다. 구체적으로 미국의 대통령 중 가장 키가 큰 대통령은 Clinton과 Bush로 76인치였고 작은 대통령은 Madison으로 64인치였다. 참고로 성공한 대통령들의 신장을 살펴보면 Washington 74인치, Jefferson 75인치, Lincoln 74인치, Wilson 71인치, Franklin Roosevelt 74인치, Kennedy 72인치이다. 반대로 실패한 대통령의 신장을 살펴보면 Buchanan 72인치, Grant 68인치, Harding 72인치, Nixon 72인치이다(Ragsdale, 1996). 따라서 신장은 대통령으로 선출되는 과정은 물론 국정운영 결과에도 아무런 영향력이 없다는 것이 밝혀졌다.

둘째, '나이'를 살펴보았다. 연구 결과 나이와 대통령 선출 과정은 무관했다. 구체적으로 미국의 대통령 중 젊은 나이에 선출된 사람은 Theodore Roosevelt(43), Kennedy(43), Clinton(46), Obama(47)이다. 많은 나이에 선출된 사람은 Reagan(69), William Harrison(68), Buchanan(65), George H. Bush(64), Eisenhower(63)이다. 또한 성공한 대통령의 예는 Washington(57), Jefferson(58), Lincoln(52)이고 실패한 대통령의 예는 Grant(47), Harding(56), Nixon(56)이다. 따라서 나이 역시 대통령으로 선출되는 과정은 물론 국정운영 결과에도 아무런 영향력이 없다는 것이 밝혀졌다(Ragsdale, 1996).

셋째, '정치적 경험의 유무와 기간'이다. 이 역시 연구 결과 정치적 경험이 전혀 없었던 대통령(Taylor, Grant)과 정치적 경험이 아주 길었던 대통령(Lyndon Johnson, Ford)이 있다. 비만지수를 통한 몸무게,[1] 군복무 경력,[2] 자식 유무, 즉 아들만 있는 경우, 딸만 있는 경우, 자식 수가 많은 경우(Tyler 대통령은 15명, Harrison 대통령은 10명), 자식이 없는 경우(Washington, Madison, Jackson, Polk, Buchanan, Harding 대통령), 자식의 수가 적은 경우 등은 대통령으로 선출되는 과정과 국정운영 결과에 아무런 영향력이 없다는 것이 밝혀졌다.

이러한 분석을 통해 미국 대통령 학자들은 가장 중요한 자질로 대통령 후보자의 '지적 능력', 즉 학력과 IQ를 꼽고 이를 중점적으로 연구하였다. Davis(1998)는 대통령의 자질, 특히 지적 능력과 국정운영 결과 사

---

1) 비만지수(Body-Mass Index, BMI)는 몸무게(kg)와 신장(cm)의 비율로 나타낸다. 비만지수 25 이상은 비만, 30 이상은 비만이 극히 심한 경우이다. 가장 비만이 심한 대통령은 Taft(42.3), Cleveland(34.6), McKinley(31.1), Taylor(30.2), Theodore Roosevelt(30.2)이다. 가장 비만지수가 낮은 대통령은 Madison(17.0)이다. 참고로 성공한 대통령은 Washington(25.5), Jefferson(22.0), Lincoln(21.7), Franklin Roosevelt(23.6)이다. 실패한 대통령은 Harding(23.5)과 Grant(23.3)이다. 최근의 대통령은 Kennedy(22.6), Johnson(26.0), Nixon(23.9), Ford(26.2), Carter(22.4), Reagan(24.2), Bush(24.8), Clinton(28.3)이다(Eskin, 1998).

2) 1997년과 2002년 우리 대통령선거에서 당시 이회창 대통령 후보 장남의 군 면제가 문제가 되었다. 미국에서는 1992년 대통령선거에서 Clinton 대통령의 군대기피 문제로 군복무 경력이 중요시되었다. 미국의 경우 많은 대통령이 군복무 경력이 있으나, 군복무 경력이 전혀 없는 대통령도 있다(예를 들어 John Adams, Jefferson, John Quincy Adams, Buren, Cleveland, Taft, Wilson, Harding, Coolidge, Hoover, Franklin Roosevelt, Clinton 대통령). 심지어는 Cleveland 대통령처럼 남북전쟁 당시 징집이 되었으나 돈을 주고 징집을 피한 인물도 대통령에 두 번이나 당선되었다.

이의 상관관계를 사례분석을 통하여 연구했다. 그는 지적 능력이 뛰어난 대통령(괄호 안은 그들이 졸업한 대학)으로 John Adams(Harvard), Jefferson(William & Mary), Madison(Princeton), Lincoln(독학), Theodore Roosevelt(Harvard), William Taft(Yale), Woodrow Wilson (Princeton), Kennedy(Harvard), Nixon(Whittier), Carter(Naval Academy), Clinton(Georgetown) 대통령 등을 들고 이 중 지적 능력이 특히 뛰어났던 Carter의 국정운영 실패를 흥미 있게 분석하였다.

또한 학력 면에서 조금 떨어지는 Truman, Reagan 대통령의 지적 능력과 국정운영 결과의 관계를 분석하였다. 참고로 미국 대통령 중 Washington 대통령은 정규교육을 전혀 받지 않았다. Andrew Johnson 대통령은 전직이 재단사였고 Truman 대통령도 가게 사환을 거쳐 조그마한 가게 주인으로서 정규 대학교육을 받지 않았다. 그 외에 정규 대학교육을 받지 않은 대통령은 Andrew Jackson, Buren, Taylor, Fillmore, Lincoln, Cleveland이다.[3)]

Davis(1998)의 분석 결과는 다음과 같다. 첫째, 미국의 모든 대통령은 지적 능력이 있다. 즉, 모두 다 IQ 면에서 적어도 100 이상은 될 것이다. 둘째, 높은 지적 능력이 성공적인 국정운영을 보장하지는 않는다. 셋째, 대통령의 선출과정은 대통령선거 기간만이 아니라 대통령 후보자 전 생애에 걸친 것이다. 이러한 과정에서 지적 능력이 떨어진다

---

3) 참고로 지금까지 정식으로 대학교를 졸업한 미국 대통령 영부인은 13명뿐이다 (Lucy Hayes, Lucretia Garfield, France Cleveland, Grace Coolidge, Lou Hoover, Jacqueline Kennedy, Lady Bird Johnson, Pat Nixon, Rosalynn Carter, Nancy Reagan, Hillary Clinton, Laura Bush, Michelle Obama).

는 것이 표면화되면 그것은 그 후보자에게 치명적으로 부정적인 영향을 준다. 예를 들어 Ford 대통령이 대통령선거 토론회에서 동유럽 국가와 소련의 관계를 잘못 설명한 실수는 그의 대통령선거에 부정적으로 영향을 미쳤다. 또한 Bush 대통령 당시 부통령이었던 Dan Quayle이 대통령 출마를 고려할 때 당선 가능성이 희박했던 이유도 그의 부족한 지적 능력 때문이었다. 불행하게도 그가 '감자'(*Potato*)의 알파벳을 정확히 모른다는 사실이 너무나 명백하게 언론에 노출된 것이다.

2) 소결론

이러한 분석을 통해 시간적인 차원에서 대통령 후보자와 관련하여 정리하면 다음과 같다. 첫째, 우리의 경우도 이제 대통령의 선출과정은 대통령선거 기간만이 아니라 대통령 후보자 전 생애에 걸친 것이다. 예를 들어 몇 년 전에 저지른 잘못이 대통령선거 기간 중 밝혀져서 큰 이슈가 될 수도 있다. 나아가 이 과정에서 후보자 자신뿐 아니라 그의 가족, 참모들의 문제도 선거결과에 크게 영향을 미친다.

대한민국 국민으로서 법률로 정한 자격요건만 갖추면 우리 국민 누구에게나 대통령이 될 수 있는 기회는 주어져 있다. 그러나 아무나 대통령이 될 수는 없다. 왜냐하면 대통령이 되려는 사람은 의식적 혹은 무의식적으로 항상 대통령선거에 필요한 자질과 자원을 준비하고 있어야 하며, 축적한 자질 및 자원이 당시의 정치경제적 상황과 조화를 꾀할 수 있어야 하기 때문이다.

둘째, 우리의 대통령 후보자들은 대통령에 당선되는 것에만 관심을 집중하여 당선 후의 국정운영 준비를 하지 않는 경향이 높다(함성득, 1997b; 1997c). 따라서 우리의 역대 대통령은 군사혁명으로 대통령이 된 사람이든 치열한 선거경쟁을 거쳐 당선된 대통령이든 국정운영의 준비 미비로 말미암아 대체적으로 실패한 대통령으로 기록되고 있다. 이렇게 실패한 대통령이 되려면 도리어 대통령선거에서 당선되지 못하는 편이 나을 것이다. 그러므로 대통령 후보자는 대통령선거를 준비하는 과정에서 미국의 경우처럼 '선거운동(*campaigning*) 팀'[4] 과 '국정운영준

---

4) 미국의 경우 '직업적인 선거운동 전략가'(*professional campaign strategist*)가 있다. 이들은 대체적으로 그들이 도와서 당선된 후보자의 국정운영에는 참가하지 않는다. 왜냐하면 이들은 국정운영에는 별 관심이 없고 '선거운동'에만 관심을 가지고 있기 때문이다. 일반적으로 이들은 동시에 여러 선거운동을 관장한다. 예를 들어 대통령선거에서 민주당 후보를 위한 운동을 하지만 어떤 주의 주지사, 연방 상원의원, 하원의원 등의 선거에서는 공화당 후보를 위해 일하며 지방의 시장, 주 상원의원, 하원의원 등의 선거에서는 민주당을 위해 일을 할 수 있는 경우도 있다. 특히, 이들은 자신의 이력서에 권투선수처럼 '몇 전 몇 승 몇 패'의 선거운동 전적을 명확히 표시한다. 이러한 직업적 선거운동 전략가의 대표적인 인물로는 1996년 Clinton 대통령 재선을 진두지휘하다 성추문사건으로 물러난 Dick Morris가 있다. 그는 당시 대통령선거뿐만 아니라 다른 주의 공화당 상원의원을 위한 선거운동을 지휘했고 또한 지방의 여러 다른 선거에서 소속 정당이 다른 후보들을 위해 일을 했다. 또 다른 대표적 인물은 1992년 Clinton 대통령의 당선과 1996년 Clinton의 재선에 크게 기여한 James Carville이다. 그는 국정운영보다 선거운동 자체를 무척 즐기는 사람으로서 자신의 사생활을 철저히 보호하고 싶은 사람이었다(Carville and Matalin, 1994). 물론 이렇게 유명한 선거운동 전략가는 국정운영에 참가한 사람들과 달리 선거운동 자문비와 기타 회고록, 방송출연, 강연 등을 통해 부와 명성을 함께 누리면서 자신의 사생활을 철저히 보호하고 있다. 또한 이들의 대통령, 상원의원 등 그들이 도와 선출된 당선인에 대한 정치적 영향력은 크다. 예를 들어 Dick Morris는 1996년 Clinton 대통령의 재선운동 과정에서 국가 주요정책 결정에

비(*governing*) 팀'을 동시에 운영하는 것이 바람직할 것 같다. 이렇게 하면 비록 특정 시기의 대통령선거에 지더라도 다시 5년 후에 도전할 때는 누구보다도 정책개발에 앞서 '준비된 대통령 후보자'로 돋보일 것이고 그만큼 당선 가능성이 높아질 것이다. 또한 당선되면 대체적으로 국정운영을 성공적으로 할 가능성이 높을 것이다. 최근 미국의 예를 보면 Nixon, Reagan, Bush 대통령 등이 대통령선거에서 한 번 이상의 실패를 겪으면서 보다 착실한 선거운동과 국정운영 준비를 통해 대통령에 당선되었다.

셋째, 우리의 '대통령 선거운동'(*presidential campaign*)과 관련해서는 서문에서 밝힌 바와 같이 연구대상이 워낙 넓고, 자료수집에 어려움이 있어 연구의 이론성과 과학성이 낮아 이 책에서는 자세히 다루지 않았다. 다만, 현재의 미국 대통령학과 우리의 연구에서는 대체적으로 5가지 중요 요소가 선거결과에 영향을 미친다고 보고 있다. 5가지 요소는 '후보자 이미지'(*candidate image*), '정책이슈 입장'(*issue position*), '미디어 관계'(*media coverage*), '여론조사'(*public opinion polls*), '선거자금'(*campaign money*) 등이다(Ragsdale, 1996). 최근 미디어 중심으로 진행되는 대통령선거의 추세를 보면 이 중 후보자 이미지가 선거결과에 가장 중요한 영향을 미친다.

실례로 미국 대통령선거에서 승리한 후보는 패배한 후보보다 대체적으로 일반 국민들에게 더 좋은 성격을 가진 것처럼 인식되었다(자세한 것은 Ragsdale, 1996 참조). 이러한 대통령 후보자 이미지의 중요성은

큰 영향력을 발휘했다(Morris, 1996).

1997년 이후 우리 대통령선거에서도 후보자 간의 '텔레비전 토론회'가 정착됨으로써 더욱 중요시되고 있다.[5)]

넷째, '지역주의', '정책내용보다는 인물 중심 투표성향' 등 불합리하고 비민주적인 요소가 많은 현재 우리의 대통령선거 과정을 고려할 때 이러한 선거과정을 거쳐서 대통령에 당선된 사람이 꼭 훌륭한 자질의 소유자라고 하기는 어려울 것이다(함성득, 1997b; 1997c). 즉, 대통령으로서 성공적인 국정운영을 할 수 있는 훌륭한 자질의 소유자가 대통령선거 과정에서 정치적으로 생존하고 승리하기가 힘들다는 것이다. 그러므로 현재의 대통령선거 과정을 거쳐서 당선될 대통령은 우리가 갈망하는 훌륭한 자질의 소유자가 아닐 것이라고 가정하는 것이 보다 현실적이다. 이러한 가정 아래서 우리의 대통령 연구는 "어떻게 하면 평범한 대통령 당선인을 도와 앞으로 대통령으로서 국정을 보다 잘 운영하도록 할 수 있는가"에 초점을 맞추는 것이 바람직하다.

---

5) 이와 관련하여 1960년 미국의 Kennedy 민주당 후보와 Nixon 공화당 후보 간의 텔레비전 토론회를 예로 들면서 텔레비전 토론회가 대통령선거 결과에 미치는 영향의 중요성을 설명하는 사람들이 많이 있다. 그러나 최근 연구에서는 텔레비전 토론회가 선거결과에 미치는 영향력에 대한 기존의 분석이 과대평가되었다고 주장한다. 이 연구는 Kennedy와 Nixon의 토론회를 라디오로 들은 사람들은 Nixon이 훨씬 더 잘했다고 생각했다는 것을 밝혀냈다. 또한 Kennedy의 Nixon에 대한 아주 근소한 승리는 텔레비전 토론회보다는 Lyndon Johnson을 부통령 후보로 지명하여 남부의 표를 획득할 수 있었기 때문이라는 것이다. 대체적으로 많은 국민은 토론회 이전에 이미 그들이 지지하는 후보를 정하고 그 후보자를 응원하면서 토론회를 시청한 후 지지를 더욱 공고화한다는 것이다. 다만 텔레비전 토론회는 아직도 지지 후보를 정하지 않은 부동층에는 영향력이 크다는 것이 밝혀졌다. 그리고 대통령 후보자가 텔레비전 토론회에서 너무나도 명백한 실수를 하는 경우는 선거결과에 확실히 부정적인 영향을 미친다는 것도 밝혀졌다.

2. 대통령 당선인: 정권이양기의 과제

선거운동은 한 사람을 당선시키기 위한 지향점이 분명한 것입니다.
반면 국정운영은 모든 사람들의 이익을 위해 노력하는 것입니다.
— Richard Nixon in Crowley, 1996

우리가 현재의 대통령제를 유지한다면 매 5년마다 12월에 많은 '대통령 후보자' 중에서 '대통령 당선인'을 결정할 것이다. 그리고 대통령 당선인은 이듬해 2월 25일 5년 임기의 '대통령'에 취임하여 국정을 운영할 것이다. 이 새로운 대통령(*president*)이 '대통령직'(*presidency*)을 시작하여 성공적으로 국정을 운영하는 것은 우리의 지속적 발전을 위해서 매우 중요하다.

지금까지의 대통령 연구는 대통령의 성공적인 국정운영을 위하여 보다 훌륭한 자질을 가진 대통령을 선출하려는 데 중점을 두었다(구광모, 1984; 이남영, 1996; 함성득, 1997b; 1997c 참조). 그러나 앞에서 언급한 것처럼 불합리하고 비민주적인 요소가 많은 현재의 대통령선거 과정을 고려할 때 대통령에 당선되는 인물이 꼭 훌륭한 자질의 소유자라고 하기는 어렵다. 따라서 앞으로 대통령에 당선될 인물은 우리가 갈망하는 정도의 훌륭한 자질을 갖춘 사람이 아닐 것이라고 가정하는 편이 좀더 현실적이다. 이러한 관점에서 이 절은 평범한 자질의 대통령 당선인이 앞으로 성공적인 국정운영을 해나가기 위한 그 첫 단계로 취임 전에 어떻게 선거운동(*campaigning*) 중심의 보좌조직을 국정운영(*governing*) 중심으로 전환시키는지에 초점을 맞추고자 한다.

이와 관련하여 Jones(1997)와 Neustadt(1990)는 대통령의 성공적인 국정운영을 위해서는 취임 전 정권이양기에 대통령 당선인이 그의 보좌조직을 선거운동 중심에서 국정운영 중심으로 빠르게 전환하여 치밀하고 철저하게 국정운영 준비를 할 필요가 있다고 주장한다. 취임 전 대통령 당선인의 성공적인 국정운영 준비는 대통령 당선인이 가칭 '국정운영준비위원회'(취임식준비위원회와 정권인수 및 정부구성위원회를 포함)를 한시적으로 조직하여 주요 국가정책들의 파악 및 지속에 대한 결정 등을 포함해 안정적으로 정권을 인수하고, '국정비전의 정립 및 정책개발', '조직구성' 그리고 조직의 '인원충원'을 통해 치밀하게 정부를 구성하는 것이다(Campbell, 1986; Felzenberg, 2000; Jones, 1997; Pfiffner, 1988; 1991; 함성득, 2012).

개인적으로 대통령 당선인은 약 70여 일[6] 사이에 대통령 후보자에서 대통령 당선인으로 그리고 대통령으로 신분이 빠르게 바뀌며 권한과 책임이 급격히 확대된다. 국민은 대통령 당선인에 대해 언제나 큰 기대감을 가지며, 대통령 당선인은 취임 순간부터 이러한 국민의 기대감에 부응하여 국정을 이끌어야 한다(Pfiffner, 1988; 1994). 대통령 취임 후에는 매일의 국정운영에 얽매여서 국정 전반의 방향을 결정하는 데 시간 및 구조적 제약이 따른다. 그러므로 대통령 당선인은 취임 전 그의 국

6) 미국의 경우 대통령 취임일은 3월 4일이었다. 그러나 초기 대공황 아래서 당시 재임 대통령 Hoover와 대통령 당선인 Franklin Roosevelt 사이에 협조가 잘 되지 않았다. 이러한 상황, 즉 약 150여 일의 정권이양기간에 대공황의 위기는 더욱 악화되어 갔다. 따라서 국정공백 상태를 줄이기 위하여 Roosevelt 대통령의 집권 1기 이후 대통령 취임일을 1월 20일로 앞당겨서 정권이양기간을 현재의 약 70여 일로 축소 변경하였다.

정운영 전반에 관한 방향 설정 및 이의 실행을 위한 조직구성 및 인원충원을 준비하여야 앞으로 국정을 더욱 성공적으로 운영할 수 있다.

그러나 대통령 당선인이 안정을 유지하며 정권을 인수하고 치밀하게 정부를 구성하는 것은 무척이나 어렵다. 왜냐하면 재임 대통령의 임기 말에는 권력누수 현상이 심화되어 국정운영의 중요한 역할을 담당하는 공무원의 정치적 성향이 높아지고 행정업무 수행은 더욱 소극적이 되며 현상유지 및 몸 사리기 경향이 심화되면서 국정이 표류하기 때문이다. 아울러 대통령 당선인과 재임 대통령의 소속정당이 다르다면 정국은 더욱 혼란스러울 것이다. 왜냐하면 새 대통령은 재임 대통령 정부가 주도해 온 다수의 주요 국가정책들을 지속하지 않을 것이고, 정치적 보복을 염려한 재임 대통령 정부가 국가운영 절차상의 파행 및 기밀유지 등을 통한 정치적 이익계산을 추구한다면 안정된 정부이양 또는 정권인수가 그만큼 어려워지기 때문이다.

대통령 당선인이 취임하기 전 '정권인수'와 '정부구성'에는 많은 인원과 상당한 시간을 필요로 하나, 우리 헌법이 대통령 당선인에게 부여한 시간은 불과 약 70여 일뿐이다. 이 짧은 기간 내에 대통령 당선인은 안정적으로 정권을 인수하고 치밀하게 정부를 구성해야 한다. 구체적인 예로 약 70여 일 만에 대통령 당선인은 재임 대통령의 외교 및 안보 그리고 경제정책들을 분석하고 자신의 견해를 확정해야 하며, 재임 대통령 행정부가 편성, 확정하여 집행하고 있는 국가예산에 대해서도 자세하게 파악해야 한다. 그리고 대통령 당선인은 자신의 리더십 스타일에 맞는 국정운영방식을 수립하고 정책을 개발하여 이에 적합한 보좌조직의 구조와 유형을 구성하고, 그 조직에 맞게 직접 국무총리와 장·차관급 인사 142명을 포함해 약 1,800명의 고위 공무원들과 보좌관들을 임명해야 한다.[7] 또한 기억에 남을 만한 취임식과 역사에 남을 만한 취임 연설도 준비해야 한다. 즉, 약 70여 일 사이에 대통령 당선인은 정권인수와 정부구성을 동시에 준비해야 한다.

노태우 대통령의 경우 재임 대통령의 적극적 지원 아래 당선되었고, 재임 대통령의 막강한 위세에 눌려 정권인수 또는 대통령직 인수란 말은 꺼내지도 못한 상황에서 '대통령 취임준비위원회'란 기구를 통해 정권을 인수받았다. 김영삼 대통령의 경우 '대통령직 인수위원회'(6개월간 한시적 효력을 가진 대통령령 제 13794호 대통령직 인수위원회 설치령)를 통해 정권을 인수받았다(우종창, 1997a). 김대중 대통령의 경우도 '대통령직 인수위원회'를 통해 정권을 인수받았다. 그러나 당시까지도 대통령직 인수위원회의 중요성에 대한 법적 장치의 미비로 주요 국가정책에 대한 정확한 현황분석이 어려웠다(함성득, 1998b).

노무현 대통령의 경우 2002년 12월 26일 '대통령직 인수위원회 설치령'이 제정되고 25명의 인수위원(1명의 위원장, 1명의 부위원장, 6명의

---

7) 대통령이 임명할 수 있는 공직자의 정확한 수치는 정부조직 개편 결과와 공기업 통·폐합 등의 사정에 따라 정권별로 차이가 있다. 다만, 2005년 이후 3급 이하 공무원의 인사권이 장관에게 이임됨에 따라 대통령은 3급 이상 공무원에 한해 인사권을 발동할 수 있다. 따라서 박근혜 대통령의 경우 국무총리 및 장·차관급 인사, 3급 이상 공무원을 포함해 17개 공기업과 29개 준정부기관의 기관장 및 감사, 18개 기타 공공기관의 기관장 및 위원, 검사 이상의 검찰, 경정 이상의 경찰, 참사관 이상의 외무 공무원, 국립대학 총장, 각종 자문위원회 위원, 기타 법률에 의해 대통령이 임명하는 공직자 등 약 1,800여 명의 임명권을 행사할 수 있었다(〈데일리안〉, 2012년 12월 26일).

분과위원회 간사, 1명의 본부장, 16명의 위원 등)을 임명함으로써 정권인수가 시작되었다. 처음에는 과거와 마찬가지로 '대통령령'으로 시작하였지만, 2003년 2월 3일 〈대통령직 인수에 관한 법률〉(법률 제6854호)이 국회에서 제정됨으로써 소급하여 인수위원회 활동에 대한 법률적 근거를 최초로 제공했다.

이명박 대통령은 2007년 12월 26일 대통령직 인수위원회 출범 당시부터 역대 최초로 〈대통령직 인수에 관한 법률〉에 의거해 26명의 인수위원(1명의 위원장, 1명의 부위원장, 7명의 분과위원회 간사, 1명의 대변인, 1명의 행정실장, 15명의 위원 등)을 임명하여 '대통령직 인수'와 '차기 정부구성'을 시작하였다. 특히, 제17대 이명박 대통령직 인수위원회는 '대통령직 인수에 관한 법률시행령' 제8조에 의거해 참여정부로부터 사무실, 사무집기, 인수위원 및 파견인력에 대한 신원조회, 위원회 운영경비 확보를 위한 예비비 편성, 통신·전산망 구축 등 대통령직 인수위원회 발족에 필요한 제반 사항을 공식적으로 지원받았다(함성득, 2012).

박근혜 대통령의 경우 〈대통령직 인수에 관한 법률〉에 의거해 26명의 인수위원(1명의 위원장, 1명의 부위원장, 1명의 국민대통합위원회 위원장, 9명의 분과위원회 간사, 1명의 대변인, 13명의 위원 등)을 임명하여 '대통령직 인수'와 '차기 정부구성'을 시작하였다.[8] 실제로 박근혜 대통

8) 박근혜 당선인의 대통령직 인수위원회는 2013년 1월 6일 1차 전체회의 의결을 통해 예비비 24억 2,420만 4천 원을 신청하여, 21억 9,400만 4천 원의 예산(예비비)을 배정받았다. 이는 2008년 당시 이명박 당선인의 대통령직 인수위원회 예산 21억 9,708만 9천 원과 비슷한 규모이다. 항목별로는 PC 및 음향장비 등 임차료가 5억 8,447만 1천 원, 사무용품 및 공공요금 등 관서운영비가 6억

령은 대선과정에서 야당의 문재인 후보가 안철수 후보와의 단일화에 성공하는 바람에 선거전이 치열해지면서 정치적 여유가 없었다. 결과적으로 대통령직 인수에 대한 사전준비가 미흡해 노태우 대통령의 경우를 제외하고 역대 가장 늦은 2013년 1월 6일에서야 대통령직 인수위원회를 출범시켰다(함성득, 2013a).

지난 1988년 헌정사상 처음으로 대통령직 인수위원회 구성과 활동이 시작된 후 지금까지 여섯 번의 경험을 통해 많은 발전이 있었지만 아직 대통령직 인수위원회의 제도화와 기능은 제대로 정립되지 못했다(자세한 것은 함성득, 2012 참조). 특히, 인수과정에서 대통령직 인수위원회의 월권행위 시비 등 인수활동의 범위와 권한에 대한 논란이 끊임없이 제기되었다. 이러한 상황에서 이 절에서는 대통령 당선인이 앞으로 대통령의 성공적인 국정운영을 위해 취임 전 정권이양기에 필요한 국정운영 준비, 즉 정권인수와 정부구성과정에서 직면하는 문제점들을 파악하고 그 해결책들을 제시한다.

1) 국정운영 준비의 주요 변수

앞에서 설명한 바와 같이 대통령 당선인의 취임 전 국정운영 준비는 크게 안정된 정권인수와 치밀한 정부구성으로 구분할 수 있다(함성득, 1997b; 1997c; 1998a). 안정적인 정권인수란 선거 후 대통령 당선인이

8,713만 3천 원, 분과운영비 및 정책개발비 등 특수활동비가 9억 2,240만 원 등이다(제18대 대통령직 인수위원회, 2013).

당선되기 전에는 알지 못했던 외교 및 안보 그리고 경제 등의 주요 국가 정책에 관련된 충분한 정보를 확보하고, 지속 또는 수정되어야 할 정책들을 구별하여 이러한 정책들이 서로 조화될 수 있도록 조정함으로써 국정을 혼란 없이 효과적이고 지속적으로 운영하는 것을 의미한다.

이러한 정권인수에는 구체적으로 재임 대통령 아래서 편성 및 확정되어 집행 중인 국가예산의 새로운 조정을 통한 일관성 있는 집행도 포함된다. 아울러 재임 대통령 행정부의 정치인과 관료들 중에서 새 행정부에 필요한 인물과 필요하지 않은 인물들을 파악해야 한다. 이러한 안정된 정권인수를 기초로 한 치밀한 정부구성은 크게 국정의 비전정립 및 정책개발과 이를 달성하기 위한 조직구성, 그리고 조직의 인적충원을 의미한다.

국정운영 준비과정과 관련 미국의 경우 대통령 당선인의 정권인수 및 정부구성과정에서 주요 변수는 '재임 대통령의 초선 또는 재선 여부', '대통령 당선인의 초선 또는 재선 여부', '대통령 당선인의 전직(前職)'(주지사 및 상원의원 그리고 부통령), '대통령 당선인과 재임 대통령의 소속정당의 동일성 여부', '대통령 당선인의 선거결과' 등이다(Campbell, 1986; Jones, 1997; Neustadt, 1990; Pfiffner, 1988). 구체적으로 Jones(1997)와 Neustadt(1990)는 미국에서 이들 변수 중 안정된 정권인수와 치밀한 정부구성 준비과정에 가장 중요한 영향을 미치는 정치적 변수는 대통령 당선인이 대통령선거에서 큰 승리를 거둔 경우(특히, 재임 대통령과의 경쟁에서)와 그와 동시에 치러진 의회선거에서 대통령 당선인의 영향으로 대통령 당선인의 소속정당이 큰 승리를 거둔 경우라고 주장한다.

한편 5년 단임 대통령제이고 대통령선거와 국회의원선거가 분리 실시되고 있는 우리나라에서 대통령 당선인의 안정된 정권인수는 다른 어떠한 변수(예를 들어 대통령 당선인의 출생지 및 교육 배경 그리고 소속 정당의 계파분포 등) 보다도 이론적으로는 다음의 두 가지 정치적 변수에 달려 있다고 본다(자세한 것은 함성득, 1997b; 1997c 참조).

첫째는 '대통령 당선인과 재임 대통령의 소속정당의 동일성 여부'이다. 이 정치적 변수는 두 가지 경우를 가정할 수 있다. 우선 대통령 당선인과 재임 대통령이 같은 정당 소속인 경우이다. 다음으로 대통령 당선인과 재임 대통령의 소속정당이 다른 경우이다. 미국의 경우 비록 재임 대통령과 대통령 당선인이 다른 정당 소속이라도 큰 혼란 없이 평화적으로 정권이 교체되어 온 정치적 전통 때문에 대통령 당선인이 정권인수에는 상대적으로 크게 신경을 쓰지 않는다.

그러나 우리의 경우 평화적인 정권교체의 경험이 적다. 구체적으로 그러한 평화적 정권교체는 재임 대통령의 적극적 지원(전두환 대통령으로부터 노태우 대통령으로), 어느 정도의 방어적 지원(노태우 대통령으로부터 김영삼 대통령으로, 김대중 대통령으로부터 노무현 대통령으로, 이명박 대통령으로부터 박근혜 대통령으로), 매우 소극적 지원(노무현 대통령으로부터 이명박 대통령으로), 그리고 권력공백의 상황(IMF 외환위기 당시 김영삼 대통령으로부터 김대중 대통령으로) 아래서 정권창출이 이루어졌다. 그러나 노태우 대통령으로부터 김영삼 대통령으로 정권이 인수되는 과정에서도 청와대 사정비서관실에서 관리했던 고위공직자 '존안(存案) 자료'들은 모두 파기되어 인계되지 않았다(우종창, 1997a).[9] 그러므로 이론적으로는 우리의 경우 앞으로 새로운 정치적 상황의 정권인

9) 미국의 경우 '대통령기록법'(Presidential Records Act, 1978)에 의해 대통령과 관련된 모든 통치문서가 국가로 귀속되어 '연방 국립문서 기록보관청'(NARA: National Archives and Records Administration)이 관리한다. 우리나라도 다행스럽게 1999년 1월에 국정운영의 투명성과 책임행정을 보장하고, 후대에 기록유산으로 남기기 위한 〈공공기관의 기록물 관리에 관한 법률〉을 제정하고 2000년 1월부터 시행하여 체계적 국가기록 관리의 기틀을 마련하였다. 이 법률에 따르면 공문서와 함께 회의록, 비공식보고서, 비밀기록, 메모노트 등도 보존하고, 대통령 통치문서는 임기종료 6개월 전부터 정부기록보존소에 이관할 의무가 있다. 이러한 정부기록물을 무단으로 파기하거나 국외로 유출했을 경우 7년 이하의 징역, 기록물을 은닉, 유출하거나 고의 혹은 과실로 훼손시켰을 경우에는 3년 이하의 징역형이 선고된다. 나아가 노무현 대통령 시절 2007년 7월 28일부터는 대통령 기록물의 체계적이고 전문적인 관리를 위해 〈대통령 기록물 관리에 관한 법률〉이 시행되어 〈공공기관의 기록물 관리에 관한 법률〉에 우선해 적용되었다. 과거 이러한 제도가 존재하지 않았을 때 역대 우리 대통령들은 퇴임 무렵 정치적 이유로 통치사료를 폐기하거나 집으로 가져갔다. 이에 역대 우리 대통령들이 남긴 통치사료는 이승만 7,238개, 윤보선 1,978개, 박정희 3만 5,926개, 최규하 2,553개, 노태우 1만 6,450개, 김영삼 7,739개 등 전체 분량이 총 50만 쪽에 불과하였다. 반면 미국 Clinton 대통령의 경우 8년 재임기간 동안 7,700만 쪽의 통치사료를 남겼다(〈조선일보〉, 2002년 11월 22일). 하지만 이제는 〈대통령 기록물 관리에 관한 법률〉에 따라 모든 대통령 기록물을 보존해야 한다. 대통령의 결재문서, 대통령 업무와 관련한 메모, 방문객 명단 및 대화록, 일정표, 시청각기록물, 대통령 가족의 공적 업무활동과 관련한 모든 기록물 등이 통치사료에 해당된다. 이 법률에 의하면 대통령 퇴임 전인 1월 10일까지 정부기록보존소에 목록을 제출하여야 하며 대통령 기록물은 '대통령 기록관'에 보존되어야 한다. 하지만 2013년 가을 '2007년 노무현 대통령과 김정일 국방위원장의 정상회담 대화록사건'에서 보듯이 아직까지는 이 제도가 확고하게 정착되지 못하였다. 구체적으로 당시 '2007년 남북정상회담 회의록'과 관련 여러 버전의 문건들을 놓고 그 성격을 대통령 기록물로 볼 것인지 공공기록물로 볼 것인지를 놓고 의견이 엇갈리기도 했다. 분명한 것은 행정의 투명성, 책임성, 효율성을 구현하고 학술연구 및 기록정보자료 제공 그리고 기록유산의 안전한 보존을 위해서 대통령 및 공공기관의 기록물의 관리가 체계적으로 이루어져야 한다는 사실이다. 따라서

수 과정에서 대통령 당선인과 재임 대통령의 소속정당 동일성 여부의 영향이 상대적으로 클 것이다.

둘째는 '대통령 당선인의 선거결과'이다. 이 변수도 두 가지 경우를 가정할 수 있다. 먼저 대통령 당선인이 '공정한' 대통령선거에서 다른 대통령 후보자들에게 매우 큰 표차로 승리한 경우이다. 다음으로 대통령 당선인이 공정한 대통령선거에서 다른 대통령 후보자들에게 매우 근소한 차로 승리한 경우이다. 이러한 선거결과는 대통령 당선인과 재임 대통령 및 그들의 정치적 지지자들에게 그들의 정치적 입장과 이익에 따라 서로 다르게 이해됨으로써 대통령 당선인의 정권인수와 정부구성 과정에 다르게 영향을 미친다.

이상의 두 정치적 변수들은 이론적으로는 대통령 당선인의 정권인수 및 나아가 정부구성 과정에도 상당히 복잡한 영향을 미친다. 그러나 지난 1997년 김영삼 대통령 아래서는 노동법 및 안기부법 파문과 한보사태 그리고 외환위기에 따른 IMF 구제금융 요청으로 인하여 일반적인 임기 말 권력누수 현상을 넘어서 총체적인 권력공백 상태에 처하였다. 이와 같은 정치적 상황에서는 대통령 당선인의 정권인수 과정에 재임 대통령의 영향력이 상실되어 대통령 당선인과 재임 대통령의 소속정당 동일성 여부 및 대통령선거 결과에 관계없이 대통령 당선인은 정권인수

앞으로 통치사료의 체계적 관리를 위해 국가기록원과 대통령기록관을 더욱 독립적인 기관으로 설치하고, 그 책임자는 전문가인 문서관리사(*archivist*)로 충원해야 한다. 청와대에서는 우리 대통령의 통치사료 관리와 관련 국민의 정부에서는 '통치사료비서관'이, 참여정부에서는 '국정기록비서관'이 담당하였고 이명박 정부에서는 '연설기록비서관'이 담당하였다.

과정에 상당한 어려움을 겪을 수밖에 없다.

2) 안정된 정권인수를 위한 주요 변수와 대책

(1) 대통령 당선인과 재임 대통령의 소속정당의 동일성 여부

첫째, 일반적으로 대통령 당선인과 재임 대통령의 소속정당이 같은 경우 우선 단기적으로 재임 대통령이 대통령 당선인과 그의 새로운 정부에 대해 '정치적 보복 또는 위협'을 크게 느끼지 않으며, 또한 재임 대통령 자신이 주도한 국가 주요정책들이 새 대통령 아래서도 어느 정도는 지속되리라고 믿게 된다. 특히, 재임 대통령이 대통령 당선인의 당선을 적극적으로 후원한 경우는 주요 국가정책의 지속성 또는 계승을 더욱 믿게 된다. 또한 재임 대통령 아래서 그의 국정운영을 도와 온 많은 정치인과 공무원들도 대통령 당선인에게 큰 정치적 위협을 느끼지 않으며, 아울러 새 대통령의 정부에도 참여할 수 있다는 가능성을 상정하면서 정권이양 과정에 참가하므로 큰 혼란 없이 정권이양이 이루어질 수 있다.

그러나 비록 같은 정당 간의 정권이양이라도 노태우 대통령 아래서 전두환 대통령에 대한 평가, 김영삼 대통령 아래서 전두환 대통령과 노태우 대통령에 대한 평가, 박근혜 대통령 아래서 이명박 대통령에 대한 평가의 경험을 고려할 때 재임 대통령과 그의 지지세력들은 대통령 당선인과 그의 지지세력들에게 상당한 정치적 위협을 느끼게 될 것이다. 또한 그들은 대통령 당선인이 대통령선거 과정 중 재임 대통령의 도움을 받았더라도 그 도움으로 더욱더 자신은 재임 대통령의 후계자가 아니라는 것과 자기 자신의 정치적 입지와 위상을 국민에게 알리기 위해서 결국은 재임 대통령과 '차별화'를 하리라고 생각한다.

이러한 정치적 상황과 위협 아래서 재임 대통령과 그의 행정부는 약 70여 일의 정권이양기간 중 그들의 정치적 약점을 은폐하려고 할 것이다. 이러한 정치적 약점의 은폐과정은 서류파괴 등의 국정운영상 공백을 초래한다. 아울러 재임 대통령과 그의 행정부는 적극적으로 국정을 운영하지 않고, 특히 파행적인 예산집행으로 혼란을 가중시켜 대통령 당선인을 압박해 퇴임 후의 정치적 보장을 꾀할 수도 있다.

대통령 당선인 자신도 선거과정에는 재임 대통령과 그의 지지자들로부터 조언과 도움을 받았으나 이제는 그들의 조언과 도움이 오히려 정치적으로 부담스러워 독립적으로 국정운영방향을 생각하려고 한다. 특히, 이를 위해 재임 대통령의 주요정책들을 지속하지 않고 또한 재임 대통령의 업적을 비하함으로써 자신과 재임 대통령과의 차별화를 꾀할 수도 있다. 미국과 달리 우리의 경우는 비록 대통령 당선인과 재임 대통령의 소속정당이 같아도 그들이 직면한 정치적 현실 때문에 정권인수과정에 상호 긴장과 불신이 높아지게 되는 것이다(함성득, 1998b).

둘째, 지난 1998년 IMF 외환위기 원인규명과 '경제청문회'와 관련 김대중 대통령의 김영삼 대통령에 대한 평가와 '박연차 게이트'와 관련 이명박 대통령의 노무현 대통령에 대한 평가의 경험을 감안하면 대통령 당선인과 재임 대통령이 서로 소속정당이 다른 경우는 정권인수의 불안정성이 더욱 높아진다. 대통령선거 과정 중 대통령 당선인은 재임 대통령과 그의 행정부로부터 상당한 정치적 손해를 입었고, 이를 자세히 밝히는 것이 도덕적으로 옳고 정치적으로도 이익이라고 생각한다. 아울러 대통령 당선인은 재임 대통령과 그의 행정부가 그들의 국정운영상 존재했던 정치적 부정과 부패를 은폐하기 위해 대통령선거 과정 중 그의 정치적 경쟁상대를 지원했다고 생각한다. 또한 대통령 당선인은 약 70여 일간의 정권인수 기간 중 재임 대통령과 그의 행정부가 정치적 보복을 두려워하여 지난 5년간 그들이 저지른 정치적 부정을 은폐하기 위해 서류 소각 및 파괴 등의 위법적 행위도 할 수 있으며, 향후 자신의 국정운영에 상당한 부담이 되도록 소극적 국정운영과 왜곡된 예산집행을 할 수 있고 정권이양에도 비협조적일 것이라고 생각할 것이다.

재임 대통령과 그의 지지자들은 소속정당이 다른 대통령 당선인 때문에 그들이 주도한 주요 국가정책들이 지속되지 않으리라고 확신하게 된다. 또한 재임 대통령이 대통령선거 과정 중 대통령 당선인이 아닌 자기 당 소속 대통령 후보자를 지원했기 때문에 언젠가는 대통령 당선인이 재임 대통령 및 그의 지지자들에게 정치적 보복을 하리라고 믿는다. 그리고 남은 약 70여 일간의 임기 중 앞으로 정치적 약점이 될 만한 사안에 대한 서류 및 정보를 새 정부에 넘겨주는 것은 재임 대통령의 장래에 불리할 것이라고 생각해서 이에 대한 파괴나 소각을 시도할 수도 있다. 서로 소속정당이 다른 대통령 당선인과 재임 대통령 간의 정권이양에서 발생하는 긴장과 불신은 서로 소속정당이 같은 경우보다 훨씬 높다. 이렇게 서로 간에 높은 긴장과 불신은 안정된 정권인수를 더욱 어렵게 할 것이다.

우리의 경우 대통령 당선인과 재임 대통령의 소속정당의 동일성 여부와 관계없이 대통령 당선인에 의한 재임 대통령의 업적 비하 또는 정치적 약점을 밝히려는 차별화 시도의 가능성이 높다. 이러한 정치적 현실 아래서 대통령 당선인과 재임 대통령 간의 정권인수 또는 이양을 위한 상호협조가 무척 어렵다. 그러므로 대통령 당선인은 취임 전의 한시적인 국정운영준비위원회(가칭), 특히 정권인수위원회를 구성할 때 재임 대통령과 그의 정치적 지지자들과 어느 정도 좋은 관계를 유지하는 인물이나 재임 대통령 아래에서 성공적 업무수행을 이룩한 전문직업관료 등을 활용하여 재임 대통령의 협조를 얻어 안정된 정권인수를 달성해야 한다.

(2) 대통령선거의 결과

첫째, 대통령 당선인이 큰 표차로 승리할 경우 재임 대통령과 대통령 당선인의 소속정당이 동일하든 안 하든 재임 대통령과 그의 지지자들은 대통령 당선인의 큰 승리가 대통령 당선인과 그의 선거공약에 대한 국민의 확고한 지지의 표출이라고 생각한다. 따라서 재임 대통령은 앞으로 그 자신의 정치적 이익과 장래를 고려하여 대통령 당선인의 국정목표에 맞추어 정권인수에 협조할 것이다.

구체적으로 재임 대통령은 선거 과정에서 당선인의 큰 승리에 자기 정부의 업적과 자신의 노력이 크게 기여하였다고 믿게 될 것이다. 새 정부 아래서도 자신의 주요 국가정책이 어느 정도는 지속될 것이라고 생각하며 자신의 정치적 영향력이 어느 정도는 지속되리라고 보아 정권이양에 적극적으로 협조할 것이다. 그의 지지자들도 이렇게 생각하여 정권이양에 협조적일 것이다. 다만 재임 대통령과 그의 지지자들은 그들의 정치적 약점에 관해서는 은폐하려고 할 것이다.

아울러 이 경우 대통령 당선인은 자신의 큰 승리가 재임 대통령과 그 지지자들의 협조에 기인하기도 하지만 무엇보다도 국민에 대한 자신의 인기와 그의 선거공약에 대한 국민의 확고한 지지 때문이라고 생각한다. 이러한 상황에서는 국민들 사이에서 자신의 정치적 위상이 확실하므로 재임 대통령과 차별화가 필요치 않다고 생각한다. 따라서 재임 대통령과 대통령 당선인 간에 상호신뢰를 바탕으로 보다 안정된 정권인수가 이루어질 수 있다.

재임 대통령과 대통령 당선인의 소속정당이 다른 경우 재임 대통령은 대통령 당선인의 큰 승리 때문에 재임 대통령의 주요 국가정책이 국민에게 인기가 없으며, 새 정부 아래서 지속되지 않을 것이라고 생각한다. 재임 대통령은 대통령 당선인의 선거공약의 주요정책들에 대한 국민들의 확고한 지지가 있으며, 이에 협조하지 않는 것은 자신의 정치적 장래에 도움이 안 된다는 것을 인식하여 정권인수에 소극적으로나마 협조할 것이다. 다만 이 경우에 재임 대통령과 그의 지지자들은 정치적 보복이 두려워 그들의 정치적 약점들을 더욱더 은폐하려고 할 것이다.

대통령 당선인은 선거에서 자기가 큰 승리를 거둠으로 인해 재임 대통령이 정치적 보복을 두려워한다는 것을 알고 있다. 그러나 그 자신에 대한 국민의 높은 지지와 보다 확고해진 자신의 정치적 위상으로 재임 대통령과 그의 지지자들을 대통령 당선인 자신의 정치적 이익을 위한 '희생양'으로 만들지 않을 것이다. 또한 대통령 당선인은 재임 대통령에 대한 자신의 정치적 관용이 재임 대통령과 그의 정부로부터 정권인수 과정에 필요한 최소한의 협조를 이끌어 낼 수 있다고 믿고 국민도 이를 지지하리라고 믿는다.

둘째, 대통령 당선인이 근소한 표 차이로 승리할 경우 대통령 당선인과 소속정당이 동일하든 안 하든 재임 대통령과 그의 지지자들은 대통령 당선인의 근소한 승리가 대통령 당선인의 약한 정치적 입지를 반영한다고 생각할 것이다. 따라서 향후 그들의 정치적 이익과 기회를 생각하면서 정치적 입지가 약한 대통령 당선인의 정권인수에 비협조적일 것이다.

구체적으로 재임 대통령과 대통령 당선인의 소속정당이 같은 경우 재임 대통령은 대통령 당선인의 근소한 승리에 자신과 그의 지지자들의 노력이 결정적인 기여를 하였다고 믿게 될 것이다. 물론 이러한 결과가 어느 정도는 자신과 자기 정부가 국민에게 인기가 높지 않다는 사실을 반영했다고 인식하나, 이것보다는 대통령 당선인이 국민들 사이에서 인기가 높지 않다는 사실에 비중을 둔다. 이러한 상황에서 재임 대통령은 대통령 당선인이 그의 정치적 입지를 높이기 위해 자신과의 차별화를 시도할 수 있다고 생각하여 경계한다. 대통령 당선인이 차별화를 시도하면 새 정부 아래서 재임 대통령의 주요 국가정책이 지속되지 않을 것이며 또한 자신의 정치적 영향력도 지속되지 않으리라고 생각한다.

그러므로 재임 대통령은 정권인수 초반기에 소극적으로 대통령 당선인에게 협조할 것이다. 만약 대통령 당선인이 차별화를 시도하면 재임 대통령은 그의 정치적 생존을 위해 대통령 당선인에게 저항할 것이며 재임 대통령의 지지자들도 역시 정권인수에 비협조적일 것이다. 또한 어느 경우나 재임 대통령과 그의 지지자들은 자신의 정치적 약점들에 관해서는 철저히 은폐하려고 할 것이다.

아울러 이 경우 대통령 당선인은 자기의 근소한 승리를 무엇보다도 국민에게 인기 없는 재임 대통령과 그의 주요정책 때문이라고 생각한다. 따라서 국민에 대한 자신의 약한 정치적 입지를 회복하기 위해 재임 대통령과 그 자신과의 차별화가 필요하다고 생각한다(Neustadt,

1990). 그 결과 재임 대통령과 대통령 당선인 간에 상호불신이 높아지며 안정된 정권인수가 어려워진다.

재임 대통령과 대통령 당선인의 소속정당이 다른 경우 재임 대통령은 대통령 당선인의 근소한 승리로 인해 그의 주요 국가정책이 어느 정도는 국민의 지지를 받았다고 생각할 것이다. 그리고 자신 때문에 선거과정에서 손해를 봤다고 생각하는 대통령 당선인이 그의 약한 정치적 입지를 강화하기 위해 지난 5년간의 국정운영에서 재임 대통령 자신의 약점을 밝히는 정치적 보복을 시도할 것이라고 생각한다. 따라서 국민들의 확고한 지지가 없는 대통령 당선인에게 적극적으로 협조하는 것은 자신의 정치적 이익과 장래에 도움이 안 된다고 인식하여 정권인수에 비협조적일 것이다. 다만 이 경우에 재임 대통령과 그의 지지자들은 정치적 보복이 두려워 그들의 정치적 약점들을 더욱더 은폐하려고 할 것이다.

또한 이 경우 대통령 당선인은 자기의 근소한 승리가 어느 정도는 재임 대통령과 그의 정부의 선거과정상의 편파적 방해에 기인한다고 생각한다. 또한 현재 국민에 대한 자신의 약한 정치적 위상을 높이기 위해 재임 대통령과 그 정부의 약점을 밝히는 것이 필요하다고 생각한다. 재임 대통령과 대통령 당선인 간의 높은 상호불신은 안정된 정권인수를 더욱 어렵게 한다.

(3) 분석 결과

대통령 당선인의 정권인수 과정에서 나타나는 문제점들을 분석한 결과 대통령 당선인과 재임 대통령이 직면한 특수한 정치적 현실과 미국보다는 상대적으로 덜 제도화된 정당제도, 그리고 미국보다는 상대적으로

〈표 4-1〉 정권인수의 안정성

	대통령 당선인의 근소한 승리	대통령 당선인의 큰 승리
대통령 당선인과 재임 대통령이 동일 정당		정권인수의 안정성이 가장 높음
대통령 당선인과 재임 대통령이 다른 정당	정권인수의 안정성이 가장 낮음	

잘 확립된 직업공무원 제도 등의 제도적 요인에 기인하여(자세한 것은 Hahm and Plein, 1997 참조), 미국과 달리 정권인수 과정에서 상대적으로 중요한 정치적 변수는 대통령선거 결과였다.

우리의 경우 소속정당의 동일성 여부와 관계없이 대통령 당선인이 재임 대통령과의 차별화를 시도할 가능성은 크다. 따라서 대통령과 재임 대통령이 동일 정당 소속인 경우 협조적 분위기에서 정권인수가 이루어져야 함에도 우리의 경우 그러하지 못했다. 이러한 우리의 정치적 현실 아래서 대통령 당선인과 재임 대통령 간의 소속정당의 동일성 여부보다 대통령 당선인이 대통령선거에서 큰 승리를 얻었느냐 얻지 못했느냐가 정권인수의 안정성에 직접적인 영향을 미친다. 다만 대통령 당선인과 재임 대통령의 소속정당이 같은 경우 대통령 당선인이 대통령선거에서 큰 승리를 하는 경우 정권인수는 더욱 안정적으로 이루어진다.

구체적으로 〈표 4-1〉에서 보듯이 가장 안정된 정권인수는 대통령 당선인이 대통령선거에서 크게 승리를 하고 재임 대통령과 같은 소속정당인 경우에 이루어질 수 있다. 정권인수에서 가장 안정성이 낮은 상황은 대통령 당선인이 대통령선거에서 근소한 차이로 승리하고 재임 대통령과 다른 정당에 소속된 경우이다(함성득, 1997b; 1997c). 결국 이론적으로는 대통령선거에서 어떻게 승리하는가 하는 것이 정권인수 과정의 안정성에 영향을 미치고 동시에 정부구성에도 영향을 미친다. 나아가 대통령 당선인의 선거결과는 대통령으로서 성공적인 국정운영에도 영향을 미친다.

(4) 정권인수 과정에서 재임 대통령의 정치적 한계

대통령 당선인의 동일 정당 소속 여부와 대통령선거 결과에 관계없이 재임 대통령이 국가를 위하는 마음과 자신의 신념에 의해 대통령 당선인을 도와 혼란 없이 안정된 정권이양을 추구해도 그 자신의 정치적 한계 때문에 이를 이룩하기가 어렵다. 구체적으로 재임 대통령 집권 말기에 정치적으로 새로운 권력이동 상황이 전개되는 가운데 국정운영을 수행하는 공무원, 특히 정치적 성향이 높은 고위직 공무원은 자신들의 직업적 생존 또는 정치적 이익을 위해 노력한다. 지난 5년간은 재임 대통령의 국정운영 방향에 충실한 복종과 업무수행이 공무원 자신의 직업적 성공에 도움이 되었으나 이제는 재임 대통령에 대한 그들의 충성의 결과가 불확실한 상황이 되었다(Hahm and Plein, 1997).

이러한 상황에서는 권력의 누수현상이 가속화되고 공무원의 소극적 업무수행 또는 무사안일주의 행정이 증가하게 된다. 재임 대통령의 국정운영이 표류하게 되어 안정적인 정권이양이 어려워지고 대통령 당선인은 상당한 정치적 부담을 안게 된다. 대통령 당선인은 취임 전 약 70여 일 사이에 정부구성에만 전념해도 부족한 시간에 경제, 외교, 국방 등의 문제들에 대한 파악과 예산에 대한 수정준비 등을 통해 혼란 없는 정권인수에도 관심을 가져야 하는 부담을 안게 된다. 결국 우리의 대통령 당선인은 70여 일이라는 짧은 기간에 안정된 정권인수와 아울러 치밀하게 새 정부체제를 구성하여 국정운영을 준비해야 한다.

3) 치밀한 정부구성을 위한 주요 조건과 대책

Jones (1997) 와 Neustadt (1990) 는 미국의 역대 대통령 당선인들의 경험을 분석하여 취임 전의 국정운영 준비를 강조한다. 특히 치밀하게 정부구성을 잘한 대통령 당선인들은 취임 후 대체적으로 국정을 성공적으로 운영하였고, 그렇지 못한 대통령 당선인들은 국정운영에 대체적으로 실패하였다고 주장한다. 취임 전 대통령 당선인의 성공적인 국정운영 준비는 국정의 큰 혼란 없는 안정적인 정권인수와 함께 한시적인 국정운영준비위원회 (가칭) 의 '정부구성위원회'를 통해 '국정의 비전 정립 및 정책개발', '조직구성', 그리고 조직의 '인원충원'을 포함한 치밀한 정부구성을 의미한다.

Neustadt (1990) 는 Kennedy 대통령이 취임 전 가장 성공적인 국정운영 준비, 특히 치밀한 정부구성을 하였다고 보았다. 즉, Kennedy는 대부분의 각료와 백악관 참모들을 일찌감치 임명하여 워싱턴에 보내서 그들의 새로운 역할을 학습하게 했다. Kennedy 참모들은 재임 대통령인 Eisenhower 대통령의 참모들에게 접근하여 Eisenhower 대통령 예산안에 참여할 수 있었다.[10)]

---

10) 특히, 이때 Kennedy의 촉구로 통과된 〈대통령인수인계법〉(Presidential Transition Act)에 의해 후임 대통령 당선인들은 취임할 때까지 자신의 봉급과 정부구성비용으로 200만 달러를 국가로부터 보조받게 되었다(Heclo, 1997; Neustadt,

반대로 Neustadt(1990)는 Carter 대통령 당선인의 경우 취임 전 국정 운영 준비에 실패하였고 이러한 실패가 나중에 대통령으로서 그의 국정 운영에 부정적으로 영향을 미쳤다고 주장한다. 즉, Carter는 Kennedy보다 6주일 내지 8주일 늦게 각료와 백악관 참모들을 임명했고, 그들 간에 주도권 쟁탈전이 시작되어 국정운영 준비를 제대로 마치지 못했다.

우리나라 역대 대통령 당선인들도 취임 전에 구체적인 국정비전의 설정 없이, 그리고 치밀한 국정운영 방향 설정 및 이의 수행에 대한 준비 없이 대통령업무를 시작했으며, 취임 후 하루하루 일정에 쫓겨 큰 방향 없이 국정을 수행함으로써 국가 주요정책들의 통제 및 조정이 부적절하여 국정을 성공적으로 운영하지 못했다. 구체적인 예로 노태우 대통령은 재임 대통령의 막강한 위세에 눌려서 체계적인 국정준비 없이 대통령에 취임하였다(우종창, 1997a). 김영삼 대통령은 1992년 대통령 선거까지 계속된 당시의 여당, 즉 민주정의당 내부의 갈등 때문에 체계적으로 정리된 집권구상을 하지 못한 채로 대통령에 당선되고 취임하여

1990; 최준석, 1997). 또한 1988년에는 〈대통령인수인계효율법〉(Presidential Transitions Effectiveness Act)이 새로이 제정되었고, 2000년 개정되어 대통령 당선인들은 취임 30일 후까지 정권인수 및 정부구성 비용으로 500만 달러 이상을 국가로부터 보조받게 되었다. 이는 국가가 당선인에게 재정적 지원을 하여 좀 더 안정적인 정권인수와 치밀한 정부구성을 할 수 있도록 하기 위한 것이다. 지난 2000년 미국 대통령선거에서 George W. Bush 당선인 측은 플로리다에서의 개표지연과 선거법에 관련한 법률적 해석 차이로 예전보다 늦게 정권인수 자금을 지원받았다. 그래도 George W. Bush 측은 2000년 12월 14일부터 정권인수위원회의 사무실 열쇠와 행정부 내 주요 인사들의 기록을 담은 19권의 인사철, 주요직 873개의 자리에 대한 상세한 설명이 있는 정부조직규범집 등을 포함, 530만 달러의 인수자금을 지급받았다.

(김정남, 1997), '개혁'을 비롯한 많은 국가 주요정책들이 장기적 비전이 결여되고 주로 임기응변식으로 결정 및 집행되어 성공적이지 못하였다. 김대중 대통령은 IMF 경제위기 아래서 당시 재임 김영삼 대통령의 권위가 상실되어 권력의 총체적인 공백상황에서 대통령 당선인으로서 경제위기 극복을 위한 국정운영을 시작하였다. 따라서 시간이 너무나 부족하여 취임 전 국정운영을 철저히 준비하지 못했다(자세한 것은 함성득, 1998b; 1998c 참조).

노무현 대통령은 2003년 2월 4일 〈대통령직 인수에 관한 법률〉을 제정하고 대통령령에 근거하였던 인수위원회를 법제화하였다. 하지만 노무현 대통령은 대선공약을 작성한 민주당과의 상호불신이 심각하여 새로운 인물들로 대통령직 인수위원회를 구성하였기 때문에 대선공약과 인수위원회가 발표한 주요 국정과제의 일치성이 부족했고 구체적 실천방안도 제시하지 못했다(류재택, 2006). 이명박 대통령의 인수위원회는 출범 당시부터 법률에 근거한 최초의 대통령직 인수위원회임에도 불구하고 과도한 성공욕구에 기인한 설익은 정책의 남발과 말 바꾸기 그리고 비합리적 인선 등으로 대통령직 인수의 안정성과 정책의 일관성에 많은 문제점을 낳았다(김광수, 2009; 함성득, 2008; 2012). 박근혜 대통령의 인수위원회는 설익은 정책을 남발하지 않아 비교적 조용하게 대통령직을 인수하였지만 지나친 비밀주의로 국민의 알 권리 측면에서 부족한 점이 많았다. 특히, 차기 정부구성을 대통령직 인수위원회 외부의 별도의 조직에서 담당하는 분산형 조직구조로 인수위원회 활동과 내각과의 연계성이 부족하였으며, 국회와의 원만한 관계설정에 실패하여 처음부터 정부조직 개편에 어려움을 노정하였다(함성득, 2013a).

대통령 당선인의 국정운영 준비 중 정부구성에서 제일 먼저 해야 할 것은 자신의 선거운동기구를 정리하여 한시적인 국정운영준비위원회(가칭), 즉 '정부구성위원회'를 조직하는 일이다. 이 위원회 구성원은 대통령선거에서 큰 역할을 하여 대통령 당선인의 신임이 두텁고 그의 정치적 목표를 잘 이해하는 사람이어야 한다. 다만 정치적 충성심보다는 상대적으로 전문성을 중심으로 한 치밀한 정부구성을 위해서 이 위원회는 정부구성을 마치고 해체되어야 하며, 참여한 위원들은 직접적으로 국정운영에는 참여하지 않는 것이 위원회의 공정한 업무파악을 통한 효율성을 높일 수도 있다. 실례로 1992년 Clinton 대통령 당선인의 경우 정권인수 및 정부구성위원회 공동위원장에 그의 절친한 정치적 지지자이자 친구인 Vernon Jordan을 임명하여 치밀한 정부구성을 하였지만, Vernon Jordan은 직접적으로 국정운영에 참여하지 않았다.

실질적인 국정운영 준비 중 정부구성에서 중요한 방향타는 첫째로 대통령 당선인이 선거과정 중에 발표한 '선거공약'과 당선인 자신의 '국정비전'이다. 이러한 선거공약과 국정비전을 기초로 하여 '국정운영의 정책목표'를 정하고 이를 집행하는 '조직'을 구성하며 그 조직의 '인원'을 충원하는 것이다. 즉, 정부구성은 대통령 당선인이 70여 일 동안에 그의 국정비전을 중심으로 그의 보좌조직과 그 구성원들을 선거운동으로부터 국정운영 중심으로 전환시켜 앞으로의 5년을 준비하는 것이다.

(1) 정부구성의 방향과 과제

① 국정운영비전 정립과 정책개발

대통령 당선인의 국정비전 설정에서 중요하게 고려해 할 사항은 대통령 선거 과정에서 발표한 선거공약과의 일관성이다. 대통령선거 과정에서 대통령 당선인의 선거공약은 그의 미래 정부와 국민과의 약속이다. 그러므로 대통령 당선인은 그의 국정비전 설정 및 정부구성에 선거공약이 철저히 반영되도록 노력해야 한다. 5년 후 대통령 당선인의 대통령으로서 업적 평가 및 국정운영의 평가는 그의 국정운영 결과와 선거공약과의 일치 여부에 달려 있다(구체적인 예는 1997년 3월에 발표된 '경제정의실천시민연합'의 대선공약 이행 정도를 기준으로 한 〈김영삼 대통령 집권 4년 성적표〉).

대통령선거 결과는 이 과정에 직접적인 영향을 미친다. 구체적으로 대통령 당선인이 선거에서 상대방 후보들에게 큰 표 차이로 승리한 경우 대통령 당선인은 큰 승리를 그의 선거공약에 대한 국민의 확고한 지지로 인식하여 그의 정치적 목표 설정 및 정부구성에 이를 철저히 반영하는 것이 그의 정치적 이익으로 연결되는 것이 확실하므로 그의 공약을 정부구성에 반영하기 위해 노력한다. 반대로 대통령 당선인이 근소한 차이로 승리한 경우 대통령 당선인은 그의 선거공약이 국민에게 큰 인기가 없음을 인식하고 그의 국정비전 설정에 선거공약을 어느 정도 수정하여 반영하려고 하며 이러한 시도가 앞으로 그의 정치적 이익에 도움이 될 것이라고 믿는다.

선거공약을 고려하면서 대통령 당선인은 앞으로 5년간의 국정운영을 통하여 이룩할 그 자신의 목표를 설정해야 한다. 이러한 국정비전 설정에서 대통령 당선인은 5년 임기의 대통령직은 대통령으로서 그의 여러 국정목표를 달성하기에는 무척 짧은 기간이라는 사실을 고려해야 한다. 그리고 국민들도 대통령의 여러 업적을 기억하지도 못하며 대체적으로 가장 큰 업적이나 실정만을 기억할 뿐이라는 사실도 인식해야 한다.

예를 들어 미국 대통령의 경우 Lincoln 대통령은 '노예해방과 남북전쟁', Franklin Roosevelt 대통령은 '대공황의 극복', Kennedy 대통령은 '쿠바 미사일 위기와 암살', Johnson 대통령은 '베트남 전쟁', Nixon 대통령은 'Watergate사건', Reagan 대통령은 '국방증강', George H. Bush 대통령은 '걸프전쟁'으로 국민에게 기억되며 많은 미국 대통령들은 단순히 한때 한 명의 미국 대통령으로서 역사에 남을 뿐이다.

현재의 Barack Obama 대통령이나 전임인 George W. Bush 대통령도 지난 국정운영을 통해 크게 국민이 기억할 만한 업적을 남기지 못했다. 도리어 Clinton 대통령은 'Lewinsky 성추문'으로 George W. Bush 대통령은 '9 · 11 테러'로 역사에 남을 것이다. 우리의 역대 대통령들도 상황은 비슷하다. 박정희 대통령은 '유신과 암살', 전두환 대통령은 '광주 무력진압', 노태우 대통령은 '비자금 조성', 김영삼 대통령은 'IMF 외환위기', 김대중 대통령은 '대북 불법송금', 노무현 대통령은 '탄핵과 자살', 이명박 대통령은 '광우병 사태', 박근혜 대통령은 '세월호 참사' 등 업적보다는 사건과 사고로 점철된 대통령으로 국민 및 대통령 연구학자들에게 기억될 것이다.

결국 대통령 당선인은 대통령으로서 국민과 미래의 대통령 연구자들에게 오랫동안 기억에 남을 만한 업적을 이룩하는 것이 무척이나 어려우며 그러기 위해서는 상당한 행운도 따라 주어야 한다는 사실을 분명하게 인식해야 한다. 그런 후 시대와 국민이 요구하는 과제를 정확히 파악하여 임기 내에 달성할 수 있는 소수의 국정운영 목표를 설정해야 한다. 그리고 대통령 당선인은 소수의 목표를 구체적이고 단순하고 짧게 보좌조직 및 국민에게 제시하며 이를 반복하여 강조해야 한다. 이것이 목표에 대한 보좌조직의 충성과 국민의 지지를 쉽게 이끌어 낼 수 있는 방법이다.

구체적인 예로 미국 Reagan 대통령은 '강한 미국의 건설'이라는 그의 국정비전 아래서 '작은 중앙정부 및 국방 증강'이란 단순하고 짧은 구체적인 정책목표를 설정하여 이를 국민에게 반복해서 강조하였다(Campbell, 1986; Jones, 1997; Reagan, 1990). 그러나 Carter 대통령과 George H. Bush 대통령은 국민에게 구체적인 국정비전을 제시하는 데 실패하였다. 우리의 경우 박정희 대통령은 '자립경제'라는 국정비전 아래 '백억 불 수출, 천 불 국민소득'이라는 단순하고 짧은 그리고 구체적인 정책목표를 제시하여 이를 국민에게 반복해서 강조했다.

반면 김영삼 대통령의 경우 '신한국 창조'라는 국정비전은 너무 추상적이고 이를 실행하기 위한 '깨끗한 정부', '튼튼한 경제', '건강한 사회', '통일된 조국'이란 정책목표 또한 구체적이지 못했다(김정남, 1997). 김대중 대통령의 경우도 '선진적 민주정치', '민주적 시장경제', '보편적 세계주의', '창조적 지식국가', '공생적 시민사회', 그리고 '협력적 남북관계'의 6대 국정과제를 발표했으나 이 또한 국정과제로서 체계적이기는 하나 너무 학문적이고 실제적이지 못하였다. 노무현 대통령의 경우 '국민과 함께 하는 민주주의', '더불어 사는 균형발전 사회', '평화와 번영의 동북아시대' 등 3대 국정목표와 '원칙과 신뢰', '공정과 투명', '대화와 타협', '분권과 자율' 등 5대 국정원리를 발표했으나 이 또한 너무 추상적이어서 구체적이지 못했다. 이명박 대통령의 경우에도 '섬기는 정부', '활기찬 시장경제', '능동적 복지', '인재대국', '성숙한 세계국가' 등 5대 국정지표를 발표했으나 너무 광범위하고 구체적이지 못했다. 박근혜 대통령의 '창조경제'와 '국민행복'도 이전 대통령들이 발표한 국정목표처럼 너무나 추상적이어서 그 개념이 매우 모호하다.

또한 과거 대부분의 우리 대통령들이 '남북한 평화정착을 통한 통일 기반 조성', '재벌규제 및 중소기업 육성을 통한 경제개혁', '구조화된 부패 청산', 그리고 '민주적 경쟁규칙의 확립' 등의 국정과제들을 목표로 삼아 이를 자기 임기 내에 모두 이룩하려고 했으나 박정희 대통령의 경제적 성공 외에는 제대로 달성하지 못했다. 그러므로 앞으로 대통령 당선인은 이들 국정과제 중 가장 중요하다고 생각하는 소수의 과제만을 선택해서 성공시키면 대통령으로서 그 자신의 업적 평가는 물론 국가 발전에도 큰 도움이 될 것이다(Hahm and Plein, 1995; 1997).

② 조직의 구성

대통령 당선인은 앞으로 5년간의 국정비전을 설정한 다음 자신의 리더십 스타일에 맞게 이의 성공적인 실행을 통제 및 조정하고 책임지는 조직을 구성해야 한다. 조직구성 방법에는 크게 기존의 조직을 이용하는 방법과 새로운 조직을 구성하는 방법이 있다.

기존의 조직을 이용하는 경우 큰 혼란 없이 바로 정책목표를 수행할 수 있다는 장점이 있으나, 시간이 지남에 따라 기존 조직의 구성원들이 대통령 당선인의 목표보다는 그들 자신의 이익을 대변하는 면이 강해진다는 단점도 있다. 그러므로 대통령 당선인은 기존 조직을 사용하여 그의 정책목표를 수행하려 할 때는 이 기존 조직에 그의 뜻을 잘 이해하는 핵심참모를 파견하여 그의 목표를 실현해야 한다. 핵심참모의 파견은 기존 조직의 구성원들에게 그만큼 그들의 과업이 대통령 당선인에게 중요하며 대통령 당선인 자신이 관심을 많이 가지고 있다는 사실을 인식시켜 그들 조직의 이익보다 대통령 당선인의 뜻을 따르게 만든다. 또한 대통령 당선인 자신은 이 조직운영에 항상 관심을 표명하여 관리를 주도해야 한다. 이 경우 조직운영 및 관리는 대통령비서실에서 직접 관장하는 것이 목표 달성에 유리하다. 이 목표 달성이야말로 대통령 당선인 자신의 업적으로 평가되는 것이기 때문에 매우 중요한 것이다.

구체적인 예로 미국 Clinton 대통령의 경우 비록 실패하기는 했지만 자신의 국정운영에서 가장 중요한 과제로 천명했던 '의료보험 개혁'을 위해 백악관 직속의 특수팀을 기존의 보건후생부와 연방예산관리처의 공무원을 중심으로 꾸리고, 책임자로 자기 아내인 Hillary Clinton 여사를 임명하여 이 정책목표의 중요성을 강조하며 목표를 달성하려 했다.

새로운 조직을 구성하는 경우 그 단점은 특정 과업을 수행하기 시작하는 데 시간이 필요하며, 초기에 어느 정도 혼란이 따른다는 것이다. 장점은 특정 정책목표 달성이 이 조직의 목표이기 때문에 정책목표에 대한 조직과 그 구성원의 충성심이 높다는 점이다. 구체적인 예로 미국의 Franklin Roosevelt 대통령의 경우 대공황 극복을 위한 처방책으로서 테네시계곡 개발을 위해 '테네시계곡개발청'(TVA) 을 설립하고 대통령 자신이 직접적인 관심을 갖고 이 사업을 성공적으로 수행했다.

최근에는 일반적으로 통상적인 국정운영은 기존의 행정부 일반부처에 위임하고, 대통령이 자신의 정치적 목표로서 업적을 남기려는 특수과제는 대통령 직속으로 새로운 조직을 구성하여 자신의 핵심참모를 조직의 장으로 삼아 자신의 직접 통제 및 조정을 통해 과업을 성취하려고 한다.

조직 구성과 관련하여 또 다른 중요한 요소는 국정운영에서 '공식적 채널을 통한 정보의 흐름'이다. 선거운동에서는 경쟁의 과정이므로 기밀 유지를 위해 비공식 채널을 사용하는 것이 효과적이고 타당할 수 있다. 그러나 선거운동에 비해 상대적으로 공개적 경향이 강한 국정운영에서 정보를 비공식 채널에 의존하면 일시적 효과는 있지만, 점차적으로 비공식 채널의 영향력이 커지면서 거기에 줄 서는 사람이 많아져 공식적 채널의 기능이 위축된다. 따라서 장기적으로 국가 공식조직의 권위가 떨어지고 국정운영체계에 많은 혼란과 부작용이 나타나 원만한 국정운영에 지장을 초래한다.

김영삼 대통령이 이 차이를 인식하지 못해 국정운영에서도 선거운동처럼 비공식조직 중심의 정보를 중요시하다 '김현철 사건'을 겪은 것이다. 그러므로 대통령은 국정운영에서는 공식 채널을 통해 올라온 정보를 중심으로 하고, 비공식 채널을 통해 올라온 정보는 공식적 정보를 재확인하는 데 활용하며 국정에 임해야 한다.

③ 인원의 충원

일반적으로 대통령 당선인은 취임 전 국무총리와 장·차관급 인사 142명을 포함해 약 1,800명의 고위 공무원들과 보좌관들을 임명해야 한다. 실제적으로 대통령 당선인은 이보다 훨씬 많은 자리의 임면권을 행사할 수 있다. 대통령 당선인이 그의 새 행정부에서 필요한 인원들을 정확히 파악한 후의 인원충원에서 가장 큰 과제는 선거운동에 필요한 보좌인원과 국정운영을 위한 보좌인원의 특성과 자질이 달라야 한다는 사실을 인식하는 것이다.

선거운동에는 단기적 시각을 갖고 특수상황에 즉흥적으로 대응할 수 있는 대책개발에 능한 순발력이 강한 보좌인원들이 요구된다. 또한 대통령 당선인에 대한 강한 개인적 충성심이 필요하다. 반면에 국정운영에는 어느 정도 특정정책에 대한 중기적 또는 장기적 시각을 갖고 정책에 대한 전문성이 뛰어난 보좌인원들이 요구된다. 또한 대통령 당선인에 대한 개인적 충성심도 중요하지만, 무엇보다 그들 자신의 직위 또는 전문성에 대한 충성심이 필요하다.

따라서 대통령 당선인은 자신의 대통령 당선에 지대한 공헌을 한 선거운동 보좌인원들을 그의 집권 초기 국정운영에는 소극적으로 참여시키는 것이 좋다. 그러나 최근 미국의 대통령학 학자들 사이에는 '선거운동'과 '국정운영'을 분리하지 않고 동일시하려는 경향이 높아지고 있다. 왜냐하면 미국 대통령의 경우 대통령이 된 다음 곧바로 재선준비에 들어가 현실적으로 이를 분리하기가 어렵기 때문이다. 이러한 시각에서는 국정운영이 곧 '지속적 선거운동'(*permanent campaigning*) 인 것이다(Jones, 2000).

일반적으로 집권 초기에는 국정업무의 전문성을 강조하여 정권인수와 국정의 안정을 동시에 도모해야 한다. 집권 초기에 국정운영 경험이 없는 대통령 당선인의 선거운동 보좌인원들을 논공행상으로 국정운영에 참여시키면 국정의 시행착오가 많아지며 공익과 사익의 구별이 어려워지고 부정부패가 많아져서 국정의 혼란이 오게 된다. 국정운영에 혼란이 심화되면 대통령은 자신의 정치적 목표를 위한 과업을 체계적으로 수행하지 못한다. 김영삼 대통령, 김대중 대통령, 노무현 대통령, 이명박 대통령의 경험들이 이러한 문제점을 잘 지적해 주고 있다. 집권 초기에는 국정경험이 없는 선거운동 보좌인원들을 주로 당선인 소속의 정당이나 연구소 등에 충원시켜 국정운영의 전문성을 훈련시킨 후 자신에 대한 충성심이 중요한 집권 후반기 국정의 마무리 작업을 그들에게 맡기는 것이 좋다.

두 번째 과제는 이미 제3장에서 설명한 바와 같이 조직의 구성과도 밀접한 관계를 가지는 것으로 '대통령비서실장'의 선택과 역할이다. 제3장에서 설명한 것처럼 대통령비서실장이라는 자리는 대통령에 대한 확고한 충성심과 대통령실 및 행정부 전반에 대한 경험과 지식을 가진 사람이어야 한다.

세 번째 과제는 '언제 어떠한 순서로 국무총리, 대통령비서실장 및 행정부의 장관을 임명하느냐' 하는 것이다. 이들을 임명하는 데 있어서 미국처럼 예측성이 높고, 언론을 통한 인물의 비공식적 검증과 선정이 이루어져 내각운영의 안정성을 높이는 것이 필요하다. 미국의 경우 대체적으로 국무장관, 재무장관, 법무장관, 국방장관 및 대통령비서실장을 가장 먼저 임명하고 그 다음 순차적으로 다른 각 부의 장관 및 연방예산관리처장 그리고 중앙정보국 국장들을 취임 전에 임명하여 그들로 하여금 자신의 조직운영을 준비하게 한다. 이 경우 대통령 당선인의 공식적인 임명 전에 이미 많은 사람이 이들의 임명을 예측한다. 왜냐하면 이들은 전문지식을 바탕으로 오랫동안 대통령 당선인을 보좌해 왔기 때문이다.

우리의 경우도 순서 면에서 국무총리를 먼저 임명해 왔다. 원만한 국정운영을 위해 실질적으로 국무총리의 의견을 들어 주요 행정부의 장관을 대통령 당선인 취임 전에 임명하여 그들로 하여금 자신의 조직운영을 준비하게 하는 것이 좋을 것이다. 아울러 이들의 임명에서 미국처럼 언론을 통한 비공식적 검증과 선전이 이루어져 내각운영의 안정성을 높이는 것이 필요하다. 언론의 검증과정에서 부적격자로 판명된 인물에 대해 대통령 당선인은 취임 전에 교체할 수 있는 이점이 있다. 또 검증과정 중 적격자로 인정되는 인물은 자연적으로 홍보가 되어 그 부처에 대한 그의 영향력이 증대될 수 있고, 이것이 성공적인 장관의 기반이 될 수도 있다. 결과적으로 장관의 임기가 길어질 것이며 나아가 정책의 일관성 유지에도 도움이 될 것이다.

(2) 치밀한 정부구성을 위한 종합적 처방책

대통령 당선인의 치밀한 정부구성을 위한 종합적인 처방책은 다음과 같다. 첫째, 정부구성 인원은 대통령 당선인과 국정에 관한 뜻을 반드시 같이해야 하며, 공직에 관한 소명의식이 뚜렷해야 한다. 단지 개인적인 명예심에서 자신의 소신과는 상관없이 장관직을 맡는 경우는 부정, 부패, 무능한 정부를 초래한다. 정부 고위직을 맡는 것이 무엇보다도 가문의 영예로 생각되는 우리의 유교문화 풍토에서 맡을 직책에 대한 전문지식, 경험, 소신 등에 대한 고려 없이 그 인물의 성품과 대통령 당선인과의 친밀도 위주로 그리고 당선에 공헌한 대가로서 공직이 주어져서는 안 된다. 정책수행 시 대통령과 의견이 다른 경우 자리에 연연해 눈치를 보기보다는 기탄없이 반대의견을 제시할 수 있어야 부정, 부패, 무능한 정권을 방지할 수 있으며, 그러기 위해서는 자신의 소신과 대통령의 뜻이 다르다고 생각될 때 주저 없이 직위를 포기할 수 있는 인물을 충원해야 한다.

둘째, 대통령 당선인과 뜻을 같이하며 소신 있는 인물을 충원하기 위해서는 무엇보다도 대통령 당선인이 뚜렷한 국정비전을 가지고 있어야 한다. 이는 선거운동 시에 선거공약으로 이미 분명하게 제시되었어야 하지만, 정책내용보다는 인물 중심으로 투표를 하는 우리의 선거풍토에서는 선거공약이 무의미해지기 쉽다. 따라서 당선된 뒤에 선거공약을 보다 구체적이고 명확한 국정비전으로 재가공시켜서 국민 앞에 제시해야 한다. 대통령 취임 후 선거공약을 지키지 못하는 것도 문제이지만, 선거공약에 전혀 없던 사항이 돌연 주요정책으로 추진되는 것은 졸속일 수밖에 없으므로 더 큰 문제를 초래한다. 장기적인 안목에서 역사의식을 가지고, 우리가 당면한 시대적 과제가 무엇인지 판단하여 그것을 가장 잘 해결해 나갈 수 있는 정책목표를 수립하는 것이 절실하다. 심사숙고 없이 채택된 의견이나 인기에 편승하기 위한 정책은 실패를 자초한다.

셋째, 뜻을 같이하는 소신 있는 사람들을 충원했으면, 그들은 단시일 내에 업무를 파악하고 조직을 장악해야 하며, 이를 위해 대통령 당선인은 그들에게 전폭적인 신임을 보여주어야 한다. 대통령이 바뀔 때마다 함께 오고 가는 '정치적 임명자들'(*political appointees*)과 그와 무관하게 변함없이 근무하는 '전문직업관료들'(*professional bureaucrats*)과의 갈등은 역사적으로 오래전부터 있었던 문제이다. 변화에 저항하는 것은 직업관료들의 자연적인 생리이며, 관료들의 보수적인 성향은 정책 변화의 가장 큰 장애가 된다. 반대로 그런 성향은 일종의 '제도적 기억장치'로 기능하여 정책의 전문성과 일관성에 기여하며, 졸속적인 정책이 수립되는 것을 견제하는 긍정적인 역할을 수행하기도 한다. 따라서 정치적으로 지명된 고위공무원들은 빠른 시간 내에 맡은 부처의 속사정을 낱낱이 파악하여 대통령 당선인의 뜻에 거스르는 관료적 저항이 있을 경우 강한 리더십으로 이끌어 가야 한다. 또한 그들은 관료들의 종합적인 견해에 비추어 대통령 당선인의 정책목표가 졸속인 것으로 드러날 경우 '관료적 지혜'를 표류하는 정책목표를 수정하는 데 활용하는 것이 바람직하다.

마지막으로, 대통령 당선인은 국민의 의견을 수렴하여 미래지향적으로 여론을 이끌어 가야 한다. 불행하게도 지금까지 우리의 대통령들은 '여론선도자'라기보다는 '독재자' 아니면 '인기편승자'였다. 남북통일에 대한 담론이 대표적인 사례이다. 장기적인 차원에서 민족자존을 회복하기 위해서는 남북통일이 중요하다고 볼 때 통일은 한국에 대한 국제사회의 시각변화에 많은 영향을 미칠 것이다. 과거 반공에 대한 국민정서를 현실적으로 전환하지 못한 역대 대통령들은 독재자였기에 그것을 이용했거나 또는 무능했기에 그런 역할을 하지 못했다. 앞으로의 우리 대통령은 허울 좋은 업적 쌓기에 연연하기보다는 내실 있는 국가발전을 위해 역사의식을 가지고 국민정서를 바람직한 방향으로 이끌어 갈 수 있는 국제화된 민족주의적 통일비전을 가져야 한다.

4) 소결론

우리의 대통령 당선인은 70여 일이라는 짧은 기간에 앞으로 성공적인 국정운영을 위하여 안정된 정권인수와 치밀하고 철저한 정부구성을 준비하여야 한다. 이러한 준비과정에서 대통령 당선인은 무엇보다도 재임 대통령과의 상호신뢰를 충분히 구축해야 한다(최병렬, 1997). 즉, 대통령 당선인과 재임 대통령 간의 소속정당 동일성 여부와 대통령 당선인이 대통령선거에서 얻은 결과가 모두 외생적인 변수들임을 고려할 때 대통령 당선인이 안정된 정권인수를 위해서 할 수 있는 것은 그 자신과 재임 대통령 간의 상호신뢰를 높이는 것이다.

그러나 우리의 경우 소속정당의 동일성 여부와 관계없이 대통령 당선인이 재임 대통령과의 차별화를 시도해 왔기 때문에 이러한 정치적 현실 아래서 대통령 당선인과 재임 대통령의 상호신뢰 구축은 무척 어렵다. 그러므로 앞에서 언급한 바와 같이 대통령 당선인은 단기적으로 한시적인 정권인수위원회(가칭)를 구성하는 데 있어 재임 대통령과 어느 정도 좋은 관계를 유지하는 인물이나 재임 대통령 아래에서 성공적인 업무수행을 이룩한 전문직업관료 등을 활용하여 재임 대통령의 협조를 이끌어 냄으로써 안정된 정권인수를 이룩해야 한다. 그러나 현실적으로 이들 양자 간의 상호신뢰 구축은 무척 어려워 궁극적으로 대통령 후보자는 국민이 원하는 바를 잘 파악하여 대통령선거에서 큰 표 차이로 당선될 수 있도록 노력함으로써 대통령 당선인으로서 더 나은 정치적 입장에서 안정적으로 정권을 인수하고 치밀하게 정부를 구성하여야 한다.

또한 정부구성을 위해서는 대통령 당선인은 5년 임기의 대통령직은 여러 정치적 목표 및 정책목표를 달성하기에 무척 짧은 기간이라는 사실을 분명하게 인식하여야 한다. 대통령 당선인은 소수의 국정비전을 구체적이고 단순하고 짧게 설정 및 제시하여 이를 그의 행정부와 국민에게 반복해서 강조함으로써 행정부로부터는 충성을 국민으로부터는 지지를 확보하여 성공적인 국정운영의 발판을 마련해야 할 것이다.

3. 재임 대통령

현행 5년 단임제 아래서 우리 대통령의 국정운영에서 가장 중요한 사항은 취임 초 국정운영을 성공적으로 시작하여 이를 기반으로 성공적 국정운영을 수행하는 것이다. 이러한 관점에서 이 절은 첫째, 임기 초 대통령의 국정운영 방식을 살펴본다. 둘째, 국정운영과정에서 '국민에게 직접 호소하는 전략'(*going public*)의 장·단점을 분석한다. 셋째, 대통령의 국정운영 방식과 관련하여 앞의 제3장에서 살펴보았듯이 '내각 중심'과 '대통령비서실 중심'의 방식을 좀더 자세하게 비교 분석한다. 마지막으로 임기 말의 레임덕 대통령으로서 대통령의 국정운영 방식을 분석한다.

1) 임기 초 대통령의 국정운영 방식

대통령 당선인은 취임 후 단기적으로는 1년, 장기적으로는 5년간의 정치일정(*political agenda*)에 따라 국정을 운영한다. 대통령은 그의 시간,

체력, 영향력 등을 가장 효율적으로 사용할 수 있도록 정치일정을 마련한 다음 이 정치일정에 따라 정책을 수립하고 집행해야 한다. 이 경우 성공한 대통령이 되기 위해서는 이러한 '정치의제 선정'(*political agenda setting*)과 일정을 주도적으로 지휘, 조정, 통제해야 한다. 만약 이러한 의제설정과 정치일정이 야당이나 언론 등 다른 정치적 주체들에 의해서 끌려가면 성공한 대통령이 되기가 어렵다.

과거 대통령에 의한 정치의제와 정치일정 통제의 성공적인 사례는 미국의 경우 대공황의 경제위기를 극복한 Franklin Roosevelt 대통령이고 최근의 사례는 Reagan 대통령의 집권 1기이다. 세금감면과 국방비 증가를 포함한 'Reaganomics'로 상징되는 Reagan 대통령의 정책들은 그 제안이 훌륭해서가 아니라 그것 이외에 당시에 어느 것도 다룰 것이 없었기 때문에 정치의 핵심이슈가 되었던 것이다. 즉, Reagan 대통령은 신속한 행동과 노련한 대화기술로 자기가 추진하는 정책들을 정치의 핵심현안들로 만드는 데 성공했다.

이러한 관점에서 취임 후 대통령의 국정운영 방식에는 크게 두 가지 상반된 견해가 있다. 첫째, '땅을 차면서 달려가라'(*hit the ground running or fast-start* 전략)는 방식이다. 대통령에 취임한 후 빠른 시간 내에(미국에서는 Franklin Roosevelt 대통령 이후 100일 이내에) 자신이 대통령으로서 성취하고자 하는 정치적 과업이나 프로그램을 취임 전에 철저히 준비하여 바로 입법화시켜서 과업성취를 이룩해야 한다는 주장이다. 이는 취임 직후의 경우 국민이 새 대통령에게 큰 기대를 걸고 있기 때문에 이 기대에 부응하여 자신의 정책에 대한 국민의 지지를 이끌어내기가 쉬워 빠르게 움직이는 것이 좋다는 것이다. 또한 취임 초 정치적 인기가 높을 때 인기 없고 어려운 개혁과제들을 단행하여야 그 정부가 순항할 수 있다는 것이다(Schlesinger, 1959).

이 전략은 대통령 취임 초기는 국민, 의회, 그리고 언론도 새로운 대통령에 대해 호감을 갖고 긍정적으로 대해 주는 시기, 즉 '밀월기간'(*honeymoon period*)이므로 이것을 이용하자는 것이다. 미국의 경우 이 기간을 Franklin Roosevelt 이후 통상적으로 100일로 잡고 있다. 즉, 대통령이 제대로 일을 하기 위해서는 이 밀월기간을 적극적으로 이용하여 과감한 정책을 제시하고, 이에 대한 의회의 수용 가능성도 높을 것이라는 일반적 기대를 충분히 이용하여야 한다는 것이다. 그러나 최근의 미국 대통령들은 그들이 아무리 국민적 인기가 있어도 이 밀월기간이 그다지 길지 않다는 것을 경험했다.

이에 반하여 둘째, '천천히 길을 가라'(*hit the ground strolling or slow-start* 전략)는 방식이다. 취임 직후는 아직 대통령이 정치적 환경과 정책적 상황을 잘 파악하지 못하므로 좀 기다려서 대통령과 그의 참모조직들이 이러한 정치적 환경에 어느 정도 익숙해지고 무엇이 필요한 것인지를 인식한 후 중요한 과업을 실시해야 한다는 것이다(Lammers, 1997). 취임 초기에 첫 정책이 실패하면 이 실패가 지속적으로 새 정부의 부정적 이미지를 결정하여 그 후의 국정운영이 어렵다는 것이다. 즉, 땅을 잘못 차면서 달리다가는(*hit the ground running*) 자칫 절름발이처럼 찰 수도(*hit the ground limping*) 있다는 것이다. 따라서 새 대통령의 첫 정책은 치밀하게 준비하여 성공적으로 이끌어 내어야 한다. 이러한 집권초기의 성공은 그 후 대통령의 국정운영에 긍정적으로 영향을 미친다. 이런 연유로 Kennedy 대통령처럼 집권 초기에는 어려운 정책

문제에 대한 결정은 의도적으로 연기하고, 쉽고 성공 가능성이 높은 정책결정을 주로 하여 대통령의 평판을 높일 수도 있다.

상반된 대통령의 국정운영 방식 중 어느 방식을 택하는 것이 성공적인 국정운영을 위하여 보다 좋은지는 대통령과 보좌조직의 경험과 능력, 그리고 그들이 직면한 정치·경제적 환경에 달려 있다. 대체적으로 경험이 많고 준비된 대통령은 첫 번째 방식이 좋다. 또한 미국의 대공황이나 우리의 경제위기상황처럼 대통령이 처한 정치경제적 환경이 위기적 상황이면 첫 번째 방식이 우선된다.

2) 국민에 대한 직접적 호소 전략의 장·단점

국회에서 대통령의 소속당이 다수당이 아닌 '여소야대' 상황이나 대통령의 국회의원 설득이 정치적으로 여의치 않은 경우 대통령은 국민여론에 직접 호소하게 되는 경향이 높다. 국회보다 언론을 활용하는 데 유리한 위치에 있는 대통령은 전국적으로 방영되는 텔레비전 연설, 국가행사 등을 통해 국민여론을 유리하게 조성할 수 있다. 이는 국민여론을 국회에 대한 압력으로 활용하는 전략이다. Kernell(1997)은 이를 대통령의 '대중 리더십'(*public leadership*) 관점에서 '국민에게 호소'(*going public*)하는 전략이라고 하고 대통령의 새로운 지도력 전략이라고 했다.

미국의 경우 대공황 때 Franklin Roosevelt 대통령이 '노변정담'(*fireside chats*)을 통하여, 그리고 Reagan 대통령이 집권 1기 의회의 민주당 의원들을 설득하기 위해 이 전략을 성공적으로 사용하였다. 이후 많은 대통령의 참모들은 대통령의 정책이 언론의 관심을 끌고 국민의 지지를 얻어내도록 노력하였고 그 과정에서 백악관비서실의 '공보실'과 '대변인'의 중요성이 증대되었다.

그러나 이 전략에는 위험이 있다. 구체적으로 첫째, 이 전략은 국민에게 실현될 수 없는 과잉기대를 제공하기가 쉽다. 둘째, 핵심문제에 대한 부적절하고 통제 불가능한 제안 또는 처방책을 남발할 가능성이 높다. 대통령이 직접 국민과 대화하는 것은 설득효과도 크지만 그만큼 위험부담도 크다. 왜냐하면 모든 문제와 책임이 대통령에게 직접 돌아오기 때문이다. 셋째, 대통령의 원맨쇼를 인정하지 않는 현대 정치에서 정책의 입법화를 위하여 실제로 지지가 필요한 제도적 기관들, 특히 국회의원들과 정치적으로 소원해지는 등의 문제가 있다(함성득, 1998f). 아울러 대통령이 이 전략을 사용하면 국회의 지도자들, 특히 야당 그리고 인력과 재원을 가진 이익단체들도 이 전략을 사용하여 그들의 주장을 국민에게 직접 밝히면서 지지를 호소하게 된다. 정치가 제도권이 아닌 제도권 밖에서 이루어진다. 결국 국민여론에 호소하는 전략은 강력하지만 자주 쓰면 그 부작용이 만만치 않다.

특히, 지난 참여정부 집권 초기 여소야대의 현실적 한계 속에서 야당인 한나라당의 동의 없이는 어느 것 하나 제대로 일을 할 수 없었던 노무현 대통령은 종종 국민에게 직접 호소하여 여론을 조성하여 정국을 돌파하는 방식을 택했다. 실제로 노무현 대통령은 2003년 3월 9일 우리나라 최초로 검찰의 인사문제를 놓고 평검사들과의 '공개 토론회'를 통해 현안을 정면으로 돌파하기도 하였다. 이렇게 국민에게 직접 호소하는 방식은 단기적으로 '권력의 참여적 이미지 조성'이라는 측면에서 효과가 크다. 그러나 대통령이 일반 국민에게 너무 자주 노출되면 모든 사회적 이슈(예를 들어 노사개혁, 공공분야 개혁 등)에 대해 대통령이 직접적으로 책임을 져야 하는 상황이 초래될 수 있다(자세한 것은 함성득, 2003b 참조). 이러한 상황에서는 행정부의 장관을 포함한 공공조직은 정부의 중요 정책결정과정에서 모두 무력화될 수밖에 없고 결과적으로 또 다시 내각 중심이 아닌 대통령비서실 중심의 국정운영이 심화될 수밖에 없다.

3) 내각 중심의 국정운영과 대통령비서실 중심의 국정운영

대통령의 국정운영 과정과 관련 내각과 대통령비서실 관계에서 크게 두 가지 방식이 있다. 우선 '내각 중심'의 국정운영 방식이다. 이 경우 대통령비서실은 철저히 대통령과 내각을 연결하는 심부름꾼에 머물러야 한다. 내각 중심의 국정운영 방식은 행정부의 자율성과 책임성을 강화하여 행정의 독창성과 반응성을 높일 수 있어 결과적으로 대통령의 국정운영에 긍정적으로 작용한다. 이는 앞의 제 3장에서 지적한 대통령비서실 중심의 국정운영의 폐단을 막을 수 있다.

지금까지 대통령비서실의 역할 확대는 그것이 가져다준 효율성보다는 폐단이 더 컸고, 그 폐단의 핵은 특권과 독단으로 이어지는 부정부패였다. 대통령비서실(경호실과 함께)이 대통령의 강력한 힘을 등에 업고 내각이나 정당 위에 군림하여 정책결정은 물론 그 집행까지도 주도하고 관여하면서 과도한 역할과 권한을 행사하여 '비서정치', '구중궁궐', 또는 '권력의 산실'로 비판받아 왔다. 그러므로 그동안 비대해진 대통령비서실의 규모를 축소하고 기능도 본래의 비서 기능에 국한시켜 정치나 정책결정과정에 대한 개입을 방지하고 국정에 대한 보좌기능은 각 부처로 환원해야 한다는 것이 핵심주장이다.

다음으로 '청와대 중심'의 국정운영 방식이다. 이는 대통령비서실이 대통령의 국정운영 비전을 강화시켜 구체적 정책으로 표출되도록 하고 이에 맞추어 행정부를 효과적으로 조정하며 통제해야 한다는 것이다. 현실적으로 국민생활에 불편을 미치는 일이라면 그 일의 경중을 따짐이 없이 모든 책임을 대통령에게 묻는 것이 우리의 정치적 상황이므로 정치적으로 핵심사항이 되는 주요정책은 대통령의 국정운영 비전과 철학의 의중을 가장 잘 파악할 수 있는 대통령비서실에 의해 수행되어야 한다(함성득, 1998a). 미국의 경우 Franklin Roosevelt 대통령 이후 백악관비서실의 조직이 확대됨에 따라 이러한 대통령비서실 중심의 국정운영 경향이 높아졌다. 아울러 Eisenhower 대통령 때 공식적으로 '비서실장'(*chief of staff*)이 백악관 조직 내에 설치됨에 따라 이러한 경향은 더욱 심화되었다(Pfiffner, 1994).

우리의 경우도 제3공화국 이래 역대 대통령들이 집권 초기에는 행정부, 즉 내각 중심의 국정운영 원칙을 표방하고 청와대를 자주 축소 개편하였다. 그러나 시간이 지남에 따라 대통령비서실 중심의 국정운영으로 변화하였고 이에 따라 비서실의 기능이 확장되었고 축소되었던 조직과 규모도 다시 확대되어 왔다. 구체적으로 박정희 대통령 집권 중반기 이후부터 대통령비서실 중심의 국정운영 방식이 전두환 대통령 때 내각 중심으로 약간의 변화는 있었지만 대체적으로 지속되어 왔다(자세한 것은 함성득, 2002b 참조). 현 박근혜 대통령은 장관에게 권한과 책임을 확실히 위임하고 장관의 임기를 최소한 어느 정도 보장하는 이른바

'책임장관제'를 도입하여 내각 중심으로 국정운영을 하겠다고 천명하였으나 그 정치적 약속은 지켜지지 않았다.

이렇게 대통령비서실 중심의 국정운영이 강화되는 이유는 첫째, 대통령이 각부 장관을 임명하는 데 있어 정치적인 면에서 '상징적 중요성'(*symbolic importance*)이 강조되고 있기 때문이다. 장관들의 전문성도 중요하지만 현실적으로 지역안배, 출신학교, 성별, 나이 등 고려할 요소가 많아서 대통령의 국정운영에 직접적으로 필요하지 않은 사람이 임명되는 경우가 종종 있다. 이러한 경향은 모든 면에서 다분화된 미국의 경우 더욱 심화되었다. 즉, 미국 대통령은 내각을 미국처럼 만들어야 하기 때문에 흑인, 히스패닉, 기타 소수계 인사, 여성, 그리고 다른 정책이념을 지닌 인사들을 반드시 내각에 임명해야 하고, 나이, 지역을 고려해야 하기 때문에 전문성과 대통령에 대한 충성만이 우선될 수 없다(Pfiffner, 1994).

아울러 미국의 경우 장관에 대한 상원의 인준과정이 까다롭고 개인생활을 많이 노출시켜야 하므로 다수의 능력 있는 인사들이 장관이라는 공직을 기피한다. 아울러 대통령이 장관을 임명할 때 어떤 장관은 상징적으로 임명되어 이미 대통령의 국정운영 과정에서 처음부터 배제된다. 따라서 전문성이 뛰어나고 대통령에 대한 개인적 충성심이 높은 인사들은 대체적으로 임명절차가 비교적 용이한 대통령비서실에 두는 경우가 많아지고 있다. 현재 우리의 경우도 미국의 경험과 매우 흡사하다.

둘째, 행정 각 부처의 이기주의와 할거주의, 관료의 무사안일주의적 타성과 복지부동, 정당의 미성숙화 및 파당적 투쟁, 지역이기주의 등을 고려할 때 대통령비서실이 모든 핵심현안을 직접 관장하는 것이 정책 집행의 효율성으로 인하여 대통령의 국정운영 능력을 향상시킨다고 보았기 때문이다(배정훈, 1997b; 함성득, 1998c).

셋째, 최근 '대통령 정책결정과정'(*presidential decision making process*)의 특성과 관련이 있다는 것이다. 구체적으로 최근 대통령의 정책결정과정에서 점차적으로 정책문제의 복잡성이 증가하기 때문에 정부의 특정 주요정책이 하나의 특정 행정부처 안에서 다루어지기보다는 여러 행정부처가 관련된다. 이러한 상황에서 각 부처 간의 갈등이 커지고 대통령의 정책에 대한 조정과 행정부처에 대한 통제 기능이 증대되어 왔다. 이렇듯 대통령의 독립적인 분석과 판단에 기초한 정책결정의 필요성이 높아짐에 따라 대통령비서실 중심의 국정운영이 강화되고 있다(Ragsdale, 1996).

또한 우리의 경우 국가정보원(구 중앙정보부 또는 안전기획부), 경호실, 그리고 기무사를 포함한 군사 정보기구들을 통한 주요 국가정보가 대통령비서실에 집중되어 내각에 비해 상대적으로 정확하고 많은 지식과 정보를 갖고 있다. 이러한 상황에서 대통령의 국정운영은 점차적으로 내각 중심 대신 대통령비서실 중심으로 변화되어 왔고, 이것이 우리 대통령제의 특징이 되어 가고 있다. 앞으로도 이러한 대통령비서실 중심의 국정운영 경향은 점차적으로 증대될 것이다.

대통령비서실 중심의 국정운영의 문제는 심각한 '인(人)의 장막'이 형성된다는 것이다. 미국의 경우도 Nixon 대통령 당시 인의 장막이 형성되어 Watergate사건으로 상징되는 제왕적 대통령제로 이어져 그의 사임을 초래했다. 우리의 경우도 건국 이후 이러한 대통령비서실의 심각한 인의 장막 경향은 권력남용과 부정부패로 이어져 왔다. 이렇게 권한이 대통령비서실에 집중될 때 중요한 것은 어떻게 하면 힘의 집중으로부터 초래되는 권력의 남용 및 부정부패 등의 부정적 측면들을 줄이고 각 행정부의 자율성과 창의성을 높여 효율적 국정운영이라는 긍정적 측면들을 강화시키느냐 하는 것이다.

4) 임기 말 대통령의 국정운영 방식

재임 대통령으로서 그의 정치역정에 가장 힘없고 무기력하고 그리고 슬픈 기간은 바로 임기 말이다. 임기 말의 대통령을 '레임덕'(*lame duck*) 대통령[11]이라 한다. 우리는 민주화 이후 노태우 대통령, 김영삼 대통령, 김대중 대통령, 노무현 대통령, 그리고 이명박 대통령의 경험 등을 목격했다. 특히, 김영삼 대통령의 경우 한보사태, 김현철 사건, 안기부법 및 노동법 개정 파동을 거치면서 레임덕 현상이 너무 급격히 왔고 이로 인해 IMF 구제금융체제의 경제위기상황에서 국정운영의 공백상태가 발생하였다. 그리하여 김대중 대통령이 취임 전에 금융위기 타개를 위하여 국정에 참여하는 사태까지 발생하였다. 또한 IMF 외환위기 조기 극복과 2000년 남북정상회담을 이룩한 김대중 대통령의 경우도 임기 말 두 아들과 측근들이 부정부패 스캔들에 관련되면서 그의 대국민 사과를

---

11) 레임덕은 법률의 임기제한으로 임기가 끝나 가는 대통령을 말한다. 원래 lame duck의 영어 의미는 날개에 총을 맞아 살아 있기는 하지만 날지 못하는 오리를 말한다. lame duck은 18세기 영국에서 '파산한 사업가'(*bankrupt businessman*)의 의미로 사용되었으며 곧 '파산한 정치가'(*bankrupt politician*)의 뜻으로 사용되었다(Safire, 1978).

전후하여 정치적 영향력이 전무하였다.

임기 말 대통령에게 레임덕 현상이 언제 닥쳐오는지는 당시 대통령이 처한 정치경제적 상황, 대통령선거와 국회의원선거의 동시 또는 분리선거, 그의 국정운영 결과, 그리고 리더십 스타일 등에 따라 다르다. 다만 임기 말 대통령의 국정운영 실패로 정치경제적 상황이 악화되고, 대통령선거와 국회의원의 선거가 동시에 실시되지 않고 분리되어 실시될 때, 그리고 대통령의 리더십 스타일이 소극적일수록 레임덕 현상은 더 빨리 발생한다.

우리의 5년 단임 대통령제와 국회의원선거 시기를 고려할 때 박근혜 대통령의 레임덕 현상은 2016년 총선에서 여당인 새누리당이 패배하면서 시작되었다. 2016년 4월 국회의원선거에서 선출된 국회의원의 임기는 박근혜 대통령의 임기인 2018년 2월 24일보다 길다. 따라서 국회의원들의 대통령으로부터의 정치적 자율성은 시간이 지남에 따라 더욱 높아질 것이다. 만약 현재의 어려운 경제상황이 호전되지 않을 때는 이러한 레임덕 현상은 훨씬 심각할 수도 있다. 따라서 우리는 이러한 레임덕 현상 아래서 어떻게 하면 임기 말 대통령이 국정운영을 성공적으로 마무리할 것인가를 연구해야 하는 것이다.

임기 말의 대통령 국정운영방식에는 두 가지 상반된 입장이 있다. 첫째, 재임 대통령은 임기 말에는 5년 단임 대통령으로서 다음 선거에 연연하지 않아도 되기 때문에 정치적으로 인기는 없지만 국가발전을 위해서 정말로 필요하며 개혁하기 어려운 과제들을 추진하여야 한다는 것이다. 레임덕 대통령이야말로 국가를 위해 장기적인 시각을 갖고 역사를 내다보며 '큰 정치'를 할 수 있다는 것이다.

이러한 입장의 단점으로는 레임덕 대통령이 임기 말에 그의 권한에 집착하여 새로운 대통령에게 맡겨야 할 주요 정무직 인사를 파행적으로 단행하거나 초대형 국책사업을 무리하게 추진하는 경우가 많다는 것이다. 구체적으로 미국의 경우 1801년 John Adams 대통령이 Jefferson 대통령의 취임 전날 연방판사를 전격 임명한 무리한 권력행사가 있었다(Marbury vs. Madison 판례, 1803). 우리의 경우도 전두환 대통령이 그의 임기 말 단행했던 군의 인사를 꼽을 수 있다. 전두환 대통령은 임기를 2개월가량 남긴 1987년 12월 수방사령관과 보안사령관(현재 기무사령관)에 김진영 중장과 최평욱 중장을 각각 임명했다. 당시 이들은 전두환 대통령의 충복으로 알려져 물러나는 전두환 대통령이 군부에 자기 사람을 심은 인사로 평가되었다(이교관, 1997). 또한 경부고속전철사업과 영종도 신공항사업 등은 임기 말의 노태우 대통령이 전격적으로 결정함으로써 심각한 논란에 휩싸였던 국책사업의 대표적인 예이다.

이에 반하여 둘째, 물러나는 대통령은 모든 정책에 소극적으로 대응하는 것이 가장 좋다는 것이다. 왜냐하면 물러나는 대통령은 어떤 정책을 강하게 추진하려고 해도 추진세력이 뒷받침을 해주지 않으므로 할 수도 없다는 것이다. 아울러 물러나는 대통령이 강하게 어떤 정책을 추진하는 과정에는 항상 무리가 따르고 또한 추진되어도 새로운 대통령에 의해 그 정책의 지속성도 보장되지 않는다는 것이다. 이의 대표적인 예는 김영삼 대통령 당시 노동법과 안기부법 개정 통과 과정이다. 다만 이러한 레임덕 대통령의 위기에 대한 소극적 대응방식도 초기 대공황을 맞이하여 상황을 더욱 악화시킨 임기 말 Hoover 대통령의 경우 많은 문제점을 낳았다. 우리의 경우도 김영삼 대통령 당시 외환위기에 따른 국제통화기금의 구제금융으로 이어지는 과정에서 소극적 대응방식의 문제점을 보여주었다.

이렇게 상반된 임기 말 대통령의 국정운영 방식에서 우리의 경우 어느 방식을 택하는 것이 좋은지는 무엇보다도 정책결정과정의 특징과 대통령이 직면한 정치·경제적 환경에 달려 있다. 일반적으로 임기 말 대통령은 자신의 정치적 이익을 추구하거나 추구한다고 오해를 불러일으킬 소지가 있는 정책결정은 피하는 것이 좋을 것 같다. 예외적으로 임기 말 대통령의 국정운영 업적이 뛰어나서 그의 국민적 인기와 평판이 높은 경우 국가발전을 위해서 꼭 필요한 정책은 능동적으로 추진할 수도 있다. 그러나 미국의 경우 대체적으로 임기 말 대통령은 후자인 소극적 국정운영 방식을 택하고 있다. 이는 임기 말 대통령이 정책결정과 관련하여 괜한 정치적 오해를 받지 않으려고 하는 것이다. 또한 현실적으로 임기 말 대통령이 특정 정책을 적극적으로 추진하려고 해도 추진력이 뒷받침되지 않기 때문이다.

4. 전직 대통령

지난 1999년 IMF 외환위기의 원인 규명을 위한 경제청문회를 거치면서 당시 김대중 대통령과 김영삼 전 대통령의 갈등이 생겼다. 그것을 계기로 전직 대통령들 간의 '주막 강아지, 골목 강아지' 언쟁과 고향방문 길에 행한 김영삼 전 대통령의 '김대중 정권 타도' 선언, 전두환 전 대통령의 정치재개 움직임, 나아가 2009년 노무현 대통령의 자살 등으로 인해 전직 대통령들의 활동에 대한 비판과 관심이 증대되었다(자세한 것은 함성득, 1999b 참조).

대통령은 당선되기도 어렵고, 그 직위를 성공적으로 수행하기도 어렵다. 또한 임기를 마치고 민간인으로 돌아가서 자기 생활을 즐기면서 평범한 생애를 마감하기도 무척이나 어렵다. 미국의 경우 한때는 국가의 최고통치자였던 전직 대통령들이 출신지나 정치적 고향으로 돌아가 임기 후 활발히 활동하는 모습을 자주 볼 수 있다. 미국의 전직 대통령들은 주로 자선 및 봉사 그리고 연구활동과 민간외교, 정책자문 등에 몰두한다.

또한 그들은 연방정부의 도움을 받아 자신의 기념도서관을 건립하고 재임 전후의 모든 기록을 보관하는 것을 국가를 위한 일종의 의무이자 관례로 생각하고 있다. 아울러 많은 전직 대통령들은 이러한 기념도서관과 함께 부설 연구소 또는 학교를 설립하여 정책을 개발하고 인재를 양성하여 국가와 세계를 위해 연구하고 헌신함으로써 국민의 사랑과 신뢰를 받고 있다.

1) 전직 대통령에 대한 예우

미국의 경우 전직 대통령은 장관 봉급 수준의 연금(1993년 George H. Bush 대통령 퇴임 시 14만 8,400달러)을 받는 것 이외에 퇴임 후 처음 30개월까지 보좌관 운영비로 매년 15만 달러, 그 이후에는 매년 9만 6천 달러를 지원받으며, 사무실과 무료 우편이용권이 주어진다. 또한 대통령 기념도서관이 건립되면 그 운영경비는 연방정부 예산으로 지출된다. 전임 대통령과 그 배우자 그리고 자녀도 16세가 될 때까지 경호를 받는다.

우리의 경우 〈전직 대통령 예우에 관한 법률〉(1969년 1월 22일 제정 법률 제2086호, 2011년 5월 30일 일부개정 법률 제10742호)에 의해 전직 대통령은 대통령 보수 연액의 100분의 95에 해당하는 연금을 받는다. 전직 대통령의 유족 중 배우자는 대통령 보수 연액의 100분의 70에 해당하는 연금을 받는다. 또한 전직 대통령을 위한 기념사업을 민간단체 등이 추진하는 경우는 정부가 이를 지원한다. 아울러 전직 대통령은 1명의 1급 상당 별정직공무원과 2인의 2급 상당 별정직공무원 등 3명의 비서관과 운전기사 1명을 둘 수 있다. 그리고 전직 대통령과 그 가족은 경호와 경비의 예우를 받으며 동시에 교통·통신 및 사무실, 치료 등의 제반 업무를 지원받는다.

2) 미국 전직 대통령의 활동

미국의 대통령직이란 실질적으로 세계에서 제일 중요한 자리여서 대통령으로 재직하는 동안 정신적 압박을 많이 받는다. 따라서 James Polk와 Lyndon Johnson 대통령처럼 퇴임 후 4년 이내에 사망한 사람도 있다. 반면 Hoover 대통령처럼 무려 32년간 사회활동을 한 후 생애를 마감한 대통령도 있다. 특히, Hoover 대통령은 퇴임 후 정부의 행정개혁을 위한 'Hoover 위원회'(Commission on Organization of the Executive Branch) 위원장으로 활동했다. Jefferson 대통령은 퇴임 후 17년을 활동했는데, 그는 현재의 Virginia대학교를 설립했고 Madison 대통령은 퇴임 후 이 대학의 이사장을 지냈다.

또한 상당수의 대통령들은 퇴임 후 다시 공직에 종사했다. 우선 John Quincy Adams 대통령은 퇴임 후 연방하원의원으로 선출되어 17년간을 재직하였다. 특히, 그는 국회의사당에서 연설을 준비하다가 심장마비로 사망했다. 또한 Andrew Johnson 대통령은 재임 당시 의회를 무시하고 대통령의 권한을 행사해서 하원에서 탄핵이 결정되었으나 상원에서 한 표 차이로 탄핵이 부결되었다. 퇴임 후 그는 다시 상원의원으로 선출되어 재직하였다. 반면 몇몇 전직 대통령들(예를 들어 Buren, Fillmore, Theodore Roosevelt 대통령 등)은 다시 대통령선거에 출마했으나 모두 실패하였다. 다만 Cleveland 대통령(1885~1889)은 퇴임 후 왕성한 사회활동을 통하여 4년 후 다시 대통령(1893~1897)에 당선되어 재직하였다. Taft 대통령(1909~1913)은 퇴임 후 모교인 Yale대학교 법과대학원 교수로 재직하다 Harding 대통령에 의해 미국 연방 대법원장에 임명되어 1930년 사망할 때까지 9년 동안 재직했다. 그는 점점 강력해지는 대통령의 권한과 영향력에 대한 위험성을 강조했다. 그 외 많은 전직 대통령들은 여행, 독서, 회고록 집필 등으로 조용히 생애를 마감했다.

미국의 전직 대통령에 관한 연구에서 흥미로운 사실은 첫째, 전직 대통령들의 활동은 기념도서관 및 대학교와 밀접한 관련이 있다는 것이다. 우선 초대 Washington 대통령의 이름을 딴 George Washington 대학교가 수도인 Washington, D.C.에 있다. Princeton대학교는 이 대학의 총장을 지낸 Wilson 대통령을 기념하여 Wilson 정책대학원을 설치하였다. Stanford대학교는 졸업생인 Hoover 대통령을 기념하여

Hoover 연구소를 설치하였다. Harvard대학교는 졸업생인 Kennedy 대통령의 비극적인 죽음 이후 그를 기념하여 Kennedy 행정대학원을 설치하였다.

이후 최근 전직 대통령의 예를 보면, Johnson 대통령은 고향인 Texas 주의 Texas (Austin) 대학교에 그의 기념도서관을 건립했고, Johnson 정책대학원을 설치하였다. 특히, 그의 생가는 Johnson City로 명명되어 유명한 관광지가 되었다. Nixon 대통령도 고향인 California주 Yorba Linda에 기념도서관을 건립했고, Ford 대통령은 자기 모교인 Michigan (Ann Arbor) 대학교에 기념도서관을 건립했으며 최근 Ford 정책대학원을 설치하였다. Carter 대통령도 자기 고향인 Georgia주의 Emory대학교에 기념도서관 겸 연구소를 건립했다. Reagan 대통령도 자기 고향인 California주의 Los Angeles시 근교, Simi Valley에 기념도서관과 연구소를 설립했다. Bush 대통령은 그의 정치적 고향인 Texas주의 Texas A&M대학교에 기념도서관과 Bush 정책대학원을 설립하였다. Clinton 대통령도 그의 고향이자 자신이 교수로 재직했던 Arkansas대학교에 그의 기념도서관과 공공서비스대학원을 설립하였다. George W. Bush 대통령도 Texas Dallas시의 Southern Methodist대학교에 그의 기념도서관과 연구소를 설립하였다.

둘째, 최근의 전직 대통령은 대체적으로 회고록을 남겼다는 것이다. Eisenhower, Johnson, Nixon, Carter, Reagan, Clinton, George W. Bush 대통령 등이 회고록을 저술하였다. 그들은 한때 국정운영의 최고책임자였던 경험을 스스로 기록하였다. 이것은 성공과 실패를 진솔하게 기술하여 그들의 경험과 지혜를 활용할 수 있게 할 것이다.

셋째, 대부분의 전직 대통령은 사후에 수도인 Washington, D.C.에 있는 국립묘지 대신 그들의 고향에 묻혀 있다는 것이다. 현재 국립묘지에 묻힌 전직 대통령은 두 명뿐이다. Wilson 대통령이 Washington 국립성당(National Cathedral)에 그리고 Kennedy 대통령이 Arlington 국립묘지에 묻혀 있다. 이러한 사실은 평범하고 조용한 삶을 영위하려는 전직 대통령들의 소망이 사후에도 반영된 것이다. 아울러 전직 대통령을 기념하는 도서관도 대체적으로 그들의 고향에 있다.

재임 중에는 국정운영에 실패해 국민의 신망을 얻지 못했던 전직 대통령들도 퇴임 후 성공적인 사회활동을 통해 전성기 못지않은 인기를 누리곤 한다. 이러한 점에서 퇴임 후 성공적인 전직 대통령 활동의 진면목, 즉 '아름다운 전직'을 가장 잘 보여주는 사람이 Carter다. 그는 퇴임 후 주일학교 선생님과 빈민을 위한 주택건축 등 왕성한 사회봉사활동과 국제분쟁방지를 통한 평화추구와 인권신장활동 등을 통하여 재임 때보다 더 훌륭한 대통령으로 평가받고 있다.

구체적으로 도덕과 정직을 강조했던 Carter는 선거 당시 Watergate 사건 등에 염증을 느끼던 국민들에 의해 선출됐다. 그는 남부 Georgia 주지사 출신으로 워싱턴 중앙정치무대의 경험이 없었고 극심한 경기침체와 인질사태까지 겹쳐 한마디로 시련의 집권기를 보냈다. 또한 국가의 비전을 제시하지 못한 채 허겁지겁 사태수습에 머물고 말았던 평범한 그에게 국민들은 곧 등을 돌리고 말았다.

그러나 임기를 마치고 고향으로 돌아간 그는 철저히 자신을 낮추고 봉사와 자선의 길을 걷기 시작했다. 극빈 가정을 위한 주택건설, 각종 인권운동, 기아구제운동 등을 벌였다. 또한 그는 한반도와 중남미, 아프리카 등에서 일어나는 각종 분쟁의 해결사로 맹활약한 공로로 2002년 노벨평화상을 수상하였다. 그는 인권상을 제정하고 각국의 인권 피해자들을 구제해 줄 것을 간곡히 요청하여 수백 명을 석방시키는 성과도 올렸다. Carter의 영향력이 여기에 이르자 Reagan, Bush, Clinton, George W. Bush 대통령도 국가의 주요문제에 관해 종종 그에게 자문을 구했다.

그 외에 전직 대통령의 활동으로 Bush 대통령이 1998년 Arizona주 사막에서 고공낙하를 하며 노익장을 과시하여 국민들에게 잔잔한 미소를 선사하기도 했다. 또한 공화당의 Ford 대통령과 민주당의 Carter 대통령은 1998년 Lewinsky 성추문으로 Clinton 대통령의 탄핵문제가 심각히 대두됐을 때 '대통령직의 권위' 상실을 염려하는 공동사설을 〈뉴욕타임스〉(*New York Times*)에 기고하여 탄핵절차 중지를 주장했다. 특히, 1999년 2월에는 Hussein 요르단 국왕 장례식에 당시 Clinton 대통령과 Ford, Carter, Bush 등 3명의 전직 대통령이 함께 참석했다. 이들은 대통령 전용기에 동승하여 요르단에 가면서 중동평화협상, 코소보사태 등 국제현안에 대해 진지한 토론을 벌였다(남찬순, 1999).[12] 이들은 한때 치열한 선거전을 치른 정치적 경쟁자들이었으나 이제는 허심탄회하게 국가의 이익을 위해 국정을 논한 것이다. 이와 같이 전직 대

---

12) 비교적 젊은 나이(54세)에 대통령직에서 물러난 Clinton의 퇴임 후 활동은 여러 가지 면에서 화제를 뿌렸다. 그는 대통령직에서 물러난 다음 사무실을 뉴욕 시 맨해튼 한복판의 고급 건물로 선정해서 물의를 빚더니 결국 북쪽 할렘 시에 위치한 건물을 사용하면서 흑인들로부터 폭넓은 지지를 받았다. 이러한 Clinton의 퇴임 후 활동은 박근혜 대통령의 퇴임 후 활동과 관련하여 많은 참고가 될 것이다.

통령에 대한 현직 대통령의 존경심과 전직 대통령의 현직 대통령에 대한 예우가 잘 조화되면 아름다운 장면이 연출되는 것이다.

3) 우리나라 전직 대통령의 활동

우리나라의 전직 대통령들은 그간의 정치적 상황과 구조적 문제들로 인해 망명하고 암살되고 감옥에 가거나 은둔했기 때문에 임기 후 사회활동을 할 겨를이 없었다. 실제로 전두환, 노태우 대통령은 5·18광주민주화운동 탄압과 비자금문제로 인해 퇴임 후 재판을 받았고, 김영삼 대통령은 아들 김현철의 비리와 외환위기로, 김대중 대통령은 아들들의 비리와 불법적 대북지원 의혹, 노무현 대통령은 친인척의 비리 논란 아래서 불행하게 생애를 마감하였으며, 이명박 대통령의 경우도 친형을 비롯한 친인척 그리고 측근들의 비리 속에 임기를 마쳐서 '아름다운 전직 대통령'이 되는 데는 많은 어려움이 있다. 그러나 퇴임 후 전직 대통령의 사회활동은 국민과 대통령을 자연스럽게 이어 주는 가교 역할을 한다는 점에서 무척이나 중요하다(김정원, 1998). 현재 생존해 있는 우리의 전직 대통령은 3명이나 되지만 그들의 사회활동은 매우 제한적이어서 무척이나 안타깝다.

이런 모습을 보면서 김대중(1999: 5)은 다음과 같이 주장하였다.

> … 그들은 재임 시 국민의 추앙을 받은 존재도 아니었다. 성공한(?) 쿠데타로, 또는 민주화를 향한 국민들의 열망의 결과로 권력의 중심부에 앉을 수 있었던 사람들이다. 그렇다면 이제 물러난 마당에 한때 대통령직에 있

었던 것을 감사하게 생각하고 국민들을 더 이상 피곤하게 만드는 일을 하지 말아야 한다. 그들이 아직도 국민의 마음에 무엇을 남겨놓고 있다고 생각한다면 그것은 큰 착각이다. 전직 대통령들은 부디 입을 무겁게 가졌으면 한다. 나라에 도움이 안 되는 일은 삼가야 한다. …

이러한 관점에서 우리의 전직 대통령도 그들의 국정운영 경험의 성공과 실패를 진솔하게 기술하는 회고록을 저술하여 그들의 경륜을 공유하는 것이 바람직하다. 나아가 그들은 퇴임 후에도 국가위기 극복을 위해 헌신함으로써 국민의 사랑과 신뢰를 받아야 한다. 이러한 사회활동을 통해 그들은 국민과 대통령을 자연스럽게 이어 주는 가교 역할을 할 수 있고 또한 해야 한다. 그간의 역사적 질곡이나 정치구조적 문제를 단번에 걷어낼 수는 없겠지만, 좌표를 잃고 방황하는 우리 전직 대통령의 역사는 새롭게 정립되어야 한다.

이와 관련 박근혜 대통령이 성공적으로 국정운영을 마치고 미국의 경우처럼 대학교와 연계해 기념관과 대학원을 설립하여, 그의 업적에 대한 비판적 연구를 통한 계승발전과 인재양성에 노력하면 우리의 새로운 '전직 대통령 문화' 정립에 기여할 것이다. 다만 반드시 명심해야 할 부끄러운 역사가 있다. 전두환 전 대통령은 자신의 권력연장을 위해 '일해재단'과 '일해연구소'(현재의 세종연구소)를 설치하여 많은 비난을 받았다. 또한 김대중 대통령의 경우도 그의 업적을 기리려는 시도로 무리하게 '아태재단'(연세대 김대중 도서관)을 재정적으로 확장하려다 구설수에 올랐다. 그리고 이명박 대통령이 2012년 퇴임 후 머물 '내곡동 사저'를 아들 명의로 구입한 것과 관련하여 '특검'이 실시되면서 그 계획이

백지화되기도 하였다. 전직 대통령의 활동이 개인의 업적 찬양이나 권력의 연장으로 연결될 때는 사회활동을 전혀 안 하는 것보다도 못하다. 박근혜 대통령이 잠시 군림했다가 영원히 외면당하는 대통령이 아니라 사심 없이 국가에 헌신해 오래도록 사랑받는 우리의 전직 대통령이 되기 위해서는 위와 같은 사실을 반면교사로 삼아야 할 것이다.

제 5 장

대통령의 평가

위대한 사람은 없다. 다만 범인(凡人)이 우연히 만나게 되는 위대한 도전만이 있을 뿐이다.
— Halsey 제독 (Simonton, 1987: 194)

1. 대통령 평가의 의의

1) 대통령 평가의 중요성

대통령의 평가란 대통령의 '역사적 위대성'(*historical greatness*)을 분석하는 것이다(Simonton, 1987). 이러한 위대성의 평가란 특정 대통령이 자신의 임기 중 대통령직을 얼마나 성공적으로 수행했느냐를 객관적이고 공정한 평가기준에 따라 판단하는 것이다. 가장 중요한 평가대상은 대통령의 국정운영 결과, 즉 대통령이 임기 중에 남긴 업적이라고 할 수 있다. 업적을 중심으로 한 대통령 평가는 대통령 개인의 리더십뿐 아니라 당시의 정부에 대한 평가라는 의미를 갖는다. 이는 대통령이 국가의 원수이자 행정부 수반으로서 개인 리더십뿐만 아니라 정부의 모든 공(功)과 실(失)이 그의 책임에 해당되기 때문이다.

하지만 이와 같은 대통령의 업적 평가, 즉 성공한 대통령이냐 실패한 대통령이냐의 판단은 매우 주관적이며 시대와 국가에 따라서 다르게 평가될 수 있다. 그러나 이러한 어려움에도 불구하고 대통령 업적에 대한 객관적인 평가는 미래의 대통령과 그를 보좌하는 참모들에게 국정운영 시각과 방향을 제시할 수 있기 때문에 우리 대통령제의 제도적 발전에 매우 중요한 시사점을 제공할 수 있다. 결과적으로 대통령 업적에 대한 객관적인 평가는 앞으로 대통령의 국정운영능력 향상과 우리 대통령제의 제도적 발전에 기여할 수 있다.

2) 대통령 평가의 유형

대통령 평가의 유형은 크게 '기술적 평가'(*descriptive evaluation*)와 '서열 평가'(*rating evaluation*)로 나눌 수 있다. 기술적 평가는 대통령의 리더십과 업적 등을 전반적인 특성을 중심으로 기술하는 것으로 그 평가결과는 성공한 대통령 또는 실패한 대통령과 같은 특정 범주에 포함시킬 수는 있으나 역대 대통령들 간의 상대적 우월성을 비교 평가하여 이를 서열화하지는 않는다. 이러한 기술적 평가는 특정 대통령의 업적을 전반적인 시각에서 평가할 수 있다는 이점이 있다.

반면 서열평가는 일정한 평가기준에 따라 그 평가결과를 점수화하여 각 대통령의 상대적 우열을 결정하는 것이다. 따라서 이는 기술적 평가에 비해 좀더 높은 객관성과 많은 평가자가 요구된다고 할 수 있다. 이러한 서열평가는 좀더 발전되면 회귀방정식을 이용한 계량적인 분석이 가능하고 성공한 대통령이 되기 위한 주요 독립적 영향요인들을 분석하여 도출할 수도 있다.

3) 대통령 평가의 객관성

대통령 평가에서 객관성의 확보는 평가결과의 신뢰성과 정확성을 위한 기본전제라고 할 수 있다. 따라서 구체적인 대통령의 평가결과를 언급하기에 앞서 평가의 객관성에 관해 간략하게 살펴보기로 하겠다. 우선 대통령 평가의 객관성은 크게 세 가지 측면에서 고려될 수 있다. 첫째, '누가 평가를 하는가'의 평가주체 문제와 둘째, '언제 평가를 하는가'의 평가시기의 문제, 마지막으로 '무엇으로 평가하는가'의 평가기준의 문제가 객관성 확보의 주요 관건이 될 수 있다.

(1) 대통령 평가의 주체

대통령을 평가하기에 앞서 논의해야 할 문제 중의 하나가 '누가 평가하는가'의 평가주체 문제이다. 이는 평가의 주체가 누구냐에 따라서 그 평가의 결과가 달라질 수 있으며, 궁극적으로는 평가결과의 객관성과 신뢰성이 결정되기 때문이다.

한 예로 〈동아일보〉(1998년 8월 14일)에서 실시한 정부수립 50주년 특별 여론조사 결과를 살펴보면 평가주체에 따른 평가결과의 차이를 발견할 수 있다. 특히, 조사결과 중 정치분야에서는 '일반인'들과 '여론선도층'의 인식상의 차이가 분명하게 나타난다. 구체적으로 역대 정부의 평가를 보면 일반인들은 박정희 - 김영삼 - 전두환 - 노태우 - 이승만 - 장면 정부의 순으로 평가한 반면, 여론선도층은 박정희 - 김영삼 - 이승만 - 장면 - 노태우 - 전두환 정부의 순으로 평가하고 있어 그 평가주체에 따른 차이가 매우 크다는 것을 알 수 있다.

이렇듯 평가주체의 문제는 대통령 평가의 객관성을 확보하는 데 중요한 관건이라고 할 수 있는데 대통령 평가에 가장 오랜 전통을 갖고 있는 미국의 경우 대통령의 역사적 위대성에 대한 객관적 평가자로서 역사학자와 기타 사회과학분야의 전문가들을 지목하고 있다(Lonnstrom and Kelly, 1997). 이러한 평가자의 선정에서 일반대중은 배제되고 있는데 그 이유는 일반인의 경우 대통령 평가에 필요한 역사적·시대적 상황과 관련된 전문지식이 부족하고 개인적 감정에 따른 평가가 이루어질 가능성이 크기 때문이다.

이렇게 일반대중의 대통령 평가에 객관성이 결여돼 있다는 것은 '대통령에 대한 일반대중의 지지율(인기도)' (*presidential popularity*) 여론조사에서도 나타난다. 대통령에 대한 일반대중의 지지율은 미국 대통령학 학자들의 연구 결과에 따르면 '쇠퇴곡선' (*decay curve*) 이라는 일반적인 성향을 띠고 있다. 즉, 대통령이 취임한 뒤 6개월에서 1년 정도까지의 초반기 '밀월기간' (*honeymoon period*) 에는 높은 지지율을 보여주지만, 취임 후 1년부터 3년까지는 '환멸기간' (*disillusion period*) 을 맞이하게 된다. 이 시기에는 대통령의 지지율이 현저하게 낮아지는데 이러한 환멸기간은 대통령에 대한 대중적 기대(*public expectation*) 와 대통령의 성취 사이의 격차 때문에 나타난다(Sigelman and Knight, 1983; Ragsdale, 1996). 마지막으로 대통령 임기가 끝나고 선거를 앞둔 4년째는 '관용기간'(*forgiveness period*)에 해당한다. 이 시기에는 대통령의 인기도가 서서히 회복되는 추세를 보인다.

이렇듯 대통령의 대중적 인기도는 단기간에 지나치게 많은 변화를 보이며, 그 변화가 비록 일정한 경향을 보인다 할지라도 응답자의 소속정당, 출신지역, 성별, 학력, 나이, 수입 등에 따라 그 지지율이 달라진다는 점에서 객관성에 심각한 문제가 제기된다. 일반대중의 대통령 지지도는 대통령이 수행하는 직무에 대한 정확한 평가가 아닌 것이다. 물론 전문가를 중심으로 한 평가에서도 개인적 성향과 배경 등이 평가결과에 영향을 미칠 수 있을 것이다. 그러나 이러한 개인적 선호의 영향력이 일반대중의 지지율 측정에서처럼 크지는 않다고 볼 수 있다. 결론적으로 전문가들이 보는 대통령의 역사적 위대성과 일반대중에 의해 결정되는 대통령의 대중적 지지도는 동일시되어서는 안 된다.

(2) 대통령 평가의 시기

앞에서 살펴본 것처럼 일반인 여론조사의 부정확성은 감정적 측면에 좌우되는 경향이 강하다. 그렇다면 전문가에 의한 대통령의 위대성 평가는 이러한 감정적 측면의 영향력에서 벗어나 있는 것일까? 정확히 말하자면 전문가에 의한 대통령 평가 역시 평가자의 감정의 영향력에서 완전히 벗어날 수는 없다. 따라서 보다 정확한 대통령 평가를 위해서는 평가자의 감정적 영향력을 배제시켜야만 한다. 바로 이러한 감정적 측면을 배제시키기 위한 노력의 하나가 바로 '추적연구'(*tracking study*)이다.

대표적인 예로 미국 Siena 연구소의 대통령 평가를 들 수 있다. 이 연구소는 역사적으로 중요한 특정사건들 중 최근에 발생한 사건일수록 대통령 업적 평가에서 평가자에게 더 큰 영향을 미칠 수 있기 때문에 전문가들에 의한 대통령 평가를 크게 3번에 걸쳐 실시하고 있다. 즉, 특정 대통령의 취임 1년 뒤, 퇴임 1년 뒤, 그리고 퇴임 5년 뒤에 전문가의 평가를 실시하는 것이다. 따라서 그 평가대상은 주로 최근 대통령이다.

이러한 연구는 객관성을 높이고 감정적 측면의 영향력을 완화시키며 각 대통령의 평가순위 변화에 대한 합리적 설명을 가능하게 한다는 장점을 갖는다(Lonnstrom and Kelly, 1997). 결국 시간의 흐름이 편견에 치우친 평가결과를 수정하는 기능을 수행한다는 것이다. 이와 같이 최근 대통령에 대한 평가에서는 일정한 시간적 간격을 두는 것이 객관적 평가에 유리하며, 반복적으로 평가하는 것 또한 대통령 평가의 신뢰성과 정확성을 높이는 데 도움이 된다는 것이다.

(3) 대통령 평가의 기준

대통령 평가의 기준으로는 많은 것을 들 수 있다. 우선 기술적 평가의 기준으로 Neustadt(1990)의 평가기준을 살펴보자. 구체적으로 Neustadt는 Kennedy 대통령을 평가하면서 대통령 평가의 기준으로 개인적 직무수행에 대한 4가지 평가기준을 제시했다. 첫째, 대통령의 목적들과 그 목적들의 당시 시대상황에 대한 적합성, 둘째, 재임 당시 권력의 본질과 현실에 대한 대통령의 이해 정도, 셋째, 직책상의 압력과 좌절에 대한 대응태도, 넷째, 대통령이 남긴 역사적 업적 또는 유산 등이다. Neustadt(1990)는 이러한 평가기준을 통해 Kennedy 대통령을 포함하여 다른 특정 대통령에 대한 기술적 평가를 시도하였다.

다음에는 대통령의 서열평가로 오늘날에도 미국 대통령 평가에서 그

우수성을 인정받고 있는 Maranell (1970) 의 대통령 평가기준을 살펴보기로 하겠다. Maranell (1970) 은 크게 7가지 측면에서 접근했다. 첫째, 대통령에게 주어지는 '일반적인 특권' (*general prestige*), 둘째, '정부를 운영하면서 대통령이 보여준 지도력의 강도' (*strength of action*), 셋째, '대통령의 행정활동' (*presidential activeness with respect to his administration*), 넷째, '대통령의 공식적 활동에서 보이는 모범성' (*idealism of his official actions*), 다섯째, '대통령의 정책프로그램 달성에 대한 접근방법의 유연성' (*flexibility of his approach to accomplishing his program*), 여섯째, '대통령의 행정업적' (*administration accomplishments of the president*), 일곱째, 각 응답자가 대통령에 관해 소유하고 있는 정보의 양 등이다.

이상의 7가지 기준은 기술적 평가였던 Neustadt (1990) 의 기준과 비교할 때 그 내용의 본질적 성격에는 큰 차이가 없으나, 좀더 구체적이며 포괄적인 기준들을 가졌다. Maranell (1970) 의 평가기준은 객관적으로 드러나는 대통령의 업적과 더불어 대통령의 상황적응력 및 직무수행 그리고 대통령의 철학과 같은 대통령의 리더십을 평가할 수 있다. 특히, 대통령이 가지고 있던 재량권을 고려해 각 대통령 간의 차별적 조건을 평가에 반영했으며, 또한 소유하고 있는 정보량에 따른 평가자 사이의 차별성을 평가결과에 반영함으로써 그 객관성을 높였다.

Simonton (1987) 은 이러한 7가지 평가기준들의 상관관계를 통계적으로 검증하여 대통령의 특권과 지도력의 강도, 행정활동, 행정적 업적, 응답자의 소유 정보량이 많으면 많을수록 위대한 대통령으로 평가를 받았다고 주장한다. 그 외에도 〈표 5-1〉과 같이 Siena 연구소의 평가기준을 살펴볼 수 있다. 이 기준은 20개 항목으로 구성되어 있어 Maranell

〈표 5-1〉 Siena 연구소의 대통령 서열평가의 평가기준

1. 가족, 교육, 경험 등의 배경 (family, education, experience background)
2. 정당 리더십 (party leadership)
3. 연설 및 작문 등의 의사소통능력 (communication ability)
4. 의회와의 관계 (relationship with Congress)
5. 대법원 판사의 임명 (court appointments)
6. 경제 관리 (handling of U.S. economy)
7. 운 (luck)
8. 타협능력 (ability to compromise)
9. 위험을 감수하려는 의지 (willing to take risks)
10. 행정적 임명 (executive appointments)
11. 전반적 능력 (overall ability)
12. 상상력 (imagination)
13. 국내정책의 성과 (domestic accomplishments)
14. 성실성 (integrity)
15. 행정적 능력 (executive ability)
16. 대외정책의 성과 (foreign policy accomplishments)
17. 리더십 능력 (leadership ability)
18. 지적 능력 (intelligence)
19. 중대한 실수의 회피 (avoid crucial mistakes)
20. 평가자의 전반적인 견해 (overall view)

(1970)의 기준보다 더욱 상세하게 구성되어 있다. 비록 대통령 평가기준에 대한 접근방식에서는 커다란 차이를 보이지는 않지만, 환경적 변수에 대한 고려와 리더십에 대한 측정에서 좀더 세부적인 평가기준을 설정하고 있어 서열평가의 객관성 확보에 주력하였다(Lonnstrom and Kelly, 1997).

다음으로 우리 대통령 평가의 기준을 살펴보자. 먼저 1997년 10월 25일부터 11월 10일 사이 국내 정치학자 204명을 대상으로 하여 이루어진 대통령 평가연구의 기준을 살펴보면 ① 위기관리 능력 ② 임기 중 업적 ③ 자질 ④ 용인술(인사) ⑤ 성격 등의 5가지 기준을 사용하였다

(최평길, 1998). 이러한 평가기준들을 Maranell(1970)의 평가기준과 비교할 때 환경변수에 대한 고려가 부족하나 기본적으로 대통령의 업적과 리더십에 중심을 두었다는 점에서는 대통령 평가기준의 기본적 특징을 지니고 있다. 이 외에 〈경향신문〉(1997년 10월 6일)이 발표한, 전문가 30인이 참여한 대통령 평가연구가 있는데 여기서는 ① 비전 제시 ② 민주적 리더십 ③ 도덕성 ④ 용인술 ⑤ 위기관리능력 ⑥ 지적 수준 등의 6가지 평가기준을 사용하였다. 이러한 평가기준에는 대통령의 업적에 대한 별도의 기준이 없으며 대통령의 자질 평가에 초점을 맞추고 있다.

이상의 논의를 통해 알 수 있는 것은 대통령 평가의 기준은 대통령의 개인 리더십, 대통령의 업적, 대통령 재임 당시의 국내외 정세 및 역사적 사건의 발생, 평가자에 대한 고려 등과 같은 4가지로 구성되어야만 진정한 객관성을 확보할 수 있다는 것이다.

2. 미국의 대통령 평가

1) 서열평가의 도입과 발전

미국의 대통령 서열평가는 Schlesinger(1948)의 연구를 시작으로 본격화되었다. 당시의 연구 결과 가장 훌륭한(*best*) 대통령으로는 Lincoln, Washington, Franklin Roosevelt, Wilson, Jefferson 등의 순으로 평가되었고 그 다음으로 훌륭한(*near great*) 대통령으로는 Theodore Roosevelt, Cleveland, John Adams, Polk가 선정되었다. 반면에 가

〈표 5-2〉 대통령의 평가순위

대통령	평가 연도			
	1982	1990	1994	1997*
Washington	4	4	4	3
J. Adams	10	14	12	14
Jefferson	2	3	5	4
Madison	9	8	9	10
Monroe	15	11	15	13
J. Q. Adams	17	16	17	18
Jackson	13	9	11	8
Van Buren	21	21	22	21
W. Harrison	26	35	28	35
Tyler	34	33	34	34
Polk	12	13	14	11
Taylor	29	34	33	29
Fillmore	32	32	35	36
Pierce	35	36	37	37
Buchanan	37	38	39	40
Lincoln	3	2	2	1
A. Johnson	38	39	40	39
Grant	36	37	38	38
Hayes	22	23	24	25
Garfield	25	30	26	30
Arthur	24	26	27	28
Cleveland	18	17	19	16
B. Harrison	31	29	30	31
Mckinley	19	19	18	17
T. Roosevelt	5	5	3	5
Taft	20	20	21	20
Wilson	6	6	6	6
Harding	39	40	41	41
Coolidge	30	31	36	33
Hoover	27	28	29	24

〈표 5-2〉 계속

대통령	평가 연도			
	1982	1990	1994	1997*
F. Roosevelt	1	1	1	2
Truman	7	7	7	7
Eisenhower	11	12	8	9
Kennedy	8	10	10	15
L. Johnson	14	15	13	12
Nixon	28	25	23	32
Ford	23	27	32	27
Carter	33	24	25	19
Reagan	16	22	20	26
Bush		18	31	22
Clinton			16	23

자료: Lonnstrom and Kelly, 1997: 593; * Eskin, 1998: 100.

장 실패한(*worst*) 대통령으로는 Grant와 Harding이 선정되었다.

이러한 서열은 이후의 많은 연구들에서 조금씩 차이를 보이고 있으며 새로운 평가대상자의 추가로 그 전반적 순위가 변화해 왔지만, 〈표 5-2〉에서 볼 수 있듯이 언제나 위대한 대통령 명단의 최상위에는 Lincoln과 Franklin Roosevelt가 자리하고 있으며, 그 뒤를 이어 Washington, Jefferson, Wilson, Theodore Roosevelt, Jackson, Truman 등이 상위권 그룹에 속한다. 또 가장 최악의 대통령으로는 언제나 Grant와 Harding이 선정되었으며 Andrew Johnson, Coolidge, Pierce, Buchanan, Fillmore 등도 실패한 대통령의 그룹에 속한다(Simonton, 1987).

이러한 미국 대통령의 업적에 대한 서열평가는 크게 두 가지 방향으로 발전되어 왔다. 첫째는 점차 계량적 평가방법이 발전되었고, 둘째는 시대적 상황의 중요성이 높아지고 있다는 점이다.

(1) 계량적 연구

미국의 서열평가는 점차 계량적으로 발전되어 왔다. 구체적인 예로 Simonton(1987: 201~205)은 Murray and Blessing(1983)을 기초로 위의 서열평가를 계량적으로 분석하여 '대통령의 위대성 모델'을 도출하였다. 이 회귀방정식을 자세히 살펴보자.

$$\begin{aligned}\text{대통령의 위대성} = & -1.10 + 0.15 \times (\text{집권기간}) + 0.21 \times (\text{전쟁기간}) \\ & - 1.44 \times (\text{스캔들}) + 0.73 \times (\text{암살}) \\ & + 0.87 \times (\text{전쟁영웅}) + 0.26 \times (\text{지적 능력}) + e\end{aligned}$$

이 방정식에서 첫째, '대통령의 위대성'은 Murray and Blessing(1983)의 표준화된 대통령의 업적 평가 지표이다.

둘째, '절편'(*intercept*) -1.10은 취임하는 순간의 대통령은 대체적으로 그 전까지의 전직 대통령보다 평가의 평균이 낮다는 것을 의미한다.

셋째, '집권기간'(*years*)은 대통령으로 몇 년 동안이나 재직했는지를 말한다. 즉, 집권기간이 길면 길수록 좋은 평가를 받는다.

넷째, '전쟁기간'(*war*)은 대통령의 재임기간 중 그 나라가 몇 년이나 전쟁 중에 있었느냐는 것이다. 대체적으로 전쟁은 대통령의 업적 평가에 긍정적으로 영향을 끼친다.

다섯째, '스캔들'(*scandal*)은 dummy 변수로서 장관급 이상에서 어떠한 추문이 있었느냐는 것이다. 이러한 스캔들이 대통령의 업적에 부정적으로 영향을 미친 예는 Grant, Harding, Nixon 대통령의 경우이다.

여섯째, '암살'의 변수는 dummy 변수로서 암살당한 대통령은 그 비극에 대한 동정심과 아쉬움 때문에 좋은 평가를 받고 있다. 구체적인 예로는 Lincoln, Garfield, McKinley, Kennedy 대통령을 꼽을 수 있다.

일곱째, '전쟁영웅' 변수는 dummy 변수로서 전쟁영웅으로서 대통령에 당선되어 취임하면 전쟁영웅이 아니었던 대통령보다 더 좋은 평가를 받아 왔고, 받을 것이라는 뜻이다. 전쟁영웅으로서 당선되었던 대통령은 Washington, Jackson, Grant, Eisenhower 대통령이 있다.

여덟째, '지적 능력'(*intellectual brilliance*) 변수는 조금 복잡하게 정의되었다. 어떤 대통령의 지적 능력에 대한 일반적인 평가가 그 이전의 대통령과 상대적으로 비슷할 때는 이 변수가 0이 되어 아무런 효과가 없다. 그러나 어떤 대통령의 지적 능력이 절대적으로 뛰어나다고 평가될 때는(대표적인 예가 Jefferson 대통령) 표준평균과의 차이에다 0.26을 곱한 값만큼 좋은 평가를 받는다.

Simonton(1987)은 이 대통령 위대성 모델의 통계학적 타당성과 정확성을 증명하였다. 구체적으로 독립변수의 관찰된 값을 회귀방정식에 투입하여 '예측값'(*predicted value*)을 산출하였다. 이 예측값과 Murray-Blessing(1983)의 대통령 위대성 값(*observed value*)의 차이(*residual*)를 분석한 결과 그 차이가 통계학적으로 무의미한 것을 보여줌으로써 모델의 타당성과 정확성을 검증하였다.

나아가 Simonton(1987)은 위의 모델을 이용하여 앞의 제 3장에서 설명한 Barber(1992)와 Burns(1978)의 이론을 경험적으로 검증하였다. 먼저 Barber(1992)의 경우, 위의 대통령 위대성 모델에 'active-passive' 변수, 'positive-negative' 변수, 그리고 두 변수의 상호작용 변수(*interaction term*)를 첨가하여 회귀방정식을 산출한 결과 첨가한 세 독립변수 중 어느 것도 통계학적으로 유의미한 결과를 갖지 못했다. 이는 Barber(1992)의 특정 대통령의 개성이 대통령의 국정운영 결과에 영향을 미친다는 주장이 경험적으로 부정되었음을 의미한다. 또한 Burns (1978)의 '일상적'(*transactional*) 리더십과 '전환적'(*transformational*) 리더십의 분류를 통한 대통령의 위대성 주장을 검증하기 위해 Berkeley 대학교 Institute for Personality Assessment and Research의 '대통령 스타일 Q 분류법'을 사용하여 이 변수(*presidential style Q score*)를 대통령의 위대성 모델에 첨가하여 회귀방정식을 산출한 결과 이 첨가 독립변수 역시 통계학적으로 유의미한 결과를 갖지 못했다. 따라서 Burns(1978)의 대통령의 리더십 특성이 대통령의 국정운영 결과에 영향을 미친다는 주장이 경험적으로 부정되었다.

(2) 시대적 상황의 중요성

미국의 대통령 업적에 대한 서열평가가 계량적으로 발전함에 따라 점차적으로 이러한 연구결과는 시대와 지도자에 주목하게 되었다. 즉, 대통령의 성공과 실패는 '시대'(*the era*)와 '지도자'(*the man*)의 만남이라는 맥락에서 이해되어야 한다는 주장이 강해졌다(Goodwin, 2005; Lonnstrom and Kelly, 1997; Mukunda, 2012; Simonton, 1987). 시대가 다르면 지도자도 달라야 한다는 말은 매우 설득력 있게 들린다. 제 2차 세계대전

이후 승전과 경제번영을 배경으로 취임한 Eisenhower 대통령과 노예해방을 둘러싼 미국의 붕괴 위기 시의 Lincoln 대통령을 같은 반열에서 평가할 수는 없으며, 각자에게 요구되었던 대통령의 리더십 형태도 시대에 따라 다른 것이다. 특히, 국가위기가 닥쳤을 때 대통령의 권력은 급격히 확대되어 왔다. 1860년대 남북전쟁 당시 국민들은 강력한 지도자를 요구하였고 Lincoln 대통령은 국민의 기대에 부응하여 대통령의 권력을 일시적으로 확대하였고 국가 해체의 위기에서 미국을 구했다. 이러한 업적 때문에 링컨 대통령은 대부분의 평가에서 최고 점수를 받고 있는 것이다(Goodwin, 2005).

구체적으로 가장 성공적인 대통령으로 거론되는 Lincoln, Franklin Roosevelt, Washington에서 공통적으로 나타나는 특징은 이들이 미국의 운명을 결정한 중요한 사건과 직접적으로 관련되어 있다는 사실이다. Washington 대통령은 독립전쟁의 영웅이고 Lincoln 대통령의 경우 남북전쟁과 노예해방을 성공적으로 이끌어 미국의 분열을 막았다. Franklin Roosevelt 대통령은 대공황과 제 2차 세계대전을 무난히 넘겨 미국을 세계의 지도국가로 부상시켰다. 결국 위대한 대통령은 그들의 임기 동안에 국가적 위기의 역사적 사건이 발생하였고 그러한 위기들을 잘 극복했던 대통령이다. 반면에 가장 실패한 대통령은 이러한 위기를 극복하지 못했거나 부정부패와 관련된 대통령으로, 예를 들어 Hoover 대통령은 경제대공황의 위기와 관련하여 적절한 대응에 실패했기 때문에 높은 평가를 받지 못했다. 또한 Harding과 Grant는 고위 측근인사 및 중요 정책 시행과 관련하여 뇌물을 받았기 때문에 최악의 대통령으로 분류된다.

이러한 서열평가는 더욱 발전해 현재는 영부인(*first lady*)에 대한 업적 평가도 이루어진다. 구체적으로 '성공한 영부인'은 Eleanor Roosevelt (Franklin Roosevelt의 부인), Abigail Adams(John Adams의 부인), Lady Bird Johnson(Lyndon Johnson의 부인), Dolley Madison(James Madison의 부인), Rosalynn Carter(Jimmy Carter의 부인), Betty Ford (Ford의 부인), Edith Wilson(Wilson의 부인), Jacqueline Kennedy (Kennedy의 부인) 등이다. '실패한 영부인'은 Mary Lincoln(Lincoln의 부인), Florence Harding(Harding의 부인), Ida McKinley(McKinley의 부인), Nancy Reagan(Reagan의 부인) 등이다(Eskin, 1998). 특히, 성공한 대통령과 영부인, 그리고 실패한 대통령과 영부인의 평가가 일치하지 않는 것이 흥미롭다.

2) 소결론

미국 대통령 서열평가의 연구에서 일반적인 결론은 첫째, 극히 성공적인 대통령, 즉 위대한 대통령(예를 들어 Washington, Jefferson, Lincoln, Franklin Roosevelt)과 극히 실패한 대통령(예를 들어 Harding 대통령을 위시해 Buchanan, Grant, Pierce)을 제외하고는 대체적으로 대통령이 임기를 마친 후 한 세대, 즉 약 35년 정도의 기간 이내에 이루어지는 평가는 평가시점에 따라 조금의 변화가 있을 수 있다는 것이다. 대통령에 대한 객관적인 평가를 위해서는 대통령의 임기가 끝난 다음 적어도 한 세대, 즉 35년은 흘러야 한다. 이 정도 시간이 지나야 대통령의 업적과 유산(*legacy*)을 전반적인 시각을 갖고 보다 객관적으로 평가할 수 있다.

그러나 예외적으로 극히 성공적이거나 극히 실패한 경우는 그 성패의 판단이 너무나 분명하기 때문에 이렇게 긴 시간이 필요하지 않다.

둘째, 임기 후 전직 대통령으로서 정치·사회적 활동에 의해 평가가 달라질 수 있다는 것이다. 재임 중 많은 어려움을 겪었던 Carter 대통령과 Nixon 대통령의 예가 이를 증명하여 준다.

셋째, 위대한 대통령은 일반적으로 국가운명이 걸린 아주 심각한 위기 또는 도전에 직면해 있었다는 것이다. 즉, 위대한 대통령은 대체적으로 자신이 국정목표를 설정한다기보다는 이미 취임 전 또는 국정운영 과정에서 당시의 시대상황에 의해 국민 대부분이 동의하는 국정목표가 설정되어 있었다. 그들은 이 국정과제를 성공적으로 달성함으로써 위대한 대통령으로 평가받았다.

넷째, 특정 대통령이 위대한 대통령으로 남기 위해서는 자신의 자질(*the man*)과 그에 따른 업적도 중요하지만 또한 그가 처한 상황(*the era*)이 허락하는 경우라야 한다는 것이다. 아무리 뛰어난 자질을 갖춘 대통령도 시대가 안 따라주면 위대한 대통령이 되기 어렵다. 이 시대상황 요소에는 '운'(*luck*)도 포함된다. 다시 말하면 "지도자와 시대가 맞아떨어져야 위대한 대통령이 탄생하는 것이다"(*The man and the moment have met*) (Lonnstrom and Kelly, 1997; Mukunda, 2012).

3. 우리의 대통령 평가

1) 서열평가와 기술적 평가

우리의 대통령 평가는 그 빈도나 평가결과의 객관성 등에서 미국에 비해 상대적으로 빈약하다. 우리의 대통령 업적과 관련하여 주요 문제점은 첫째, 업적 평가를 위한 객관적인 기준이 없다는 것이다. 둘째, 지금까지 우리의 평가연구는 성과지향적인 미국 대통령 평가연구와는 달리 대체적으로 대통령에 선출되기 전의 '자질평가'에 초점을 맞춘 '기술적 평가'였다는 것이다.

앞에서 설명한 바와 같이 기술적 평가는 '서열평가'와 비교하여 대체적으로 평가자의 숫자가 일반적으로 1인 아니면 소수이고 그 평가기준의 추상성이 높기 때문에 평가의 객관성이 약하다. 따라서 평가자가 어떤 대통령과 친밀한 관계가 있었으면 그 대통령에 대한 평가는 다른 대통령들에 비해 상대적으로 호의적일 가능성이 높다. 이러한 경향은 Neustadt(1990)의 평가에서도 나타나며 우리의 경우 김충남(1998)과 염홍철(1998)의 평가에서도 나타난다(함성득, 1998f).

또한 기술적 평가는 비교대상이 없어 그 우열의 순서를 고려하지 않기 때문에 대체적으로 모든 대통령의 업적에 대해서 긍정적으로 평가하는 경향이 강하다. 즉, 대통령의 업적에 대한 비판적 시각이 약하다. 이러한 긍정적 평가의 경향은 우리 대통령들의 업적에 대한 김충남(1998), 염홍철(1998), 이종률(1993), 정정길(1993), Hahm and Kim(1999) 등의 매우 긍정적인 평가에서도 나타난다. 더욱이 자질 중심의 평가는 대통령의 자질이 중요하지만 국정운영 과정을 통하여 대통령의 자질이 변화 향상될 수 있으며 또한 자질이 국정운영 결과에 어떻게 영향을 미치는지의 인과관계에 대한 분석력이 약하다는 단점을 갖고 있다.

이러한 우리 대통령 평가의 문제점을 인식하고 이 절에서는 정책결과 또는 업적 중심의 '서열평가'를 좀더 구체적으로 살펴보자.

2) 우리의 서열평가

(1) 자질 중심의 서열평가

〈경향신문〉의 평가(1997년 10월 6일)는 자질 중심의 대통령 서열평가이다. 구체적으로 이 평가는 비전, 민주적 리더십, 도덕성, 용인술, 위기관리능력, 지적 수준 등의 자질 위주의 기준을 갖고 전문가에 의한 평가를 시도하였다(〈표 5-3〉 참조). 그러나 지적 수준과 대통령의 성공과는 밀접한 상관관계가 없다는 미국의 연구결과를 고려할 때 이러한 리더십 평가항목은 평가기준으로서 다소 부적절한 것으로 판단된다.

〈표 5-3〉 역대 대통령 항목별 평가

항목 \ 대통령	이승만	박정희	전두환	노태우	김영삼
비전	A	B	C	C	B
민주적 리더십	B	C	C	B	B
도덕성	B	B	C	C	B
용인술	B	A	B	C	C
위기관리능력	B	B	B	C	B
지적 수준	A	A	B	B	B

구체적으로 훌륭한 자질을 갖춘 대통령이 꼭 훌륭한 업적을 남긴다는 보장이 없다. 또한 미국의 경우 대통령에 선출된 인물은 대체적으로 보통 이상의 지적 능력과 자질을 갖춘 사람이라서 자질 면에서는 큰 차이가 없다는 것이다. 따라서 〈경향신문〉의 자질 중심 평가는 추상성이 높아서 비록 전문가의 평가라 할지라도 그 객관성과 타당성이 문제시된다. 이러한 점에서 정책결과 또는 업적 중심의 평가가 바람직하다.

(2) 업적 중심의 서열평가

가장 대표적인 대통령의 업적 평가[1]는 곽창규(1997)의 연구이다. 그는 정치, 사회, 또는 문화분야보다 비교적 계량화가 쉽고 업적지표가 분명한 경제분야 업적에 초점을 두어 대통령을 평가했다. 그의 분석에 따르면 경제성장률은 박정희 대통령 때 가장 높았고, 소비자물가는 전두환 대통령 때 가장 안정적이었다. 또 경상수지는 노태우 대통령 때 가장 좋았다고 평가했으며 김영삼 대통령 때는 물가는 어느 정도 안정을 유지했지만 경제성장과 경상수지는 역대 정부 중 가장 실적이 나쁜

1) 대통령의 업적에 대한 계량적인 평가로는 이시원(1994)의 연구가 있다. 이는 노태우 정부의 정책에 대한 수혜자인 국민들의 주관적 평가에 관한 설문조사의 일환으로 물가안정, 환경오염문제의 완화, 사회안정과 질서유지, 경제성장, 교통문제의 개선, 민생치안, 교육제도의 개선, 과학기술의 발전, 인권보호, 농촌주민의 생활 향상, 통일외교, 국가방위의 구축 등 크게 경제 관련, 질서유지 관련, 사회 관련, 기본권 신장 관련 분야의 약 20개 주요 정책이슈에 대하여 그 중요도, 정책성과, 정책불만족 등을 평가하였다. 또한 한국기독교산업개발원이 89명의 학자와 전문가를 동원하여 각 분야별로 노태우 정부의 정책을 평가하였다(변형윤 외, 1992). 다만 위의 연구들은 노태우 정부의 업적에 대해서만 그 평가범위를 국한하였다.

〈표 5-4〉 역대 대통령의 경제실적

대통령	재임기간	경제성장률 (평균%)	1인당 국민 소득(달러)	소비자물가 상승(평균%)	경상수지 (평균 달러)
박정희	제 3공화국 (1964~1972)	9.2	319	9.6	-3억 5천만
	제 4공화국 (1973~1979)	10.5	1,647	15.8	-14억
전두환	제 5공화국 (1981~1987)	9.5	3,218	6.1	4억 7천만
노태우	제 6공화국 (1988~1992)	8.5	6,988	7.4	7억 6천만
김영삼	(1993~1997)	5.0	10,548	5.1	-92억
김대중	(1998~2002)	6.5	9,880	2.7	70억

자료: 박정희 대통령부터 김영삼 대통령까지는 곽창규(1997); 김대중 대통령은 〈매일경제〉(2003년 2월 25일).

것으로 분석했다(〈표 5-4〉 참조). 참고로 취임 전부터 IMF 금융위기를 맞이했던 김대중 대통령의 경우 경제업적은 경제지표를 기준으로 볼 때 상대적으로 높다고 할 수 있다.

구체적으로 박정희 대통령은 성장지상주의 철학과 성과지향적 실용주의를 바탕으로 하는 수출입국(輸出立國)과 국가에 의한 자본동원으로 경제발전의 기초를 다진 결과 제 3, 4공화국 때 각각 연평균 9.2%, 10.5%의 경제성장률을 기록하여 역대 정부 중 가장 높은 성장을 이룩했다고 평가했다. 전두환 대통령은 강압적 권력행사를 통해 정치안정을 유지하면서 금융재정 긴축과 부실기업 정리 등 강력한 경제안정화 시책을 실시하여 경제성장과 물가안정 그리고 국제수지 흑자란 세 마리 토끼를 다 잡은 것으로 평가했다.

특히, 전두환 대통령 시기는 1981년을 제외하고 1982년부터 1987년 사이에 연평균 물가상승률이 3.5%로 역대 정부 중 가장 안정적이었다. 노태우 대통령 때 경제성장률은 8.5%로 떨어지고 물가상승률이 7.4%로 급상승했으나, 경상수지는 연평균 7억 6천만 달러의 흑자를 기록하여 가장 좋은 성적을 냈다. 김영삼 대통령은 정권의 정통성을 확보한 토대 위에서 사회적 합의보다는 정치논리에 입각하여 금융-부동산실명제, 지자제 실시, 공직자 사정, OECD 가입 등 강력한 제도개혁을 추진했으나 집권후반기의 경제불황과 대기업 연쇄부도 등으로 성장과 개혁의 조화와 합리적 권력행사의 문제가 차기 정부의 과제로 부상했다(곽창규, 1997).

〈동아일보〉(1998년 8월 14일) 역시 자질 대신 업적 중심의 대통령 평가를 실시하였다. 그 결과로 첫째, 우리 국민은 최악의 정책실패로 김영삼 대통령의 'IMF 외환위기 대응'을 꼽았고 상대적으로 박정희 대통령의 경제정책에 대해서는 매우 잘했다는 평가를 내렸다. 이러한 평가결과는 500명의 여론선도층과 2천 명의 일반인을 대상으로 한 여론조사의 결과로서 일반인의 54.3%가 1997년 IMF 체제를 정부가 가장 잘못 대처한 사건이라고 답했고, 여론선도층의 39.2%도 이에 동의했다.

둘째, 다음으로 정부가 잘못 대처한 사건으로는 일반인과 여론선도층 모두 1980년 5·18광주민주화운동 무력진압을 들었고 그 외에도 한국전쟁 발발, 유신헌법 제정, 5·16, 3선 개헌 등이 지적됐다. 반면 정부가 가장 잘 대처한 사건으로는 경제개발 5개년계획과 새마을운동이 1, 2위를 다퉜다. 일반인의 50.5%가 새마을운동, 여론선도층의 44.6%가 경제개발 5개년계획이라고 답했다.

셋째, 역대 대통령에 대한 평가에서 박정희 대통령은 경제분야뿐만 아니라 정치분야에서도 매우 후한 점수를 얻었다. 일반인 조사에서 박정희 대통령은 경제분야에서 90.3%, 정치분야에서 43.6%의 지지를 얻어 다른 대통령을 압도했다. 여론선도층도 박정희 대통령에 대해 10점 만점에 경제 8.3점, 정치 4.5점을 매겨 여론선도층의 평가 역시 일반인의 평가와 비슷하다는 것을 알 수 있다. 결국 박정희 대통령은 경제뿐만 아니라 정치발전에서도 가장 큰 성과를 올린 것으로 평가되어 역대 대통령 중 '최고의 대통령'으로 꼽혔다.

이렇듯 유신개헌을 통해 장기집권을 꾀하는 등 대표적인 비민주정권이었던 박정희 정부가 정치분야 공헌도 여론조사에서 1위에 오른 것은 매우 흥미로운 결과이다. 더군다나 여론선도층 조사에서도 공동 1위에 오른 것은 더욱 충격적이다. 평가가 IMF 외환위기 이후 경제상황이 악화되고 있던 시점에서 이루어진 것이어서 이러한 평가결과에 박정희 대통령에 대한 향수가 작용한 것인지, 아니면 또 다른 이유가 작용한 것인지에 대해 자세한 분석이 필요하다.

넷째, 전두환 대통령은 일반인과 여론선도층 양쪽에서 '경제분야 2위'에 올라 경제발전 공헌도에서는 상당히 높은 평가를 받은 것으로 나타났다. 일반인과 여론선도층 간의 평가가 가장 엇갈렸던 정부는 장면 정부였다. 여론선도층과는 달리 일반인은 장면 정부를 경제분야·정치분야 양쪽에서 가장 낮은 평가를 내렸다. 장면 정부가 제대로 된 정책도 펴보기 전에 5·16 쿠데타에 의해 힘없이 무너진 정권이었던 탓인지 일반인 사이에서는 '약체정권'이라는 이미지가 강한 것으로 분석된다.

다섯째, 여론선도층은 경제분야의 최하위로 김영삼 정부를, 정치분야의 최하위로는 전두환 정부를 꼽았다. 정치분야와 경제분야를 합한 역대 정부의 점수 순위는 박정희 정부(12.8점), 전두환 정부(9.8), 이승만 정부(8.1), 노태우 정부(7.9), 장면 정부(7.8), 김영삼 정부(7.1) 순이었다.

한편 가장 최근의 대통령 업적평가로는 광복 70주년을 맞아 〈한국갤럽〉(2015년 8월 7일) 이 전국 성인 남녀 2,300명을 대상으로 실시한 설문조사가 있다. 이 조사에서 우리 국민들은 '전직 대통령 중 해방 이후 우리나라를 가장 잘 이끈 대통령이 누구라고 생각하느냐'는 질문에 응답자 44%가 박정희 대통령을 1순위로 꼽았다. 이어서 노무현 대통령(24%)과 김대중 대통령(14%) 순으로 답변이 많았다. 이외에 이승만(3%), 전두환(3%), 김영삼(1%), 이명박(1%), 노태우(0.1%) 대통령에 대한 응답은 모두 한 자릿수에 불과하였다.

이 조사에서 박정희 대통령이 잘한 일로는 이전의 조사와 비슷하게 경제발전(52%), 새마을운동(15%), 민생해결(12%), 경부고속도로 건설 등 국토 개발(8%) 등이 꼽혔고, 잘못한 일로는 독재·유신·민주화 후퇴(72%), 쿠데타·군사정권(10%) 등이 지적됐다. 노무현 대통령이 잘한 일로는 국민과의 소통(17%), 서민 입장 대변(17%), 서민 경제 노력(10%) 등이 꼽혔고, 잘못한 일로는 자살(10%), 대통령 자질 부족(9%), 대북 퍼주기 정책(8%), 국론 분열(7%) 등이 언급되었다. 김대중 대통령이 잘한 일로는 대북·햇볕정책(27%), 외환위기 극복(18%), 민주주의 정착(7%) 등이 꼽혔고, 대북 퍼주기 정책(54%), 가족 비리·부패(7%) 등이 잘못한 일로 지적됐다. 특히, 이명박 대통령의 경우 '잘못한 일이 많다'는 의견이 64%로, 역대 대통령들 중에서 가장 부정적인 평가를 받았다. 이러한 결과는 역사적으로 중요한 특정사건들

중 최근에 발생한 사건일수록 대통령 업적 평가에서 평가자에게 더 큰 영향을 미친다는 Siena 연구소의 결과를 확인시켜 준다. 아울러 이와 같이 일반 대중들을 대상으로 실시된 여론조사에 의한 대통령 평가는 결과의 객관성 확보가 어렵기 때문에 신뢰도가 떨어진다.

(3) 종합적 평가

앞에서 살펴본 것처럼 〈경향신문〉의 평가(1997년 10월 6일)는 자질 중심의 대통령 평가이고 〈동아일보〉의 평가(1998년 8월 14일)는 상대적으로 업적 중심의 평가이다. 미국의 경우처럼 평가의 객관성과 전문성을 고려하여 전문가의 평가결과를 중심으로 이 두 가지 평가를 살펴보면 우선 그 순위에서 다소 차이를 보이고 있다. 먼저, 〈동아일보〉의 경우 정치학자들의 대통령 평가결과는 1위에 박정희, 2위에 전두환을 선정하고 있는 반면, 〈경향신문〉에서 실시한 대통령의 리더십 평가결과는 1위에 이승만, 2위에 박정희를 두고 있다. 이러한 평가결과의 차이는 우선 전자의 경우에는 대통령의 전반적 업적 평가라는 성격이 강한 반면, 후자의 경우는 대통령의 자질평가의 성격이 강하기 때문으로 생각한다.

따라서 대통령의 역사적 평가를 위해서는 두 평가자료의 평가기준과 결과를 종합하는 것이 바람직하다고 생각한다. 이러한 관점에서 안병만(1998)은 204명의 정치행정학자가 참여한 설문조사를 통해 대통령의 자질, 통치태도, 정책역량, 인사정책, 분야별 정책수행 만족도를 평가하였다. 특히, 이 설문조사는 이미 1992년에 한 번 실시하였고 다시 1998년에 실시하여 우리 대통령 평가 연구에서 '추적연구'의 효시가 된다. 그는 이러한 추적연구를 통해 미국의 경우처럼 대통령 평가에서 나

〈표 5-5〉 우리 대통령에 대한 종합적 평가의 시도

항목 \ 대통령	이승만	박정희	전두환	노태우	김영삼
임기 중 업적	중	상	중	중	하
비전	상	중	하	하	중
도덕성	중	중	하	하	중
용인술	중	상	중	하	하
위기관리능력	중	중	중	하	하
자질	상	상	중	하	하

타나는 변화를 분석하였다. 구체적으로 평가가 거듭될수록 박정희 대통령과 전두환 대통령은 보다 긍정적인 평가를 받았고 노태우 대통령은 보다 부정적인 평가를 받았다. 반면 이승만 대통령과 장면 총리의 평가는 변화가 없었다.

미국에서 자질과 업적을 포괄해 종합적 평가를 시도한 1982년과 1997년의 *Chicago Tribune*이 정한 기준(Eskin, 1998)을 참고로 하여 1999년 필자의 고려대 대통령학 수업을 성공적으로 끝마친 학생들이 위의 두 조사평가를 종합하여 분석하였다. 나아가 그 구체적인 평가방법에서는 서열평가와 기술적 평가를 동시에 사용하였다. 평가의 결과는 〈표 5-5〉와 같다.

우선 이 평가는 두 가지 선행연구의 평가기준과 1997년 *Chicago Tribune*의 리더십(*leadership qualities*), 업적(*accomplishments*), 위기관리능력(*crisis management*), 정치적 기술(*political skills*), 용인술(*appointments*), 성격과 인격(*character and integrity*) 등의 기준을 토대로 총 6개 항목으로 재구성했다. 두 평가조사에서 일치되는 항목은 결과를 통합하

여 산정했고, 항목 중 내용상 중복되거나 깊은 관련성을 갖는 항목 등은 단일화하여 결과를 산출했다. 구체적으로 역대 대통령의 리더십 평가와 관련된 기준 가운데 '지적 수준'과 '민주적 리더십' 그리고 '성격' 등의 항목은 '자질'로 통합하여 평가했다. 결과는 상・중・하로 표시했는데 이는 상대적 평가이지 절대적 평가가 아님을 밝혀 둔다. 또한 평가의 대상이 된 대통령은 총 5명으로서 윤보선 대통령은 내각제 당시의 대통령으로 다른 대통령과 동등한 비교가 불가능하며, 최규하 대통령 역시 과도기적 대통령으로 그 재임기간이 짧기 때문에 평가의 대상에서 제외되었다. 이를 자세히 살펴보면 다음과 같다.

① 임기 중 업적

임기 중 업적에서는 우선 연평균 10%에 달하는 급속한 경제성장률을 기록한 박정희 대통령이 가장 두드러진 대통령으로 평가되었다. 이승만 대통령의 경우에는 뚜렷한 업적을 남기지는 못했으나 건국 초기에 국가의 기초를 다졌다는 점에서 그 공로가 인정된다고 보인다. 다음으로 전두환 대통령의 경우에는 물가안정, 경제성장 등의 업적은 인정되나 5・18광주민주화운동에 대한 유혈진압 등의 정치적 요소가 경제적 업적을 상쇄하고 있어 그 업적이 중간 등급에 해당된다. 노태우 대통령의 경우에는 경제적 업적은 내세울 것이 없는 반면 민주화와 권위주의 완화에 대한 정치적 업적이 인정된다. 김영삼 대통령의 경우에는 정치적 업적에도 불구하고 경제실정으로 IMF 구제금융이라는 위기사태를 초래하여 낮은 등급의 평가를 받았다.

② 비전

비전 항목에서는 이승만 대통령이 가장 높은 점수를 받았는데 이는 정부 수립과 반공이라는 확고한 국정목표를 제시했기 때문이며, 박정희 대통령 또한 조국근대화와 국가안보라는 정책목표를 제시하여 두 번째로 높은 평가를 받았다. 그러나 전두환과 노태우 대통령의 경우에는 정의사회 실현과 보통사람의 시대와 같은 실천이 없는 공허한 구호만을 부르짖었기에 가장 낮은 평가를 받았다. 김영삼 대통령의 경우에는 신한국 창조, 역사 바로 세우기 등의 정치적 비전을 제시했고 이러한 비전의 제시는 국민들의 호응을 어느 정도 얻을 수 있었다는 점에서 중간등급의 평가를 받을 수 있었다.

③ 도덕성

도덕성에서는 이승만, 박정희, 김영삼 대통령이 모두 중간등급의 평가를 받았는데, 여기에는 개인적 차원의 도덕성은 물론 정권창출 과정에서의 정당성과 정부관료와 친인척의 도덕성까지도 포함되므로 그 결과 이들이 높은 도덕성 평가를 받지는 못하였다. 특히, 전두환 대통령과 노태우 대통령의 경우에는 정치비자금과 친인척 및 측근들의 부정부패, 군사쿠데타에 의한 정권창출 등으로 낮은 평가를 받았다.

④ 용인술

우선 박정희 대통령은 뛰어난 인재의 발탁과 활용으로 가장 높은 평가를 받았다. 다음으로 전두환 대통령의 경우는 군 출신 인사의 등용보다는 합리적인 관료의 선발로 인해 중간등급의 평가를 받았다. 또한 이승만 대통령의 경우에도 인재의 발탁보다는 발탁된 인재의 충성심을 고취시키는 능력이 인정되어 중간등급의 평가를 받았다. 반면 노태우 대통령과 김영삼 대통령은 능력보다는 인연, 지연, 학연 등에 근거한 인사행태를 강하게 보임으로써 낮은 평가를 받았다.

⑤ 위기관리능력

위기관리능력에서 이승만 대통령은 북한의 전쟁도발에 대응하면서 적절한 외교적 대응으로 이러한 위기를 잘 극복했으나 후에 정치적 부패를 방치하여 망명길에 오르게 되어 중간등급의 평가를 받았다. 박정희 대통령의 경우에는 1963년의 대통령선거 출마와 집권 초반기의 정치적 불안 시기에 과감한 판단과 강경책을 통해 위기를 극복하여 중간등급의 평가를 받았다. 전두환 대통령은 5·18광주민주화운동의 무력진압과 같이 시대적 흐름에 반하는 지나친 강경책의 사용으로 위기에 대응하였으나 당시의 어려운 경제위기를 잘 극복한 공과가 인정되어 중간등급의 평가를 받았다. 반면 노태우 대통령은 우유부단한 리더십으로 인해 정치적·경제적 위기상황에서 방관적 태도를 취했기 때문에 낮은 평가를 받았으며, 김영삼 대통령의 경우에는 정치적 위기의 대응에는 과감한 정면돌파, 깜짝쇼와 같은 국면전환용 대응책의 사용으로 어느 정도의 역량을 인정받을 수 있으나 경제위기에서는 위기관리능력의 한계를 보여 낮은 등급으로 분류되었다.

⑥ 자질

이승만 대통령은 높은 지적 능력과 위기극복에서의 강력한 카리스마로 높은 평가를 받았다. 박정희 대통령 또한 당시 시대상황이 요구하던 카리스마를 갖춘 데다 국정에 필요한 전문적 지식의 함양에 높은 열의를 보여 주어 높은 평가를 받았다. 전두환 대통령의 경우는 과감한 추진력과 국정운영의 열의는 높이 평가되나 시대상황이 요구하던 민주적 리더십을 결여하여 중간등급의 평가를 받았다. 반면 노태우 대통령과 김영삼 대통령은 민주적 리더십의 자질을 갖추었으나 우유부단한 성격과 국정운영의 전문성 제고 노력이 부족해 낮은 평가를 받았다.

이상의 평가를 종합하여 순위를 선정하면 1위는 박정희, 2위는 이승만, 3위는 전두환, 4위는 김영삼, 5위는 노태우 대통령의 순이다.[2] 물론 이 서열이 절대적인 것은 아니다. 우선 평가항목과 평가시기에서 문제의 소지가 있으며 평가자의 편견 또한 문제시될 수 있기 때문이다. 그러나 이러한 평가를 통해 얻을 수 있는 중요한 사실은 미국의 대통령 평가에서와 마찬가지로 각 대통령 재임 당시의 시대적 상황과 역사적 사건의 중요성을 우리의 대통령 평가에서도 확인할 수 있었다는 점이다. 결국 사람과 사건이 만나 역사를 만든다는 중요한 교훈을 다시 한번 확인한 셈이다.

(4) 한국대통령평가위원회 평가

자질과 업적을 포괄하는 종합적 평가를 위해 2002년 한국대통령학연구

---

2) 종합평가가 끝난 후 학생들의 기준을 분석한 결과 그들의 평가는 전두환, 노태우 대통령의 경우 퇴임 후 밝혀진 '비자금'사건에 의해 부정적인 영향을 많이 받았다. 이 비자금사건을 무시하는 경우 전두환, 노태우 대통령은 보다 긍정적으로 평가되었다.

소가 〈조선일보〉의 재정 지원 아래 한국대통령평가위원회(위원장: 박동서)를 구성했다. 위원회는 한국 최초로 당시 재임 중인 김대중 대통령을 포함하여 우리 역대 대통령에 대한 가장 체계적이고 장기적인 관점에서 추적평가를 시도하였다(자세한 것은 한국대통령학연구소, 2002 참조).

한국대통령평가위원회는 대통령 평가와 관련된 국내외 문헌조사는 물론 수차례에 걸친 집중토의를 통해 첫째, 자질의 경우(40%)는 비전제시능력, 인사관리능력, 위기관리능력, 민주적 정책결정 및 실행능력, 도덕성의 5개 항목을, 둘째, 업적의 경우(50%)는 정치·행정, 외교·안보·통일, 경제, 교육·과학기술, 사회·복지·문화의 5개 항목을 최종적으로 선정하였다. 〈표 5-6〉은 이들 기준에 대한 개념적 정의이다. 셋째, 평가자들로 하여금 최선(10%)과 최악의 대통령을 선택하게 함으로써 대통령 평가의 변별력을 높이는 동시에 직관 내지는 총체적 평가와 요소별 평가의 양자를 비교할 수 있도록 평가를 설계하였다.

특히, 한국대통령평가위원회는 과학적이고 객관적 평가를 위해 새로운 방법론을 모색했다. 이를 위해 가장 중요한 것은 대통령을 구성하고 있는 다양한 측면과 속성에 대한 평가자의 다양한 가치를 어떻게 종합적으로 판단하여 객관화할 것인가의 문제이다.[3] 이러한 대통령 평가모형을 개발하는 데 '다속성 의사결정이론'(*multi-attribute decision-making*

---

3) 예를 들어 대통령 평가에서 경제발전과 정치적 민주화라는 두 가지 속성을 고려한다고 하자. 이들은 상호보완적일 수 있지만 상황에 따라서는 서로 상충될 수도 있다. 경제발전은 이룩했지만 정치적 민주화와는 거리가 먼 대통령이 있을 수 있다. 그렇다면 어느 속성이 더 중요한가를 판단해야 할 필요가 있으며, 상대적 중요도에 따라 종합적인 평가결과도 달라질 수 있다.

〈표 5-6〉 대통령 평가기준 및 개념적 정의

범주	평가기준	개념적 정의
대통령의 자질 (40%)	비전제시 능력	국민에게 국정의 이념 및 목표를 제시하여 국가의 미래에 대해 희망을 줄 수 있는 능력. 단순한 정책이나 공약의 열거를 넘어 핵심적 국정과제에 대한 인식과 우선순위, 달성전략 등을 제시함으로써 국민통합을 도모하는 능력
	인사관리 능력	유능한 인재를 선발하여 적재적소에 활용하고 그들의 전문성을 조직화하여 정책개발에 기여하는 능력. 정실 및 편중인사를 지양하여 인사의 공정성을 유지하고 조직원의 사기를 높여 조직을 효율적으로 조정, 통제할 수 있는 능력
	위기관리 능력	예기치 않은 국가위기상황을 헤쳐 나갈 수 있는 능력. 복잡하고 불확실한 국정과정에서 발생하는 위기와 위험을 사전에 방지하거나 사후에 최소화하기 위해 적절한 조치를 적시에 취할 수 있는 능력
	민주적 정책결정 및 실행 능력	정책 관련 당사자들의 참여를 유도하고 대화와 토론을 통해 공익에 부합하는 합의를 도출하는 능력. 아울러 정책 과정의 투명성을 높이고 시의적절하게 정책으로 구체화하여 이를 효율적으로 실행할 수 있는 능력
	도덕성	집권과정의 정통성과 더불어 국정운영에서 청렴성, 언행의 일치와 일관성을 견지할 수 있는 자질과 능력. 정직성과 성실성, 공명정대성 등을 기초로 일반 국민의 신뢰와 지지를 이끌어 낼 수 있는 자질과 능력
대통령의 업적 (50%)	정치 · 행정	민주주의의 제도화와 권력남용방지, 정치적 신뢰 구축에 기여한 업적. 국가정책의 민주적이며 효율적인 집행과 대국민 행정서비스 향상에 기여한 업적
	외교 · 안보 · 통일	국가 간 협력을 강화하고 국제무대에서 한국의 위상을 제고하는 한편, 국가안보를 유지하면서 한반도에 평화를 정착시키고 남북화합 및 통일에 기여한 업적
	경제	소득증대 · 고용창출 등 경제성장과 물가 · 국제수지 등 경제안정, 나아가 그 시대에 부합하는 경제제도의 발전에 기여한 업적
	교육 · 과학기술	국가의 미래를 보장하기 위한 기반으로서 교육 및 과학기술의 발전 방향을 설정하고 이를 위한 제도적 틀의 마련과 자원배분 확대에 기여한 업적
	사회 · 복지 · 문화	포괄적 사회안전망의 구축과 계층 · 지역 · 성별 · 도농 간의 형평성 제고, 나아가 문화, 환경분야 등에서 삶의 질 향상에 기여한 업적
최선/최악의 대통령(10%)		역대 대통령 중 최선의 대통령이 누구라고 생각하는가? (역대 대통령 중 최악의 대통령이 누구라고 생각하는가?)

〈표 5-7〉 역대 대통령 8인의 평가순위(100점 만점)

순위	대통령	평가점수	순위	대통령	평가점수
1	박정희	63.56	5	전두환	49.30
2	김대중	58.64	6	노태우	44.36
3	김영삼	50.96	7	장면	42.00
4	이승만	49.40	8	최규하	32.94

theory)을 유용하게 사용하였다(자세한 것은 한국대통령학연구소, 2002 참조).4)

아울러 한국대통령평가위원회에서는 대통령의 각 속성별 점수를 평가할 500여 명의 사회과학 및 사학 관련 전문가를 선발하였다. 각 속성별로 응답자가 매긴 점수를 대통령 평가모형에 대입하여 해당 대통령의 점수를 도출하여 〈표 5-7〉과 같은 평가결과가 도출되었다.

4) 다속성 의사결정이론의 적용을 위해서는 우선 각 속성들의 상대적 중요도를 결정지어야 하는데, 통상 '스윙기법'(*swing weighting*)이 가장 널리 사용된다. 이 기법은 사람이 자연스럽게 생각하고 판단하는 구조와 유사한 구조를 취하며 적용이 비교적 간단하다는 장점을 가졌다. 만약 내게 100만 원의 소득이 있다면 먼저 어느 항목(주거비, 식비, 교통비 등)에 우선적으로 써야 할지에 대해 순위를 결정한 다음에 각 항목에 얼마를 지출할지를 결정하게 될 것이다. 스윙기법은 이러한 2단계의 구조를 취한다. 먼저 대통령 평가에 필요한 각 속성들을 중요도의 순서대로 나열하는 것이다. 즉, 자질 부분의 5개의 속성을 1위부터 5위까지 순위를 매겼다. 2단계로 1위의 속성에 100점을 부여했을 때 2위, 3위, 4위 및 5위를 차지한 속성의 점수는 상대적으로 몇 점이 되는가를 결정하는 것이다. 업적 부분도 마찬가지로 같은 절차를 밟는 것이다(함성득 · 임동욱 · 곽승준, 2004 참조).

① 종합평가

평가의 결과를 종합하여 살펴보면 박정희 대통령이 최고의 평가를 받았다. 구체적으로 그는 자질 및 업적의 요소별 평가에서 비전제시, 인사관리, 위기관리, 정치・행정, 경제, 교육・과학기술분야에서 최고의 평가를 받았다. 민주적 정책결정 및 실행능력분야에서는 김영삼 대통령, 도덕성분야에서는 장면 총리, 외교・안보・통일과 사회・복지・문화분야에서는 김대중 대통령이 최고의 평가를 받았다.

② 자질종합평가

첫째, 박정희, 김대중, 이승만 대통령이 상위그룹, 김영삼, 전두환, 장면 총리, 윤보선이 중위그룹, 허정, 노태우, 최규하 등이 하위그룹으로 나타났는데, 이것은 적어도 지도자의 자질에 대한 평가는 당사자들이 독재적이었는가와 무관했음을 보여 준다.

둘째, 박정희, 전두환, 노태우 등은 같은 군인출신 대통령이었지만, 자질에 대한 평가등위는 서로 현격하게 차이가 있었음은 특기할 만하다. 전두환이 본격적인 근대적 군사교육과 함께 민주주의 등 교양교육을 더 많이 받았던 장교였지만, 박정희에 비해 비전제시능력과 도덕성에서 훨씬 뒤졌다. 그리고 노태우가 하위그룹에 그친 것은 우리의 문화가 권위주의적 정치행태에 익숙했던 탓으로 그의 대세추구형(*eventful*) 혹은 여론순종형 리더십 스타일이 부정적으로만 인식되었기 때문이다.

셋째, 임기 말 각종 비리와 정책상의 시행착오 때문에 정치적으로 어려움에 직면하였던 김대중 대통령이 자질부문 2위로 이승만과 김영삼 대통령보다 상위에 오른 것 역시 특기할 만한 것으로, 그가 다른 군인

출신 혹은 민간출신 지도자들과 자질 면에서 어떠한 차별성이 있는지 앞으로 세밀하게 분석해 볼 필요가 있다.

마지막으로 재임기간이 짧았지만 흔히 자질이 빈곤하거나 '별로 주목할 만한 것이 없는' 지도자들로 회자되었던 장면, 윤보선, 허정 등이 지금도 도덕성이 가장 높았던 것으로 평가된 것은, 정치에서 도덕의 문제가 경시되거나 결코 방치되어서는 안 될 사안임을 시사하는 대목이다. 정치에서 도덕성은 단순한 개인윤리 차원의 문제를 넘어 집권과정의 적법성 여부, 부정부패, 탈법, 지역주의 등과 같은 고질적 문제들에 대한 태도와 관련되어 있다. 도덕과 덕성의 실천은 이념적 좌우와 무관하게 정치를 아름답게 만드는 요인이다.

③ 업적종합평가

먼저 박정희(67점)와 김대중(65점)이 상위그룹, 전두환(57점), 김영삼(55점), 노태우(53점), 이승만(52점)이 중위그룹을 형성했다. 마지막으로 장면(43점)과 최규하(36점)가 하위그룹을 이루었다. 역대 대통령이 받은 평가점수의 전체 평균을 구해 본 결과 업적분야가 53점으로 자질분야의 전체 평균 51점보다 높은 것으로 나타났다. 평가자들은 역대 대통령을 자질보다는 업적에 대해 그래도 긍정적으로 생각하고 있으나 전반적 수준은 일정 수준 이하임을 알 수 있다.

둘째, 자질과 마찬가지로 박정희, 전두환, 노태우는 같은 군인출신이었지만 평가결과는 상당한 차이가 있었다. 하지만 전두환의 경우 경제와 과학기술 등에서 상당히 긍정적 평가를 받아 전체 대통령 중 3등을 차지하였고, 노태우는 물론 문민대통령인 김영삼과 건국이라는 업적을 세운 이승만보다 높은 평가를 받은 사실은 주목할 만하다.

셋째, 박정희가 제시한 근대화와 경제개발은 보릿고개에서 고통 받는 국민들에게 설득력을 지닌 비전으로서 강력한 인상으로 다가왔고, 그것이 또한 상당한 정도 현실화되었기에 단연 1위로 평가되었다. 또한 김대중의 경우 IMF 극복을 위한 구조조정정책과 햇볕정책이 비교적 현실적으로 집행됨으로써 이 역시 많은 사람들이 그 성과를 직접 피부로 실감할 수 있는 업적으로 평가되었다.

넷째, 장면과 최규하의 경우 이들의 재임기간이 다른 대통령에 비해 짧았기 때문에 업적에 대해 평가자들이 상대적으로 낮은 평가를 주었다.

다섯째, 이승만의 경우 이 땅에 민주주의를 도입하고 해방과 사변 이후 폐허에서 새로운 국가형성을 달성함으로써 상당한 업적을 세운 것으로 생각되었으나 평가결과는 상당히 낮은 점수를 받았다. 이와 관련 앞으로 이승만의 업적에 대해 일반인의 인식이 왜곡된 것은 없는지는 물론 이승만에 대해 보다 세밀하고 객관적인 평가가 수반되어야 할 것이다.

3) 우리 대통령 평가의 주요 논쟁점

우리 대통령의 업적을 평가하는 데는 미국의 평가연구와는 매우 상이하고 좀더 복잡한 논쟁점이 많다. 이러한 논쟁점의 근본적 원인은 우리의 역대 대통령, 구체적으로 박정희 대통령과 전두환 대통령, 그리고 어느 정도는 노태우 대통령까지 대통령 선출과정에서 '절차적 정통성'을 결여한 채 국정운영을 시작했다는 사실에 기인한다. 따라서 미국의 평가연구와 같은 기준으로 우리 대통령의 업적을 평가하면 일반적으로 부정적 평가에 치우치는 경향이 있다. 이를 자세히 살펴보자.

이승만 대통령의 업적 평가에서는 그의 건국형성의 업적과 장기집권을 어떻게 분리하여 평가할 것인지가 주요한 논쟁점이다. 대한민국의 초대 대통령으로서 '일민주의'(一民主義)를 내세워 국민통합에 기여했지만 통일·민주국가 형성과 민주주의 기반 강화를 저해했다는 비판도 많다. 윤보선 대통령과 최규하 대통령의 업적 평가의 경우에는 실질적으로 어떤 정책들이 장면 총리 또는 신군부가 아닌 이들 대통령에 의해 이루어졌는지를 밝혀내야 하는 문제가 있다.

박정희 대통령의 업적 평가에서는 경제개발이라는 업적과 유신독재를 통한 민주발전의 저해를 어떻게 균형 있게 평가할 것인지가 주요 쟁점이다. 또한 업적 평가와 관련하여 경제발전의 동인이 무엇이냐는 것도 논쟁 가운데 하나이다. 즉, 산업화의 성공이 박정희 대통령의 탁월한 지도력 때문인지(리더십론), 또는 이미 갖춰져 있던 조건에 편승한 것인지(편승론), 그리고 복합적인 요인(절충론) 때문인지 확실히 단정할 수 없다는 것이다.

박정희 대통령 옹호론자들은 기존의 경제논리에서 한 걸음 더 나아가 현재의 민주화도 반독재 투쟁의 결과물이 아니라 경제발전으로 인한 시민사회의 성숙에서 비롯됐다는 논리를 편다. 이들은 장기집권과 유신독재 등의 부정적 요소를 합리화하기 위해 '필요악'이나 '방법론적 유보'라는 용어를 사용한다. 반면 비판론자들은 박정희 대통령이 아니었으면 경제성장을 이루지 못했다는 인식은 잘못이라고 주장하며 지도자 개인이나 영웅의 역할에 의해 사회가 바뀌는 것이 아니라고 강조한다. 그들은 군사문화를 뿌리내리게 한 박정희 대통령의 정치적 측면은 물론

이고 가장 긍정적으로 평가받는 경제적 측면도 비판하며 분배문제라든가 현재 문제시되는 재벌 중심 경제체제를 그의 탓으로 돌리고 있다(한국정치연구회, 1998).

전두환 대통령의 업적 평가에서는 대통령이 되기 위한 과정에서 저지른 '광주 무력진압'이라는 '원죄'와 대통령 단임제의 실천과 평화적 정권교체, 그리고 경제안정과 같은 업적을 어떻게 분리 평가할 것이냐가 주요 쟁점이다. 또한 비자금 조성 등 퇴임 후 밝혀진 사실이 전두환 대통령 업적 평가에 어떤 영향을 주는지도 주요 논쟁점이다.

노태우 대통령의 업적 평가에서는 '시대적 상황' 및 '운'(*luck*)과 관련하여 평가의 객관성 문제가 대두된다. 구체적으로 몇몇 대통령 연구자들은 노태우 대통령이 그의 취임사에서 밝힌 정책들을 가장 많이 이행한 대통령으로 생각하고 있다(염홍철, 1998; 이시원, 1994; 이종률, 1993; 변형윤 외, 1992). 다만 이렇게 할 수 있었던 것은 그의 리더십이 아니라 시대적 상황(예를 들어 냉전의 종식과 소련의 붕괴 시작)과 운(예를 들어 좋은 세계경제상황)이 많이 작용했기 때문이라는 것이다. 또한 그의 소극적 리더십 스타일이 많은 비판을 받으면서도 한편으로는 민주주의 발전에 기여했다는 평가를 받는 점도 흥미로운 논쟁점이다. 아울러 전두환 대통령처럼 퇴임 후 밝혀진 비자금 조성 사실이 그의 업적 평가에 어떤 영향을 주는지도 주요 쟁점이다.

김영삼 대통령의 경우 그의 독선적인 개혁추진이 많은 부작용(IMF 외환위기 책임론)을 초래했지만 그가 추진한 개혁의 방향(금융실명제)은 우리 사회의 발전을 위해서 꼭 필요했다는 주장이 설득력을 얻고 있다. 시간이 흘러 그의 정치적 업적을 장기적인 관점에서 평가한다면 더욱 긍정적인 평가를 받을 수도 있다는 평가가 적지 않다(박세일, 1998; Hahm and Kim, 1999). 실제로 2015년 11월 김영삼 대통령이 서거한 후 그의 정치적 업적에 대한 긍정적 평가가 매우 높아졌다.

김대중 대통령의 경우 조사 당시 그가 퇴임한 지 1년도 지나지 않았기 때문에 그에 대한 평가는 시간의 흐름이라는 변수에 종속적일 수밖에 없는 한계가 있다(한국대통령학연구소, 2002). 실례로 그의 업적 중 하나가 2000년 남북정상회담을 통한 남북관계 개선이지만 이와 관련하여 이미 4천억 달러 대북 불법송금 문제에 대한 규명 요구가 제기된 바 있다.

앞으로 조금 더 시간이 지나면 노무현 대통령과 이명박 대통령, 나아가 2018년 임기를 마칠 박근혜 대통령의 업적에 대한 평가도 위에서 분석한 대통령들과 함께 보다 전반적이고 체계적으로 이루어져야 한다.

4. 우리 대통령 평가의 의의

우리 대통령 평가 연구를 통해 강조해야 할 사실 중 하나는 지금까지 우리의 대통령직이 대체적으로 '좌절의 자리'였고, 앞으로도 실패할 가능성이 매우 높은 자리라는 것이다. 역대 대통령은 많은 국정과제들을 설정하여 자신들의 짧은 임기 내에 모두 이룩하려고 하였으나 실질적 통치기간이 18년에 달했던 박정희 대통령의 '경제자립의 성공' 외에는 제대로 성공하지 못하였고 결국에는 좌절한 대통령으로 남았다. 이 절에서는 대통령직을 '좌절의 자리'가 아닌 '희망의 자리'로 만들고, 나아가 '좌절한 대통령'이 아닌 '성공한 대통령'을 만들기 위한 몇 가지 중요한 시사점을 도출해 보았다.

1) 소수의 구체적인 국정목표 설정의 중요성

앞으로 우리 대통령은 소수의 구체적인 국정목표 설정의 중요성을 인식해야 한다. 대통령의 업적 평가와 관련하여 중요한 사실은 일반 국민은 대체적으로 대통령의 여러 업적을 기억하지도 못하며 기억한다 해도 가장 큰 성공이나 실패만을 기억할 뿐이라는 것이다. 예를 들어 미국 대통령의 경우 Lincoln 대통령은 '노예해방과 남북전쟁', Franklin Roosevelt 대통령은 '대공황의 극복', Kennedy 대통령은 '쿠바 미사일 위기와 암살', Nixon 대통령은 'Watergate사건'으로 국민에게 기억되며, Clinton 대통령도 'Lewinsky 성추문사건'으로 역사에 남을 것 같다.

우리의 경우도 앞에서 살펴보았듯이 박정희 대통령은 '유신과 암살', 전두환 대통령은 '광주 무력진압', 노태우 대통령은 '비자금 조성', 김영삼 대통령은 'IMF 외환위기', 김대중 대통령은 '대북 불법송금', 노무현 대통령은 '탄핵과 자살', 이명박 대통령은 '광우병 사태', 박근혜 대통령은 '세월호 참사' 등 업적보다는 사건과 사고로 점철된 대통령으로 국민에게 남을 것이다. 이러한 관점에서 박근혜 대통령과 미래의 대통령들은 국민 및 미래의 대통령 연구자들에게 오랫동안 기억에 남을 만한 업적을 이룩한다는 것이 무척이나 어려우며 그러기 위해서는 상당한 시대적 행운도 따라주어야 한다는 사실을 분명하게 인식해야 한다.

그러므로 박근혜 대통령과 앞으로의 대통령들은 시대와 국민이 요구하는 과제를 정확히 파악하여 임기 내에 달성할 수 있는 소수의 국정운영과제를 설정하여야 한다. 구체적인 예로 미국 Reagan 대통령은 '강한 미국의 건설'이란 국정운영비전 아래서 '작은 중앙정부 및 국방증강'과 같은 단순하고 구체적인 정책목표를 설정했다. 우리의 경우도 박정희 대통령은 '자립경제'라는 국정운영비전 아래 '백억 불 수출, 천 불 국민소득'이라는 단순하고 짧은 그리고 구체적인 정책목표를 제시하여 국민에게 반복해서 강조했다.

이와는 대조적으로 미국의 Carter 대통령과 George H. Bush 대통령은 국민에게 구체적인 국정비전을 제시하는 데 실패했다. 한국의 김영삼 대통령이 '신한국 창조'라는 국정비전 아래 제시한 '깨끗한 정부', '튼튼한 경제', '건강한 사회', '통일된 조국' 등의 정책목표, 그리고 집권 후반기의 국정비전인 '세계화' 등은 너무 광범위하고 추상적이어서 구체적이지 못했다. 김대중 대통령의 경우도 '선진적 민주정치', '민주적 시장경제', '보편적 세계주의', '창조적 지식국가', '공생적 시민사회', 그리고 '협력적 남북관계'의 6대 국정개혁과제와 '제 2건국운동' 등을 발표했으나 너무 학문적이며 실제적이지 못했다.

노무현 대통령은 '국민과 함께 하는 민주주의', '더불어 사는 균형발전 사회', '평화와 번영의 동북아시대' 등 3대 국정목표와 '원칙과 신뢰', '공정과 투명', '대화와 타협', '분권과 자율' 등 5대 국정원리를 발표했으나 이 또한 너무 추상적이어서 구체적이지 못했다. 이명박 대통령의 경우에도 '섬기는 정부', '활기찬 시장경제', '능동적 복지', '인재대국', '성숙한 세계국가' 등 5대 국정지표와 집권 후반기 '공정사회' 및 '녹색성장' 등을 발표했으나 그 개념이 너무 광범위하고 구체적이지 못했다. 박근혜 대통령도 '희망의 새 시대'라는 국정목표와 '경제부흥', '국민행복', '문화융성', '평화통일기반구축' 등의 4대 국정원리를 발표했으나 이전 대통령들이 발표한 국정목표처럼 그 개념이 너무나 모호하다. 특히, 박근혜 대통령은 '국민행복', '국민대통합', '비정상의 정상화', '규제철폐', '통일대박', '국가개조 또는 국가혁신' 등 많은 국정목표를 발표했지만 그 구체적인 실행이 늦어지고 있다.

2) 정책실명제와 대통령 리더십 순환이론

대통령 업적 평가와 관련하여 업적 또는 정책결과에 대한 평가의 중요성을 누차 강조했다. 이와 관련하여 '정책실명제'의 중요성이 더욱 부각된다. 정책실명제는 대통령을 포함한 정치가가 자신의 정치활동을 정책개발에 집중하고 그 결과에 따라 정치적 평가를 받으며 다시 그 평가에 따라 정치적 장래가 결정되는 제도이다(함성득, 1998j). 이론적으로 정책실명제는 선거를 통한 주기적인 정부권력의 변동이 있는 경우 선거과정에서 내세운 정책공약의 이행 여부를 평가하는 것이다(한국정책학회, 1994; 이시원, 1994; Rose, 1984; Kalogeropoulou, 1989). 정부권력의 획득을 목표로 하는 정당이나 후보자들은 선거과정에서 국민의 정책선호를 명확히 이해하고 이를 집약하여 정책공약을 제시함으로써 국민의 선택을 받게 된다.

따라서 정부권력의 획득에 도전하는 정당이나 후보자들에 대한 국민의 선택과 지지가 전적으로 정책공약에 의해 좌우된다고 할 수는 없지만 국민들의 선택과 지지에 매우 중요한 판단기준이 된다(Downs,

1965). 구체적으로 정책실명제에 기초하여 특정 대통령의 업적을 평가할 수 있는 일차적 방법은 취임사 또는 다른 정책공약 발표에 따른 '정책공약의 이행도'를 분석하는 것이다(자세한 것은 함성득, 2000b 참조).

우리의 경우 박정희 대통령과 전두환 대통령, 구체적으로 제 4, 5공화국은 국민에 의한 선택이 배제된 상태에서 성립된 정부이기 때문에 정책공약의 이행도를 평가하는 것이 의미를 갖지 못했지만, 국민의 선택에 의해 선출된 노태우 대통령부터는 선거공약 이행정도로서 대통령의 업적을 평가하는 것은 매우 중요하다(이시원, 1994). 선거공약의 이행도를 평가하는 주체는 노태우 대통령 당시처럼 정부당국자, 즉 대통령 공약사업의 추진정도를 관장한 국무총리실 제 3조정실에서도 할 수 있었다. 다만 이 경우 객관성이 문제시된다. 예를 들어 이 평가에 의하면 459건의 노태우 대통령 공약실적을 평가하여 96%의 추진실적을 보여주고 있다.

따라서 이보다 객관적이기 위해서는 학자나 전문가들이 평가를 할 수 있다. 구체적인 예로 이시원(1994)과 변형윤 외(1992)는 노태우 대통령의 정책공약 이행도를 평가하였다. 또한 1997년 3월 '경제정의실천시민연합'에서 실시한 〈김영삼 대통령 집권 4년 성적표〉는 김영삼 대통령의 정책공약 이행도를 평가하였다. 아울러 함성득(2000b)은 박정희 대통령부터 김영삼 대통령까지 취임사에 약속한 정책목표와 그 이행도를 평가하였다.

우리의 경우 이러한 정책실명제에 기초한 대통령 업적 평가가 제도적으로 정착되는 경우에는 첫째, 대통령 업적 평가가 주로 그의 취임사에 밝힌 국정목표를 실천하였는지에 초점이 맞추어진다. 다만 대통령의 국정목표가 시간의 흐름과 상황의 변화에 따라 가변적일 수 있기 때문에 부차적으로 매년 연두교서 또는 연두기자회견을 통해 발표된 국정목표를 얼마나 달성했는지에 대통령 업적 평가의 초점이 맞추어질 수도 있다.

둘째, 역사를 인식하는 대통령, 즉 어떻게 자신이 역사에 남을 것인가를 생각하는 대통령이라면 실현 가능하지 않은 국정목표는 취임사뿐만 아니라 어떠한 공식적 연설에도 발표하는 것을 자제할 것이다. 따라서 이와 같이 대통령이 구체성이 없는 헛된 국정과제의 설정 및 발표를 점차적으로 자제하는 것은 다른 정치인들에게 영향을 주어 앞으로 대통령 후보자들도 헛된 공약을 삼가게 되어 우리의 정치문화 발전에도 기여하게 될 것이다.

셋째, 이 경우 국정운영을 담당하는 대통령과 그의 보좌진은 좀더 철저한 '정책개발을 통한 질의 향상'에 관심을 가지게 됨으로써 '정책에 대한 전문화'가 높아져 대통령의 '정책 리더십'(*policy leadership*)이 향상될 것이다. 이러한 정책 리더십의 향상은 동시에 정책결과에 관심을 갖게 함으로써 정책의 국회를 통한 법률화 수준을 높일 것이다. 즉 '정책의 입법적 성공'을 위해 다시 말해 원만한 여야관계의 정립을 위해 노력하는 대통령의 '입법 리더십'(*legislative leadership*)을 강조하게 한다. 또한 정책결과의 중시는 행정을 통한 실질적이고 효율적인 정책집행을 강조함으로써 대통령으로 하여금 '행정 리더십'(*administrative leadership*)의 향상에 대한 관심을 증대시킨다.

이렇게 해야만 향상된 정책성과에 기초하여 국민의 대통령에 대한 지지와 인기가 높아져 대통령의 '개인 리더십'(*personal leadership*)과 '대중 리더십'(*public leadership*) 또한 높아질 것이다. 따라서 대통령의 정책 리더십에 기초한 대통령의 입법 및 행정 리더십의 제고는 결국 대통령의 개인 리더십과 대중 리더십의 향상을 가져오고 이는 다시 대통령의 국정 운영을 원활하게 한다. 이러한 과정에서 대통령은 더 나은 정책개발을 이룩할 수 있어 그의 정책 리더십이 향상된다. 이것이 이 책에서 일관되게 주장하는 정책실명제에 기초한 '대통령 리더십 순환이론' 이다(〈그림 1-1〉 참조).

마지막으로 정책실명제가 정착되면 대통령의 업적 평가를 위한 구체적이고 객관적인 기준이 정해져서 평가의 객관성을 높일 수 있다. 이렇게 객관성이 높은 대통령의 업적 평가는 신뢰성과 타당성을 확보하여 계량적 연구를 가능하게 함으로써 대통령 평가 연구의 과학성을 높여서 한국 대통령학의 이론적 발전에 공헌할 수 있다.

제 6 장

맺음말

과거 노무현 대통령은 제왕적 대통령제의 폐단을 극복하기 위해 대통령의 권력을 분산시키는 개헌의 필요성을 역설하였다. 즉, 그가 주창했던 '분권형 대통령제'는 외치와 내치를 대통령과 국무총리가 나누는 권력분산제 개헌안이었다. 반면에 박근혜 대통령은 '대통령 4년 중임제'를 강조하였다. 그러므로 앞으로 전개될 한국의 권력구조 개편과 관련한 논쟁의 중심에는 '대통령 4년 중임제 그리고 부통령제의 도입', '이원집정부제의 도입', '내각제의 실현 여부' 등이 자리할 것이다.

따라서 이 장에서는 첫째, 대통령의 권력을 분산시키려는 권력구조 개편에 관한 논쟁과 관련하여 먼저 현행 대통령제의 장·단점을 분석하고 앞으로의 권력구조 개편에 대한 전망을 살펴보고 있다. 또한 대통령제의 장·단점을 명확히 분석하면 자동적으로 권력구조 개편 논쟁의 또 다른 축인 내각제의 장·단점을 잘 알 수 있다. 이러한 정치적 상황에서 둘째, 현행 5년 단임 대통령제가 계속 유지된다는 가정 아래서 현 대통령제의 제도적 정착을 위한 방안을 모색하고 있다. 셋째, 보다 성공적인 대통령의 국정운영을 위해 우리 대통령의 새로운 정치적 역할과 리더십의 필요성을 살펴보고 있다. 마지막으로 앞으로의 우리 대통령이 보다 성공적인 대통령이 되기 위한 국정운영의 전략을 살펴보고 있다.

1. 대통령제의 장·단점

2017년 제 19대 대통령선거를 앞둔 상황에서 박근혜 대통령이 강조한 4년 중임 대통령제 도입 그리고 부통령제의 도입이나 이원집정부제 또는 내각제로의 권력구조 변화 등에 대한 관심이 증대되고 있다. 이러한 권력구조의 개편은 헌법 개정을 통해 이루어지는 중요한 선택이다.

지금까지 우리는 아홉 차례의 헌법 개정을 했지만 그 대부분이 권력구조와 집권 연장의 기도에 따른 정치투쟁이었다. 우리는 1960년 4·19 직후의 1년 정도의 기간을 제외하고는 지금까지 대통령 중심의 정부형태를 유지해 왔다. 현행 헌법은 1987년의 6월 항쟁과 6·29선언에 따라 우리 역사에서 처음으로 여야 합의에 의해 이룩된 것이다. 민주화 이후 우리 사회가 급속도로 변화하였음에도 불구하고 우리 헌법은 개정 없이 지난 30여 년을 지켜왔다. 물론 권력구조의 발전 측면에서 보면 내각제 개헌 시도는 1987년 이래 여섯 차례의 대통령선거를 통해 확고한 제도화[1]의 단계로 진입한 대통령제를 손상시킬 수도 있다(김광웅, 1997b; 김용호, 1998; 이종률, 1997).

대통령제와 내각제 등 정부형태와 관련된 정당의 주장은 원래 권력의 야합 또는 권력을 나누어 갖고 같이 행사하자는 현실적 필요성에서 출발한다. 그러나 이를 위한 헌법 개정은 역사적, 시대적 상황과 국가 성격에 따라 결정되는 것이다(진영재, 2004; 함성득, 2009 참조). 특히, 현 시점에서 권력구조 형태의 개헌은 경제위기 극복을 위한 강력한 리더십을 요청하는 상황변수와 함께 그 복잡성을 더하고 있다. 이러한 점에서 우리의 현행 대통령제의 장・단점을 분석하는 것은 상당한 의미가 있다.

장점으로는 첫째, 국정운영 과정의 효율성이 높다는 것이다. 대통령은 정책의 수립 및 집행과 관련하여 임기 동안 소신에 따른 국정운영을

---

1) 주기적이고 반복적으로 공정한 대통령선거를 통해 평화적 정권교체를 이루는 것은 우리 대통령제의 제도화와 사회 민주화에 크게 기여할 수 있다. 이러한 제도화의 이점 중 하나는 '주요 국가정책의 계속성과 일관성을 유지하여 안정성'을 높일 수 있다는 것이다. 영국의 경우 내각제하에서 보수당과 노동당 사이에 정권교체가 공정하고 반복적으로 이루어지다 보니 새로 정권을 잡은 정당은 전 정부의 주요정책을 존중하고 지속적으로 추구하는 경향이 높아졌다. 이러한 경향은 어떤 면에서는 현재 정부가 추구하는 정책이 다음 정부에서도 존중받고 지속될 수 있다는 믿음이 있기 때문이다. 이를 '상호존중 및 신뢰성'(*reciprocity*)이라 하며 제도화와 민주화의 중요한 기준으로 삼고 있다(자세한 것은 Hahm, 1996; Moe, 1990 참조). 미국에서도 공화당과 민주당의 상호존중 및 신뢰성이 높아서 어느 당의 후보자가 대통령에 당선되어도 주요 국가정책의 일관성과 안정성이 높다. 현재 우리나라는 5년 단임제를 유지하기 때문에 새로운 대통령이 등장할 때마다 전임 정부의 정책을 무시하고 차별화하여 새로운 국정과제를 설정하고 새로운 이름으로 추구한다. 이러한 상황에서는 주요 국가정책의 일관성과 안정성이 극히 낮아 정책에 대한 단기적 시각이 점차적으로 증대하고 있다(Hahm and Plein, 1997). 이를 극복하기 위해서는 현재의 대통령제 아래서 공정한 선거와 평화적 정권교체를 지속적으로 이룩하여 상호존중 및 신뢰성을 높여야 한다.

할 수 있기 때문에 국회와의 의견조율에 따른 낭비를 줄일 수 있다. 대통령에게 더 많은 국정운영의 수단이 주어져 있기 때문에 국내 정치상황의 변화나 국제사회의 변동에 따라서 강력한 지위를 이용하여 시기적절한 대책을 수립할 수도 있다. 따라서 신속하고 능률적인 국정운영이 가능하다.

특히 우리처럼 남북이 대치하는 시대상황에서는 적어도 통일 이전까지는 국가안보의 위기상황에서 강력한 리더십과 행정의 효율성을 이룰 수 있는 대통령제를 유지할 필요성이 크다(김광웅, 1997b). 이러한 관점은 일반 여론조사에서도 드러난다. 한 조사 결과 대통령제를 선호하는 국민은 60.6%인 반면, 내각책임제를 선호하는 국민은 26.9%였다(〈조선일보〉, 1999년 1월 1일). 이를 자세히 살펴보면 대통령제를 선호하는 국민들 중 '5년 단임 대통령제'를 선호하는 국민이 36.6%이고 '4년 중임 대통령제'를 선호하는 국민은 24%이다.[2] 또한 내각제를 선호하는 국민 중 '이원집정부제'를 선호하는 국민은 15.7%이며, '순수한 내각제'를 선호하는 국민은 11.2%이다. 참고로 1997년에는 대통령제를 선호하는 국민이 44%, 내각책임제가 28%였다(〈조선일보〉, 1997년 11월 10일). 나아가 이명박 대통령이 2010년 8월 15일 광복절 경축사에

2) 참고로 2003년 국회의원들을 상대로 실시한 여론조사에서 응답의원 143명 중 61.6%가 대통령 4년 중임제가 우리 실정에 맞는 제도라고 생각했다(〈월간중앙〉, 2003년 3월호). 2014년 조사에 따르면 우리 국민들은 바람직한 권력구조로 '4년 중임 대통령제' 31.2%, '분권형 대통령제' 26.9%, 현행 '5년 단임 대통령제' 21.3%, '의원내각제' 9.0%순으로 선호했다(〈문화일보〉, 2014년 10월 30일). 따라서 향후 헌법 개정 시 동반될 권력구조 개편논의에서 합의가 쉽지 않을 것이다.

서 개헌의 필요성을 언급한 이후 실시된 여론조사에서 우리 국민들은 현행 '5년 단임 대통령제'를 바꾼다면 선호하는 권력구조 형태로 4년 중임 대통령제 43.6%, 이원집정부제 22.9%, 내각책임제 20%순으로 응답했다(〈서울신문〉, 2010년 8월 23일).

둘째, 국민에 대한 대통령의 책임성이 높다는 것이다. 대통령제에서 대통령은 행정부의 수반으로서 국회에 의해서 임명되는 것이 아니라 국민에 의해서 선출된다. 즉, 국민으로부터 직접 책임을 부여받는다. 따라서 국정운영 결과에 대한 책임을 정당이나 내각이 아니라 대통령 개인이 직접 지기 때문에 책임에 대한 혼동이나 공유가 존재하지 않는다(린쯔·바렌주엘라, 1996). 특히 이러한 책임성은 대통령의 재선 출마가 허용되는 경우 과거의 국정운영 능력에 대한 국민의 평가가 가능하므로 더욱 높게 나타날 수 있다(이명남, 1996).

셋째, 정국의 안정을 유지할 수 있다는 것이다. 대통령은 국회의 신임 여부와 상관없이 일정한 임기를 보장받기 때문에 잦은 정계개편에 따른 정치적 불안정의 문제를 감소시키며 임기 동안 정부를 소신 있게 운영할 수 있다. 미국에서는 입법권 남용과 같은 의회 내 다수당의 횡포가 나타나는 경우 대통령이 '법률안 거부권'(*veto power*)을 행사함으로써 졸속 입법을 방지할 수 있고 다수결에 의해 배제된 소수자의 이익을 보호할 수 있다(린쯔·바렌주엘라, 1996). 우리의 경우도 대통령이 법률안 거부권을 가지고 있는 것(헌법 제53조)은 물론 국회에 대한 대통령의 비공식적인 영향력을 통해 국회의 입법권 남용을 어느 정도 견제할 수 있다(자세한 것은 함성득, 1998e 참조). 특히, 아직까지도 민주적 발전수준이 상대적으로 낮은 우리 국회의 경우 정치세력의 이합집산에 의한 정국불안의 가능성이 높기 때문에 대통령제의 정치적 안정성이 더욱 요구된다.

넷째, 권력분립의 원리를 충실히 수행할 수 있다는 것이다. 대통령제는 엄격한 권력분립의 원칙에 기초를 두고 상호 견제와 균형을 통해서 국민의 자유와 권리를 보장하는 것을 목적으로 한다(권영성, 1995). 이를 위해서 대통령은 주권자인 국민에 의해서 선출되는데 이것은 국회의 영향력으로부터 행정부의 독립성을 보장하고 진정한 국민의 대표로서 대통령에게 정통성을 부여하는 것이다. 즉, 대통령과 국회 모두 국민이 선출함으로써 양자에게 정통성을 부여하고 견제와 균형의 원리에 의해서 상호 간에 타 권력에 대한 예속을 방지하는 것이다(장석권, 1991). 이러한 권력분립의 원리는 권력 상호 간의 완전한 독립을 의미하는 것이 아니라 견제와 균형을 통해서 민주주의를 보다 효율적으로 보장하기 위한 수단으로서 의의가 있다.

위에서 언급한 장점에도 불구하고 대통령제는 다음과 같은 단점을 지닌다. 첫째, 권력남용과 독재의 가능성이 있다는 것이다. 대통령제에서는 국정의 운영권이 궁극적으로 대통령 일인에게 집중되어 있다. 또한 그 임기를 보장받으며 임기 중 국회에 대해서 정치적 책임을 지지 않는다. 따라서 국회와 행정부 사이에 권력균형을 통한 국회의 대통령에 대한 효율적 견제가 이루어지지 않는다면 대통령 권한의 비대화로 인해 독재화될 가능성이 높다(서주실, 1993). 우리 대통령제의 문제점은 대통령이 권력의 사인화(私人化)가 심한 '제왕적 대통령'(*imperial president*)의 성향이 높았다는 사실이다. 즉, 현재의 대통령제 아래에서는 권력이 대통령 일인에게만 집중되어 그에 따른 권위주의 정치와 부패의 악순환이 재현될 가능성이 높다는 주장이다.

둘째, 행정부와 입법부 사이에 대립과 마찰의 가능성이 높다는 것이다. 대통령제에서는 대통령과 국회가 국민에 의하여 선출되기 때문에 '이원화된 민주적 정통성'(*dual democratic legitimacy*)이 존재한다. 이로 인해 두 기관 사이에는 심각한 의견의 불일치와 교착상태가 발생할 수 있다. 더욱이 행정부와 입법부 간에 마찰이 생겼을 때 원만히 해결할 제도적 장치가 존재하지 않기 때문에 두 기관 사이의 대립과 교착이 심화될 수 있고 장기적으로 국정의 혼란이나 마비상태가 지속될 수도 있다(서주실, 1993). 특히, 대통령이 속한 정당이 국회 내에서 소수파가 되는 여소야대 정국인 경우에 이러한 문제가 더욱 심화되는 경향이 있다(진영재, 2004; 함성득, 1998e 참조).

셋째, 대통령 임기의 고정성으로 인해서 국정운영에서 경직성이 나타난다는 것이다. 대통령제에서 대통령은 고정된 임기를 전제로 하여 선출된다. 이러한 임기의 보장은 정국의 안정을 유지하는 중요한 수단이 될 수 있다. 하지만 상황이 변하거나 행정부가 심각한 정책실패를 가져오는 경우에도 새로운 지도력을 창출할 가능성은 거의 없다. 결국 제도적 경직성은 변화하는 환경에 대한 정부의 대처능력을 약화시키는 것이다.

넷째, 비타협적인 정치행태가 나타날 수 있다는 것이다. 대통령선거에서는 승자는 모든 것을 얻고 패자는 모든 것을 잃는 제로섬 게임이 나타난다. 선거에서 패배한 후보와 야당 지도자들은 자신들의 정치적 입지를 잃을 가능성이 높다. 따라서 선거의 승리를 위한 과다한 선거전이 나타나며 이로 인해 각 정치세력들 간의 갈등이 고조되고 극단적인 대결이 초래된다. 결국 화합의 정치보다는 분열과 갈등의 정치가 조장되고 그 결과 선거 이후에 정국혼란으로 이어질 수 있다.

지금까지 대통령제의 장·단점을 간략하게 살펴보았다. 그러나 이러한 장·단점을 고찰할 때는 반드시 그 제도를 채택하고 있는 국가의 정치·사회·문화적 여건을 고려해야 한다. 즉, 특정 제도의 장·단점은 그 사회의 환경적 맥락에서 그 제도가 갖는 비용과 효과를 고려하여 판단해야만 한다. 더욱이 이러한 대통령제의 장·단점 논의가 제도적 우월성에 대한 판단과 채택의 문제와 결부될 때는 더욱 신중할 필요가 있다. 왜냐하면 기존 제도가 아닌 또 다른 대안적 제도의 실험적 채택과 실행은 그에 따른 정치적 비용을 요구하며 그 효율성 또한 의문시되므로 장기적으로는 국가의 운명을 좌우할 수 있기 때문이다.

기본적으로 우리의 대통령제는 미국 이외의 다른 어느 나라 대통령제보다도 제도적으로 빨리 발전, 정착되고 있다. 그 이유는 우리 사회가 민주화되면서 국회, 정당, 언론과 같은 제도적 기관들의 자율성이 증대함에 따라 대통령의 권력행사가 점점 더 많은 제약을 받게 되었기 때문이다. 특히, 우리의 정치를 지배했던 김대중, 김영삼, 김종필의 3김 정치는 지난 2002년 대선을 통해(당권·대권 분리와 상향식 공천을 약속했던 노무현 대통령이 당선되면서) 종식되었다. 이른바 3김 정치의 종식 이후 우리 국회의원들의 소속 정당과 대통령에 대한 정치적 자율성은 점점 높아지고 있다. 또한 5년 단임제 아래서 반복되는 대통령의 임기 말 현상과 함께 제도적 기관들의 정치적 자율성은 더욱 커지고 있다(자세한 것은 함성득, 2002a 참조).

따라서 이러한 사회 전체의 민주화에 따른 자율성의 증가로 각 정책주체들 간의 갈등이 높아짐에 따라 이를 해소하기 위하여 앞으로 우리 대통령의 '정책의 조정자'(*policy broker*) 역할이 증대할 수밖에 없다. 즉, 정책 추진의 주요 책임자는 대통령이지만 상대적으로 대통령의 조정기능이 더욱 중시된다는 것이다(Hahm and Plein, 1995; 1997). 이러한 대통령의 역할 변화는 위에서 논의된 대통령제의 단점을 어느 정도 극복하고 우리 사회의 발전과 민주주의의 공고화에 긍정적인 방향으로 기여할 수 있다. 이러한 시각에서 권력구조의 성급한 변경보다 현 대통령제 아래서 운영의 묘를 기하는 것이 좋을 것이나 만약 헌법 개정을 통해 권력구조를 변경한다면 의원내각제보다는 '4년 중임 정·부통령제'가 바람직할 것이라 생각한다(자세한 것은 함성득, 2009 참조).

2. 우리 대통령제의 제도적 정착을 위한 제언

앞으로 우리 대통령제의 제도적 정착을 위해 다음과 같은 구체적 프로그램을 고려할 수 있다. 먼저 대통령 당선인 및 정권인수와 관련 현재의 '대통령직 인수에 관한 법률'(법률 제 11690호)을 좀더 체계적으로 발전시켜야 한다. 특히, 대통령 당선인이 취임하기 전까지의 소요 비용을 국가가 좀더 적극적으로 보조해 주는 것이 필요하다. 취임 전 정권인수와 정부구성에 소요되는 비용을 현재의 소규모 예비비 예산으로 전부 충당하기는 현실적으로 불가능하다. 이러한 상황에서는 '당선 축하금' 등 투명하지 못한 정치자금이 유입될 가능성도 매우 크다.

미국의 경우 당선인 시절 이러한 어려움을 겪었던 케네디 대통령의 촉구로 1963년 '대통령인수인계법'(Presidential Transition Act)이 통과되었다. 또한 1988년 '대통령인수인계효율법'(Presidential Transitions Effectiveness Act)이 새로이 제정되었고, 2000년 개정되어 당선인들은 취임 30일 후까지 정권인수 및 정부구성 비용으로 500만 달러 이상을 국가로부터 보조받게 되었다. 이는 국가가 당선인에게 재정적 지원을 하여 좀더 안정적으로 정권을 인수하고 치밀하게 정부를 구성할 수 있도록 하기 위한 것이다.

둘째, '대통령 승계법'을 제정하여 대통령의 갑작스러운 유고 시에 관한 명확한 법적 개념정의와 함께 권력승계 및 위기관리에 대한 법적 근거가 마련되어야 한다.

셋째, 우리 대통령제의 가장 심각한 구조적 문제가 선거주기의 불일치이다. 즉, 우리의 현행법은 5년의 대통령 임기 동안 1번 또는 2번의 국회의원선거 및 지방선거와 함께 1번의 대통령선거 및 각종 보궐선거 등 약 4~6차례 정도의 선거관리를 해야 하는 이른바 '선거정국의 상시화'로 인해 국정의 불안과 비효율성을 초래하기 쉽다(정태호, 2007; 함성득, 2009). 실례로 과거 김대중 대통령의 경우 임기 5년 동안 2번의 지방선거, 1번의 국회의원선거, 1번의 대통령선거가 실시되었고, 이명박 대통령의 경우 1번의 지방선거, 2번의 국회의원선거, 1번의 대통령선거가 실시되었다. 이러한 상황은 어느 누구도 성공한 대통령이 되기 어려운 구조적 제약점을 갖고 있다. 따라서 앞으로 국회의원 총선과 대선의 선거주기 일치를 위한 여야 간의 대타협이 이루어졌으면 한다.

넷째, 현재 우리의 예산 회기가 1월 1일부터 12월 31일까지임을 고려할 때 국정운영의 일관성, 특히 국가예산의 혼란 없는 편성·심의·

집행 · 통제를 위해서 현재의 대통령선거일(추운 12월을 피해)을 9월이나 10월로 앞당기는 것을 고려하여야 한다. 이렇게 선거일을 앞당기면 대통령 당선인의 국정비전이 대통령선거 다음 연도 국가예산에 직접 반영될 수 있어 예산편성 및 집행의 계속성과 일관성을 높일 수 있다. 또한 예산을 심의하는 국회도 대통령선거와 관계없이 예산 심의에 전념할 수 있다.

3. 우리 대통령의 새로운 정치적 역할과 리더십의 필요성

우리 사회가 민주화되면서 국회, 정당, 언론과 같은 제도적 기관들의 자율성이 증대됨에 따라 대통령의 권력행사는 점점 더 많은 제약을 받게 되었다. 이러한 자율성의 증가로 각 정책주체들 간의 갈등이 높아짐에 따라 이를 해소하기 위하여 앞으로 한국 대통령들은 '정책의 명령자'(*policy commander*)에서 '정책의 조정자'(*policy broker*)로서의 역할이 증대될 것이다. 조정자는 특정 사안에서 상충되는 인물과 이익들을 단순히 원만하게 이끌어 가는 '중재자'(*coordinator*)의 역할을 뛰어넘어, 목표달성을 위한 구체적 청사진 아래서 일관된 방향성과 강한 설득력 및 의지를 갖고 다양한 이해관계를 절충하고 타협을 이끌어 낼 수 있어야 한다.

역대 대통령의 '명령자' 역할에 기초한 권위주의적 리더십은 국가 경쟁력 제고의 관점에서 정부개혁, 경제개혁, 정치개혁, 의식개혁을 통한 국가개혁을 지속적으로 추구하기 위한 '준비된 리더십'을 제공하기에는 역부족이다. 국가개혁을 지속적으로 추구하기 위해서는 개인적 매력뿐만 아니라 신뢰성, 공평성, 도덕성, 전문성을 고루 갖춘 정치적 리더십이 요구된다. 그러나 현실적으로 이러한 리더십을 모두 갖춘 지도자가 나타나기는 매우 어렵다. 아직도 우리의 정치풍토가 정책의 내용보다는 지역주의에 기초한 인물 중심의 투표성향 등 불합리하고 비민주적인 요소가 많기 때문이다(Hahm, 2001: 82~83).

또한 점차적으로 한국 경제가 발전하면서 국회, 정당, 언론, 관료, 이익단체 등 정치사회의 제도적 기관들과 민간기업도 발전·성숙하고 있다. 이는 곧 사회 전반적 자율성이 높아짐에 따라 대통령의 법적 권한은 같아도 그 실제적 영향력은 현격히 감소된다는 것을 의미한다(Hahm, 1999; 2001; Hahm and Plein, 1996; 1997).

이러한 상황에서 명령자로서의 역할과 그에 따른 행정 리더십만으로는 대통령의 성공을 보장할 수 없다. 도리어 타협과 설득에 기초한 조정자 역할을 통해 정치사회의 제도적 기관들, 특히 국회의 야당과의 우호적 관계 형성, 즉 입법 리더십이 무엇보다도 대통령의 성공에 중요하게 되었다.

또한 앞으로 대통령의 정치적 리더십은 카리스마 중심의 개인 리더십으로부터 제도적 장치를 기반으로 하는 조직 중심의 리더십으로 옮겨가야 한다(Pfiffner, 1991; 1994). 결국 이러한 새로운 정치적 리더십은 국정을 대통령 혼자가 아니라 보좌진 등으로 구성된 하나의 체계적 국정운영팀을 통해 운영해야 함을 뜻한다(이러한 제도적 측면의 정책 대안은 함성득, 1998d; Hahm, 2001 참조). 나아가 민주화가 더욱 진전되면서 국가의 주요정책 결정과정에서 국회의 영향력이 더욱 증대됨에 따라

대통령의 입법 리더십이 상대적으로 강조되어야 할 것이다.[3]

결론적으로 오늘날같이 복잡·다양한 사회에서는 특정 대통령의 카리스마에 기초한 개인 리더십과 명령과 통제에 기초한 권위적 행정 리더십만으로는 국정을 효율적으로 이끌어 갈 수가 없다. 즉, 수많은 사람들이 다양한 가치관을 갖고 삶을 추구하는 오늘날에 대통령의 효율적 국정운영을 위해서는 생산적 경쟁과 협력의 정치체제뿐만 아니라 조정력이 높은 정치적 리더십도 필요하다.

4. 성공적인 대통령을 위한 국정운영 리더십

지속적으로 강조한 것처럼 기본적으로 우리의 대통령제는 긍정적인 방향으로 발전하여 제도적으로 빠르게 정착하고 있다. 이는 다음의 중요한 정치·사회적 변화에 기인한다. 먼저 사회 전반에 미치는 대통령의 영향력이 현저히 감소됨으로써 대통령 일인에게 권한이 집중되는 권위주의적 경향이 많이 약화되고 있다. 이 때문에 우리 대통령제는 민주화

---

3) 그러나 이러한 대통령의 입법 리더십이 강조되기 위해서는 미국의 경우처럼 정책결정과정에서 대통령과 비교하여 국회의 독립적 영향력이 확립되어야 한다(Wayne, 1978). 한국의 경우도 국회의 영향력이 지난 2004년 총선거를 거치면서 이러한 방향으로 점차 발전되었다. 다만, 아직도 대통령의 영향력이 상대적으로 강한 한국의 상황에서 국회의 독립적 영향력 확보는 조금은 시간이 필요할 것이다. 따라서 현재와 같은 이행기 또는 과도기에는 단기적으로 대통령의 입법 리더십도 강조되어야 하지만 정책집행 과정에서 '조정'을 강조하는 관리 리더십도 매우 중요하다(이원근, 1998; Nathan, 1986).

되는 사회에서도 조화롭게 제도적으로 정착할 수 있다.

또한 지난 2002년 대선을 통해 그동안 우리 정치를 지배했던 '3김 정치'가 종식되었고, 당권·대권의 분리가 이루어진 상황에서 치러졌던 지난 2004년 국회의원선거 이후 국회에 대한 대통령의 영향력은 지속적으로 약화되었다. 국회의원의 정치적 자율성이 신장됨에 따라 재선을 목표로 둔 의원들은 정책개발에 집중하여 그들의 정책 전문성이 강화될 가능성이 높다.

그리고 국민들이 1997년 말 심각한 외환위기와 2008년 국제 금융위기를 겪으면서, 그동안 우리 정치를 지배한 '지역 중심의 정치변수'와 '남북한 대치상태를 이용한 안보 또는 북풍변수'의 영향력은 현저히 감소하고 상대적으로 '경제변수'의 중요성은 더욱더 높아지고 있다. 이는 앞으로 대통령의 국정운영에서 정책개발을 통한 높은 경제성장률, 낮은 실업률, 낮은 경제적 불평등 등의 사회·경제적 업적이 점차적으로 중요시된다는 뜻이다. 다시 말해 대통령의 국정운영 활동이 정책개발에 집중되고 그 결과에 따라 그의 정치적 운명이 결정되는 '정책실명제'가 정착되어 간다는 것이다.

이러한 관점에서 앞으로 우리 대통령의 성공적인 국정운영을 위한 몇 가지 중요한 처방책을 제시하면 다음과 같다. 첫째, 대통령의 업적 평가는 국민에 대한 대통령의 '반응적 능력'(*response competence*)을 통해서 나타나는 단기적인 정치적 인기보다는, 대통령이 비서실 조직과 정책집행을 책임지는 행정 관료들과의 원활한 협조체제를 구축하여 '정책 능력'(*policy competence*)을 배양하고 나아가 '행정 리더십'(*administrative leadership*)을 향상시킴으로써 얻어지는 국정운영 결과에 달려 있다. 그러므로 앞으로 대통령들은 이러한 정책 능력 또는 행정 지도력의 배양에 더욱더 관심을 높여야 할 것이다.

둘째, 국정은 대통령 혼자가 아니라 보좌진과 행정부 등으로 구성된 하나의 체계적 '국정운영팀'을 통해 운영하여야 한다(함성득, 1998f).

셋째, 박정희 대통령 이후 역대 대통령은 부정적이든 긍정적이든 박정희 대통령으로부터 많은 영향을 받았다. 즉, 그들은 심리적으로 '박정희 대통령과의 경쟁관계'로부터 자유롭지 못하였다. 실제로 전두환, 노태우, 김영삼, 김대중, 노무현, 이명박, 박근혜 대통령은 그들 자신과 박정희 대통령을 비교하여 그보다 나은 업적을 남기려는 열망이 강했다. 그러므로 이 대통령들은 박정희 대통령이 18년이라는 긴 통치기간에 이룩한 업적을 염두에 두고 5년이라는 짧은 임기에도 불구하고 많은 국정운영 목표를 세웠다. 또한 박정희 대통령이 독재를 통해 가질 수 있었던 그 무소불위의 권한을 자신들도 갖는다고 믿었다.

대표적인 실례로 김대중 대통령은 역대 어느 대통령보다도 박정희 대통령으로부터 정치적으로 가장 많은 탄압과 피해를 당했다. 그러나 다른 한편으로 김대중 대통령은 박정희 대통령과 정치적 경쟁을 통해 정치인으로 성장했다. 따라서 역대 어느 대통령보다도 오랫동안 대통령을 준비하면서도 기회를 갖지 못했던 김대중 대통령은 '수출증대와 고용창출을 통한 빠른 경제위기 극복', '남북정상회담을 통한 남북한 평화공존과 통일을 위한 획기적 기반 조성', '지역 및 국민통합' 등의 국정과제들을 추구하였다. 또한 그는 '민주주의'와 '시장경제 발전'을 기조로 '제 2건국운동'을 통하여 '민주적, 도덕적 선진국가'를 건설하면서 새로운 천 년을 치밀하게 준비하고 맞이하는 '위대한 대통령'이 되고 싶은 열망이 강렬했다.[4] 하지만 많은 국정목표들은 도리어 그의 국정운영에 엄청난 정치적 부담으로 작용하였다.

결국 민주화 이후 역대 대통령들이 간과한 것은 시간이 지나면서 우리나라도 경제적으로 발전하고 이에 따라 정치사회의 제도적 기관들이 성숙하면서 사회 전반의 자율성이 높아져 대통령의 법적 권한은 같아도 그 실제적 영향력은 현격히 감소한다는 사실이다. 그 결과 역대 대통령은 지나치게 많은 국정과제를 설정하여 짧은 임기 내에 모두 이룩하려고 했으나 어느 하나도 제대로 성공하지 못하고, 결국은 자신들의 대통령직을 '좌절의 자리'로 끝냈다(함성득, 1998b; 1998c).

역대 대통령이 임기 내에 시대적으로 요구되는 가장 중요한 소수의 국정과제들을 설정하여 이를 제대로 달성했더라면 우리나라 발전에 큰 도움이 되었을 것이다. 예컨대 박근혜 대통령이 아버지 박정희 대통령을 넘어서는 성공한 대통령이 되고자 하는 강렬한 열망에서 많은 국정과제를 설정한 것은 오히려 그녀의 국정운영에 심각한 압박감으로 작용할 가능성이 높다. 아울러 이러한 강렬한 열망은 모든 국정운영을 혼자서 치밀하게 챙기려는 '독선적 국정운영' 나아가 '신권위주의'로 이어져 결국은 또 다른 '좌절의 대통령'을 낳을 수도 있다.

따라서 박근혜 대통령뿐만 아니라 앞으로의 대통령이 많은 국정목표를 설정하고 추구하면 Clinton 대통령의 집권 초기 2년간의 국정운영 실패를 답습할 가능성이 높다. Clinton 대통령은 집권 1기 중 처음 2년

---

4) 구체적으로 김대중 대통령의 장남 김홍일 의원은 "아버지는 오랫동안 집권을 준비해 왔기 때문에 이루고 싶은 일이 많다. 땅속으로 가져가기에는 너무 아깝다고 생각하시는 것 같다"(p. 38) 라고 말했다(신정록, 1999).

의 국정운영에서 너무 많은 목표를 세우고(*overscheduled*), 이들 목표의 작은 문제에 너무 많이 관여하였고(*overhandled*), 이들 문제에 관하여 지나치게 국민과 언론에 직접 설명하려(*overexposed*) 하였다(Campbell, 1998). 그 결과 실질적으로 중요한 국정목표에 초점과 일관성을 유지하기가 어려워 '의료보험 개혁' 등에 실패하였고, 1994년 중간선거에서 집권 민주당은 대패하였다(Campbell, 1998; Campbell and Rockman, 1996).

더욱이 박근혜 대통령의 국정목표를 고려할 때 성공한 대통령이 되기 위한 과정에서 극복해야 할 가장 중요한 문제점은 그녀가 김대중 대통령과 비슷하게 짧은 기간에 너무 많은 것을 이룩하려는 의욕이 강하여 국정운영의 세밀한 부분까지 챙기려 하는 경향이 강하다는 것이다.

넷째, 박근혜 대통령을 포함한 앞으로의 대통령이 김영삼 대통령과 김대중 대통령이 그러하였듯이 정치적 기관들, 즉 국회, 정당 등을 무시하고 취임 초 자신의 정치적 인기를 믿고 직접적으로 국민에게 호소하는 전략(*going public*)을 택하기 쉽다. 이러한 방법은 단기적으로는 효과가 있는 것 같지만 장기적으로는 그 효과를 지속하기가 어렵다. 정치적 인기는 언제나 일시적이기 때문이다. 그 대신 제도적 기관과, 특히 국회의 야당과 충분한 협의와 양보를 바탕으로 합의를 이끌어 내 국정운영을 헤쳐 나가는 대통령의 '입법 리더십'이 필요하다. 이 방법이 가장 지속적이고 발전적인 효과를 가져와 '정책의 입법적 성공'과 연결되어 대통령의 국정운영 능력을 향상시키기 때문이다.

미국의 Clinton 대통령도 1994년 중간선거에서 그의 소속당인 민주당이 참패한 후 여소야대의 의회에 직면했다. 이러한 어려운 정치적 상황에서 Clinton은 '생존의 정치'(*survival politics*) 전략을 사용하여 직접 국민에게 호소하는 방법을 피하면서, 의회의 다수당인 공화당과 충분한 협의와 양보를 바탕으로 합의에 기초한 정책의 입법적 성공을 이끌어 내었다(자세한 것은 Campbell, 1998 참조). 따라서 박근혜 대통령뿐 아니라 앞으로의 대통령은 그들이 직면하는 정치적 상황이 어렵다 하더라도 국회의 야당과 충분한 협의와 양보를 기초로 '정책의 입법적 성공'을 이끌어 내어 성공적인 국정운영을 이룩해야 한다. 결국 대통령의 대중 리더십, 행정 리더십, 그리고 입법 리더십이 선순환해야 성공한 대통령이 될 수 있다.

참고문헌

1. 국문 문헌

강인섭(1983). "청와대비서실". 〈신동아〉 8월호.

곽창규(1997). "경제발전과 리더십". 여의도 연구소.

구광모(1984). 《대통령론: 지도자의 개성과 유형》. 고려원.

국가경영전략연구원(2003). 《대통령, 성공하려면》. 중앙일보사.

국회도서관 입법조사분석실(1996). "대통령제와 의원내각제에 대한 논의". 《국회도서관 입법조사분석실》 69호.

국회운영위원회(각 연도). 《대통령비서실 소관 세입세출결산 검토보고》.

권기섭(1988). "한국정부의 정책결정과정에 있어 국무회의의 역할 연구". 동국대 석사학위논문.

권복기(1997). "경제난 대응 '민주-효율' 개편". 〈한겨레〉 12.26: 2.

권석천(1997). "열린 대통령이 미래를 연다". 〈경향신문〉 10.6: 3.

권영성(1995). 《헌법학원론》. 법문사.

______(1998). "새 정부하의 국회와 행정부 간의 관계 모색: 권력분립 원리의 구현을 위한 제언". 〈국회보〉 2월호.

김광덕(1998). "우리는 자랑스런 대통령 갖고 싶다". 〈한국일보〉 7.20: 5.

김광수(2009). "대통령직 인수제도의 재검토". 〈공법학 연구〉, 10(3): 315~342.

김광웅(1994). "신정부 개혁 1년을 평가한다: 개혁의 철학과 논리". 〈경제정의〉, 28~32.

______(1997a). "대통령부에 대한 새로운 인식". 한국의회발전연구회 세미나.

______(1997b). "권력구조의 정립과 대통령부에 관한 새로운 인식". 서울대학교 행정대학원.

김기훈(1998). "경제수석실 조정역할 포기". 〈조선일보〉 4.18: 2.

김대곤(1998). "청와대비서실 인맥과 갈등". 〈신동아〉 9월호.
김대중(1999). "현직과 전직의 악연". 〈조선일보〉 2.14: 5.
김동영(1997). "미국의 권력구조". 국제평화전략연구원 편, 《한국의 권력구조 논쟁》, 풀빛.
김만흠(1995). "한국의 정당정치와 지역주의". 안희수 편, 《한국정당정치론》, 나남.
김명호(1997). "권력중심부터 거품빼기 솔선". 〈국민일보〉 12.26: 2.
김석준(1997). "21세기 정부개혁 방안: 정책조정기구의 개편을 중심으로". 대통령자문정책기획위원회.
______(2002). 《현대 대통령 연구》. 대영문화사.
김영국 외(1988). 《정치학 개론》. 박영사.
김영국 외(1991). 《한국정치사상》. 박영사.
김용복(1998). "개발독재는 불가피한 필요악이었나". 《박정희를 넘어서》, 푸른숲.
김용호(1998). "97년 대선에 대한 종합적인 분석". 이남영 편, 《한국의 선거Ⅱ》, 푸른길.
김우식(1992). "한국정부조직의 팽창요인에 관한 연구". 인하대 박사학위논문.
김인수(2003). 《시대정신과 대통령 리더십》. 서울: 신원문화사.
김정남(1997). "김정남 인터뷰". 〈신동아〉 7월호, 96~109.
김정렴(1996). 《김정렴 회고록: 한국경제정책 30년사》. 중앙일보사.
김정원(1998). "대통령 문화가 없다". 〈동아일보〉 6.28.
김정해(2003). "대통령비서실의 제도화 성격분석". 〈한국행정학보〉, 37(1): 225~247.
김종석(2010). "대통령의 성격유형과 리더십 스타일에 관한 사례 연구: 박정희·김영삼 대통령을 대상으로". 〈행정논총〉, 48(3): 113~142.
김충남(1992). 《성공한 대통령 실패한 대통령》. 전원.
______(1997). "한국의 대통령: 무소불위의 무한권력의 제왕". 〈신동아〉 11월호, 162~173.
______(1998). 《성공한 대통령 실패한 대통령》. 둥지.
김학준(1998). "청와대 축소개편". 〈경향신문〉 1.7: 12.
김 혁(2001). "대통령의 리더십과 비서실 조직구조에 관한 연구: 백악관비서실 조직의 사례를 중심으로". 〈한국행정학보〉, 35(3): 103~125.

김혁 · 가상준(2005). "대통령의 리더십과 국정운영". 〈한국정당학회보〉, 4(1): 7~39.
김현일(1993). "청와대비서실장". 〈중앙일보〉 5.3.
김호진(1997). 《한국정치체제론》. 박영사.
______(2010). 《한국의 대통령과 리더십》. 청림출판.
남찬순(1999). "미국의 전 · 현 대통령". 〈동아일보〉 2.11: 5.
류재택(2006). 《대통령직 인수》. 법문사.
린쯔 · 바렌주엘라(1996). 《내각제와 대통령제》, 신명순 · 조정관 공역, 나남.
문재철(1993). 《청와대 비밀메모》. 갑인.
박동서(1996). "문민정부하의 의회와 행정부와의 관계". 〈의정연구〉, 2(2): 74~91.
______(1998). "한국의회 50년의 역사적 평가와 개혁". 한국정치학회 학술회의.
박동서 · 함성득 · 정광호(2003). 《장관론》. 나남.
박동천(2008). "대통령 노무현에 대한 평가: 언행을 중심으로". 〈사회과학연구〉, 16(1): 114~144.
박명림(2008). "헌법, 국가의제, 그리고 대통령 리더십". 〈국제정치논총〉, 48(1): 429~454.
박성원(1997). "국민회의 김대중 총재가 밝히는 섀도 캐비닛". 〈신동아〉 10월호.
박세일(1998). "YS를 위한 변론". 〈한겨레〉 2.21: 7.
박세일 외(2002). 《대통령의 성공조건》. 나남.
박원순(1998). "대통령직 인수와 기록훼손 문제". 참여연대 토론회.
박재홍(1988). "청와대 정무수석의 위상과 역할". 〈엔터프라이즈〉 10월호.
박종민(1996). "온정주의 정치문화와 권위주의 통치의 정당성". 〈한국정치학보〉, 30(3): 105~122.
박중훈(1996). "대통령비서실의 조직과 기능". 한국행정연구원 보고서.
______(1998). "대통령 비서진의 신정기준과 운용에 관한 연구". 한국행정학회 세미나.
배병인(2009). "전 · 현직 대통령들의 집권 초기 국정운영에서 관찰되는 리더십 스타일". 〈현대사회와 정치평론〉, 4: 111~133.
배정훈(1997a). "한국 대통령비서실의 위상변화에 관한 연구". 〈비서학논총〉, 6: 111~136.

______(1997b). "국민의 정부 청와대비서실 운영원칙과 비서실장의 역할 및 발탁사항에 관한 연구". 〈한국행정학보〉, 31(4): 245~260.
______(2003). "대통령비서실 비서관 출신배경 분석에 관한 연구". 〈비서학논총〉, 12(2): 5~28.
배종윤(2001). "한국외교정책 결정과정과 관료정치". 연세대 박사학위논문.
변형윤 외(1992). 《국민은 이런 변화, 이런 정부를 원한다: 6공의 평가와 앞으로의 정책과제》. 정암문화사.
서원석(1996). "한국행정사료집: 조직 및 행정관리". 한국행정연구원 보고서.
서정갑(1998). 《부조화의 정치: 미국의 경험》. 법문사.
서주실(1993). "대통령제 통치구조의 재검토". 〈월간고시〉 7월호, 70~83.
성한용(1997). "김 당선자 청와대 등 축소개편 의미". 〈한겨레〉 12.26: 2.
______(1998). "비서실인지, 상황실인지". 〈한겨레〉 4.19: 2.
손학규(1993). "청와대비서실". 〈조선일보〉 2.9: 5.
송진혁(1997). "좋은 대통령". 〈중앙일보〉 1.1.
신명순(1998). "국회와 정당구조 개혁의 과제와 방향". 건국대학교 사회과학연구소 춘계세미나.
신정록(1999). "DJ 정계 대개편 칼 뽑을까". 〈주간조선〉 1.7: 38.
신창우(1990). 《정책결정체제 연구: 대통령 정책결정과 자문》. 대영문화사.
안병만(1992). "역대 통치자의 자질과 정책성향 연구". 한국행정학회 춘계 학술심포지엄, 51~73.
______(1998). "역대 통치자의 리더십 연구". 한국행정학회 세미나.
안희수(1995). "정당의 형성이론과 한국정당의 발전과정". 안희수 편, 《한국정당정치론》. 나남.
양다승(2012). "제왕적 대통령 이후 대통령비서실 조직변화에 관한 연구". 고려대 석사학위논문.
여현덕(1997a). "역대정권 임기 말 공포증후군". 〈신동아〉 4월호, 190~205.
______(1997b). "청와대비서실 권력자 입맛 따라 변했다". 〈신동아〉 11월호, 174~193.
염홍철(1998). "노태우 대통령: 리더십과 국정운영의 공과". 한국정치학회 세미나.
오원철(1996). 《한국형 경제건설: 엔지니어링 어프로치》. 기아경제연구소.
우종창(1997a). "대통령직 인수인계: 6공 청와대, 사정존안자료 폐기시켰다".

〈월간조선〉 신년호 별책부록 《한국의 대통령선거》, 354~359.
_____(1997b). "김광일 청와대비서실장 전화도 도청됐다". 〈월간조선〉 4월호.
〈월간조선〉(1993). 《秘錄 한국의 대통령》. 조선일보사.
윤영오(1993). "행정부와 입법부의 관계에 대한 고찰: 김영삼정부를 중심으로". 〈사회과학〉, 6: 249~264.
_____(1995). "국회개혁에 관한 연구". 〈한국정치학회보〉, 29(4): 275~289.
윤창중(1994). 《김영삼 대통령과 청와대 사람들》. 고려원.
윤희중(1984). 《한국 정치커뮤니케이션 연구》. 나남.
이강로(1993). "김영삼의 지도력 유형". 〈한국정치학회보〉, 27(2): 145~164.
이건개(1996). 《동굴의 대통령 열린 대통령》. 학연사.
이광일(1998). "반체제운동의 전개과정과 성격". 《박정희를 넘어서》, 푸른숲.
이교관(1997). "권력놀음에 나라는 골병". 〈시사저널〉 12.25: 20.
이남영(1996). "21세기의 새로운 정치지도자상". 한국정치학회 한국정치포럼.
이달곤(1997). "정부구조개혁의 방향". 〈중앙일보〉 12.23: 4.
이명남(1996). "한국에서 대통령제의 적실성". 〈한국정치학회보〉, 30(4): 229~246.
이범준·신승권(1986). 《정치학》. 박영사.
이시원(1994). "제6공화국 정부의 정책에 대한 국민의 평가". 〈한국행정학보〉, 28(3): 1033~1049.
이영석(1983). 《JP와 HR》. 원음출판사.
이원근(1998). "국회 내 역학관계의 변화와 행정적 대통령 전략의 재정립". 〈한국행정학보〉, 32(3): 1~16.
이정식(1994). 《기사로 안 쓴 대통령 이야기》. 동학사.
이정진(2003). "대북정책 결정과정에 나타난 대통령과 여론의 영향력 변화". 〈국제정치논총〉, 43(1): 253~273.
이종률(1993). "우리 대통령은 대체로 시대정신에 충실하였다". 《월간조선: 秘錄 한국의 대통령》, 조선일보사.
_____(1997). "대통령부의 운영과 쇄신". 서울대학교 행정대학원.
이종범(1995). "김영삼 대통령의 리더십 특성과 국정관리 유형: 문민정부 1년의 정책평가". 〈한국행정학보〉, 28(4): 1127~1140.
_____ 편(1994). 《전환시대의 행정가》. 나남.

이철희(1998). “DJ 너무 많이 챙긴다”. 〈동아일보〉 4.15: 5.
이한구(1997). “김대중 당선자에 바란다: 예산편성권 총리실로”. 〈한겨레〉 12.26: 1.
이한우(1997). “대통령학 시각서 대선후보 분석”. 〈조선일보〉 11.20.
이현우·이정진(2007). “민주화 이후 대통령 리더십 평가: 국민설문평가를 바탕으로”. 〈21세기정치학회보〉, 17(2): 21~45.
임채청(1998). “정무수석실 요즘 뭐하나”. 〈동아일보〉 4.18: 4.
장석권(1991). “대통령제의 이론과 실제, 상·하”. 〈월간고시〉 10·11월호, 14~28, 75~86.
장연수(2000). “대통령의 정책의지와 부처 예산형성에 관한 연구: 문민정부 농림수산부를 중심으로”. 〈한국행정학보〉, 34(4): 59~81.
장일현(1994). “민주화에 따른 청와대비서실의 구조와 기능 변화에 관한 연구”. 서울대 행정대학원 석사학위논문.
정영국(1998). “국회운영제도 개혁: 독자성, 민주성, 전문성, 그리고 효율성의 제고”. 한국정치학회 학술회의.
정윤재(1993). “김 대통령의 개혁 리더십의 정치적 성격 연구”. 한국정치학회 편, 《문민정부와 정치개혁》, 11~18.
______(2003). 《정치리더십과 한국 민주주의》. 나남출판.
정정길(1992). “대통령의 정책관리 스타일”. 한국행정학회 춘계학술심포지엄, 24~50.
______(1993). “앞으로도 경제발전을 제1과제로 삼아야”. 《월간조선: 秘錄 한국의 대통령》, 조선일보사.
______(1994). 《대통령의 경제리더십: 박정희·전두환·노태우 정부의 경제정책관리》. 한국경제신문사.
______(1996). “김영삼 정부와 경제정책”. 이한빈 교수 고희기념논문집 《행정과 나라 만들기》, 박영사.
정창화(2003). “한국 대통령비서실과 독일 연방수상실(Bundeskanzleramt)의 조직 및 기능에 관한 비교분석”. 〈한국사회와 행정연구〉, 14(3): 99~121.
정태호(2007). “대통령 임기제 개헌의 필요성과 정당성”. 〈헌법학연구〉, 13(1): 1~60.
제17대 대통령직 인수위원회 정부혁신·규제개혁 TF(2008.1.16.). ‘정부기능과 조직 개편' 발표자료.
제18대 대통령직 인수위원회(2013). "박근혜정부 희망의 새 시대를 위한 실천과제".
조갑제(1993). "격류의 한가운데로: 박정희와 그의 시대". 〈월간조선〉 3월호.
조기숙(1993). "합리적 유권자의 모델과 한국의 선거분석". 이남영 편, 한국선거연구회총서 《한국의 선거 1》, 나남.
조석준(1992). "청와대비서실의 조직에 관한 연구". 〈행정논총〉, 29(2): 33~51.
진영재(1997). "정당의 제도화의 유형과 체제선택의 경험적 논의". 〈한국정치학회보〉, 31(4): 161~185.
진영재 편(2004). 《한국 권력구조의 이해》. 나남.
청와대 총무수석실(1997). "대통령비서실 편람".
최병렬(1997). "대통령은 문민초기의 마음으로 돌아가라". 〈월간조선〉 9월호, 225~229.
최요한(1990). "대통령제와 내각제의 장단점 비교". 〈헌정〉 94호, 43~47.
최준석(1997). "미국 대통령의 정권 인수인계". 〈월간조선〉 신년호 별책부록 《한국의 대통령선거》, 360~365.
최평길(1998). 《대통령학》. 박영사.
최평길·박석희(1994). "대통령과 비서실의 조직·정책·관리기능 비교연구". 〈한국행정학보〉, 28(4): 1231~1254.
풀란차스, 니코스(1986). 《정치권력과 사회계급》, 홍순권 외 역, 풀빛.
하 원(1985). 《청와대 24시》. 정음사.
한국대통령학연구소(2002). 《역대 한국 대통령 평가》. 조선일보사.
한국정책학회(1994). 《대통령과 국가정책》. 대영문화사.
한국정치연구회 편(1998). 《박정희와 그 시대에 대한 비판적 연구: 박정희를 넘어서》. 푸른숲.
한승조(1992). 《한국정치의 지도자들》. 대정진.
함성득(1996). "대통령학의 제도적 접근". 〈한국행정학보〉, 30(3): 211~216.
______(1997a). "대통령학의 이론적 고찰과 우리의 연구과제". 〈한국행정학보〉, 31(1): 1~22.
______(1997b). "대통령 당선자의 국정운영 준비: 정권인수와 정부구성". 〈사회비평〉, 304~329.

______(1997c). "선거운동과정에서 국정운영과정으로의 전환". 〈행정과 정책〉, 3: 1~30.

______(1998a). "새 대통령 당선자가 할 일: 국정성공, 취임 전 68일에 달렸다". 〈월간조선〉 1월호, 102~112.

______(1998b). "정권인수 과정에서 김대중 당선자의 위기". 참여연대 토론회.

______(1998c). "좌절의 자리에 선 김대중 대통령의 위기와 기회". 한국의회발전연구회 세미나.

______(1998d). "새로운 국무총리의 역할과 국무회의의 기능". 〈한국행정연구〉, 7(2): 138~154.

______(1998e). "새로운 국회, 정당, 대통령과의 관계". 〈의정연구〉, 6: 54~77.

______(1998f). "성공적인 대통령의 국정운영 리더십". 〈한국정치학회보〉, 32(1): 102~112.

______(1998g). "김대중 대통령의 정부개혁에 대한 평가와 과제". 〈사회과학논집〉, 23: 99~118.

______(1998h). "청와대 축소개편". 〈경향신문〉 1. 7.

______(1998i). "정계개편". 〈경향신문〉 6. 11.

______(1998j). "정치, 새 지평을 위하여". 〈한국일보〉 11. 13.

______(1999a). "청와대비서실의 조직변화". 고려대학교 정부학연구소.

______(1999b). "한·미 전직 대통령 비교". 〈신동아〉 5월호.

______(2000a). 《한국의 대통령과 권력》. 나남.

______(2000b). "한국 대통령의 업적 평가: 취임사에 나타난 정책지표와 그 성취도를 중심으로". 〈한국정치학회보〉, 34(4): 93~118.

______(2001a). 《영부인론》. 나남.

______(2001b). 《김영삼 정부의 성공과 실패》. 나남.

______(2002a). "한국 대통령의 새로운 역할과 리더십: 명령자에서 조정자로". 〈행정논총〉, 40(3): 102~112.

______(2002b). 《대통령비서실장론》. 나남.

______(2002c). 《미국정부론》. 나남.

______(2002d). "미국 대통령의 정치적 리더십의 변화". 〈미국학〉, 43~87.

______(2003a). "새 대통령과 국회와의 새로운 관계". 〈국회보〉 1월호.

______(2003b). "대통령, 너무 나서지 마세요". 〈대한매일〉 4. 12.

______(2005). “노무현 대통령의 집권 전반기 리더십 평가”. 〈행정논총〉, 43(2): 1~32.
______(2007). “문헌고찰을 통한 한국 대통령의 자질연구: 전망적 자질 연구의 중요성”. 〈정부학연구〉, 13(4): 41~62.
______(2008). “대통령학 전문가가 본 이명박: 150일간의 이유 있는 혼란”. 〈월간조선〉 6월호, 92~106.
______(2009). “한국 대통령제의 발전과 권력구조 개편: ‘4년 중임 정·부통령제’ 도입에 관한 소고”. 〈서울대학교 法學〉, 50(3): 203~234.
______(2011). “미국과 한국의 대통령 기념관: 현황과 특징”. 〈국제관계연구〉, 16(1): 253~277.
______(2012). 《대통령 당선자의 성공과 실패》. 나남.
______(2013a). “박근혜 당선인의 새로운 국정운영 리더십: 제18대 대통령직 인수위원회와 정부조직 개편을 중심으로”. 2013년 한국행정학회 기획세미나 새 정부의 국정철학과 운영방향.
______(2013b). “박근혜 대통령 당선자에 대한 대통령학 교수의 제언”. 〈월간조선〉 1월호, 158~169.
함성득·김옥진(2005). “한국의 외교·안보정책결정과정에서 대통령의 리더십과 관료정치현상과의 연관성 분석: 1, 2차 북핵위기를 중심으로”. 〈국제관계연구〉, 10(2): 37~71.
함성득·양다승(2012). “한국 대통령의 과학기술 리더십 연구: 민주화 이전과 이후의 비교론적 관점에서”. 〈한국정치학회보〉, 46(1): 141~174.
함성득·임동욱·곽승준(2004). “한국 대통령 평가방법의 과학적 설계과정: 다속성 효용이론과 스윙기법을 중심으로”. 〈한국정치학회보〉, 38(2): 263~284.
허용범(1998). “청와대비서실의 파워게임 내막”. 〈월간조선〉 5월호, 154~171.
현원복(2005). 《대통령과 과학기술》. 과학사랑.
홍완식(2012). “국회선진화법에 관한 고찰”. 〈헌법학연구〉, 18(4): 315~342.
홍준현·조진래(1997). “미국의 연방정부조직”. 한국행정연구원 보고서.

2. 영문 문헌

Abramowitz, A. (1988). Explaining senate election outcomes. *American Political Science Review*, *82*, 385~403.

Alesina, A. & Sachs, J. (1988). Political parties and the business cycle in the United States, 1948~1984. *Journal of Money, Credit, and Banking*, *20*, 63~82.

Alt, J. & Chrystal, K. (1983). *Political Economics*. Berkeley: Univ. of California Press.

Amsden, A. (1989). *Asia's Next Giant: South Korea and Late Industrialization*. New York: Oxford Univ. Press.

Barber, J. (1977). Comment: Qualls's nonsensical analysis of nonexistent works. *American Political Science Review*, *71*, 212~225.

______(1972) (1992). *The Presidential Character: Predicting Performance in the White House* (4th ed.). Englewood Cliffs, NJ: Prentice-Hall.

Beck, N. (1982a). Parties, administrations, and American macroeconomic outcomes. *American Political Science Review*, *76*, 83~93.

______(1982b). Presidential influence on the federal reserve in the 1970s. *American Journal of Political Science*, *26*, 415~445.

______(1984). Domestic political sources of American monetary policy: 1955~1982. *Journal of Politics*, *46*, 786~817.

Brace, P. & Hinckley, B. (1992). *Follow the Leader: Opinion Polls and the Modern Presidency*. New York: Basic Books.

Bunce, V. (1981). Policy cycles and the American presidency. Paper presented at the Annual Meeting of the Midwest Political Science Association, Cincinnati, OH.

Burke, J. (1992). *The Institutional Presidency*. Baltimore: Johns Hopkins Univ. Press.

______(1995). The institutional presidency. In M. Nelson (Ed.), *The Presidency and the Political Systems*, pp. 385~407. Washington, D.C.: Congressional Quarterly.

Burnham, W. (1982). *The Current Crisis in American Politics.* New York: Oxford Univ. Press.

Burns, J. (1978). *Leadership.* New York: Harper & Row.

Campbell, C. (1986). *Managing the Presidency: Carter, Reagan, and the Search for Executive Harmony.* Pittsburgh: Univ. of Pittsburgh Press.

______(1993). Political executives and their officials. In A. Finifter(Ed.), *Political Science*, pp. 383~406. Washington, D.C.: American Political Science Association.

______(1998). *The Crisis of the U.S. Presidency.* New York: Oxford Univ. Press.

Campbell, C. & Bert, R. (Eds.) (1996). *The Clinton Presidency: First Appraisals.* Chatham, NJ: Chatham House.

Carlson, M. (1993). At the center of power. *Time*, May 10, 28~36.

Carville, J. & Mary, M. (1994). *All's Fair: Love, War, and Running for President.* New York: Random House and Simon & Schuster.

Choe, C. S. (2013). Prior success, asset or poison?: Leadership failure of Korea's CEO president, Lee Myung-bak. *The Korean Journal of Policy Studies*, *28*(1): 93~110.

Chung, C. K. (1989). Presidential decisionmaking and bureaucratic expertise in Korea. *Governance: An International Journal of Policy and Administration*, 2(3), 267~292.

Cohen, J. (1995). Presidential rhetoric and the public agenda. *American Journal of Political Science*, *39*, 87~107.

Cronin, T. (1982). *Rethinking the Vice Presidency.* Boston: Little Brown.

______(1984). The swelling of the presidency: Can anyone reverse the tide?. In P. Woll(Ed.), *American Government: Readings and Cases*, pp. 34~47. Boston: Little Brown.

Crowley, M. (1996). *Nixon, Off the Record: His Candid Commentary on People and Politics.* New York: Random House.

Cutler, L. (1980). To form a government. *Foreign Affairs*, *59*, 43~56.

______(1988). Some reflections about divided government. *Presidential Studies*

Quarterly, 18, 485~492.

Davidson, R. (1991). The presidency and three eras of the modern congress. In J. Thruber(Ed.), *Divided Democracy*, pp. 123~146. Washington, D.C.: Congressional Quarterly.

Davis, D. (1998). The intelligence of American presidents. *PA Times, 21*(3), 6~7.

Dickinson, M. (1997). *Bitter Harvest: FDR, Presidential Power and the Growth of the Presidential Branch.* New York: Cambridge Univ. Press.

DiClerico, R. (1991). *Analyzing the Presidency.* New York: Dushkin Publishers.

Downs, A. (1965). *An Economic Theory of Democracy.* New York: Harper & Row.

Edwards, G. Ⅲ(1983). *The Public Presidency: The Pursuit of Popular Support.* New York: St. Martin's Press.

______(1985). Measuring presidential success in congress: Alternative approaches. *Journal of Politics, 47*, 667~685.

Edwards, G. Ⅲ. & Wayne, S. (1997). *Presidential Leadership.* New York: St. Martin's Press.

Eisenhower, D. (1963). *The White House Years: Mandate for Change, 1953~1956.* Garden City: Doubleday.

Erickson, R. (1988). The puzzle of midterm loss. *Journal of Politics, 50*, 1011~1029.

Eskin, B. (Ed.) (1998). *The Books of Political Lists.* New York: Random Ventures.

Evans, P. (1995). *Embedded Autonomy: States and Industrial Transformation.* Princeton: Princeton Univ. Press.

Feldman, M. (1993). Organization theory and the presidency. In G. Edwards, J. Kessel, and B. Rockman(Eds.), *Researching the Presidency*, pp. 267~288. Pittsburgh: Univ. of Pittsburgh Press.

Felzenberg, A. (Ed.) (2000). *The Keys to a Successful Presidency.* Washington, D.C.: Heritage Foundation.

Fiorina, M. (June, 1994). Divided government in the American states: A by-product of legislative professionalism?. *American Political Science Review, 88*(2), 304~316.

Frey, B. & Schneider, F. (1978). An empirical study of politico-economic interaction in the United States. *Review of Economics and Statistics, 60,* 174~183.

Genovese, M. (1995). *The Presidential Dilemma: Leadership in the American System.* New York: Harper Collins.

George, A. (1974). Assessing presidential character. *World Politics, 26,* 234~282.

Goodwin, D. K. (2005). *Team of Rivals: The Political Genius of Abraham Lincoln.* New York: Simon & Schuster.

Greenstein, F. (Ed.) (1988). *Leadership in the Modern Presidency.* Cambridge: Harvard Univ. Press.

Greenstein, F. (1994). The presidential leadership style of Bill Clinton: An early appraisal. *Political Science Quarterly, 109,* 589~601.

______(2000). *The Presidential Difference.* New York: Free Press.

Haggard, S. (1990). *Pathways from the Periphery.* Ithaca: Cornell Univ. Press.

Hahm, S. D. (1994a). Political and administrative systems for technology innovation in Korea. *Korean Policy Science Review, 3*(2), 28~45.

______(1994b). Political institutions and fiscal policy outcomes in Japan. *Pacific Focus, 9*(1), 47~63.

______(1996). The political economy of deficit spending: A cross comparison of industrialized democracies, 1955~1990. *Environment and Planning C: Government and Policy, 14,* 227~250.

______(1999). Structural and rational foundations for the executive-bureaucratic politics in Korea. *Korea Journal, 39*(2), 99~132.

______(2001). Presidential politics in South Korea: An interim assessment for the Kim Dae Jung presidency and prospects for the next presidential election. *Korea Review of International Studies, 4*(1), 71~86.

______(2002). Institutional development of the Blue House in the Park Chung Hee presidency. *Asian Perspective*, *20*(2), 34~56.

Hahm, S. D. & Choi, Y. H. (2009). An early assessment of the Lee Myung-bak presidency: Leadership style and qualities. *Korea Observer*, *40*(4), 615~638.

Hahm, S. D., Jung, K., & Lee, S. Y. (2013). Exploring the determinants of the entry and exit of ministers in Korea, 1980~2008. *Governance*, *26*(4), 657~675.

______(2014). An empirical analysis on the determinants of the length of ministerial tenure in Korea, 1980~2008. *International Public Management Journal*, *17*(2), 202~223.

Hahm, S. D., Kamlet, M., & Mowery, D. (1992). U.S. defense spending. *Public Administration Review*, *5*(2), 8~15.

______(1995a). Influences on deficit spending in industrialized democracies. *Journal of Public Policy*, *15*(2), 183~197.

______(1995b). Institutions matter: Comparing deficit spending in the U.S. and Japan. *Journal of Public Administration Research and Theory*, *5*, 26~74.

______(1997). Postwar U.S. deficit spending. *American Politics Quarterly*, *25*(2), 139~167.

Hahm, S. D., Kamlet, M., Mowery, D., & Su, T. (1992). The influences of the Gramm-Rudman-Hollings Act on federal budgetary outcomes, 1986~1989. *Journal of Policy Analysis and Management*, *11*, 207~234.

Hahm, S. D. & Kim, K. W. (1999). Institutional reforms and democratization in Korea: The case of Kim Young Sam administration. *Governance*, *12*(4), 479~494.

Hahm, S. D. & Lee, D. S. (2008). Leadership qualities and political contexts: Evaluation of the Roh Moo-hyun administration in South Korea, 2003~2008. *Korea Observer*, *39*(2), 181~213.

Hahm, S. D. & Plein, C. (1995). Institutions and technological development in Korea: The role of the president. *Comparative Politics*, *27*, 55~76.

______(1997). *After Development: Transformation of the Korean Presidency and*

Bureaucracy. Washington, D.C.: Georgetown Univ. Press.

Hargrove, E. (1975). *The Missing Link.* Washington, D.C.: Urban Institute.

_____(1993). Presidential personality and leadership style. In G. Edwards, J. Kessel, and B. Rockman(Eds.), *Researching the Presidency: Vital Questions, New Approaches,* pp. 226~248. Pittsburgh: Univ. of Pittsburgh Press.

Hart, J. (1995). *The Presidential Branch: From Washington to Clinton.* Chatham, NJ: Chatham House.

Heclo, H. (1997). The changing presidential office. In J. Pfiffner and R. Davidson(Eds.), *Understanding the Presidency,* pp. 169~180. New York: Longman.

Heo, U. & Hahm, S. D. (2015). Political culture and democratic consolidation in South Korea. *Asian Survey, 54*(5), 918~940.

Hess, S. (1988). *Organizing the Presidency.* Washington, D.C.: Brookings Institution.

Hibbs, D. (1977). Political parties and macroeconomic policy. *American Political Science Review, 71,* 1467~1487.

_____(1982). On the demand for economic outcomes: Macroeconomic performance and mass political support in the United States, Great Britain, and Germany. *Journal of Politics, 44,* 426~462.

Jacobson, G. (1990). *The Electoral Origins of Divided Government: Competition in U.S. House Elections, 1946~1988.* Boulder: Westview.

Johnson, C. (1982). *MITI and the Japanese Miracle.* Stanford: Stanford Univ. Press.

_____(1987). Political institutions and economic performance: The government-business relationship in Japan, South Korea, and Taiwan. In F. Deyo(Ed.), *The Political Economy of the New Asian Industrialism,* pp. 127~152. Ithaca: Cornell Univ. Press.

Johnson, L. (1971). *The Vantage Point: Perspectives of the Presidency, 1963~1969.* New York: Holt, Rinehart and Winston.

Johnson, R. T. (1974). *Managing the White House: An Intimate Study of the*

Presidency. New York: Harper & Row.

Jones, C. (1996). Campaigning to govern: The Clinton style. In C. Campbell and B. Rockman(Eds.), *The Clinton Presidency: First Appraisals*, pp. 15~50. Chatham, NJ: Chatham House.

______(1997). From campaigning to governing: The challenge of taking over. In J. Pfiffner and R. Davidson(Eds.), *Understanding the Presidency*, pp. 70~83. New York: Longman.

______(2000). Permanent campaigning. *The Brookings Review*, *18*(1), 14~23.

Kalogeropoulou, E. (1989). Election promises and government performance in Greece: PASOK's fulfillment of its 1981 election pledges. *European Journal of Political Research*, *17*, 289~311.

Kamlet, M. & Mowery, D. (1987). Influences on executive and congressional budgetary priorities, 1955~1981. *American Political Science Review*, *81*(1), 155~178.

Kernell, S. (1977). Presidential popularity and negative voting: An alternative explanation of the midterm congressional decline of the president's party. *American Political Science Review*, *71*, 44~66.

______〔1986〕(1997). *Going Public: New Strategies of Presidential Leadership*. Washington, D.C.: Congressional Quarterly.

Kiewiet, R. & McCubbins, M. (1991). *The Logic of Delegation*. Chicago: Univ. of Chicago Press.

King, G. & Ragsdale, L. (1988). *The Elusive Executive: Discovering Statistical Patterns in the Presidency*. Washington, D.C.: Congressional Quarterly.

Lammers, W. (1997). Domestic policy leadership in the first year. In J. Pfiffner and R. Davidson(Eds.), *Understanding the Presidency*, pp. 215~232. New York: Longman.

Lewis, D. & Strine, J. (1996). What time is it? The use of power in four different types of presidential time. *Journal of Politics*, *58*, pp. 682~706.

Lichter, R. & Noyes, R. (1996). *Good Intentions Make Bad News: Why Americans Hate Campaign Journalism*. Lanham: Rowman & Littlefield.

Light, P. (1982). *The President's Agenda: Domestic Policy Choice from Kennedy to*

Carter. Baltimore: Johns Hopkins Univ. Press.

Linz, J. (1990). The perils of presidentialism. *Journal of Democracy*, *1*, 51~69.

Lonnstrom, D. & Kelly, T. (1997). Rating the presidents: A tracking study. *Presidential Studies Quarterly*, *27*(3), 591~598.

Lowi, T. J., Ginsberg, B., & Shepsle, K. A. (2010). *American Government: Power and Purpose*(11th ed.). New York: W. W. Norton & Company, Inc.

MacKuen, M. (1983). Political drama, economic conditions, and the dynamics of presidential popularity. *American Journal of Political Science*, *27*, 165~192.

Mainwarning, S. (1993). Presidentialism, multipartism, and democracy: The difficult combination. *Comparative Political Studies*, *26*, 198~228.

Maranell, G. (1970). The evaluation of presidents: An extension of the Schlesinger polls. *Journal of American History*, *57*, 104~113.

Mayhew, D. (1991). *Divided We Govern: Party Control, Lawmaking, and Investigations, 1946~1990*. New Haven: Yale Univ. Press.

McCubbins, M. (1991). Party politics, divided government, and budget deficits. In S. Kernell(Ed.), *Parallel Politics*, pp. 21~38. Washington, D.C.: Brookings Institution.

Miller, G. (1992). *Managerial Dilemmas: The Political Economy of Hierarchy*. New York: Cambridge Univ. Press.

______(1993). Formal theory and the presidency. In G. Edwards, J. Kessel, and B. Rockman(Eds.), *Researching the Presidency: Vital Questions, New Approaches*, pp. 136~151. Pittsburgh: Univ. of Pittsburgh Press.

Moe, T. (1984). The new economics of organization. *American Journal of Political Science*, *28*, 739~777.

______(1985). The politicized presidency. In J. Chubb and P. Peterson (Eds.), *The New Direction in American Politics*, pp. 220~248. Washington, D.C.: Brookings Institution.

______(1990). Political institutions: The neglected side of the story. *Journal of Law, Economics, and Organization*, *6*, 213~253.

______(1993). Presidents, institutions and theory. In G. Edwards, J. Kessel, and B. Rockman(Eds.), *Researching the Presidency: Vital Questions, New*

Approaches, pp. 152~173. Pittsburgh: Univ. of Pittsburgh Press.

Moe, T. & Wilson, S. (1994). Presidents and the politics of structure. *Law and Contemporary Problems*, *57*(2), 1~44.

Mondak, J. (1993). Source cues and policy approval: The cognitive dynamics of public support for the Reagan agenda. *American Journal of Political Science*, *37*, 186~212.

Monroe, K. (1984). *Presidential Popularity & the Economy*. New York: Praeger.

Morris, D. (1996). *Behind the Oval Office*. New York: Random House.

Mueller, J. (1970). Presidential popularity from Truman and Johnson. *American Political Science Review*, *64*, 18~34.

Mukunda, G. (2012). *Indispensable: When Leaders Really Matter*. Cambridge: Harvard Business Review Press.

Murray, R. & Blessing, T. (1983). The presidential performance study: A progress report. *Journal of American History*, *70*, 535~555.

Nathan, R. (1986). *The Administrative Presidency*. New York: Macmillan.

Nelson, J. (1987). Political participation. In M. Weiner and S. Huntington (Eds.), *Understanding Political Development*, pp. 38~53. Boston: Little Brown.

Neustadt, R. [1960] (1990). *Presidential Power and Modern Presidents: The Politics of Leadership from Roosevelt to Reagan*(4th ed.), New York: Free Press.

______(1991). Does the White House need a strong chief of staff?. In J. Pfiffner(Ed.), *The Managerial Presidency*, pp. 46~58. Pacific Grove: Brooks/Cole.

Ostrom, C. & Simon, D. (1985). Promise and performance: A dynamic model of presidential popularity. *American Political Science Review*, *79*, 334~358.

Page, B. & Shapiro, R. (1992). *The Rational Public: Fifty Years of Trends in Americans' Policy Preferences*. Chicago: Univ. of Chicago Press.

Patterson, T. (1994). *Out of Order: Game and Governing*. New York: Vintage Books.

Pfiffner, J. (1988). *The Strategic Presidency: Hitting the Ground Running*.

Chicago: Dorsey Press.

______(Ed.) (1991). *The Managerial Presidency.* Pacific Grove: Brooks/Cole.

______(1994). *The Modern Presidency.* New York: St. Martin's Press.

Pfiffner, J. & Roger, D. (Eds.) (1997). *Understanding the Presidency.* New York: Longman.

Pika, J. (1982). Moving beyond the Oval Office: Problems in studying the presidency. *Congress & The Presidency, 9*(1), 17~36.

Ragsdale, L. (1984). The politics of presidential speechmaking, 1949~1980. *American Political Science Review, 78, pp.* 971~984.

______(1987). Presidential speechmaking and the public audience: Individual presidents and group attitudes. *Journal of Politics, 49,* 704~736.

______(1996). *Vital Statistics on the Presidency: Washington to Clinton.* Washington, D.C.: Congressional Quarterly.

Reagan, R. (1990). *An American Life.* New York: Simon & Schuster.

Rose, R. (1984). *Do Parties Make a Difference?.* London: Macmillan Press.

Safire, W. (1978). *Safire's Political Dictionary.* New York: Ballantine Books.

Schlesinger, A. (1948). Historians rate the U.S. presidents. *Life,* November 1, 65~66, 68, 73~74.

______(1959). *The Coming of the New Deal.* Boston: Houghton Mifflin.

______(1962). Our presidents: A rating by 75 historians. *New York Times Magazine,* July 29, 12~13, 40~41, 43.

______(1973). *The Imperial Presidency.* Boston: Houghton Mifflin.

Shugart, M. (June, 1995). The electoral cycle and institutional sources of divided presidential government. *American Political Science Review, 89*(2).

Sigelman, L. & Knight, K. (1983). Why does presidential popularity decline? A test of the expectation/disillusion theory. *Public Opinion Quarterly, 47,* 310~324.

Simon, D. & Ostrom, C. (1988). The politics of prestige: Popular support and the modern presidency. *Presidential Studies Quarterly, 18,* 741~759.

______(1989). The impact of televised speeches and foreign travel on presidential approval. *Public Opinion Quarterly, 53,* 58~82.

Simonton, D. (1987). *Why Presidents Succeed.* New Haven: Yale Univ. Press.

Sinclair, B. (1991). Governing unheroically (and sometimes unappetizingly): Bush and the 101st congress. In C. Campbell and B. Rockman (Eds.), *The Bush Administration: First Appraisals*, pp. 135~151. Chatham, NJ: Chatham House.

Skowronek, S. (1993). *The Politics Presidents Make: Leadership from John Adams to George Bush.* Cambridge: Belknap Press.

Stuckey, M. (1991). *The President as Interpreter-in-Chief.* Chatham, NJ: Chatham House.

Sundquist, J. (1986). *Constitutional Reform and Effective Government.* Washington, D. C.: Brookings Institution.

______(1988). Needed: A political theory for the new era of coalition government in the United States. *Political Science Quarterly, 103*, 613~635.

The United States Government Manual (1996/1997). Washington, D. C.: Office of the Federal Register, National Archives and Records Administration.

Tufte, E. (1975). Determinants of the outcomes of midterm congressional elections. *American Political Science Review, 69*, 540~554.

Tulis, J. (1987). *The Rhetorical Presidency.* Princeton: Princeton Univ. Press.

Valenzuela, A. (1994). Party politics and the crisis of presidentialism in Chile: A proposal for a parliamentary form of government." In J. Linz and A. Valuenzuela (Eds.), *The Failure of Presidential Democracy*, pp. 230~248. Baltimore: Johns Hopkins Univ. Press.

Walcott, C. & Karen, H. (1987). Organizing the White House: Structure, environment, and organizational governance. *American Journal of Political Science, 31*, 109~125.

Wayne, S. (1978). *The Legislative Presidency.* New York: Harper & Row.

Woodward, B. (1995). *The Agenda: Inside the Clinton White House.* New York: Simon & Schuster.

부 록

역대 대통령 소개

역대 대통령을 상징할 수 있는 정책과 사건

〈표 1〉 역대 대통령 소개

제1~3대 대통령 이승만 (1948.7~1960.4)	• 1875.3.26.~1965.7.19. • 출생지: 황해도 평산 • 학력 - 1885. 배재학당 - 1907. 미국 조지워싱턴 대학교 정치학 학사 - 1908. 미국 하버드 대학교 정치학 석사 - 1910. 미국 프린스턴 대학교 국제정치학 박사 • 주요경력사항 - 1896. 〈협성회보〉 주필 - 1898. 독립협회사건으로 7년간 옥고 - 1904. 석방, 미국으로 건너감 - 1917. 호놀룰루에서 한인기독학원 설립 - 1919. 상하이 임시정부 대통령 취임 - 1948. 제헌국회의장, 초대대통령 취임 - 1951. 자유당 총재 - 1952~1956. 제2대 대통령 - 1956~1960. 제3대 대통령 - 1960. 제4대 대통령(4 · 19혁명으로 하야, 하와이 망명)
제4대 대통령 윤보선 (1960.8~1962.3)	• 1897.8.26.~1990.7.18. • 출생지: 충청남도 아산 • 학력 - 1930. 영국 에든버러 대학교 고고학 학사 • 주요경력사항 - 1922. 대한임시의정원 의원 - 1945. 미군정청 농상국 고문 - 1946. 〈민중일보〉 사장 - 1948~1949. 제4대 서울시장 - 1949~1950. 제2대 상공부 장관 - 1954. 제3대 민의원(민국당) - 1958~1960. 제4~5대 민의원(민주당) - 1960~1962. 제4대 대통령 - 1963. 제6대 국회의원(민정당)
제5~9대 대통령 박정희 (1962.3~1979.10)	• 1917.11.14.~1979.10.26. • 출생지: 경상북도 구미 • 학력 - 1937. 국립대구사범학교

<〈표 1〉 계속

제 5~9대 대통령 박정희 (1962.3~1979.10)	- 1942. 중국 만주군관학교(2년 예편과정 수료) - 1944. 일본 육군사관학교 - 1946. 육군사관학교(2기) • 주요경력사항 - 1937~1940. 문경소학교 교사 - 1946. 육군 대위 임관 - 1961. 5 · 16 군사쿠데타 주도 - 1961~1963. 제 2대 국가재건최고회의 의장 - 1962~1963. 대통령 직무대행 - 1963~1979. 제 2대 민주공화당 총재 - 1963~1967. 제 5대 대통령 - 1967~1971. 제 6대 대통령 - 1971~1972. 제 7대 대통령 - 1972. 통일주체국민회의 의장 - 1972~1978. 제 8대 대통령 - 1978~1979. 제 9대 대통령(김재규 중앙정보부장에 피격 서거)
제 10대 대통령 최규하 (1979.10~1980.8)	• 1919.7.16.~2006.10.22. • 출생지: 강원도 원주 • 학력 - 1937. 경기고등학교 - 1941. 일본 도쿄 고등사범학교 영어영문학 학사 - 1943. 중국 다퉁학원 정치행정학 학사 • 주요경력사항 - 1945~1946. 서울대 사대 교수 - 1967~1971. 제 14대 외무부 장관 - 1971~1975. 대통령 외교담당 특별보좌관 - 1975~1976. 국무총리 서리 - 1976~1979. 제 12대 국무총리 - 1979. 대통령 직무대행 - 1979~1980. 통일주체국민회의 의장 - 1979~1980. 제 10대 대통령(1980. 8. 16. 대통령직 사임)
제 11~12대 대통령 전두환 (1980.9~1988.2)	• 1931.1.18.~현재. • 출생지: 경상남도 합천 • 학력 - 1951. 대구공업고등학교 - 1955. 육군사관학교(11기)

〈표 1〉 계속

제11~12대 대통령 전두환 (1980.9~1988.2)	• 주요경력사항 - 1955. 육군 소위 임관 - 1963. 중앙정보부 인사과장 - 1979~1980. 국군 보안사령관 - 1980. 제10대 중앙정보부 부장서리 - 1980. 국가보위입법회의 상임위원장 - 1980. 육군 대장 예편 - 1980~1981. 제11대 대통령 - 1981~1988. 제12대 대통령 - 1981~1987. 초대 민정당 총재
제13대 대통령 노태우 (1988.2~1993.2)	• 1932.12.4.~현재 • 출생지: 대구 • 학력 - 1951. 경북고등학교 - 1955. 육군사관학교(11기) • 주요경력사항 - 1955. 육군 소위 임관 - 1978. 대통령경호실 작전차장보 - 1979. 제9사단장 - 1979~1980. 제8대 수도경비 사령관 - 1980~1981. 국군 보안사령관 - 1981. 육군 대장 예편 - 1981~1982. 정무 제2장관 - 1982~1982. 제1대 체육부 장관 - 1982~1983. 제41대 내무부 장관 - 1985~1987. 제5대 민주정의당 대표위원 - 1985~1987. 제12대 국회의원(민정당) - 1987~1990. 제2대 민정당 총재 - 1988~1993. 제13대 대통령 - 1990~1992. 초대 민자당 총재
제14대 대통령 김영삼 (1993.2~1998.2)	• 1927.12.20.~현재 • 출생지: 경상남도 거제 • 학력 - 1947. 경남고등학교 - 1952. 서울대학교 철학 학사 • 주요경력사항

〈표 1〉 계속

제14대 대통령 김영삼 (1993.2~1998.2)	- 1954~1958. 제3대 민의원(자유당), 최연소 국회의원 - 1960~1961. 제5대 민의원(민주당) - 1961. 신민당 원내총무 - 1963~1967. 제6대 국회의원(민정당) - 1965~1967. 민중당 원내총무, 대변인 - 1967~1969. 신민당 원내총무 - 1967~1971. 제7대 국회의원(신민당) - 1971~1972. 제8대 국회의원(신민당) - 1973~1979. 제9대 국회의원(신민당) - 1973. 신민당 부총재 - 1974~1976. 제5대 신민당 총재 - 1979~1980. 제10대 국회의원(신민당) - 1979. 신민당 총재 - 1987. 통일민주당 창당준비위원장, 제1대 통일민주당 총재 - 1988~1992. 제13대 국회의원(민주당) - 1988. 제2대 통일민주당 총재 - 1990. 3당 통합, 민주자유당 3인 공동대표 - 1990~1992. 제14대 국회의원(민자당) - 1992~1995. 제2대 민주자유당 총재 - 1993~1998. 제14대 대통령 - 1995~1997. 제1대 신한국당 총재
제15대 대통령 김대중 (1998.2~2003.2)	• 1926.1.6.~2009.8.18. • 출생지: 전라남도 신안 • 학력 - 1943. 목포상업고등학교 - 1964. 고려대학교 경영대학원 수학 - 1967. 경희대학교 경영대학원 수료 - 1970. 경희대학교 대학원 경제학 석사과정 수료 - 1983. 미국 에모리 대학교 명예법학 박사 - 1992. 러시아 모스크바 대학교 외교대학원 정치학 박사 - 1992. 미국 가톨릭 대학교 명예법학 박사 - 1994. 원광대학교 명예정치학 박사 - 1995. 미국 포틀랜드 주립대학교 명예인문학 박사 • 주요경력사항 - 1948~1950. 〈목포일보〉 사장 - 1951. 흥국해운 사장 - 1960~1961. 제5대 민의원(민주당)

〈표 1〉 계속

제15대 대통령 김대중 (1998.2~2003.2)	- 1963~1967. 제6대 국회의원(민주당) - 1967~1971. 제7대 국회의원(신민당) - 1971~1972. 제8대 국회의원(신민당) - 1987. 통일민주당 상임고문 - 1987. 평화민주당 창당준비위원장 - 1987~1991. 평화민주당 총재 - 1988~1992. 제13대 국회의원(평민당) - 1991. 신민당 창당, 총재 당선 - 1991~1992. 민주당 창당, 대표최고위원 - 1992. 제14대 국회의원(민주당) - 1993. 영국 케임브리지 대학교 객원 교수 - 1994~1998. 아시아태평양평화재단 이사장 - 1995~2001. 국민회의, 새천년민주당 총재 - 1998~2003. 제15대 대통령
제16대 대통령 노무현 (2003.2~2008.2)	• 1946.8.6.~2009.5.23. • 출생지: 경상남도 김해 • 학력 - 1966. 부산상업고등학교 - 2007. 원광대학교 명예정치학 박사 • 주요경력사항 - 1975. 제17대 사법시험 합격 - 1977. 대전지방법원 판사 - 1978. 변호사 개업(부산) - 1981. 부림사건 변론 이후 인권변호사로 활약 - 1988~1991. 제13대 국회의원(민주당) - 1991. 통합민주당 민생위원장, 대변인 - 1993. 통합민주당 최고위원(최연소) - 1995. 통합민주당 부총재 - 1995. 제1대 동시지방선거 부산시장 출마 - 1997. 새정치국민회의 부총재 - 1998. 제15대 국회의원(새정치국민회의, 서울 종로보궐선거) - 2000~2001. 제6대 해양수산부 장관 - 2001~2002. 새천년민주당 상임고문 - 2003~2008. 제16대 대통령 - 2003. 새천년민주당 탈당 - 2004. 열린우리당 입당

〈표 1〉 계속

제17대 대통령 이명박 (2008.2~2013.2)	• 1941.12.19.~현재 • 출생지: 일본 오사카(본적: 경상북도 포항) • 학력 - 1960. 동지상업고등학교 - 1965. 고려대학교 경영학과 경영학 학사 - 1998. 한국체육대학교 명예이학 박사 - 2004. 서강대학교 명예경영학 박사 - 2005. 몽골 국립대학교 명예경제학 박사 - 2005. 목포대학교 명예경제학 박사 • 주요경력사항 - 1965. 현대건설 입사 - 1977~1988. 현대건설 대표이사 사장 - 1978~1981. 인천제철 대표이사 사장 겸임 - 1978. 한국도시개발(現 현대산업개발) 대표이사 사장 겸임 - 1981~1992. 대한수영연맹 회장 - 1981~1992. 대한알루미늄 대표이사 사장 회장 겸임 - 1982~1987. 현대엔지니어링 대표이사 사장 겸임 - 1982~1992. 대한상공회의소 부회장 - 1983~1992. 한국능률협회 부회장 - 1984~1992. 아시아수영연맹 회장 - 1984. 세계 수영연맹 집행위원 - 1985~1986. 한라건설 대표이사 회장 겸임 - 1987~1992. 현대엔지니어링 대표이사 회장 겸임 - 1988~1992. 현대건설 대표이사 회장 - 1988~1992. 현대엔진공업 대표이사 회장 겸임 - 1988. 한무쇼핑(현대백화점) 대표이사 회장 겸임 - 1989~1991. 현대종합목재 대표이사 회장 겸임 - 1990~1992. 현대자원개발 대표이사 회장 겸임 - 1992~1995. 제14대 국회의원(민자당, 신한국당) - 1994~2002. 동아시아연구원 이사장 - 1996~1998. 제15대 국회의원(신한국당, 한나라당) - 2002~2006. 제32대 서울특별시장(민선3기) - 2008~2013. 제17대 대통령
제18대 대통령 박근혜 (2013.2~2018.2)	• 1952.2.2.~현재 • 출생지: 대구 • 학력 - 1970. 성심여자고등학교

〈표 1〉 계속

제 18대 대통령 박근혜 (2013.2~2018.2)	- 1974. 서강대학교 전자공학 학사 - 1987. 중국 문화대학교 명예문학 박사 - 2008. 카이스트 명예이학 박사 - 2008. 부경대학교 명예정치학 박사 - 2010. 서강대학교 명예정치학 박사 • 주요경력 사항 - 1974~1979. 퍼스트레이디 대리 - 1974~현재. 재단법인 육영수 여사 기념사업회 이사장 - 1998~2000. 제 15대 국회의원(한나라당) - 1998~2002. 한나라당 부총재 - 2000~2004. 제 16대 국회의원(한나라당) - 2004~2008. 제 17대 국회의원(한나라당) - 2008~2012. 제 18대 국회의원(한나라당, 새누리당) - 2012. 제 19대 국회의원(새누리당) - 2013~2018. 제 18대 대통령

〈표 2〉 역대 대통령을 상징할 수 있는 정책과 사건: 정치 · 행정

	정책	사건
이승만	• 1948년 민주정부 수립 • 1948년 반공정책 • 1948년 의무교육 실시 • 1949년 농지개혁법 실시 • 1952년 평화선 선포	• 1949년 김구 암살사건 • 1954년 3선 개헌 • 1950년 6 · 25동란 • 1960년 3 · 15부정선거 • 1960년 4 · 19혁명
허정	• 1960년 개헌 - 총선 - 정권 이양	• 1960년 4 · 19 청년학생동맹, 민족통일촉진연맹회원 구속 • 1960년 4 · 19혁명 진압책임자 처벌 최소화
윤보선 장면	• 1960년 내각책임제 실시 • 1960년 지방자치제 실시 • 1960년 6대 혁명입법 제정	• 1961년 5 · 16군사쿠데타 • 1961년 정치활동정화법 추인 • 1961년 5 · 16혁명군의 진압군 동원령 거부 • 1960년 민주당 분당: 구파-신민당, 신파-민주당 • 1960년 신파와 합작파 사이의 정쟁
박정희 1기 (유신 전)	• 1961년 중앙정보부 창설 • 1962년 경제개발 5개년계획 • 1964년 군 현대화 시작 • 1969년 3선 개헌 • 1970년 경부고속도로 건설 • 1970년 새마을운동 시작	• 1962년 4대 의혹사건 • 1964년 한일국교정상화 반대 시위: 6 · 3사태 • 1967년 동백림사건 • 1968년 울진, 삼척 무장공비 침투사건 • 1970년 청계피복 노조사건 • 1970년 와우아파트 붕괴
박정희 2기 (유신 후)	• 1972년 10월 유신 • 1974년 긴급조치발동 • 재임 중 언론통제 강화	• 1974년 문세광, 영부인 저격 • 1974년 민청학련사건 • 1976년 판문점 도끼만행사건 • 1979년 YH여공사건 • 1979년 부마사태와 10 · 26 시해
최규하	• 1979년 긴급조치 해제 • 1980년 국가보위비상대책 위원회 발족	• 1979년 12 · 12항명쿠데타 • 1980년 5 · 18광주민주화운동 • 1980년 대학생 반정부 시위, 계엄포고 10호 발표

〈표 2〉 계속

	정책	사건
전두환	• 1980년 언론통폐합 • 1980년 올림픽유치 • 1988년 7년 단임제 실천 • 재임 중 경제안정정책 추진	• 1980~1981년 삼청교육대, 인권탄압 • 1982년 장영자 사건 • 1987년 6월 항쟁과 6 · 29선언
노태우	• 1988년 북방정책 • 1988년 서울올림픽 개최 • 1990년 3당 합당 • 1991년 지방자치제 부활 • 1991년 남북한 유엔 동시 가입	• 1988년 5공 비리 및 청문회 - 전두환 백담사 은둔 • 1989년 전교조사건 • 1991년 수서비리와 세모사건
김영삼	• 1993년 금융실명제 실시 • 1993년 군에 대한 문민통제 확립 • 1994년 세계화 정책 추진 • 1994년 지방자치제 전면 실시 • 1994년 정치개혁법안 입법 • 1995년 전직 대통령 (전두환, 노태우) 구속 • 1997년 외환위기와 IMF구제금융	• 1993년 성수대교, 삼풍아파트 붕괴 • 1994년 김일성 사망: 남북정상회담 연기 • 1997년 한보사건 • 1997년 김현철 구속
김대중	• 외환위기 극복 • 햇볕정책과 2000년 남북정상회담 • 공공 · 재벌 · 금융 · 노동개혁 추진 • 2000년 의약분업 실시 및 파동 • 2001년 언론사 세무조사 • 2001년 월드컵 개최	• 1998년 소떼방북과 금강산관광 • 1999년 옷로비사건 • 2000년 김대중 대통령 노벨평화상 수상 • 2001년 이승현, 진승현, 정현준, 윤태식 등 벤처 비리 • 2002년 대통령 친인척 비리

〈표 3〉 역대 대통령을 상징할 수 있는 정책과 사건: 외교 · 안보 · 통일

	정책	사건
이승만	• 1948년 유엔 한국승인 • 1952년 평화선 선포 • 1953년 한미방위조약 체결 • 1953년 반공포로 석방 • 1958년 국가보안법 제정	• 1949년 여순반란사건 • 1950년 6 · 25동란 • 1953년 정전협정
허정		• 1960년 4 · 19학생혁명
윤보선		• 1961년 5 · 16군사쿠데타
장면	• 1960년 일본 친선사절단 방문 • 1960년 유엔 감시하 자유총선거 제안	
박정희 1기 (유신 전)	• 1965년 한일 국교정상화 • 1965년 월남파병 • 1970년 8 · 15 평화통일 구상 선언 • 1972년 7 · 4공동성명	• 1968년 울진 삼척 무장공비 침투사건 • 1968년 북한 무장공비 청와대 기습 시도 • 1968년 푸에블로호 사건
박정희 2기 (유신 후)	• 1973년 6 · 23 선언(평화통일 외교정책에 관한 선언) • 1974년 평화통일 3대 원칙 천명	• 1973년 김대중 납치사건 • 1974년 문세광, 영부인 저격사건 • 1976년 판문점 도끼만행사건 • 1976년 박동선 사건 • 1979년 부마사태
최규하	• 1980년 중동 순방	• 1980년 5 · 18광주민주화운동
전두환	• 1981년 서울올림픽 유치 • 1981년 이산가족 방문단 실현 • 1983년 일본총리 최초 공식 방한 • 1984년 남북경제회담 개최 • 1984년 일본 최초 공식답방 • 1986년 제10회 아시안게임	• 1983년 아웅산 테러사건 • 1983년 대한항공기 격추사건 • 1985년 미문화원 점거사건 • 1987년 김현희 KAL기 폭파사건
노태우	• 1988년 7 · 7 선언 • 1990년 러시아와 수교 • 1991년 남북기본합의서 채택 • 1991년 남북한 유엔 동시 가입 • 1992년 중국과 수교 • 1992년 남북 비핵공동화 선언 채택	• 1988년 올림픽게임 개최

〈표 3〉 계속

	정책	사건
김영삼	• 1993년 쌀 개방 - UR타결 • 1994년 북한 핵위기 안정화 • 1994년 경수로사업 지원 • 1996년 OECD 가입 • 1997년 4자회담 시작, ASEM회의, 월드컵 유치	• 1993년 북한 핵확산금지조약 탈퇴선언 • 1994년 제네바협의 • 1996년 북한 식량위기 • 1996년 동해안 잠수함 침투사건 • 1997년 외환위기
김대중	• 1998년 한일공동선언 • 1998년 남북경협 활성화조치 • 2000년 남북정상회담 • 2000년 노벨평화상 수상	• 1999년 서해안 영해침범사건 • 2000년 ASEM회의 개최 • 2002년 월드컵 개최

〈표 4〉 역대 대통령을 상징할 수 있는 정책과 사건: 경제

	정책	경제지표 (각 기간 중 평균)
이승만	• 1949년 농지개혁법 실시 • 전재복구와 경제안정화 정책 실시 • 재정안정계획 실시 - 통화량 팽창 억제 • 미국의 공공원조(식량원조 포함, 약 17억 4천 달러) 활용	
허정		
윤보선 장면	• 1961년 경제개발계획 입안	• GNP 성장률(%): 4.5 • 1인당 GNP($): 87 • 실업률(%): 2.0
박정희 1기 (유신 전)	• 1962년 제1차, 1967년 제2차 경제발전 5개년계획 • 1962년 화폐개혁실시 • 1964년 환율제도개혁 실시 • 1968년 포항종합제철(1968) 및 구미공단 건설(1969) • 1970년 경부고속도로 준공 • 1972년 사채동결(8 · 3)조치 단행 • 1972년 새마을운동 시작 • 1972년 제1차 국토종합개발계획 실시	• GNP 성장률(%): 8.9 • 1인당 GNP($): 202 • 실업률(%): 5.4 • 소비자물가상승률(%): 12.7
박정희 2기 (유신 後)	• 1972, 1979년 제1, 2차 국제원유 파동 • 1973년 중화학공업 육성정책 • 1973년 이중곡가제 도입 • 1977년 부가가치세 및 특별소비세 도입 • 1977년 직장의료보험제도 실시	• GNP 성장률(%): 9.4 • 1인당 GNP($): 913 • 실업률(%): 3.8 • 소비자물가상승률(%): 15.7
최규하		• GNP 성장률(%): -2.7 • 1인당 GNP($): 1,597 • 실업률(%): 5.2 • 소비자물가상승률(%): 28.7 • 경상수지(백만$): -5,312

〈표 4〉 계속

	정책	경제지표 (각 기간 중 평균)
전두환	• 1980년 〈독점규제 및 공정거래에 관한 법률〉 제정 • 1981년 시중은행 민영화 실시 • 1984년 예산동결 등 전반적 물가안정책 실시 • 1984년 수입자유화 추진 • 1987년 국민연금제도 실시 • 1986년 경상수지 흑자 최초 시현	• GNP 성장률(%): 9.1 • 1인당 GNP($): 2,258 • 실업률(%): 4.0 • 소비자물가상승률(%): 5.8 • 경상수지(백만$): 571
노태우	• 1988년 주택 200만 호, 일산, 분당 신도시 건설 • 1988년 공적연금제도 및 의료보험 확충, 최저임금제 실시 • 1990년 농어촌 부채경감 조치, 농어촌 구조개선 계획(1992) • 1990년 토지공개념법 실시 • 1991년 서해안 개발계획 착수 • 1992년 제 7차 경제사회개발 5개년계획	• GNP 성장률(%): 8.3 • 1인당 GNP($): 5,877 • 실업률(%): 2.4 • 소비자물가상승률(%): 7.4 • 경상수지(백만$): 1,120
김영삼	• 1993년 신경제 100일 계획 • 1993년 금융실명제 실시 • 1995년 고용보험제도 실시 • 1996년 OECD 가입 • 1995년 우루과이라운드 및 WTO 출범 — 쌀 개방 • 1997년 경제위기("IMF사태") 발생	• GNP 성장률(%): 6.9 • 1인당 GNP($): 9,864 • 실업률(%): 2.4 • 소비자물가상승률(%): 5.0 • 경상수지(백만$): -8,511
김대중	• 1998년 결합재무제표 작성의무화 등 기업개혁 착수 • 1999년 국가신인도 투자적격수준 회복 • 2000년 벤처산업육성책 실시 • 2001년 금융기관 구조조정 2,101개(1997년 말)→1,553개 (2001년 말) • 2001년 IMF 지원자금 3년 조기상환	• GNP 성장률(%): 4.0 • 1인당 GNP($): 8,301 • 실업률(%): 5.7 • 소비자물가상승률(%): 3.5 • 경상수지(백만$): 25,694 (통계치는 1998~2000년 평균)

〈표 5〉 역대 대통령을 상징할 수 있는 정책과 사건: 교육 · 과학기술

	교육정책	과학정책
이승만	• 1948년 의무교육 실시	• 1950년 서울대-미네소타대학 훈련 프로젝트 • 1954년 국방과학연구소설립 • 1959년 원자력연구소
허정		
윤보선 장면		
박정희 1기 (유신 전)	• 1969년 중학교 무시험입학제 • 1969년 대입예비고사 도입	• 1962년 과학기술정보센터 설립 • 1966년 한국과학기술연구원(KIST) 설립 • 1967년 과학기술처 설립 • 1967년 과학기술진흥법 • 1971년 한국과학기술원(KAIST) 설립
박정희 2기 (유신 후)	• 1977년 고교 평준화	• 1973년 국가과학기술자문회의 설치 • 1973년 기술용역진흥법 • 1976년 대덕전문연구단지계획 • 1977년 한국과학재단 설립
최규하		
전두환	• 1980년 대학본고사 폐지 및 과외 금지 • 1981년 교육세 신설 • 1983년 교복자율화	• 1980년 각 부처 기술진흥기금 설치 • 1981년 전자교환시스템 도입 • 1986년 지적재산권 보호법 • 1986년 공업발전법 제정 • 1987년 항공산업진흥법 및 항공우주연구소 설립
노태우	• 1990년 독학사 제도 도입 • 1991년 교육자치제 부활 • 1991년 브레인풀 제도 • 1991년 대학평가인정제 도입, 실시	• 1989년 기초과학진흥법 • 1989년 우수연구집단 SRC, ERC 도입 • 1991년 범부처 선도기술개발사업 • 1992년 G7 프로젝트
김영삼	• 1994년 대입수학능력시험 도입 • 1995년 5 · 31교육개혁조치 • 1996년 국제대학원 설치	• 1993년 공업기반기술개발사업 • 1995년 광주과학기술원

〈표 5〉 계속

	교육정책	과학정책
김대중	• 1999년 BK사업 • 1999년 교원정년 단축 • 2000년 영재교육진흥법 • 2001년 교육인적자원부 및 교육부총리 설치	• 1998년 과학기술위원회 설립 • 1999년 다목적 실용위성 1호 개발, 발사 • 2001년 과학기술기본법 제정(2025년 향한 과학기술발전 장기비전) 수립

〈표 6〉 역대 대통령을 상징할 수 있는 정책과 사건 : 사회 · 복지 · 문화

	정책	사건 및 Facts
이승만	• 1948년 헌법에 남녀평등권 및 참정권 명시 • 1948년 의무교육 실시, 여성의 교육기회 확대 • 1953년 근로기준법 제정 • 1953년 근로기준법에 근로여성의 보호와 모성보호 명시	• 1959년 한국여성단체협의회 설립
허정		
윤보선 장면	• 1960년 공무원연금법 제정 • 1961년 갱생보호법 제정 • 1961년 직업안정법 제정 • 1961년 수도법 제정 • 1961년 오물청소법 제정 • 1961년 국립TV방송국 설립 • 1962년 재해구호법 제정 • 1962년 윤락행위 등 방지법 제정 • 1962년 가족법 1차 개정 • 1963년 군인연금법 제정 • 1963년 산업재해보험법 제정 • 1963년 의료보험법 제정 • 1963년 공해방지법 제정	
박정희 1기 (유신 전)	• 1963년 방송법 제정 • 1966년 영화법 제정 • 1966년 하수도법 제정 • 1967년 공해계(보건사회부환경위생과) 설치 • 1969년 중학교 무시험입학제 실시 • 1970년 경부고속도로 개통 • 1970년 사회복지사업법 제정	• 1965, 1970년 지니계수의 평균값 0.338 • 1965, 1970년 십분위분배율의 평균값 0.467 • 1970년 전태일 분신자살사건
박정희 2기 (유신 後)	• 1973년 모자보건법 제정 • 1973년 국민복지연금법 제정 • 1973년 공해과(위생국) 신설 • 1974년 지하철시대 개막 • 1975년 대중가요 심의기준 및 금지곡 목록 발표	• 1976년 지니계수 0.391 • 1976년 십분위분배율 0.3716 • 1979년 YH여공 신민당사 농성

<표 6> 계속

	정책	사건 및 Facts
박정희 2기 (유신 후)	• 1977년 의료보호법 제정 • 1977년 의료보험 제도 시행 • 1977년 환경관리관(차관직속) 설치 • 1977년 가족법 2차 개정 • 1978년 국립환경연구소 신설	
최규하	• 1979년 합성수지폐기물처리사업법 • 1980년 환경청 발족	
전두환	• 1980년 노사협의회법 제정 • 1981년 심신장애자복지법 제정 • 1981년 노인복지법 제정 • 1981년 산업안전보건법 제정 • 1982년 프로야구 출범 • 1983년 한국여성개발원 설립 • 1986년 환경지청 신설 • 1986년 아시안게임 개최	• 1981, 1987년 중앙정부지출 중 사회보장비율의 평균값 3.6% • 1985년 지니계수 0.345 • 1985년 온산병 발생 • 1986년 십분위분배율 0.405 • 1987년 6월민주항쟁과 6 · 29선언
노태우	• 1987년 남녀고용평등법 제정 • 1988년 정무장관(제 2)실 (여성문제담당) 발족 • 1988년 서울올림픽 개최 • 1988년 국민연금법 시행 • 1988년 농어촌지역의료보험 시행 • 1989년 가족법 대폭 개정 및 모자복지법 제정 • 1989년 도시지역 의료보험 시행 • 1989년 장애인고용촉진 등에 관한 법 제정 • 1990년 환경처 및 문화부 발족 • 1991년 영유아보육법 제정 • 1991년 청소년기본법 제정 • 1992년 고령자고용촉진법 제정	• 1987년 한국여성단체연합 결성 • 1988~1992년 중앙정부지출 중 사회보장비율의 평균값 6.1% • 1988년 지니계수 0.336 • 1988년 십분위분배율 0.466 • 1991년 낙동강 페놀오염 • 1991년 핵발전소건설 반대집회 • 1991년 환경관리공단 산업폐기물 무단처리 • 1991년 원진레이온 직업병 • 1991년 민간차원의 남북여성교류 실현
김영삼	• 1993년 대전EXPO 개최 • 1994년 환경부 발족 • 1994년 국회여성특별위원회 설치 • 1994년 성폭력범죄의 처벌 및 피해자 보호 등에 관한 법률 시행	• 1993~1997년 중앙정부지출 중 사회보장비율의 평균값 6.0% • 1993~1997년 지니계수의 평균값 0.285

〈표 6〉 계속

	정책	사건 및 Facts
김영삼	• 1995년 고용보험법 실시 • 1995년 정신보건법 제정 • 1995년 여성발전기본법 제정 • 1996년 노동조합 및 노동관계조정법 제정 • 1997년 가정폭력방지법 제정	• 1993~1997년 십분위분배율의 평균값 0.583 • 1993년 남해안 기름오염 • 1993년 문민정부, 첫 내각에 3인의 여성장관 임명 • 1994년 성수대교 붕괴 • 1995년 삼풍백화점 붕괴 • 1995년 대구 가스폭발 • 1996년 시화호 무단방류사건 • 1997년 대만핵폐기물 북한 반입 저지운동
김대중	• 1999년 국민기초생활보장법 제정 • 1999년 노사정위원회의 설치 및 운영 등에 관한 법률 제정 • 1999년 습지보전법 제정 • 1999년 대기환경보전법 제정 • 1999년 자연환경보전법 제정 • 1999년 환경정책기본법 제정 • 1999년 남녀차별금지 및 구제에 관한 법률 제정 · 시행 • 2000년 수질환경보전법 제정 • 2000년 청소년 성보호에 관한 법률 제정 • 2000년 정당법 개정: 비례대표 여성 공천 30% 할당제 도입 • 2001년 여성부 출범 • 2002년 월드컵 개최 • 2002년 디지털위성방송 출범	• 1998~2001년 중앙정부지출 중 사회보장비율의 평균값 8.3% • 1998~2000년 지니계수의 평균값 0.318 • 1998~2000년 십분위분배율의 평균값 0.502 • 1999년 공무원 채용 시 군복무 가산점 위헌소송운동 • 1999년 씨랜드 화재 · 인천 호프집 화재 • 2000년 4 · 13총선에서의 낙선 운동 • 2000년 의료분쟁 • 2000년 동강댐 건설 백지화 • 2001년 새만금간척사업 강행 • 2001년 건강보험재정 파탄 • 2001년 첫 여성장군 탄생

자료: 위의 자료는 한국대통령평가위원회가 이승만 대통령부터 김대중 대통령까지 역대 대통령과 협의하여 정리한 것임. 한국대통령학연구소, 2002: 58~66.

찾아보기 (용어)

ㄴ·ㄷ·ㄹ

ㅁ·ㅂ

ㅅ

ㅇ

ㅈ

ㅊ · ㅋ

ㅌ · ㅍ · ㅎ

찾아보기 (인물)

한국

미국

대통령

비서실장

영부인

기타

함성득 (咸成得)

연세대 정치외교학과를 졸업하고 미국 텍사스(오스틴) 대 존슨 정책대학원에서 석사학위를, 카네기 멜론대 하인츠 정책대학원에서 박사학위를 받았다.

1992년 웨스트 버지니아대 행정학과 조교수를 시작으로 레이건 대통령 공공정책연구소 책임연구원, 조지타운대 정책대학원 및 경영대학원 조교수, 스탠퍼드대 후버연구소 Ernst & Young 펠로, 고려대 행정학과 교수, 존스 홉킨스대 국제관계대학원(SAIS) SBS 펠로 등을 역임하고 현재 (사) 한국대통령학연구소 소장으로 있다.

1995년 *Governance*(Blackwell Press of Oxford)의 운영편집장, 1997년 미국행정학회(ASPA) 연례학술회의 준비위원장, 한국연구재단 사회과학발전기획위원회 위원, (재) 한국의회발전연구회 상임이사, 국회헌법연구자문위원회 간사위원, 고려대 일민국제관계연구원 미국학연구소 소장, 한국대통령학회 회장, *Administration & Society*(Sage) 부편집장, *International Public Management Journal*(Taylor & Francis) 공동편집장, 한국사회과학협의회 *Korean Social Science Journal*(Springer) 편집위원장, 유네스코한국위원회 *Korea Journal* 편집장 등을 역임하였다.

주요 관심분야는 대통령학, 예산·재정정책, 산업정책 등이며, 저서로는 *After Development : The Transformation of the Korean Presidency and Bureaucracy* (Georgetown University Press, 1997), 《영부인론》(나남, 2001), 《미국정부론》(나남, 2002), 《대통령비서실장론》(나남, 2002), 《장관론》(나남, 2003), 《대통령 당선자의 성공과 실패》(나남, 2012) 등 17권이 있다.